2022年度教育部人文社会科学研究专项任务项目（高校辅导员研究）"……教育创新实践路径研究"资助项目（项目编号：22JDSZ3126）

网络环境下大学生心理案例分析及辅导员工作方法

孙峰岩 李俐莹 孙怡青 著

中国华侨出版社
·北京·

图书在版编目（CIP）数据

网络环境下大学生心理案例分析及辅导员工作方法 / 孙峰岩，李俐莹，孙怡青著. -- 北京：中国华侨出版社，2024.5

ISBN 978-7-5113-8712-7

Ⅰ.①网… Ⅱ.①孙… ②李… ③孙… Ⅲ.①大学生—心理健康—健康教育—研究 Ⅳ.①G444

中国国家版本馆CIP数据核字(2024)第057824号

网络环境下大学生心理案例分析及辅导员工作方法

著　　者：	孙峰岩　李俐莹　孙怡青
责任编辑：	肖贵平
封面设计：	阅平方
经　　销：	新华书店
开　　本：	787毫米×1092毫米　1/16开　印张：21.25　字数：513千字
印　　刷：	河北浩润印刷有限公司
版　　次：	2025年1月第1版
印　　次：	2025年1月第1次印刷
书　　号：	ISBN 978-7-5113-8712-7
定　　价：	89.00元

中国华侨出版社　北京市朝阳区西坝河东里77号楼底商5号　邮编：100028
发行部：(010)64443051　　传　真：(010)64439708

如发现印装质量问题，影响阅读，请与印刷厂联系调换。

前　言

中共中央、国务院在 2004 年下发的《关于进一步加强和改进大学生思想政治教育的意见》提出，高校要"开展深入细致的思想政治工作和心理健康教育"；教育部党组在 2018 年印发的《高等学校学生心理健康教育指导纲要》中指出，"心理健康教育是提高大学生心理素质、促进其身心健康和谐发展的教育，是高校人才培养体系的重要组成部分，也是高校思想政治工作的重要内容"。2021 年，教育部办公厅印发《关于加强学生心理健康管理工作的通知》，要求进一步提高学生心理健康工作针对性和有效性，切实加强专业支撑和科学管理，着力提升学生心理健康素养。2023 年教育部等十七部门联合印发《全面加强和改进新时代学生心理健康工作专项行动计划（2023—2025 年）》中明确了工作目标，即健康教育、监测预警、咨询服务、干预处置"四位一体"的学生心理健康工作体系更加健全，学校、家庭、社会和相关部门协同联动的学生心理健康工作格局更加完善。

近年来各高校已经在大学生心理健康教育上取得了一些成效，但随着互联网的迅速普及，网络已渗透到大学生日常生活的方方面面，在给高校心理健康教育带来新机遇的同时也带来了新挑战。网络成为"00 后"学习、娱乐的主要途径，在拓宽高校心理健康教育领域的同时，也成为高校学生心理健康教育的新媒介。网络心理健康教育作为高校学生心理健康教育发展的新阵地，也是开展高校学生思想政治教育的重要手段和载体。因此，开展大学生网络心理健康教育对于大学生心理健康教育和思想政治教育都具有重要的现实意义。高校学生心理健康网络教育模式属于一种创新的教育模式，核心在于"德心共育"的教育理念，重点在于教育模式的构建与运行，现实依据是当今大学生的心理接受特点，而其实现教育目标的理论根基源于接受机理理论。从学理和内在逻辑上看，构建高校网络心理健康教育模式，应在"德心共育"的教育理念之下，深刻剖析当代大学生的心理接受特点，综合各方面相关学科的知识，形成全面合理的学理基础，为大学生心理健康网络教育创新实践路径的构建树立坚固的理论基石。本书充分调研国内 63 所高校学生网络心理健康教育开展现状，深挖当前高校学生网络心理健康教育的实践路径，分析归纳出了存在的问题及原因，并有针对性地提出了相应具有实效性的高校辅导员教育与引导方案及团体心理辅导方案，旨在推动高校学生网络心理健康教育的创新发展。

总而言之，网络环境下大学生心理健康教育现状调查和创新路径研究具有极为重要的意义和社会价值，是我国高校教育工作无法忽视的重要因素。

本书一共分为十二章，合计 51.3 万字，由河北科技大学孙峰岩（21.3 万字）、李俐莹（15 万字）、孙怡青（15 万字）执笔撰写。如有纰漏之处，恳请读者提出宝贵意见。

目 录

第一章 大学生心理健康导论
一、关注我国大学生心理健康教育发展的现实需要 ………………………………… 1
二、我国心理健康教育研究综述 …………………………………………………… 5
三、网络环境下大学生心理健康教育体系建构 …………………………………… 8

第二章 网络环境下大学生成长规律与心理
一、网络环境下大学生的成长规律 ………………………………………………… 18
二、网络环境对大学生的影响 ……………………………………………………… 41
三、网络环境下大学生心理健康标准 ……………………………………………… 47
四、网络环境下大学生心理健康出现的问题 ……………………………………… 48

第三章 影响大学生心理及心理危机干预的若干因素
一、影响大学生心理的若干因素 …………………………………………………… 57
二、影响大学生心理危机干预的若干因素 ………………………………………… 64

第四章 大学生的学习心理
一、大学生的学习心理案例与分析 ………………………………………………… 71
二、大学的学习特点 ………………………………………………………………… 72
三、大学生常见的学习心理问题 …………………………………………………… 73
四、大学生学习心理问题的调适方法 ……………………………………………… 74
五、高校辅导员心理健康教育与引导案例 ………………………………………… 76
六、团体心理辅导方案 ……………………………………………………………… 81

第五章 大学生的恋爱心理
一、大学生的恋爱心理案例与分析 ………………………………………………… 91
二、了解爱情的实质 ………………………………………………………………… 92
三、恋爱的准备 ……………………………………………………………………… 95
四、关于爱的能力 …………………………………………………………………… 96

五、大学生常见恋爱问题与调适 97
六、大学生性心理的发展 98
七、大学生常见的性心理困惑及调适 99
八、大学生性心理障碍及其原因 100
九、高校辅导员心理健康教育与引导案例 102
十、团体心理辅导方案 105

第六章 大学生的网络心理

一、大学生网络心理案例与分析 115
二、网络及其对大学生的影响 117
三、大学生常见网络心理障碍及行为偏差 119
四、大学生如何对待网络 124
五、大学生网络心理调适 126
六、高校辅导员心理健康教育与引导案例 129
七、团体心理辅导方案 133

第七章 大学生的就业心理

一、大学生的就业心理案例与分析 166
二、大学生择业心理与影响因素 167
三、职业兴趣理论 170
四、大学生择业心理障碍及调适 171
五、大学生择业能力的培养 175
六、高校辅导员心理健康教育与引导案例 179
七、团体心理辅导方案 183

第八章 大学生的社交心理

一、大学生的社交心理案例与分析 191
二、大学生人际关系概述 193
三、大学生人际关系的特点和作用 198
四、大学生人际交往中的不良心理及调适 200
五、大学生人际交往中的不良行为及克服办法 202
六、掌握人际交往技巧，建立健康的人际交往模式 203

七、大学生与亲子关系 ……………………………………………………… 206
　　八、高校辅导员心理健康教育与引导案例 ………………………………… 213
　　九、团体心理辅导方案 ……………………………………………………… 220

第九章　网络环境下的大学生心理健康教育

　　一、以移动终端为基点采集心理健康信息 ………………………………… 237
　　二、以大数据分析生成心理健康电子档案 ………………………………… 239
　　三、实施人工智能辅助的个性化心理健康教育方案 ……………………… 241
　　四、高校网络心理健康教育平台优秀案例 ………………………………… 244
　　五、网络环境下高校大学生心理健康教育创新路径调研报告 …………… 248

第十章　大学生心理自助能力提升

　　一、心理自助概述 …………………………………………………………… 261
　　二、我国心理自助研究现状 ………………………………………………… 264
　　三、心理自助的理论基础 …………………………………………………… 267
　　四、大学生心理自助的特点 ………………………………………………… 270
　　五、大学生心理自助的影响因素 …………………………………………… 272
　　六、大学生心理自助的干预机制 …………………………………………… 273
　　七、团体心理辅导方案 ……………………………………………………… 274

第十一章　大学生心理咨询与网络咨询

　　一、心理咨询的基本概念 …………………………………………………… 292
　　二、国内外学校心理咨询发展现状 ………………………………………… 298
　　三、心理咨询的功能 ………………………………………………………… 300
　　四、心理咨询的形式 ………………………………………………………… 301
　　五、网络环境下心理咨询发展趋势 ………………………………………… 309
　　六、大学生如何运用高校心理健康资源 …………………………………… 314

第十二章　高校辅导员谈心谈话实录

　　一、A 同学谈心谈话实录 …………………………………………………… 317
　　二、B 老师心理访谈实录 …………………………………………………… 320
　　三、C 同学谈心谈话实录 …………………………………………………… 323

四、D 同学谈心谈话实录……………………………………………………325

五、E 同学母亲谈心谈话实录………………………………………………326

参考文献

第一章 大学生心理健康导论

　　心理健康教育是根据学生生理心理发展的规律，运用心理学的教育方法，培养学生良好的心理素质、促进学生整体素质全面提高的教育。心理健康教育是素质教育的重要组成部分，是实施"面向21世纪教育振兴行动计划"、落实"跨世纪素质教育工程"、培养跨世纪高质量人才的重要环节。同时，切实有效地对学生进行心理健康教育也是现代教育的必然要求和广大学校教育工作者所面临的一项共同的紧迫任务。1983年10月1日，邓小平为北京景山学校题词："教育要面向现代化，面向世界，面向未来。"2012年10月，十一届全国人大常委会第二十九次会议审议通过《中华人民共和国精神卫生法》。党的十八大又提出"教育是民族振兴和社会进步的基石。要坚持教育优先发展"。2017年10月，习近平总书记在党的十九大报告中提出："加强社会心理服务体系建设，培育自尊自信、理性平和、积极向上的社会心态。"2022年10月，习近平总书记在党的二十大报告中提出："重视心理健康和精神卫生。""少年智则国智""少年强则国强"，但面对当前人类面临的心理危机，我们当务之急是要关注学生的心理，培养具备"完整的生理、心理状态和社会适应能力"的新一代，能否培养出具有优秀心理品质、健康人格的新一代，关系到整个教育的成败。

　　大学生心理健康教育不再是一个陌生的话题，但依然是一个价值重大、意蕴深厚、有待深入挖掘的领域。笔者选择网络环境下大学生心理健康教育发展作为研究课题，是基于以下思考。

一、关注我国大学生心理健康教育发展的现实需要

　　心理健康教育的产生源于社会的现实需要，那么寻求大学生心理健康教育的进一步发展也是大学生成长成才、社会和谐发展的现实需要。

（一）新时代大学生心理健康发展的迫切需要

　　大学生作为中国社会中文化层次高、发展潜能大的人群，一向被认为是年轻有为、积极乐观、健康向上的群体。然而，近年来频繁发生的大学生负性事件，令人们在震惊、迷惑之余也产生了深深的思考。2021—2022年，根据世界经济论坛发布的《2022年全球风险报告》(The Global Risks Report 2022)，心理健康风险上升为全球十大风险之一。与此同时，全球精神卫生资源长期短缺，世界卫生组织指出，"各国必须采取紧急行动，确保所有

人都能获得精神卫生支持"。①

  1994年国家教委对我国约126万名在校大学生进行抽样调查，调查结果表明，我国在校大学生的心理疾患率高达20.23%。1999年10月，全国第六届大学生心理咨询交流会资料显示：精神疾病患者和严重的心理障碍者占大学生总人数的0.7%，一般心理障碍即有轻度心理失调的占6%—7%，一般心理问题主要是适应问题的占10%左右，三者加起来共计17%左右。据统计，我国在校大学生中因心理健康问题引发退学、中断学业的学生数占整个退学人数的30%左右，且这一数字呈逐年递增趋势。时至今日，尽管国家教委、高校、社会各界人士对大学生心理健康问题予以高度重视和全面干预，但我国在校大学生群体的心理健康状况依然堪忧，形势十分严峻。2004年7月12日新华网电，近几年来，武汉地区高校每年有400多名大学生因心理疾病而无法完成学业，精神障碍已超过传染病，成为大学生因病休学、退学的首要原因；2005年，北京某高校在四个月时间内先后发生4起大学生自杀事件；2006年2月28日广州消息，华南农大一周内有三位大学生先后自杀；2023年9月4日下午，洛阳理工学院发生了一起令人痛心的刑事案件，在这起案件中，犯罪嫌疑人纪某（为该校男性学生）在行凶后跳楼自杀，经抢救无效死亡，受害人雷某（也为该校男性学生）同样经抢救无效死亡。

  大学生是一个特殊的社会群体，正经历着从青春期向成年期的过渡和转变。大学阶段是个体发展、身心成长、知识储备、健康素养培养的关键时期。中国科学院心理研究所发布的2022版《心理健康蓝皮书：中国国民心理健康发展报告（2021~2022）》（以下简称"蓝皮书"）中对来自北京、陕西、河南、黑龙江、贵州、浙江等31个省、自治区和直辖市的大学生进行了心理健康状况调查，回收有效问卷75542份，其中专科生问卷26753份，本科生问卷48789份。调查结果显示，大学生的总体心理健康状况良好，其对生活的满意度较高，调查还了解了大学生学业与恋爱的现状及存在的问题，还有睡眠、压力、无聊等因素对大学生心理健康的影响。蓝皮书依据调查结果提出加强学校心理健康智能筛查体系建设、提高危机应对能力、倡导健康生活方式、加强生涯规划教育、完善就业升学指导体系、加强恋爱心理健康教育等对策和建议。

  我国近年来对心理健康的关注和投入持续增加。2022年4月，国务院办公厅印发《"十四五"国民健康规划》，全文19处提到"心理"。②《"十四五"国民健康规划》将心理健康内容明确纳入发展目标，提出到2025年"心理相关疾病发生的上升趋势减缓，严重精神障碍、职业病得到有效控制"。其中，具体的心理健康工作内容主要体现在"全方位干预健康问题和影响因素"与"全周期保障人群健康"两大部分中。在"全方位干预健康问题和影响因素"中，有一段聚焦于"促进心理健康"，具体指出："健全社会心理健康服务体系，加强心理援助热线的建设与宣传，为公众提供公益服务。加强抑郁症、焦虑障碍、睡眠障碍、儿童心理行为发育异常、老年痴呆等常见精神障碍和心理行为问题干预。完善

---

① 《COVID-19大流行促使全球焦虑和抑郁患病率增加25%》，https://www.who.intzh/news/item/02-03-2022-covid-19-pandemic-tiggers-25-increase-in-prevalence-of-anxiety-and-depression-worldwide.

② 《"十四五"国民健康规划》，https://www.ndrc.gov.cn/fggz/fzzlgh/gjxghy 202206/t20220601_1326725.html?code=&state=123，最后访问日期：2022年12月22日。

心理危机干预机制,将心理危机干预和心理援助纳入突发事件应急预案。"①在"全周期保障人群健康"中,在保护妇女和儿童健康、促进老年人健康、加强职业健康保护、维护残疾人健康的相关内容中均突出了心理健康的内容。总的来说,《"十四五"国民健康规划》充分体现了整体健康的概念,心理健康是整体健康中不可或缺的一部分,涉及全国各类人群。

大学生是承载着社会、家长高期望值的群体,他们自我期待值高,成长发展的愿望非常强烈,但由于青年期心理发展的特殊性,往往容易出现心理波动大、心理冲突多、心理承受力较差、心理问题发生率相对较高的现象。从某种意义上讲,当代在校大学生产生一定的心理问题也正是他们想要有所作为、渴望有所成就所必须付出的一种代价。为了减少不必要的代价,不仅需要大学生自己的努力,也需要社会各界给予他们更多的关怀和支持。虽然大学生心理问题的产生绝非朝夕所致,心理健康问题的缓解需要社会各界的共同努力,但作为对大学生心理健康领域直接干预的高校心理健康教育工作必然承载着不可推卸的重要职责。

(二) 社会现代化发展的现实需要

纵观国内外大学生心理健康事业发展历程,对心理健康问题的关注往往随着现代化进程而逐渐凸显出来。奥地利精神病医师、心理学家、精神分析学派创始人西格蒙德·弗洛伊德认为,社会的文明发展程度越高,人类的心理压力就越大。转型期的社会特征为大学生的个性发展营造了广阔空间,同时也凸显了他们在学习、生活、交往、择业等方面的困难和压力。在挫折和困境面前,他们往往一味地去抱怨,而不是勇敢地正视现实,并容易产生一种对自我的否定性评价,出现自卑心理。这个论调在提出的当时曾经被人斥为过于悲观,但在我国迈向现代化发展的今天,心理问题,尤其是大学生的心理健康问题已经被提到了社会热点的高度。

正如联合国专家所言:"从现在起到21世纪中叶,没有任何一种灾难像心理冲突一样,带给人们持久而深刻的痛苦。"提及现代化,人们首先想到的是社会经济的充分发展、物质生活的极大丰富、科学技术的高度发达。这些的确是现代化的重要组成部分,但现代化的指标远非仅限于此,它还包括人们思想观念、精神状态、国民心态的现代化,而这些内容远比经济的现代化和制度的现代化更重要、更本质。《人的现代化——心理·思想·态度·行为》一书的作者阿历克斯·英格尔斯曾写道:"人的现代化是国家现代化不可缺少的因素,它并不是现代化过程结束后的副产品。"他指出:"如果一个国家的人民缺乏一种能赋予这些制度之真实生命的广泛的心理基础,如果执行和运用着这些现代制度的人,自身还没有从心理、思想、态度和行为方式上经历一个向现代化的转变,失败和畸形发展的悲剧是不可避免的。""任何一个国家,如果不经历一种国民心理和行为向现代化的转变,仅仅依靠引进技术、经济基础或社会制度,都不可能真正实现现代化。"可见,心理健康不仅是一种心理状态,更是社会现代化发展所需要的一种现代观念和现代能力。随着现代社会的发展,人们对生活质量的追求不断提高,心理健康作为一种现代观念深入人心。对于许

---

① 《"十四五"国民健康规划》,https://www.ndrc.gov.cn/fggz/fzzlgh/gjxghy 202206/t20220601_132 6725.html?code= &state= 123,最后访问日期:2022年12月22日。

多人来说，心理健康不仅意味着没有心理疾病，还预示着心理咨询或心理治疗也不仅仅是一种健康指标，心理健康作为一种现代观念和能力在现代人的实际生活中发挥着重要作用。

进入21世纪以来，社会的竞争日益激烈。这些竞争不仅是人才的竞争、知识的竞争，更是心理素质的竞争。一方面，人才心理素质的优劣将会成为评价21世纪高等教育质量的重要指标，当今所倡导的素质教育，要求的是有利于社会发展、健康的、高素质的人才；另一方面，人才素质的一个相当重要的构成要素就是心理健康素质。

因此，重视大学生的心理健康教育至关重要。重视培养大学生的心理素质，提高心理自助水平和情绪自我管理能力，全面提高学生的整体素质，才能让大学生成为全面发展的人。总的来说，大多数学者认为：在现代社会，一个心理健康的人通常表现为认知功能正常，情绪反应适当，意志品质健全，自我意识正确，个性结构完整，人际关系协调，人生态度积极，社会适应良好，行为表现规范和行为与年龄相符，等等。

已有研究证明，在个体素质结构中，各种素质的形成都要以个体的心理素质为中介和基础。勇于探索、敢于竞争、善于合作、富于创造等这些个体素质结构因素已成为21世纪人才的基本要求，这些品质都与良好的心理素质密切相关，优良的心理素质就是人才构建的奠基石，良好的心理素质就像人的血液渗透在人体各个部位一样渗透在人的其他素质之中，它是提高个体整体素质的关键点。国际21世纪教育委员会向联合国教科文组织提交的报告《教育——财富蕴藏其中》中提出了教育的四个支柱：学会认知、学会做事、学会共同生活、学会生存，这四个方面恰恰蕴含着心理健康的内在价值。关注我国大学生心理健康教育的持续健康发展，加强大学生心理健康教育工作是新形势下全面贯彻党的教育方针、实施素质教育的重要举措。

（三）我国大学生心理健康教育不断深化的内在需要

自20世纪80年代，我国高校心理健康教育开始起步，从无到有、从少到多，逐步关注大学生心理健康问题，在缓解学生心理冲突、优化学生心理素质、促进学生全面成长中发挥了积极的作用。我国高校心理健康教育将以科学性与实效性相结合、普遍性与特殊性相结合、主导性与主体性相结合和发展性与预防性相结合为基本原则，以推进知识教育、开展宣传活动、强化咨询服务和加强预防干预为主要任务，加强心理健康教育，提高大学生心理素质，促进其身心健康、和谐发展。近年来，大学生的心理健康问题已经逐渐成为社会关注的焦点问题之一，其中校园暴力、大学生自杀等事件呈逐年上升趋势，因心理问题产生的恶性事件甚至呈现低龄化的趋势，越来越多的青少年受到心理问题的困扰。大学生的年龄一般在18—23岁，他们正处于青年中期，即将步入社会的年龄，有一部分大学生因为心理问题而退学或休学，中断学业，严重影响了个人职业生涯规划和发展，甚至还会导致一些极端行为的发生，如自伤、伤害他人等，这使学校已不再是一方净土，这些也都是社会、学校和家长不愿意看到的结果。由此可见，大学生心理问题逐渐突出，成为不可回避的焦点话题，不得不使人们对当前大学生心理健康教育工作的实效性产生质疑，从而对其进行全方位地反思，寻求进一步发展、完善和提高的方法。

影响大学生心理健康教育实效性的因素可大致归结为两个方面：一方面是大学生心理健康教育系统自身的因素，另一方面是心理健康教育系统外的社会环境因素。由此可见，从完善大学生心理健康教育系统自身角度出发来提高教育实效性，确立大学生心理健康教育在高校思想政治教育中的重要地位，应该是寻求大学生心理健康教育发展的起跑线。首先，大学生心理健康教育理念有待进一步发展。教育是为了发展，大学生心理健康教育也是为了促进大学生心理素质的全面提高，进而提升人的全面发展。然而，就目前状况看，我国大学生心理健康教育在相当程度上还停留在重调适性心理咨询而轻发展性心理健康教育的层面上，部分高校把心理健康教育的重点放在对少数学生心理问题的咨询与治疗上，注重对个别"重点"学生的心理帮扶，把心理健康教育的关注点放到了"问题学生"上，而忽视对多数学生的心理关怀，也就忽视了大学生心理健康教育的普惠性。同时，鉴于大学生的特定身份，新时代对大学生心理健康的要求不仅是没有心理问题，还要有更加良好的心理素质，以促进其潜能开发与价值实现。因此，高校心理健康教育应该以积极的人性观为指导，以学生的个体成长发展为中心，确立以人为本的发展性教育理念，发展才是最好的预防，提高大学生心理健康自助能力才是最好的预防。其次，大学生心理健康教育内容有待进一步发展。时代在不停发展，社会在不断变革，新时代大学生心理健康现状受网络环境影响较大，网络环境下大学生的心理特点、心理规律及其所产生的心理问题也在悄然发生着新的变化。以往的学习问题主要表现为对学习方式不适应、学习方法不恰当，现在则更多表现为学习动机不足、学习取向迷惑；以往的恋爱问题主要表现为失恋、单相思、恋爱与学习关系的处理，现在则出现了因网恋、同居、婚嫁及性行为引发的相关心理问题；以往的就业问题主要是去向选择、服从分配，现在则表现为严峻的求职竞争及进一步的职业生涯规划。此外，人际关系紧张、社会适应不良、经济压力巨大、价值取向迷茫等多种问题交织在一起，成为当前大学生心理问题在网络环境下呈现的新现象。因此，以大学生心理特征、心理现象为对象的大学生心理健康教育也应作出新的转换。最后，大学生心理健康教育方式有待进一步发展。在信息技术高度发展的今天，网络环境正在很大层面上改变着人们的传统生活方式，作为"社会晴雨表"的大学生已率先跃入信息科技的大潮。那么，大学生心理健康教育要想跟上时代发展也必然将在教育方式、教育手段方面加入现代技术的力量，利用好网络平台，优化网络心理健康教育阵地，丰富网络心理健康教育载体。一方面，有利于更好地贴近大学生现实生活，把握学生动态并及时干预；另一方面，网络载体的引入将使心理健康教育工作获得相当的改善，如使学生信息的储存与调用、心理测验资料的统整、记录与追踪，各方信息资料的传递与整合等工作变得简便、快捷与实用。与发达国家相比，我国大学生心理健康教育工作起步晚、经验少、理论匮乏，与时代发展及社会需要的期盼还有很大差距。那么，面对新世纪、新情况、新问题，大学生心理健康教育该如何在已有基础上进一步发展是值得我们思考的重要问题。

二、我国心理健康教育研究综述

心理健康教育的提出与发展和我国社会发展的现实需要紧密相连。尽管在我国传统文化中蕴含着丰富的心理教育思想，但系统的高校心理健康教育研究却是在 20 世纪 80 年代中期，伴随着我国改革开放和高等教育体制改革开始的。尽管研究历史相对短暂，但鉴于该领域迫切的现实需要和理论诉求,各界人士对其投入了较大热情,并取得了相当大的进展。在我国知网检索"心理健康教育"关键词可以发现,从1994年至今,检索得出43821条结果,且呈现出显著的逐年递增态势(图1-1)。这些丰富的研究成果既为我国大学生心理健康教育研究的纵深推进奠定了坚实的基础,也为其发展研究提供了广阔的空间。

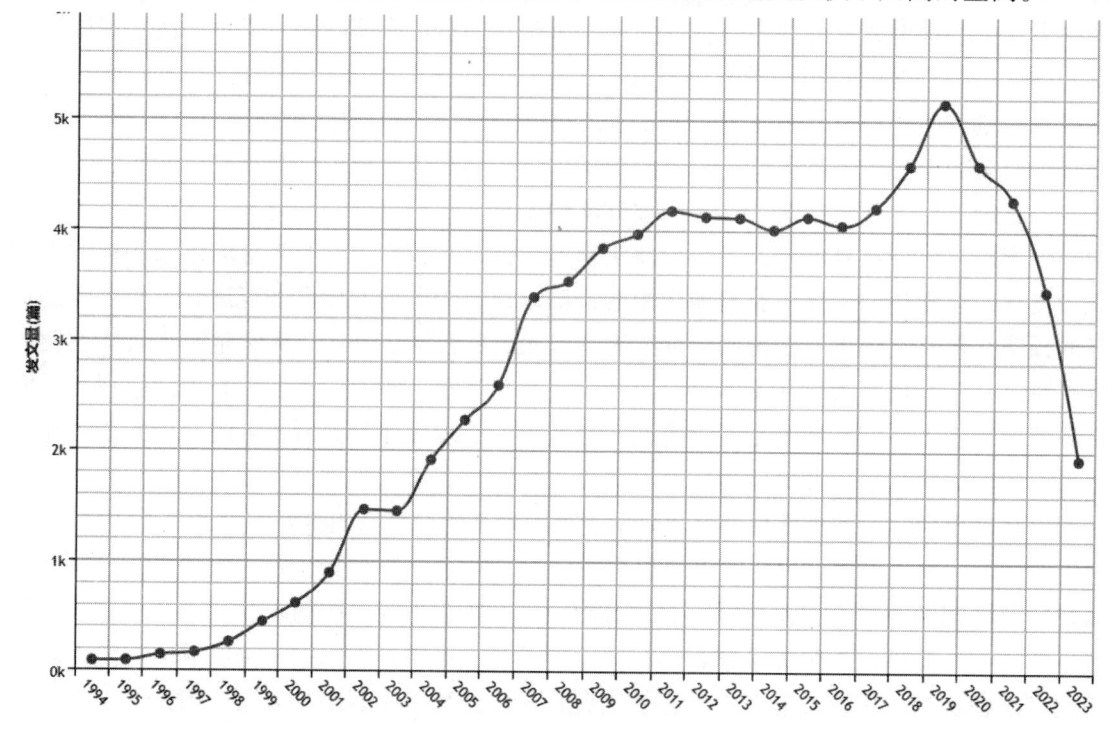

图 1-1　发表年份趋势

(一)关于心理健康教育概念的界定

心理健康教育概念的使用经历了一个不断发展的过程,主要有两类:一类是沿袭中国香港、台湾地区及国外临床心理学的专业术语,如心理辅导、心理咨询、心理治疗等;另一类是秉承素质教育及传统德育的模式,也就是心理教育、心理素质教育、心理品质教育等。一方面,这种称谓的不统一在一定程度上表明人们对心理健康教育的一些基本概念尚未取得一致;另一方面,也在事实上反映出人们对心理健康教育的不同理解及心理健康教育的丰富内涵。具体来说,心理健康教育就是教育者从受教育者的身心发展特点出发,运用心理学、教育学及相关学科的理论与技术,通过多种途径和手段,有目的、有计划地对受教育者心理进行积极教育引导,缓解心理冲突,调节心理功能,增强心理健康,开发心理潜能,促进受教育者全面和谐发展的教育活动。尤其对学校心理健康教育而言,学校是教育的场所,心理健康教育是学校教育的重要组成部分。把心理健康教育视为一种育人活动,突出了学校心理健康教育与社会上的心理帮助活动的不同,突出了与专业性精神卫生机构的区别以及学校心理健康教育的教育性、主动性和全面性,从而与党和政府的要求,与全体学生对心理健康教育的期待相吻合。

概念是思维的起点,是人们进行判断和推理的基本要素。对心理健康教育的不同界定，往往彰显出对心理健康教育内涵的不同理解。有关心理健康教育的界定至今还没有统一定论，概括起来主要有以下四种观点。

1. 活动论

活动论观点在心理健康教育概念界定中占据主要位置。陈家麟认为，学校心理健康教育是以心理学的理论和技术为主要依托，学校心理健康教育是一种现代教育理念和教育活动，及时有效地对学生进行心理健康教育，既是现代教育的必然要求，也是广大教育工作者所面临的一项紧迫任务，并结合学校日常教育、教学工作，根据学生生理、心理发展特点，有目的、有计划地培养（包括自我培养）学生良好的心理素质，是一项开发心理潜能，进而促进学生身心和谐发展和素质全面提高的教育活动。

2. 过程论

过程论观点即把心理健康教育作为一种教育过程来界定。对于心理健康教育，我国学者吴汉德认为："大学生心理健康教育是指教育者根据大学生心理发展的特点和成长的规律，遵循一定的心理健康要求，通过对大学生普及心理保健知识，传授心理保健技能的教育，培养大学生良好的心理品质和健全的个性，增强其面对未来可能受到心理冲击的适应力，促进其心理健康发展的过程。"

3. 系统论

张继如认为，心理健康教育是教育工作者通过多种途径并运用多种手段，从学生的心理实际出发，有目的、有计划地对学生心理的各个方面进行积极的教育和辅导，调节学生的心理功能，开发学生的心理潜能，促进学生个性全面而和谐地发展，提高学生学习效果和生活质量，维护和促进学生心理健康的系统工程。

4. 功能论

樊富珉认为，心理教育是指心理素质的培养与心理疾病的防治。

申荷永认为，心理教育是一项新的心理学事业，它以实现心理学自身的意义和价值为目标，以培养与完善人格、提高人们的心理素质、提高人们的生活质量为目的。

（二）本土化心理健康教育理念的形成

现代意义上的心理健康教育来源于西方心理学，我国教育工作者在教育实践中感受到了心理健康教育的重要性，开始关注大学生的心理健康，并从西方引入了很多心理健康教育理念、技术和方法。近几年我国非常重视心理健康教育本土化发展，心理健康教育的本土化是指教育工作者在实施心理健康教育（包括心理健康知识普及和心理咨询等活动）时，不是生搬硬套外国的理论知识和技术方法，而是根据我国民众的心理和行为特点及其所处的经济、社会、历史和文化环境等具体情况来进行调整，选择适当的教育理念和方法，这些理念和方法可以是国外的，也可以是国外教育理念和方法的改良版本，甚至是完全推翻国外而重建的方法，关键在于要适合我国具体民情，应用于我国本土民众，并产生良好的教育效果。所以，总结我国大学生心理健康教育经验和存在的问题，形成符合中国大学生实际的心理健康教育理论、机制和方法，是促进大学生心理健康教育本土化的重要手段，也是未来心理健康教育发展的方向。

大学生心理健康教育和思想政治教育相结合，是促使大学生心理健康教育本土化的重要举措。第一，随着我国心理健康教育的萌芽、发展，同时由于学生心理状况的需要，我国高校思想政治教育工作者逐步介入心理健康教育的领域，使我国心理健康教育有别于国外教育机构、社会义务机构和心理学背景的咨询机构的教育形式，也使我国心理健康教育在目标、内容、模式、方法和途径等方面逐渐形成自己的特色，而这一特色又恰恰体现了我国社会主义培养造就具有健全人格、全面发展的社会主义建设者和接班人的培养目标。第二，大学生思想政治教育给大学生心理健康教育提供了大力的支持，以思想政治教育为基础，建立了科学完善的大学生心理健康教育体系，将大学生心理健康教育纳入"全员育人、全程育人、全方位育人"之中，为大学生心理健康教育提供了广阔的发展空间。第三，大学生心理健康教育和思想政治教育相结合，可以从理论上进行创新，可以促进心理学、思想政治教育、教育学、伦理学等学科整合发展，探索新理论，实现理论优势互补，构建科学多样化的高校育人模式。大学生心理健康教育与思想政治教育的结合具有巨大的优势，开展大学生心理健康教育与思想政治教育相结合的研究，构建适合中国文化、适应中国特色社会主义的大学生心理健康教育模式，就是促进大学生心理健康教育本土化的过程，也是促进其科学化的过程。

综上所述，大学生心理健康教育就是以大学生为教育对象，教育者根据大学生身心发展特点与规律，运用相关知识理论与专业技术，通过心理咨询、心理健康教育课程、心理健康教育活动、学科渗透、优化环境等多种方法与途径，帮助大学生妥善解决成长过程中的心理问题，增强心理健康、健全人格发展、开发心理潜能，促进大学生自由全面发展的教育活动。大学生心理健康教育因其教育对象的特殊性而在教育目标、教育内容、教育方式等方面呈现出特定的教育内涵。

（三）网络心理健康教育概念的界定

网络心理健康教育概念有广义与狭义之分。广义的概念是指在网络环境下对大学生实施心理健康教育，而狭义的概念是指心理健康教育工作者借助网络这个媒介开展心理健康教育。从狭义的概念出发，如何利用网络开展心理健康教育，利用网络开展心理辅导、心理咨询、心理诊断、心理测验等，并提出网络心理健康教育是未来发展的趋势，能够将心理健康教育的专业手段与网络相结合，提升教育效果，是在该定义下亟待探索的问题。从广义的概念出发，网络应当被看作心理健康教育中的一个工具和手段，它不仅可以向大学生提供与现实社会不同的虚拟世界，而且能够为心理健康教育提供各种新的技术，为传统的制度化心理健康教育构建一个更为便捷的平台与环境。综上所述，网络心理健康是一个开放的、动态的概念，它主要包含五个方面内容：网络是开展并实施心理健康教育的工具，网络是受教育者和教育者所处的环境，网络为心理健康教育提供了丰富的资源，网络是心理健康教育内容的一部分，网络是心理健康教育体系构建的关键环节。

三、网络环境下大学生心理健康教育体系建构

网络环境下大学生心理健康素养教育过程应力求精细化、差异化、具体化。我们以

"健康中国"战略的目标任务和实施要求为引领，构建以大学生心理健康教育主体的全员参与、教育环节的全程关注和教育目标的全面提升为主要特征的教育体系，使其成为提升新时代大学生心理健康素养的重要载体；针对大学生的个体差异，研究实施大学生心理健康的分层教育模式，有利于提高新时代大学生心理健康教育效能；利用移动终端、大数据技术和人工智能，增强大学生心理健康教育的灵敏度和精准度；从校园生态、文化教育和教育教学管理制度三个维度探索基于育人环境建设的新时代大学生心理健康教育策略，为网络环境下大学生心理健康的发展提供全方位的支持与服务。

（一）"健康中国"战略对于大学生心理健康教育的目标引领

健康是人民幸福生活的保障，也是民族繁荣昌盛的根基。2016年8月19日，习近平总书记在全国卫生与健康大会上正式提出"大健康、大卫生"理念，明确了"健康"的内涵。这在我国传统卫生服务的工作内容基础上，扩大了服务的类别和范围，更新了工作理念，强调要重视心理健康教育，加大对心理健康问题等基础性研究的投入。中国现代社会的快速发展、快节奏的社会生活使人们承受着巨大的心理压力，越来越多的人需要心理方面的帮助。随着我国医疗技术的发展，为人民的精神健康提供全面、方便、可及的服务成为健康服务的基本要求。所以，在医疗资源逐渐丰富、人们对情感交流需求不断提高的今天，健康保障就必须加大心理健康问题基础性研究，全面做好心理健康知识和心理疾病科普工作，提升心理健康教育水平，这是实现人民美好生活愿景的重要一环。"健康中国"战略指出，"要坚持预防为主，减少疾病发生，为人民群众提供全方位、全周期的健康服务"，这对建设新时期大学生心理健康教育体系提出了新要求，同时也指明了新方向。

协同理论指出，整合系统内不同要素，促进各部分协调配合，对实现目标具有重要意义。首先，要从"全员、全程、全面"三个角度入手，基于心理健康维护的金字塔模型，建设全员参与的大学生教育体系，充分调动个体、朋辈、专业人员、社会支持多方力量[1]，形成多方参与、内部协调的支持体系；其次，着力于建设"全周期"的心理教育体系，根据学生不同发展阶段的需求，设计全程覆盖、多方面协同的教育模式；最后，心理健康教育要有全方位、多层次的教育目标，致力于培养能适应、可发展、有创新意识及使命感的社会接班人，为社会发展提供充足动力和坚实保障。

1. 个体自助是心理教育体系的基础

《高等学校学生心理健康教育指导纲要》提出了心理健康教育的主导性与主体性相结合的原则，强调"尊重学生主体地位，充分调动学生主动性、积极性，培养自主自助维护心理健康的意识和能力"及"发挥学生主体作用，支持学生成立心理健康教育社团，组织开展心理健康教育活动，增长心理健康知识，提升心理调适能力，积极进行心理健康自助互助"[2]，这指出心理健康教育要调动个体参与的积极主动性，以人为导向，而不是以问题为导向，旨在帮助个体树立自助理念，掌握自助技能。

动力心理学研究强调人与环境的关系，个体心理能量是在外在环境与个体内驱力发生

---

[1] 董秀娜，李洪波. 高校"三全育人"协同机制构建研究[J]. 思想教育研究，2020(8)：148-152.
[2] 毛剑，岳金霞，赵放辉. 新工科背景下高校思想政治工作"三全育人"体系构建[J]. 学校党建与思想教育，2020(20)：73-74，77.

交互作用中产生的，个体的内在动机水平和意志品质是改变发生的前提和基础，只有充分发挥个体的认知、情感、动机、意志等心理要素的作用，才有可能带来认知和行为层面的改变。相较于外力作用，提升个体自身的动机水平和自我效能感更为重要。自我觉察、自我探索是一切心理疏导、心理咨询获得良好结果的前提。一个人只有能够觉察到自己当下的情绪状态，愿意去探索自己的内心痛点，并愿意付出努力去改变，才能取得好的治疗效果。"助人自助"是心理咨询开展的一项重要原则，提升个体的自助能力能够有效规避外部力量干预带来的一些弊端，比如外部力量的干预比较容易使个体出现依赖行为，暂时的改变和问题的解决，可能并不意味着个体在意识层面发生了改变，因而预后结果常有反复。而心理自助更能培养个体解决问题的主动性，提升其自我调节、积极适应的能力，这有助于带来实质性的改变，从根源上解决问题。

2. 朋辈互助是心理教育体系的重要推力

朋辈互助是一种同伴培育，这种互助关系建立在双方互相信任、关系融洽的基础上。新时代大学生群体主要的社交对象是周边年龄相仿的朋友和同学，朋辈之间发展水平相似，拥有共同的生活环境和关注话题，互动性高，比较容易建立友谊和信赖关系。朋辈互助员可以充当有效的信息媒介，承担宣传和科普心理健康知识、组织日常主题活动、营造和谐友好氛围的工作，能够很好地补充教师难以触及的工作"死角"，扩大了心理健康教育的外延。[①] 这有助于心理健康知识的渗透，增强学生自助互助的意识；在日常生活中，朋辈之间能够更敏锐地洞悉彼此情绪及行为的变化，当个体遭遇意外事件或者出现异常行为时掌握一手资料，在专业心理工作者的指导下，能够实现快速反馈、及时干预；朋辈互助不是单向施助，助人者也获得了自我观察的机会，提高了自我的心理觉察能力，有利于形成"自助—助人—互助"的机制，使助人者与受助者互相支持，良性互动。此外，朋辈互助有助于解决学校心理教育资源不足的问题。随着社会发展的速度越来越快，社会竞争日益加剧，大学生心理压力越来越大，高校心理健康教师资源存在总数较少，区域分布不均衡的问题，很多学生无法接受专业心理咨询老师的辅导，更无法满足学生个性发展的要求，咨询老师也很难关注每一位学生的心理变化。而将朋辈互助与专业咨询相结合，能够很好地解决教师不足的问题，收到相辅相成、事半功倍的效果。

3. 专业帮助是心理教育体系的主导力量

专业帮助是指心理教师对大学生提供的心理辅导和心理援助。国家卫生计生委、中宣部、教育部等22部门联合下发的《关于加强心理健康服务的指导意见》强调："积极推动心理咨询和心理治疗服务。充分发挥心理健康专业人员的引导和支持作用，帮助公民促进个性发展和人格完善，更好地进行人生选择，发展自身潜能，解决生活、学习、职业发展、婚姻、亲子、人际交往等方面的心理困扰，预防心理问题演变为心理疾病，促进和谐生活，提升幸福感。"这说明了心理健康教师的使命和任务，也强调了心理健康教师对提升学生心理健康水平的重要作用。高校应努力建设一支以专职教师为骨干、以兼职教师为补充，专兼结合、优势互补、技术过硬、素质良好的心理健康教育师资队伍。这意味着心理健康教师不仅要着眼于解决学生的心理健康问题，帮助学生提升解决心理问题的能力，更要放眼

---

① 马彦. "三全育人"理念下大学生心理健康教育模式探索[J]. 求知, 2018(8):46–47.

未来，培养学生良好的个人意识和健全的人格，帮助学生形成正确的世界观、人生观、价值观，提高道德修养和精神境界，要在心理健康教育工作中扮演领路人的角色，以点带面，充分调动全校师生及社会成员加入心理健康工作中，为教育系统发挥作用提供必要的专业知识和技术支持。

4. 社会支持是心理教育体系的保障力量

社会支持泛指一个人从其社会关系系统（如家庭成员、亲友、同事、团体、组织和社区等）中获得的各种物质的、精神的帮助。《普通高等学校学生心理健康教育工作基本建设标准（试行）》明确强调"高校所有教职员工都负有教育引导学生健康成长的责任"。《关于加强心理健康服务的指导意见》要求心理健康服务必须坚持"党政领导，共同参与。进一步强化党委政府加强心理健康服务、健全社会心理服务体系的领导责任，加强部门协调配合，促进全社会广泛参与，单位、家庭、个人尽力尽责"①。在互联网时代，社会的概念被空前放大，信息共享使人们的社会关系范围扩大，这意味着有更多人参与到个体的发展中来，系统中的要素和变数也越来越多，这就要求我们从全社会、全局的角度入手，普及心理健康知识，将提供心理支持纳入社会责任的范畴，提升全社会对心理健康教育的重视水平。政府应当发挥引导作用，鼓励社会各界积极参与心理健康活动，掌握网络环境的话语权，杜绝虚假信息的指数型传播，完善有关网络暴力的相关法律法规，减少虚拟环境中不负责任的攻击行为。社会媒体也应积极参与进来，营造人人关心、人人参与的氛围，为社会成员提供安全可靠的社会环境，真正发挥社会支持在个体心理问题解决过程中的重要作用。全员心理育人模式是一个具有自组织结构的相互关联的有机整体，意味着心理健康教育不仅是辅导员或者心理健康教师的职责，还与社会中的每个人息息相关，要整合社会资源，形成良好的联动机制才能实现育人目标。全员参与的心理教育体系中，个体自助是社会支持系统中最直接、最普遍的心理帮助机制。能够引导学生学会主动利用外部力量来强化自身心理素质，提升心理韧性，才能真正取得心理健康教育的实质性成果。朋辈互助不仅是相互助人的过程，也是自助意识和自助能力得以提升的过程，互助员在帮助同辈的过程中也在觉察自己、探索自己，使自身的心理素质得以强化，心灵得以成长。学生自助和朋辈互助离不开专业心理工作者的引导，心理工作者提供了专业的心理学知识，并提供方法指导和监督，确保自助互助能够少走弯路，最大限度地发挥作用。社会力量为系统内其他成员发挥作用提供了友好的氛围和稳定的社会环境，为协调工作提供了坚实的保障。在全员通力合作下才能形成良好的联动机制，使心理健康教育工作顺利开展。

（二）完善全程关注的教育环节

完善全程关注的教育环节不仅在时间维度上关注学生从入学到毕业的心理健康教育，还要专注空间的变换和社会角色的变化，不同的维度在教育实施过程中均处于不同层次、面临不同问题、依循不同逻辑。传统心理健康教育的主要内容主要聚焦于学生的学习生活中遇到的问题，对学生生活其他方面的关注程度不够，通常将学生看作静态的个体，以学生目前的发展水平和生活经历为依据制定教育内容，忽略了学生的发展性，不能满足学生

---

① 梅萍. 论新时代高校全员心理育人模式的建构与实施 [J]. 思想理论教育，2019(12)：102-106.

个性发展的需要，也较少从学生未来生活规划的角度，为学生提供预见性的心理教育，这不仅会局限心理健康教育的思维，也不符合促进学生发展的教育初衷；传统心理健康教育通常从个体的学生角色出发，设计教育思路，而忽略了大学生发展阶段的特殊性。高校学生处于学校和社会之间的过渡时期，仅从学生的角度进行心理健康教育是不完整的，并不能帮助学生做好角色转变的准备，这就导致很多高校学生毕业后不能适应社会生活，对新的社会角色和即将承担的社会责任出现了抵触情绪，使心理健康教育出现了断层的现象；目前心理健康教育的时间安排是不连贯的，很多高校仅有开学和毕业两次心理教育讲座，导致学生对心理知识的了解不够全面。大学阶段是个性发展和形成的关键时期，学生的心理成熟速度非常快，学校提供的心理知识更新速度并不能满足发展的需要，教师与学生的关系也非常松散，对学生的引导和帮助有限，并没有形成稳定连贯的影响机制。因此，要前置大学生心理健康教育的起点，加强入学前期心理健康素质的教育。同时后移大学生心理健康教育终点，为学生毕业后职业发展及社会角色的适应做好准备。

1. 完善从入学到毕业的教育环节

设计心理健康教育计划时，要考虑到学生在各个发展阶段可能遇到的问题，以时间为线索，制定学生每个学期、每个学年及整个在校期间的教育目标。在把握心理发展周期及规律的基础上，根据不同阶段的心理特点和发展要务，有针对性、有侧重点地推进教育计划，做到层次分明、重点突出、环环相扣、不断深化。学生在入学初期主要面对的问题是适应性问题，需要及时开展新生适应性讲座，配合心理普查，掌握新生基础的心理状况，对存在异常现象的学生及时干预；入学第一年是学习能力发展的关键阶段，这要求心理健康教育要重点关注学生对学习方面的要求，着力培养学生良好的学习习惯，帮助学生树立正确的学习理念，引导学生完善自我意识和健全人格，关注学生个性的发展，强化学生学习动机，通过正向激励等方法鼓励学生发掘自身潜能，同时要关注学生的意志品质培养，提升学生的抗压能力，帮助学生正确认识学习过程中所遇到的各种问题；入学第二年是学生社会交往能力迅速发展的时期，这是大学生社会化的重要环节，心理健康教育应当关注学生在社会交往方面的需求，帮助学生正确理解社会交往中存在的问题，掌握沟通交流能力，鼓励学生积极参与社团活动，在与他人的交流中丰富对社会心理的理解，找到团体中适合自己的角色定位；学生的职业规划教育也是不容忽视的一部分，职业规划教育应当是从入学就开始的，这与学生形成完整的自我意识密切相关。心理健康教育要帮助学生认识自我，探索自我，形成稳定成熟的世界观、人生观、价值观，帮助学生在此基础上选择适合自己的专业，制定合理有效的目标，规划未来的职业发展。此外，大学时期是为未来职业发展蓄力的关键时期，心理健康教育要帮助学生培养深入思考能力和执行能力，增强思维的灵活性，激发学生创造力，为学生提供必要的创新创业指导，鼓励学生积极实践，通过实践使学生对自己的能力和兴趣有更加全面深刻的了解，及时调整目标和发展方向，正确认识成长过程中的挫折，培养坚毅的意志品质，帮助学生做好从大学进入职场的心理准备工作。

2. 完善从学习到生活的教育环节

大学生的生活环境相较高中阶段变得更为复杂，社交关系也变得越来越复杂，所产生的心理问题种类也随之增加。因此，要完善全程关注的心理教育环节，重视学习及生活中多方面的心理问题。

大学生生活中的心理问题主要有以下几种。首先是人际交往问题。人际交往是大学生社会化的重要途径，大学生生活中包含的社交关系主要有同伴群体交往、师生交往、异性同伴群体交往、亲子交往等，出现较多的类型是影响力及适应性的问题，人格问题、交往技能缺失、过度防卫、信任不足是导致社交问题的主要原因。心理健康教育应当为学生提供社交关系方面的指导，帮助学生树立正确的人际关系理念，掌握沟通技能，及时对有沟通障碍的学生实施干预。其次是情绪情感问题。大学时期是情绪波动较大的时期，这与学生身心状态仍处于未完全成熟的动荡时期有关，常出现焦虑、抑郁等情绪问题。心理健康教育应当为学生提供恰当的引导，帮助学生掌握情绪调节的方法，使其能够理性对待生活中的压力事件，找到恰当的宣泄方式；性与婚恋问题也是大学生教育中的一个重要的方面，大学生正处在性生理成熟和性心理不成熟的矛盾时期，且受到媒体中多种文化观念和色情信息的影响，可能出现性变态、性犯罪等问题。心理健康教育不仅要帮助学生分辨网络媒体环境下的负面信息，理性看待文化差异带来的观念不同，还要帮助学生树立正确的婚恋观念，引导学生形成良好的性道德观。近年来青少年的网络心理问题也吸引了大量心理学者的研究，轻度网络成瘾可能造成青少年社交能力减退、抑郁和焦虑等问题，重度网络成瘾可能导致青少年盲目模仿网络游戏中的暴力内容，走上违法犯罪的道路，心理健康教育应当引导学生理智看待网络信息，同时注意甄别可能沉溺网络的学生，及时对其进行心理干预，帮助学生分清虚拟与现实世界，回归正常生活秩序。

3. 完善从学校到家庭的教育环节

大学期间学生面临两次角色转变：第一次是从高中生向大学生的转变；第二次是大学生向社会人的转变。每一次转变都要求学生能够及时摆脱前一个角色思维模式和行为方式的影响，积极开始后一个角色所需的适应过程。第一次转变要求学生能够学会独立生活的技能，适应离开父母独自求学的生活，完成心理独立。心理健康教育应着力培养学生独立自主的意识，发掘自身潜能，帮助学生正确认识每个发展阶段的首要任务，积极参与校园生活，发展同伴社交能力。第二次由大学生向社会人转变，学生从独立的个体到组建家庭，这意味着承担了更多的社会责任，并且要面对更加复杂的社会环境，更多的社会规则。高校应坚持以培养学生"准备适应任何一种角色"为指导思想，以发展的眼光看待学生，帮助学生为未来生活和可能的角色转变做好准备。具体而言，一方面，要培养学生的社会责任感，使学生对进入社会后承担的社会角色有所了解，明白作为社会成员应当遵守的社会规则和道德规范，能够调整心态，快速适应新的角色，积极承担社会责任；另一方面，要帮助学生掌握适应新角色所应具备的能力，家庭生活对个体在生活技能方面提出了更高的要求，要鼓励学生主动学习生活技能，正确认识生活中出现的挫折事件，掌握在家庭生活中所需的沟通技巧，找到适合自身情况的情绪调节方法，帮助学生在家庭生活和自我发展中找到平衡，鼓励学生在进入家庭生活后能够继续关注自身的个体成长，不断探索和完善自我。

（三）实现全面提升的教育目标

《高等学校学生心理健康教育指导纲要》指出，要帮助大学生增强心理健康的意识，优化积极的心理品质，提升自我心理调适的能力和社会适应的能力，预防和缓解他们的心理问题。帮助大学生处理好学习发展与锻炼成才、人际交往与恋爱情感、求职就业与创业创新、情绪调节与人格健全，以及社会适应等方面的困惑，促进德、智、体、美全面发展。心理健康教育的目标不仅是帮助学生解决心理问题，而且要促进学生的全面发展，为社会培养有坚定社会主义核心价值观、有创新意识和创新能力的接班人。全面提升的教育目标主要有以下几个方面。

1. 适应性目标

大学是学生从高中到大学、从大学到社会的过渡阶段，生活环境变得更为多元复杂，也带来了很多适应性的挑战。首先，学生面临着学习生活适应问题。心理健康教育要帮助学生树立正确的学习观念，由被动接受变成主动学习，鼓励学生积极探索更有效的学习策略，学会科学用脑，从而促进学生智能发展，挖掘智力潜能，充分利用心理学对学习规律、思维研究的成果，对学习进程和学习内容进行合理的安排，不但要使学生善于学、乐于学，而且要形成创新能力。其次，学生的主要社交对象从父母变成了同学和老师，这是学生社会化的关键阶段。心理健康教育要引导学生积极参与各种活动和社会实践，使学生对自我有更加全面深刻的认识，同时也培养共情能力，能主动换位思考、理解他人，适时调整自己的心态，学会建立和维持健康友好的社交关系，并在与他人互动的过程中完善自我意识，形成自己的价值观念和判断力，对他人提出的要求有选择性地接受，成为有共情力也有判断力的人。此外，不能忽略意外情况适应力的教育。在重大意外事件，如亲人去世或者在重大自然灾害面前，应积极引导学生正确认识意外事件，形成理性的认知和归因方式，帮助学生构建全方位的社会支持体系，增强自身的心理韧性，学习自我调整技巧，提升抗压能力，让学生能够在重大意外事件面前，不被情绪控制，能够理性分析，正确看待事情的结果，知道做什么、怎么做，了解如何向专业的心理工作者寻求帮助，能够以较强的适应力投入新的生活中，成为能够经受得住环境和现实考验的人。

2. 发展性目标

学校心理健康教育不仅要解决学生当前的心理问题，更肩负着培养社会主义接班人、促进学生发展的使命。合格的社会主义接班人应当具有良好的自我意识和健全的人格，大学生的自我意识是在青少年时期自我意识的基础上进一步发展起来并趋于相对稳定的。大学时期是学生完善自我意识、形成和发展健康人格的关键时期。大学生缺少社会经验，常会在自我意识的分化过程中，因自我意识出现矛盾而感到焦虑、苦恼和无力。因此，在高校心理健康教育中，应重视引导学生积极参与社会实践活动探索自我，同时通过价值观教育帮助学生树立正确的人生观、世界观和价值观，发展健全的人格，培养学生独立思考的能力，在互联网时代中学会甄别积极消极的信息，防止负面信息对自我意识和人格发展造成的消极影响。心理健康教育要力求帮助学生完善自我意识，形成乐观自信、积极进取、富有爱心和奉献精神的健康人格，使学生成为合格的社会主义接班人。

除了重视完善自我意识和培育健全人格，开发学生潜能也是十分重要的发展性目标，这已成为大学教育的重要使命。每个人都有其社会角色，具有独特的价值和意义，帮助大学生探索自己的兴趣和天赋，发掘培养自己的潜能，才能使其为社会发展作出应有的贡献。这就要求高校心理健康教育不仅要包含基础的适应性内容，更要积极关注如何挖掘学生潜能。借助心理学的工具和知识，帮助学生从多种角度、多个层次了解自己，放下固有观念，积极尝试和探索，正确理解尝试过程中的失败和成功，学会和自己对话，了解自身优劣势。最大限度地开发学生潜能，才能为社会培养适应时代发展需求的人才，也使学生找到自己的人生意义和价值。这是高校心理健康教育的核心目标，更是大学教育的核心目标。

3. 创新性目标

培养创新意识和实践能力是大学生教育的一个重要目标。高校作为创新型人才培养的前沿阵地，更不能忽视这一重要使命。心理学领域对创新课题的研究非常广泛，包括对相关脑神经科学、创新思维及创新素质的研究，有着丰厚的理论成果。创造性思维具有新颖独特性、价值性和跳跃性，培养学生的创新性、创造性思维的关键在于掌握创造性思维策略。创造性思维策略主要包括：一是类比思考策略。这一策略主要是锻炼观察能力和类比关联能力，使学生能够根据事物间的相似性，类推解决问题。二是集体激励策略。这一策略的实施要点是在较短的时间内自由联想、畅所欲言，对思想进行解放，通过延迟批判和积极鼓励、自由联想调动思考积极性，打破固有的思维讨论，通过群体讨论激发新思想的产生。三是对立思考策略。这一策略是指从固有的经验和看待事物角度的对立面来思考问题，培养批判性思维，鼓励学生大胆质疑，小心求证，对现有的知识保持好奇，积极探索，不盲目地认同老师教授的知识，而是能够转换思考方法，积极打破思维定式，这是创新型思维的关键所在。四是转换思考策略。这一策略主要强调学生对问题理解的灵活性和对知识的运用程度。心理健康教育应当帮助学生深刻理解事物内部的关联关系，能够灵活转变思考角度，提升攻坚疑难问题的能力。心理健康教育的创新性目标还体现在培养学生的创新型人格上，塑造创新型人格是培养创新性思维能力的内在动力。心理学研究表明，创新性思维与创新型人格密切相关。一个不具备创新型人格的人往往缺乏创新性思维。创新型人格有以下特点：一是独立性强。拥有独立性人格的人群通常有自己的思维方式，并且爱好与众不同，对事物常保持怀疑和好奇的态度。通常有批判性思维，能够在团体压力下坚持自己的独立思考，不局限于现有的理论成果。二是灵活度高。灵活度低的人往往不具备创新型人格。而灵活度高的人则通常反应敏捷，能够快速适应新的环境，接受新鲜的事物，很好地应对突发事件，在学习上能够做到举一反三、触类旁通，通常能以多个或者完全新鲜的视角看待问题。这种人格特质通常能够产生使人耳目一新的想法。三是动机水平高。创新的过程通常充满失败和坎坷，动机水平低的人往往很难在多次失败后继续坚持下去。但动机水平高的人则可能克服消极情绪，在对目标的强烈渴望中坚持并获得成功。心理健康教育需培养学生对未知的好奇心，并在探索的过程中不断给予强化，帮助学生理解探索的快乐，提升其自我效能感，通过合理诱导提升学生的内驱力。四是包容能力强并且有幽默感。创新需要开放的心态，需要能够包容不同看法的存在，能够在多样的事物中寻找互相的关联，从而获得启发，包容能力强的人也较能正视自己的优缺点，接受探索过程中的失败，能够积极调整自己的情绪。培养创新型人格能为学生提供持久的创新动力，使学生在毕业及未来的生活中保持着创新的精神，享受创新的快乐。

4. 使命性目标

心理健康教育的使命性目标主要包含三个层次。首先是预防和治疗人的心理疾病。"健康中国"战略提出要以预防为主，这要求心理健康教育要从问题解决思维转换为预防为主的思维方式，心理健康教育最初起源于应急治疗，但这种应急治疗有很大的局限性，比如服务面较窄、干预效果有限等，已经无法满足目前心理健康教育发展的需要。未来心理健康教育体系建设要着眼于通过普及群体的心理学知识，帮助人们从科学的角度理解自我、探索自我，使学生掌握自我情绪调节方法，能识别异常信号，在心理问题出现之前调整身心状态，在问题出现后能够清醒地认识，了解如何自助，如何求助，建立起专业心理工作者与学生的良性互动机制，使心理问题能够得到及时干预。其次是使人们的生活更加幸福。我国的主要矛盾由人民日益增长的物质文化需要同落后的社会生产之间的矛盾转化为人民日益增长的美好生活需要和不平衡不充分的发展之间的矛盾。人民对幸福生活的要求越来越高，心理健康教育就应当更加关注提升人们的幸福感。近年来引入的积极心理学教育立足于提升人们幸福感水平，引导人们关注积极实践，培养正性思维，掌握情绪调节和自我激励的方法，提升生活幸福感水平。最后是发现并培养有才能的人。这一目标也体现在发掘个体发展潜能的过程中。心理健康教育应当帮助个体对自身的潜能有着更深层次的理解，鼓励学生个性的发展，为发掘潜能创造积极健康的环境，保护青少年的好奇心，鼓励探索、正确认识成长过程中遭遇的挫折和挑战，形成良好的抗压能力，引导青少年理解所肩负的时代使命，将个人命运与国家和民族的命运紧密联系起来，培养心理健康、心理素质过硬的社会主义建设者和接班人。

第二章　网络环境下大学生成长规律与心理

网络环境下大学生心理健康，尤其是目前进入大学校门的学生以"00后"为主，他们具有时代赋予的特殊性，他们的心理健康问题逐渐成为当前高校教育过程中十分关注的一个问题。对于"00后"大学生心理健康现状的认识，应当持唯物辩证法的客观一分为二的态度，不仅要看到它负面的一方面，即所谓大学生心理健康问题，更应当看到现代大学生积极的一方面，即绝大多数大学生心理的健康发展。

"00后"大学生出生于中国经济社会迅猛发展、改革开放日益深入、国家实力日益增长与国际话语权日益扩大的新世纪，相较于以往时代生长的青年而言具有极大的群体性格差异和明显的代际特征。他们特殊的时代特质不仅深刻影响着大学生网络行为发展的大势走向，还从更深层次上深刻关联着新时代中华民族伟大复兴的命运前途。因此，对"00后"大学生时代特质的整体把握，就绝不是纯粹分析大学生特征的一般性问题，而是作为发轫之基存在的、深入探究"00后"大学生的网络行为及其特征趋势的根本性命题。

"00后"大学生作为生长于网络信息技术高度发达阶段的"原住民"，他们的成长发展和日常生活都与网络虚拟世界直接相关。从一定程度上来说，网络化、数字化已经变成"00后"大学生的基本生存样态的时代特征。一方面，"00后"大学生把网络世界作为自身成长发展的现实场域与生存空间，自觉地把自身在现实世界中的行为活动与交往实践投射到网络空间中；另一方面，网络世界又以其自身的虚拟性、匿名性等特质反作用于大学生的行为，以层出不穷的信息技术来重新塑造大学生的思维行为方式与生活状态。从这一方面来说，"00后"大学生的网络行为是大学生自身成长特质与网络信息技术共同作用下的结果与现象，不仅体现出"00后"大学生所独具的时代特质，还表明了网络环境对"00后"大学生生存方式的现实效应。要深入把握"00后"大学生网络行为问题，就必须具体考察"00后"大学生的类型与特征。就此而言，对"00后"大学生网络行为问题的现实考察，不仅要搞清楚思想政治教育视域下"网络行为"有什么独特价值内涵，还要在剖析"00后"大学生时代特质的基础上对其网络行为进行分型分类，以此厘清"00后"大学生的网络行为，进而全面把握"00后"大学生网络行为的整体状况和基本特征。

随着科技的进步，网络已经逐渐走入大众的生活，而对网络环境引发的个体心理障碍的研究使网络心理健康概念浮出水面。网络可以为人们学习生活、工作提供便利，给人们带来各种新的生活、学习与工作方式，但不可避免的是网络环境也会给个体带来不可预知的负面影响。这主要来源于网络环境的虚拟性，它可以为人们提供与现实环境完全不同的存在环境，虽然它与现实环境有着诸多相似性，但也有着极为明显的不同。尤其是在对个体心理健康的影响方面，其影响力甚至有可能超过现实环境，这点可以从"网瘾""网络道德犯罪"等诸多社会现象得到反映。事实上，对网络心理健康概念的界定离不开对网络心理的剖析，原因在于网络心理是有别于传统心理状态的，是随着网络的产生与发展，人的心理产生变化的过程。随着人类社会进入网络时代，网络环境已经通过科技手段作用于人的学习、生活、工作的方方面面，对人的感知、思维、记忆、性格等多个方面进行全方位的重新塑造，从而造成人的思维模式、生活方式与习惯，甚至是行为，都产生了巨大的变化。在网络环境下，人的心理会与网络环境下的他人产生频繁互动，从而导致网络心理的产生。

一、网络环境下大学生的成长规律

（一）"00后"大学生的特殊时代特质

1."00后"大学生的时代定位

马克思曾对人之存在境遇作了精准的论述，即作为确定的人、现实的人，你就有规定，就有使命，就有任务。"00后"这一代青年生于新世纪，长于新时代，他们肩负着国家的未来、民族的希望，将成为新时代中国特色社会主义建设的主力军。今天，我国已经全面建成小康社会并开启了社会主义现代化建设的新征程。这一新征程迫切需要青年大学生奉献自己的智慧与才干，肩负民族复兴重任，为建设社会主义现代化强国建功立业。到本世纪中叶，我国将迎来实现"两个一百年"奋斗目标的伟大梦想。届时，"00后"大学生群体正处于年富力强的奋斗阶段，他们已经成为民族复兴进程中至关重要的中坚力量。由此看来，百年奋斗伟大梦想的实现需要青春力量，需要"00后"一代接续奋进。正所谓"青年兴则国家兴，青年强则国家强"，新的时代发展需要"00后"大学生踔厉奋发，明晰历史使命，担当时代重任，成为民族复兴的开拓者、奋进者、奉献者。"00后"大学生是推动历史发展的开拓者。早在2013年5月4日，习近平总书记在同各界优秀青年代表座谈时的讲话强调"广大青年要有敢为人先的锐气"。他提出："青年是社会上最富活力、最具创造性的群体，理应走在创新创造前列。"[1]当今社会的核心竞争归根结底是人才的竞争，当今时代发展的重要实力标志归根结底是科技水平是否发达与成熟。新时代的强国建设迫切需要观念开放、眼界宽阔、思维敏捷的"00后"大学生充分发挥自己的聪明才智，不断提升自身的思想水平与实践能力。更为重要的是，时代发展亟须"00后"大学生树立创新思维，以敢为人先的锐气不断开拓创新，将时代的浪潮推波向前，勇当开创时代前列的开拓者和"弄潮儿"。"00后"大学生是社会主义现代化强国建设的奋进者。当前我国已步入改革开放的深水区，各种社会变革所带来的现实问题不断涌现。同时，近年来波谲云诡的国际局势对我国发展提出了新的重大挑战。加上新冠肺炎疫情等一系列重大事件的发生也使人类的前途命运面临着不确定性的危机。这些复杂多变的风险挑战迫切需要"00后"一代青年弘扬奋斗精神，成为直面各种危机挑战的奋进者。这种奋斗精神不仅需要以坚定的理想信念固本强基，而且也需要切实地体现于现实生活的实践维度之中。"00后"大学生作为拼搏的一代、奋斗的一代，需要在拼搏进取的具体实践中实现存在的意义、确证人生的价值。

---

[1] 中共中央文献研究室.十八大以来重要文献选编（上）[M].北京：中央文献出版社，2014：279.

正如习近平总书记所说："同人民一道拼搏、同祖国一道前进，服务人民、奉献祖国，是当代中国青年的正确方向。"① "00 后"大学生是实现中华民族伟大复兴的中国梦的奉献者。习近平总书记曾多次强调："国家的前途，民族的命运，人民的幸福，是当代中国青年必须和必将承担的重任。"② 21 世纪中叶我国将迎来"两个一百年"奋斗目标的实现，这一目标凝聚了几代中国人民的夙愿、梦想和希望，在这"行百里者半九十"的关键阶段，"00 后"大学生将正式接过前人手中的接力棒，从而成为民族复兴中至关重要的中坚力量。如此特殊的角色定位和时代定位，决定了他们这代人在中华民族伟大复兴的历史进程中肩负着特殊的使命和责任。他们这代人的使命意识、担当精神与创新能力；他们的世界观、人生观和价值观状况，将对实现中华民族伟大复兴的中国梦产生极其重要的影响。他们既是中华民族伟大复兴的亲历者、见证者，更是中华民族伟大复兴的参与者、奋斗者、奉献者。未来的三十年，也正是"00 后"大学生从生机勃勃的青年走向年富力强的中年这一最关键的人生阶段。特殊的时代定位和历史使命必将赋予他们的人生以鲜明的时代印记。他们的所思所想、所作所为，将对国家、民族和社会的未来发展及其走向产生极其重要的历史性影响。

2．"00 后"大学生的代际特征

"00 后"大学生作为新一代生长群体，他们的个体成长历程必然与社会发展进程是相互嵌入的，时代更迭、国际风向、社会变迁等历史要素在很大程度上决定着这一代青年所独有的心理特点、思维特征、行为倾向。正如德国社会学家卡尔·曼海姆所指出的那样："重大社会事件对不同青年群体的影响具有差异，对处于社会化关键时期（青春期和成年早期）的个体或群体影响最大，而对那些价值观和行为模式相对稳定的人群（如年长一代）影响甚小。"③ 因此，若要精准探寻"00 后"大学生的独特代际特征，必然要在深刻影响其成长的特定社会环境及与之相关的重大历史事件中获得答案。人类学家克拉克洪曾说过："价值观不仅存在于个人心中，也存在于群体之中，价值观既表征个体的价值选择倾向，又是群体共享的符号系统。""00 后"大学生一代生长在改革开放逐渐打开全方位、深层次格局并持续释放改革红利的时代，经济全球化、政治多极化、文化多元化的挑战与冲击融合交杂。加之近年来中美贸易摩擦、台海局势紧张、全球新冠肺炎疫情持续不断等重大历史事件的发生，这些社会现象不仅对"00 后"青年的思想观念产生了复杂深刻的影响，更是在个体与社会互动融合的过程中成为群体价值倾向和宏观行为模式的因果路径。

"00 后"大学生在充满不确定性的现代社会中生长，个体性格与群体性格的矛盾与融合在社会的变迁中始终保持着一定张力。一方面，个体因现代性的无根生活而加剧对自身存在的不确定性和危机感，这种现代性生存危机促使他们不得不服从于代际群体主流的思想观念与行为规范，通过将个体置身于同辈群体甚至社会整体中来获得与保障本体性安全；另一方面，群体性格作为群体所共享的主流价值符号系统，必然与个体性格特征存在差异。这种差异既对个体性格起到一定的塑造作用，也会引发个体与群体之间的矛盾。总体来看，在充满辩证张力的关系中，"00 后"的心理特征、思想观念与行为模式也发生了较为明显

---

① 习近平给河北保定学院西部支教毕业生群体代表的回信 [N]. 人民日报，2014-5-4(01).

② 习近平致全国青联十二届全委会和全国学联二十六大的贺信 [N]. 人民日报，2015-7-25 (01).

③ 参见卡尔·曼海姆. 卡尔·曼海姆精粹 [M]. 徐彬译. 南京：南京大学出版社，2002：231-232.

的变化，他们在渴望鲜明独特个性的同时，也在很大程度上期待获得社会的肯定与认同。这种复杂的代际心理特征具体呈现于以下三个方面。

在物质观念层面，"00后"大学生充分得到了改革开放的红利，他们比较习惯优越的生活环境，并且普遍认为良好的物质基础是提高生活水平的基本性保障，他们在追求物质享受的同时也愿意为了获得富足的生活而奋斗。相比于上一代普遍崇信的"公利胜私欲""克己奉公"的价值理念，"00后"大学生则大多认为追求个人的物质享受与推动社会的繁荣发展并不相悖，他们既具有强烈的民族使命感且具有为国家发展与民族振兴贡献青春力量的强烈意愿，同时又将物质生活视为生存发展的基础，认为在物质生活富足的基础上可以更高远地追求精神生活的完满和终极价值的实现。

在道德伦理的遵从与规范方面，"00后"大学生群体仍然具有强烈的道德感和责任感，他们大多普遍服从社会规则、尊重道德伦理规范。在涉及经济利益与荣誉地位的问题时，"00后"大学生往往会在注重个人利益的同时服从国家及家长权威，他们总体上认同主流的伦理规范和公民道德，自身具有强烈的主体自我意识，但并未消解对共同体的认同、信任与忠诚。当然，也有极少数大学生的道德观念在复杂的网络环境与各类社会思潮的多重冲击下产生波动，从而产生职业伦理倦怠、责任意识淡漠、精致利己主义等错误的思想滑坡倾向，这种代际特征在行为模式上表现为亲社会行为与道德推脱交织的行为实践。

在群体文化认知方面，"00后"大学生在多元兼容的基础上也产生了小众分化的圈层化认知模式。互联网5G时代是更为开放、包容、快速、高效的时代。多元开放的环境为"00后"大学生的话语创制、观念表达、议题关注提供了便捷的路径，"对社会中有争议性的话题和边缘性群体的宽容度颇高，形成了开放包容的群体文化认知"[1]。"00后"大学生不仅积极响应主流文化话题与社会主义核心价值观的文化传导，广泛参与社会生活，同时对政治议题的参与度也较高，并且敢于运用群体共享价值观和文化认知为社会边缘性事件和热点争议话题发声。然而网络时代的大数据模式也催生了"00后"大学生对信息认知的茧房化，人工智能、云计算等技术则进一步深化了他们的认知茧房模式，表现为区隔性交往、圈层化分众等追求独立个性的社交模式。这种"求同也存异"的代际特征使"00后"大学生在行为模式上呈现出趋同与区隔相伴而生的社交行为。

（二）"00后"大学生网络行为的主要类型

从总体上分析了"00后"大学生的时代定位和代际特征后，我们还需要具体考察"00后"大学生网络行为的主要特征。大学生网络行为的调研数据显示，"00后"大学生网络行为主要内容包括聊天交友、短视频和微博、查阅资料、看影视剧、听音乐、浏览新闻、看朋友圈和QQ空间、网络游戏、在线听课和报告、看网络小说、网络购物等。"00后"大学生的网络行为可以概括为四种主要类型，即网络学习行为、网络社交行为、网络娱乐行为和网络消费行为。其他网络行为因占比非常低，这里不再进行讨论。对"00后"大学生网络行为的分类不仅是对停留在现象层面的行为现状的概括，同时也在更深层次凸显出了"00后"大学生网络行为的主要动机和价值选择。正如著名社会学家马克斯·韦伯对社

---

[1] 张睿,吴志鹏,黄枫岚."00后"大学生的思想观念及行为倾向研究[J].思想理论教育,2021(6):93-99.

会行为指向性的理解：人们的社会行为绝不仅出于个人主观意向，而是与他人社会行为紧密相关，并且以他人的社会行为为指向的行为活动，即"行为者的主观意义关涉到他人的行为，并且指向其过程的这种行为"①。从行为类型着手，深入行为发生根源之中，探寻行为选择的价值指向。

1. 以"智能全息化"为特征的网络学习行为

"网络学习行为是指学习者通过网络媒介，利用计算机技术与现代信息传播技术构成的全方位、多信道、交互式的教学环境而进行的自主学习行为，是大学生学习行为的重要组成部分。"②网络学习行为是"00后"大学生网络行为中的主要类型之一，这是由大学生作为学习主体与教育对象的特殊身份所规定的。一方面，大学生作为学习的主体，处于求知欲较强的特殊成长时期，大学生对知识理论及思想文化有着迫切的内在需求，展开学习行为并满足学习需要就自然而然成为大学生日常生活的"主旋律"；另一方面，大学生作为教育对象，具有接受教育的任务和要求。智媒时代，网络信息技术与现代教育深度耦合，创生了"互联网+教育"新型教育形态，不仅强化了教育对象学习的主体性，而且为大学生提供了普遍的网络教育生态和便捷的网络学习平台。网络的开放性意味着人们在网上获取各方面信息基本是不受限的，只要你输入搜索关键字就会集中出现你要的内容，包罗万象，涉及政治、经济、历史、文化、道德、法律等。其表现形式也多种多样，视频、音频、图形、图像、文字、符号等为大学生带来了不同于以往的视觉体验，使网络学习成为大学生日常学习的常态。从这个意义来说，知识的传递方式也发生了重要变化，这种变化不仅体现在重置了教育者与教育对象的关系方面，也在一定意义上翻转了社会化主客体间的角色作用，彰显着"00后"大学生鲜明又独特的时代品格。从问卷统计数据来看，大学生对知识充满了渴望。在诸多渴求学习的影响要素中，以提升自我为目标并成为学习动力的比重最大，名师讲解则是吸引大学生在线学习的重要因素。由于不同学段的学习需求不同，低年级学生需求更广泛，临近毕业学段的学生则更加关注与就业相关的学习内容。大学生获取线上课程信息的主动性强，自助搜索、熟人推荐均是主要传播渠道。线上授课的根本特征在于，它和传统教育模式不同，即不需要依赖特定的场域或时间阶段，个性化教学、学习资源的充分调动，以及多样化学习方式则是线上课程深受喜爱的重要原因。然而，与传统线下学习相比，线上课程依然存在着缺乏学习氛围和有效监管等诸多不利因素。不难看出，高校大学生在传统学习模式以外，已经习惯并熟练地利用网络进行学习，而这也成为他们当前主要的网络行为之一。分析"00后"大学生网络学习行为，除了具象化的问卷调研，还应将其置于整个社会变迁的时代背景中进行考察。正如习近平总书记指出的："当今世界，科技进步日新月异，互联网、云计算、大数据等现代信息技术深刻改变着人类的思维、生产、生活、学习方式，深刻展示了世界发展的前景。"③2019年，中共中央、国务院印发的《中国教育现代化2035》指出："加快信息化时代教育变革。建设智能化校园，统筹建设一体化智能化教学、管理与服务平台。利用现代技术加快推动人才培养模式改革，

---

① Max Weber.*Economy and Society* [M].Berkeley：University of California Press，1978：4.
② 沈晓平，郑春芳.大学生网络行为特征研究 [J].教育理论与实践，2017(21):15-17.
③ 习近平致国际教育信息化大会的贺信 [EB/OL].http：//www.xinhuanet.com/2015-05/23/c_1115383959.htm，2015-05-23/2017-03-06.

实现规模化教育与个性化培养的有机结合。创新教育服务业态，建立数字教育资源共建共享机制，完善利益分配机制、知识产权保护制度和新型教育服务监管制度。推进教育治理方式变革，加快形成现代化的教育管理与监测体系，推进管理精准化和决策科学化。"当前，网络空间已经成为大学生日常行为活动的全域空间，网络学习资源也已成为"00后"大学生的重要文化资源，网络学习的最终目标应指向大学生的全面发展。信息技术的创造力来自真实高质量的互动，达到这种既为学生的身心健康发展又为提高课堂质量服务的信息技术才是我们期望的信息技术，而这种信息技术才会催生教育创造，否则，信息技术只会成为工具的转换[①]。故此，对大学生的网络学习行为的研究考察，不仅要从"00后"大学生这一行为主体出发，更应在社会变迁中体悟"00后"大学生与国家、社会的关系互动，如此才能让网络学习在大学生身上"发酵"，从而切实提高"00后"大学生网络学习的实效性。

2. 以"圈层脱域化"为特征的网络交往行为

马克思将交往行为理解为"类活动和类精神——它们的真实的、有意识的、真正的存在是社会的活动和社会的享受"[②]。后来，在《1844年经济学哲学手稿》中，马克思进一步指出："动物只是按照它所属的那个种的尺度和需要来建造，而人却懂得按照任何一个种的尺度来进行生产。"[③]即交往的前提是生产活动，但人有需求，人会根据自我需求，按照内在尺度进行交往实践。在《关于费尔巴哈的提纲》中，马克思又指出"在其现实性上，它是一切社会关系的总和"[④]，即人正是通过交往所创设的各种社会关系来确证自己的存在，呈现人的本质。马克思的交往理论印证着，网络社交的发端与兴起确证交往是人特有的存在方式。互联网的诞生缩短了人与人之间的时空距离，网络突破传统"在场"的界限，实现了人们社会交往方式的巨大变革，进而也改变了人们的社会存在方式。网络信息空间作为社会现实空间的延伸，是人们展开社会交往、构建社会关系、确证社会身份的重要场域。5G、大数据和人工智能高度耦合的智媒时代，不仅使"00后"大学生的学习行为扩展到网络空间，网络社交更成为其社会交往的主要方式。大学生网络社交是大学生在物理链路和数字技术构建的互联网场域中，在网络社交软件聚合起的虚拟社交群落中的交流与互动。大学生凭借着微信、微博、QQ、SOUL等社交软件，不仅实现了跨时空、无阻碍、超迅速的网络即时通信，同时也完成了自身社会交往、社会身份及社会认同的历史确证。根据艾瑞咨询的《2019—2020年中国移动社交行业年度研究报告》，当前网民对于社交类应用的使用率高达96.9%，在各类移动用户中使用频率占比最高。此外，在当前全民最流行的社交应用中，大学生对微信的使用已经超过用户总数的50%。这些数据清晰表明了一个基本

---

① 马池珠，冯薇. 教育与技术的对话——第七届教育技术国际论坛综述[J]. 中国电化教育，2008(11):21-24.

② 马克思，恩格斯. 马克思恩格斯全集(第42卷)[M]. 中共中央马克思恩格斯列宁斯大林著作编译局编译. 北京：人民出版社，1979：24.

③ 马克思，恩格斯. 马克思恩格斯选集(第1卷)[M]. 中共中央马克思恩格斯列宁斯大林著作编译局编译. 北京：人民出版社，2012：57.

④ 马克思，恩格斯. 马克思恩格斯选集(第1卷)[M]. 中共中央马克思恩格斯列宁斯大林著作编译局编译. 北京：人民出版社，2012：135.

事实，即网络社交行为已经成为大学生主要的网络行为之一。

根据问卷结果我们可以看到，"00 后"大学生是一个更加依赖同伴抑或朋辈的群体，他们对自我和世界都有着强烈的探索欲望，但在对新事物的探索中他们也会产生迷茫和不确定，所以需要他人的确证，确证的方法就是要么从他人那里获得认可、赞赏，要么就是和他人具有同样的选择。这两种都会让他们产生强烈的心理强化效应，强化对自我身份的认同。他们通过交往关系的创设，在网络中表达情感、寻找同好、确证自我。一个又一个社交类 App 为"00 后"大学生提供了"身体不在场"的交往范式，超越了时空的拘囿，微信、QQ 聊天、弹幕互动、评论留言等"屏社交"为人际交往赋予全新定义。作为"数媒土著"的"00 后"大学生，拥有着熟练操作各类 App 的天生禀赋，并乐此不疲地"运用互联网等增进相知相识相交，深入了解对方"①。

根据中国传统社会交往关系形成的"差序格局"，每个人对于自己本身而言都是独立的个体，但是在社会结构中，却都以社会性存在的方式呈现。而且对于社会性存在而言，人们在建立社会关系时，并不是以独立个体的视角平行选择不同交往对象，而是以"圆环"的方式区分不同交往对象。具言之，对于关系最近的对象，安置在最为核心的"圆环"中，其他人则以递减的关系安置在不同的圈层。这样，就出现了"自己人"和"局外人""陌生人"等区分概念。从这个意义来讲，"00 后"大学生的网络交往大致可分为熟人关系网络交往、轻熟人关系网络交往和陌生人关系网络交往。熟人关系网络交往群体是具有高关系先赋性的"自己人"，即现实生活中的亲人、同学、朋友。这类社交依托于现实中的关系基础，是对现实交往的拓展和补充。轻熟人关系网络交往群体则是处于熟人关系群体和陌生人关系群体夹层之间的群体，轻熟关系群体往往来源于两个方面：一是熟人关系的淡化疏离，二是对同好群体的选择。在这类关系交往中，"00 后"大学生的交往取向是自由而非依托于现实已有的血缘、业缘、情感等关系基础的。陌生人关系网络交往群体则属于低关系先赋性和低关系交往性的"他人"，即陌生人。该种模式的交往关系的现实确立往往源于对重大热点舆论事件的共情性交往、规律性活动的印象性交往等。这类交往有效地隐匿了交往主体的身份信息，充分促进了交往主体的想法表达。总之，网络社交超越了时空界限，扩展了"00 后"大学生社交场域，满足了情感需要，对于构建"00 后"大学生的自我身份认同、群体身份认同、文化身份认同意义重大。

3. 以"寻求感官刺激"为导向的网络娱乐行为

网络娱乐行为是指以娱乐为方式的社会文化活动，这一看似简单的概念中实则内在蕴含着双重规定性。如果从广泛意义上理解，那么网络娱乐行为可以是涵盖一切带有娱乐性质或是以娱乐化为表达形式的网络行为，意指将娱乐作为一种手段，以轻松愉快的方式将行为表现出来，从而达成目的。狭义上则是指网络游戏、网络音乐、网络视频、网络文学等特定娱乐方式，是满足自身娱乐目的、文化体验与情感需求的重要途径与实现手段。无论广义或狭义的网络娱乐行为，都作为主要网络行为类型在"00 后"大学生的日常生活中占据重要地位。随着大数据时代的勃兴，网络生活正以飞速攀附扩张，不断将网络空间拓展至大学生生活的各个向度。"00 后"大学生可以说是"互联网原住民"的一代，互联网

---

① 习近平出席第十五届中越青年友好会见活动时的讲话 [N]. 人民日报，2015-04-08 (02).

也在他们的人生中扮演着"亲密伙伴"的角色,"00后"青年本就与网络有着千丝万缕的联系。成长至今,"00后"大学生已然步入好奇心极强但身心尚未成熟的特殊年龄阶段,他们情感热烈、个性鲜明,有着独属于新一代青年群体求新求异的特征,具有较强的情感需要与认同需求。而互联网恰逢其时地以其特有的文字、视频、图片、声音、游戏等娱乐性叙事方式迎合了他们的主观需求,如信息接收的需要、话语表达的需要、情感释放的需要,以及休闲享受的需要,等等。不仅如此,移动化的新媒体还利用技术打破了大学生休闲放松、体验娱乐活动的时空边界,以"指尖触碰"的方式实现了"秀才不出门,便知天下事"的颠覆性变革,大大降低了娱乐的成本,使娱乐成为随时随地都可以享受的低成本体验。成长的依赖、需求的满足与娱乐体验的便利这三个关键性要素,使"00后"大学生迅速在网络世界中沉浸且形成了介于意识、感官、身体和媒介之间的网上娱乐行为。然而需要引起注意的是,由于大学生的心理意志、思维方式、价值判断、行为控制等方面的发展尚未成熟稳定,在面对极具魅惑性和诱惑力的娱乐活动时,他们并不具备甄别是非的价值判断力和理性控制自身行为的能力,这也是造成大学生网络行为问题的重要原因之一。在众多网络娱乐行为中,网络游戏是兼具休闲娱乐、情感宣泄、交流互动、寻求认同和价值实现等诸多功能的集成场域,是最受"00后"大学生欢迎的网络娱乐行为,因此也必然是思想政治教育须密切关注的领域。随着技术的发展与媒体的宣传推广,网络游戏以层叠的任务关卡和精美的视觉效果将大学生吸入了感官极致享受的黑洞,通过刺激视觉感官为他们带来了前所未有的情感体验。诚然,网络游戏帮助大学生释放了学习和生活压力、满足了休闲娱乐的需求,但与此同时也易于造成大学生对网络游戏的成瘾和依赖,使他们沉浸在虚拟世界,难以回归现实生活。正如法国心理学家卢西亚·罗莫等所说:"网络游戏具有多人互动、功能多样、即时性等特征,青少年能在网络游戏中缓解压力、体验权力、实现自尊,但因此也更容易引发游戏成瘾。"[1]从数据显示情况来看,大学生已经成为网络游戏的重要参与者。尚处于学习阶段的大学生,需要格外注意由网络游戏行为引发的时间异化、精神异化及自我异化等现代性生存困境。

4. 以"感性的自我满足"为特征的网络消费行为

大数据、云计算、物联网等新兴技术的崛起,标志着智能生活的Web3.0时代已经到来,我们更是转向了人人平等、全员在线、自由交互的新文明样态中。恩格斯曾说过:"随着自然科学领域中每一个划时代的发现,唯物主义也必然要改变自己的形式。"按照唯物史观的方式理解,新兴技术覆盖下的现代性消费社会必然会相应发生变化,网络消费也将成为当前消费社会的突出文化表现形式。网络消费行为是指借助信息技术在互联网搭建交易平台,通过平台实现商品交换的过程。如今在技术与流量的共谋下,消费行为已然实现了由传统面对面交易向线上远程交易的时代跨越。一方面,网络信息技术促使社会生产方式发生了前所未有的信息化转型,使信息技术生产成为社会产业结构中不可或缺的重要组成部分;另一方面,信息技术生产促使产品交换方式完成了虚实结合的数字化转型,使网络商品交易方式逐渐成为最方便快捷的商品流动交换方式。可以说,网络经济的崛起,既促

---

[1] 卢西亚·罗莫,斯蒂芬妮·比乌拉克,劳伦斯·科恩,等. 青少年电子游戏与网络成瘾[M]. 葛金玲译. 上海: 上海社会科学院出版社, 2016: 21-22.

进了人类社会经济形态发生巨大变革，也实现了人类消费行为方式发生历史性的转变。微信、支付宝、网上银行等手机应用的普及，极大地变更了现代人的消费模式。现金经过资本与技术共谋构筑的网络经济体系，摇身一变成为数字货币，人们对实体货币的使用也逐渐转换为数字货币。在这一过程中，平台资本审时度势、精准定位了全新的资本增长点，通过打造淘宝、京东、当当网等网络交易平台，在微信、支付宝等通用软件中嵌入购物小程序，在微信公众号和各类 App 中销售虚拟产品的方式，架构起庞大的网络市场，以"私人定制""指尖购物""个性化服务"等优势将人们卷入数字化消费的世界。这一里程碑式的变革也在深刻地改变着"00 后"大学生的传统消费行为。

网络消费行为已经成为当前主要的消费形式，其中"00 后"大学生属于网络消费的活跃群体。具体来看，大学生群体偏好线上购物的原因主要有以下三点。首先，源于网络商品极高的性价比。传统的商品流通过程繁杂，生产出来的产品需要经过多个环节，层层叠加利润，最终才能展现在消费者面前，这无疑增加了许多附加成本。而线上购物平台消弭了传统生产与消费的界限，能够做到产销一体，由此便可去除商品自身成本外过多的附加费用，大大降低了购买费用。其次，网络购物的便捷性是大学生网络消费的催化剂。大学生的日常生活集中在校园内，上课学习与社团活动占据了他们的大部分时间，而网络购物的最大特点就是即时性，刚好可以满足大学生利用碎片化时间来购物的需要。最后，由于线上购物需要远程邮寄来实现商品的输送，致使消费者无法在当下即时获取，这种"博弈式购物"的方式相较于传统消费而言无疑为商品蒙上了一层神秘的面纱，恰能迎合"00 后"大学生鲜明突出的猎奇心理。结合以上三个方面可以窥见，网络消费行为正以其独特的优势成为"00 后"大学生热衷的主要网络行为。

问卷调查结果显示，90% 的"00 后"大学生表示有过网络消费行为，"00 后"大学生的消费心理可以归纳总结为学习工作需要、彰显自我价值需要、获得认同需要、休闲娱乐需要这四种基本类型。那么相应地按照消费心理的划分，可以将"00 后"大学生的主要消费行为细化为以下四大类：学习创业型消费、自我表现型消费、沟通社交型消费与休闲娱乐型消费。客观而言，网络消费的确能在一定意义上满足"00 后"大学生的学习、创业、沟通交往、娱乐等多元化需求，但是面对琳琅满目的商品世界，他们也极易在追求个性消费与找寻自我价值中迷失自我，不仅会产生"剁手党"和"月光族"等冲动消费行为，以及借贷消费却无力偿还的超前消费行为，还会导致主体性的丧失，进而产生通过消费获得本体性意义并支配行为的异化问题。

5. 以"小众个性化"为特征的其他新兴网络行为

成长于开放多元包容的新世纪的"00 后"大学生群体自出生以来便享有家庭中心的哺育地位、享有优越的物质生活环境和先进的线上线下学习资源，他们的思维方式发散而敏捷、视野高远开阔、成长态度积极自信。正因如此，他们不仅具有独具一格的创新创业头脑，更擅长积极将创新思维运用到具体实践当中。如今网络世界的全覆盖可以突破时间与空间的限制，为相隔千里的人创造共同环境，同时还为不能同时在线的人设置了保存历史记录的情境回放功能。如此一来，人们无论身处何时何地都可以打破地理空间的局限性，在网络世界共享同一段时光。由此，在智能互联全覆盖的时代，部分"00 后"大学生在日常运用网络进行学习、交往、娱乐、消费的基础上，进一步开创了网络营利行为，从而为自己赚到了人生的第一桶金。网络营利行为，顾名思义便是运用互联网从事经济活动并从中赚取实际性利益的行为。许多"00后"大学生将营利的商机瞄准了智能快捷的互联网领域，纷纷运用网络技术从事获利活动。其中部分"00后"大学生在"闲鱼""小红书""抖音"等各类社交平台发布家教信息，通过平台广告的形式联系到需要授课的受众群体，建立线上联系后他们通常运用"钉钉""腾讯会议""微信视频"等方式进行网络授课，课程结束后费用的结算也全部在网上进行。不仅如此，他们还可以集中将讲授内容录制视频，以视频网课的形式打包售卖，方便无法按时上课的群体使用。这种网络授课行为不仅节约了"00后"大学生日常做家教需要耗费在路上的时间，还在一定意义上打破距离的限制，为远隔千里的学生进行授课，从而通过网上家教的方式赚取劳动费用。部分大学生则利用"网红""网络主播"等身份在网络平台直接获利。纵观各大平台不难发现，越来越多的"00后"大学生正在为变成博主而努力打造人设，各大高校的"学习博主""健身博主""自律博主""美食博主"正如雨后春笋般出现。他们先是在社交平台上通过发布视频获得流量、吸引大量粉丝，进而开设直播间，在直播中与粉丝聊天、发布广告甚至直接"带货"，利用自身的"名人效应"吸引粉丝大量购买产品，并从中赚取佣金。这种网络带货行为一方面满足了"00后"大学生发扬个性的同时又获得正向群体性认同的心理需求，另一方面"00后"大学生也能以积极进取、奋发向上的人生态度赚取日常生活所需费用。还有部分"00后"大学生精准地掌握了当前社会的消费需求，并借助网络技术进行网络创业行为。有的学生利用网络技术在学校快速建立内部网站或App，在网站或App中为受众群体提供诸如"跑腿业务""搬运业务"等各项代理业务，再将这些业务分配给有意愿赚取费用的学生。这样一来，他们不仅可以通过代办业务赚取实际费用，还可以通过设置网页"入会门槛"来抽取中介提成费用。相关调查结果表明，大约四分之一的"00后"大学生表示有过网络营利行为，这一行为的产生究其根本，源于"00后"大学生主体意识的觉醒、奋斗精神的激励、自我认同的渴望、物质生活的需要四个层面，具体可将方兴未艾的网络营利行为划分为网络授课行为、网络带货行为、网络创业行为三种类型。诚然，"00后"大学生作为学生群体，网络营利行为只占小部分比例，属于新兴起的网络行为，但是这类行为一经产生便在群体中产生裂变式的巨大影响，如今已呈现出势如破竹之态，尤其需要关注。

（三）"00后"大学生网络行为的主要特征

网络行为特征是指反映网络行为本质，并对其具有内在规定性的性质的行为。美国著名学者曼纽尔·卡斯特在《网络社会的崛起》中明确提出，"作为一种历史趋势，网络社会是信息时代的支配性功能与生产、经验、权利与文化过程中的操作和结果"[①]。这个论断包含两重含义：第一，网络时代和网络社会的来临，并非违背人类发展规律的外在结果。相反，它是贯穿于人类社会历史发展总体进程的内化产物。第二，在现时代的总体背景下，我们很难发现经济、政治、文化及其他和网络发展没有关联性领域的活动。随着技术的发展，网络与大学生的关系已经由使用与被使用的一般关系，发展为相互融入、相互塑造的

---

① 曼纽尔·卡斯特.网络社会的崛起[M].夏铸九，王志弘等译.北京：社会科学文献出版社，2001：569.

互构关系。由此，"00后"大学生网络行为特征既包括网络行为本身的基本性质，又反映了"00后"大学生与"网络行为"之间的对象性关系。因此，要想把握"00后"大学生网络行为的基本特征，既要在理论层面上澄清"00后"大学生网络行为的概念内涵，又要在现实层面分析"00后"大学生与网络的内在关联。客观而言，"00后"大学生网络行为的基本特征取决于网络信息技术对其精神世界及行为方式的数字化重构，也取决于"00后"大学生自身对网络的理解接受能力与实际应用水平，两者的作用缺一不可。基于此，大学生的网络行为主要呈现出以下几种基本特征。

1."双线覆盖"：学习方式碎片化

在智媒时代，网络活动的场域发生了重大变化。人们无须像互联网最初兴起时的那样，坐在电脑前进行网络操作，而是可以随身携带笔记本电脑、移动电话等小型电子设备，几乎可以在任何一个只要有网络覆盖的场域进行工作和学习，无须端坐在诸如家庭、网吧或其他特定场域。"00后"大学生作为移动网络的使用主体，他们在网络场域发生转变的过程中适时地捕捉到了网络场域移动化的特征。他们利用网络场域可移动化的最新转变，随时随地接收着来自世界各地的实时信息。网络活动场域的可移动化加速了当代大学生网络行为的发生频率。当代大学生利用网络活动场域可移动化的特点，在很大程度上摆脱了以往时间和空间的局限性，以网络形式不断确证自己的"随时在场"。与此同时，大学生的生活场域发生了重大变化，一方面表现为学生可以随意进行网络活动，另一方面表现为大学生不再按照"宿舍—教室"两点一线的轨迹进行校园生活，学生可以利用网络完成除睡觉以外的一切活动。在多种智媒的共同影响下，学生的大块时间被技术割裂为若干个时间段，"00后"大学生在碎片化时间周期内完成学习生活，日益成为当前学术研究和现实实践均需面对的重大课题。从根本来讲，"00后"大学生的碎片化学习方式并非源于学生主体的自觉构建，而是智媒时代技术高速发展的作用结果。也就是说，现代社会的技术变革，已经超越了传统社会的技术单线条高速发展模式，以多种技术复合的形式实现所有技术的聚合式蜕变，凭借精确的算法和逻辑推演，重组了本来自然发展的休闲时间。这样，由技术承载的数字信息，就以无所不在的方式渗透进当代民众的网络生活当中。特别是对于"00后"大学生群体而言，他们面对的不再是教材体系的知识框架，而是碎片化的信息集合。在此背景下，"00后"大学生也逐渐养成了一种碎片化的学习方式、交往方式、休闲方式等。"00后"大学生主要作为现时代的大学生群体，而且本选题也主要侧重对其学习方式的碎片化进行揭示，因此其他影响要素暂且不作过多介绍和分析。从碎片化的学习方式来看，"00后"大学生的学习模式出现的变化主要可以概括为以下两点。

其一，由于信息被技术分割成碎片式结构，所以学生面对和接收的信息和知识也主要呈现为松散式内容，即学生不再像传统语境中从始至终接受系统化学习，而是可以从多个切入点直接关联到相关主题的学习过程。这当然在一定意义上有助于同学们将不同的主题内容相互关联，实现知识的互构，但与此同时也应注意到，松散的知识联合绝非整体知识的部分呈现，因为面对碎片化的信息和知识，学生极易忽视学习这个过程本身，反而更容易痴迷于某种网络暗语、某个网络流行段子等带来的娱乐性叙事结构。

其二，传统社会向现代社会的转变过程中，信息化教学也由最初高度集中的教育群体转变为多元主体。也就是说，在现代信息技术的加持下，人们只要存在线上学习的诉求，就可以独立实现或完成，无须再以集体的或教学单位的名义参与。这样，不仅是接受线上教育的对象多了，教育对象在接受教育的过程中，也会制造一些新的具有个体特征的信息、概念、经验性总结或知识的主体解读，由此就形成了更为多元的知识内容。与之伴随的就是这些知识逐步在大众化的过程中降格为调侃的符号，丧失了知识本身的崇高性和科学性。不难看出，尽管现代信息技术在一定意义上拓展了传统的教育方式并实现了教育资源的高效发挥，但与此同时造成的碎片化学习、碎片化关系、碎片化休闲等问题，亟须得到应有的重视。"00后"大学生在线上教学与线下教学之间对学习方式本身的探求，也就不仅是对自身学习模式的确立，更是关系到当代教育实现立德树人根本目标等重大问题。

2."屏社交"主导：交往方式介质化

如前所述，网络社交存在于网络这一虚拟空间之中，以"屏"为工具，人们的交往互动在方寸屏幕之上触手可及。"屏社交"颠覆了单向度的信息传播模式，打破了媒介环境的"罐状效应"，传统"差序格局"中以地缘、业缘、社缘为纽带的社会关系日渐弱化，人与人的社会关系状态从"人—人"演变为"人—屏—人"。天生具有技术亲和性的"00后"大学生则成为"屏幕人"的代表群体，其网络交往呈现出以"屏社交"为主导的介质化特征。我们将网络社交行为分为熟人关系网络交往、轻熟人关系网络交往和陌生人关系网络交往三种类型。"00后"大学生的熟人关系网络交往对象主要包括父母、师长、同学、朋友。他们对这类交往对象的职业身份、社会地位、人物性格等多重隐私信息具备一定高度的判断和认知，所以在具体的交往过程中，也都是以绝对的信任关系呈现。对处于与父母、熟悉的少年伙伴产生空间距离起始阶段的"00后"大学生而言，当生活、学业偶遇不快时，跨越时间和空间的网络社交则满足了他们的情感需求，他们不仅用语言向父母、朋友吐露心声、讲述境遇，还会使用表情包等非语言的抽象视觉符号。如"我太难了"，一句话或许平淡无奇，但将这四字作为表情包，用麻将牌中的"南"换成"难"，则更加生动地表达了情感，可谓言不达意但图可传声。提高了与熟人关系群体网络交往的效果，也巩固了现实交往关系。与此同时也应注意到，"00后"大学生在同熟人交往时，也会在一定程度上受到对方社会地位和职业等级等相关因素的影响，由此很难在现实影响下做出自己真正诉求的客观表达。如将微信好友设置分组，在朋友圈发布动态时，仅对部分人可见或仅对自己可见。网络交往本就将人与人间的直接联系转为以网络媒介为中介的间接交往，在表情包符号、动态限制等层层介质的加持下旧时好友或沦为"点赞之交"，熟人关系群体的交往极易由高频率联系的强关系转为弱关系，并且直接波及现实交往。

"00后"大学生的轻熟人关系网络交往主要建立在相似的兴趣爱好基础之上。各类社交App根据用户填写的个人信息及其浏览习惯，无须"00后"大学生支付额外的交往费用，通过算法精准推荐为其找寻同质性交往对象，建立了超越时空的人际交往关系。"00后"大学生自由选择交往对象，交往双方所建立的互联关系是平等且互惠互利的，能够对交往对象的某部分特质形成较为真实的认知。在这类交往中，双方拥有共同的兴趣爱好，因此更容易达成一致，形成一致性的话语方式。在交流对话中，相互分享、相互鼓励，这些都让"00后"大学生获得了自我认同感与归属感。但介质化的"屏社交"不能让人真正了解屏幕另一端的交往对象，对其熟悉程度也仅限于同质性部分，故而，认知的局限性及关系的可变性都容易让"00后"大学生遭遇情感的错付和伤害。与此同时，有限的精力和时间也必然导致对其他交往方式的投入减少。如桑斯坦提出的"信息茧房"理论认为，人们在信息领域中会习惯性地被自己的兴趣引导，从而将自己的生活桎梏于"茧房"中。只选择与同好群体建立社交关系，而与差异性群体保持距离，导致在无意中陷入自我构筑的人际关系"茧房"。"现代社会是个陌生人组成的社会，各人不知道各人的底细"①。这种陌生关系群体的实质就是一种表层次的交往。"00后"大学生只要处于网络空间中，就无法避免与陌生人建立起各种社交关系。与这类群体的交往对"00后"大学生而言往往是极为轻松的，陌生人群体交往的双方隐匿了真实的身份信息，有效地保护了隐私，有利于促进"00后"大学生有效表达内心的真实想法。可陌生人社交始终属于低质量的浅社交或泛社交，无法为"00后"大学生提供实质性的帮助。当重大舆论事件在网络社交平台发酵，大规模的陌生人关系群体汇集事件评论区，极易发生群体极化现象，"00后"大学生本是具有使命感和高度社会认同感的群体，但在舆论的裹挟中，容易丧失思辨性，从而做出错误的价值选择，成为乌合之众的一员。

诚如《流动的现代性》对社群主义共同体的分析，"这种景象的共同体，就像是一个置身汪洋恣肆充满敌意的大海中的舒适安逸的普通的平静小岛"②，保持交往是人类生存和发展的必需。天生具有技术亲和性的"00后"大学生在技术急速影响下，他们的个人性格、情感特征、思想方法也在一定意义上遭受了诸多宰制。虽然可以自由分享亲密信息，但交往双方的共情感和亲密感是短暂的，对于形成长久的友谊和亲密度影响微弱。没有情感认同的机械点赞，缺乏实质精神的表情包分享，毫无真诚态度的群发祝福，"完美人设"的生活分享，方寸屏幕下介质化社交的弱关系始终无法代替现实交往的强关系，对具有先验性的熟人关系群体来说亦是如此。"现实社交所能提供的人际信任、同理心、获得感、协商边界、情绪调节以及建立自我价值感在网络社群中都难以达成。"③再反观社交媒体的现实生态，微信、抖音、微博等社交 App 各类信息纷繁芜杂，精准推送的广告、模板式的"鸡汤"视频，"00后"大学生又该如何释怀？从表象看，"00后"大学生的社交需求通过网络技术得到了满足，认同感和主体性得到了提升，但实则技术塑造决定着"00后"大学生会产生的设想和需求，让"00后"大学生走进了网络技术设下的陷阱，从而造成他们现实社交能力赤字。

3. 主体"赋权"：话语方式多元化

进入"互联网+"的智能生活时代，新生代媒体应运而生，大数据与云计算系统正以技术逻辑推动着传统社会的思维方式向"去中心化"的互联网思维转变。当前网络环境所具有的开放性和共享性特点实现了信息传播的均衡和话语权的均等，权威力量遭到消解，人从具有中心控制功能的领导组织中抽离出来，被网络赋予了"中心"和"主角"的主体性权利，从而能够在网络平台中自由地通过多元话语方式进行自我表达，并且有序地与他人交互信息。那么在这一过程中，主体赋权何以可能？而在权力的运行中，主体的话语表达方式又呈现出何种态势？这些是本节需要集中探讨的问题。要理解主体赋权的过程，首

---

① 费孝通. 乡土中国 [M]. 上海：上海人民出版社，2006：8.
② 齐格蒙特·鲍曼. 流动的现代性 [M]. 欧阳景根译. 上海：上海三联书店，2002：284.
③ 管健. "熟人社会"到"日常注重边界感"：当代青年社交需求的变化与特点 [J]. 人民论坛，2021(25):28-31.

先需要厘清何谓"去中心化"。原初意义上的"去中心化"概念源自生态学基本原理，表现为一种非线性的因果状态。引申至互联网领域，进一步呈现出开放式、系统化、平等性的辐散型结构的样态。延伸开来，网络"通过对技术性知识的利用将时间与空间联结起来"，并且与脱域机制一道从特定的中心控制系统中抽离出来，使整个网络系统呈现一种自由有序的状态。它以多点对多点的传播方式打破了信息传播的界限，解构了原有的发展模式，使社会结构由单向逐渐转变为多向。诸多节点中的每一个节点都可以摆脱束缚，经过任意自由连接，形成崭新的单元环节。在新的系统单元中，每一个节点都能成为中心化的存在。如此看来，"去中心化"的互联网思维打破了传统社会中自上而下的权威式话语体系，使互联网时代的话语建构从单向直线式向多元散射式演进。去中心化的思维在网络世界中发酵，进一步演化成用户中心思维。在平台资本逻辑的统摄下，"流量追逐"与"用户争夺"成为网络平台中的核心利益竞争，网络市场也由传统社会的生产者主导转变为消费者主导。随着"平台流量拜物教""网民用脚投票"等现象成为现实，如今的互联网时代是"以用户为中心"的时代，用户主权的时代来临了。当人成为中心性的存在，便生成了一定的主体权力与地位，并且在网络平台中获得了无差别的传播话语权。由此可见，从"去中心化"到"用户中心"思维的演进不仅解构了"权威家长式"的传统话语体系，还包含着"多元主体参与"与"主体平等"的意蕴。

万物互联、多元主体的网络时代赋予了主体参与增能的权利，传统媒介传播模式转化为"多媒共生"的多样化在场模式，主流媒体与自媒体处于融通共生阶段。尼尔·波兹曼指出："媒介的独特之处在于，虽然它指导着我们看待和了解事物的方式，但它的这种介入往往不为人所注意。"[①]自媒体时代的到来赋予了"人人都有麦克风"的话语权，话语权的解放实际上解构了"铁腕式"的权威机制，形成了以个人为中心的节点式传播模式。网络中不再存在"暗箱操作"或是"一锤定音"的单向裁决现象，舆论走向和流量的把控权更多地转移到了网民大众手中。由是观之，主体赋权的逻辑中蕴含了平等性和自由性的双重意蕴。平等性是从权利意义上理解的，具体来说，意味着网络传播主体拥有利用一切移动终端平等地抒发观点、交互话语的权限，意味着个体无须烦琐审核便可零门槛创建个人社交账号、创立自媒体，为话语表达提供平等化渠道，同样也意味着能够摆脱现实社会中阶级与身份的桎梏，使任何人都可以无差别地"零隔阂"交流。而自由性则是从行为层面来理解的，具体表现在言论自由与传播自由两方面。在网络上媒介主体能够在法律范围内从心所欲地表达关于各类事件的观点而不用受到其他人拘束，也能自由地通过点赞、评论、转发等行为扩散热议话题。他们既能自由制造舆论又能自由传播舆论，甚至可以引发网络舆论爆炸。以主体赋权为发轫之基，传统的高校教育权威面临挑战，极大地增加了思想政治工作开展的难度。习近平总书记指出："思想政治工作从根本上说是做人的工作，必须围绕学生、关照学生、服务学生。"[②]当前，"00后"大学生群体是最具代表性的大学生群体，也应当是思想政治教育重点关注的对象。因此，揭示"00后"大学生群体的话语表达方式的呈现态势是目前亟待关切的问题。

---

① 尼尔·波兹曼.娱乐至死[M].章艳，吴燕莛译.桂林：广西师范大学出版社，2009：11.
② 习近平.习近平在全国高校思想政治工作会议上强调 把思想政治工作贯穿教育教学全过程 开创我国高等教育事业发展新局面[N].人民日报，2016-12-09(01).

"00后"大学生是熟悉网络、勇于追求自我价值、个性特征鲜明、敢于表达自我的一代，同时他们之中也存在着网络沉湎、过于自我、理想信念不够坚定、社会实践历练不足等需要克服的问题。互联网的"去中心化"在一定程度上消解了传统教学模式中教育者的主导地位，从而导致大学生群体不再像以往那样坚信权威，而是更倾向于网络的多元空间，更加注重话语表达的多样化。网络话语表达是指用户根据自己感兴趣的网络议题，利用各类社交平台表达观点、态度或情绪的过程。网络媒介载体的交互性、隐蔽性、多样性和多变性及算法推荐的精准性为大学生的话语表达和个性彰显提供了条件。在这样一个开放交互、信息自由的空间里，"00后"大学生能够充分运用话语权参与公共生活、表达个人观点，以此在充满不确定性的现代社会中彰显个性、寻求认同、获得价值，进而树立主体性精神，他们的话语方式也因此呈现出更加多样化的特征。进而言之，话语方式的多样化可具体分化为参与议题多元化、叙事话语符号化、话语互动多样态这三种表现形式。网络空间营造了人人平等的氛围，赋予了"00后"大学生群体话语平等权。网络赋权使他们可以暂时悬置起学生的身份，获得与他者零距离、零差别交流的机会，这使本就熟悉网络技术的大学生群体更加游刃有余地进入公共议题的参与过程当中。调查数据显示，大部分"00后"大学生都具有较强烈的自我表达欲望，关注点从与自身相关的议题向多元化展开。在调查"00后"大学生"在网上聊天通常选择的主要话题"时，大约五分之一的学生选择政治类，大约七分之一的学生选择经济类，大约五分之一的学生选择社会新闻类，约一半的学生选择娱乐八卦类，约三分之二的学生选择日常生活类。由此可见，"00后"大学生不再局限于关注与自身相关或感兴趣的话题，而是逐渐走入互联网的信息世界，关注政治、经济、社会热点新闻类的公共议题。他们能够在网络空间中发挥主人翁意识，自觉将个人生活拓展至公共生活的向度，积极主动地参与社会热点话题和国家政治经济事件的讨论。在面对争议性话题时，有10%的学生"会在网络发布、转发、点赞未经官方证实的事件或信息"，诚然，这种现象说明了"00后"大学生尚存在缺乏理性判断的弊病，但他们也呈现出不再囿于"围观吃瓜"的状态，敢于将个人情感和观点嵌入议题的交流语境中，主动参与公共议题的点赞、评论、转发活动，共同推动事件发展进程。"00后"大学生之间的互动交流以脱离主流话语的指称关系为符号中介，在网络空间的叙事话语体系中呈现出典型的符号化趋势。无论是大学生沉迷的"造词狂欢""00后黑话"，还是从某一事件中抽离出来的"梗"，这些网络新词都倾向于远离主流话语实践，通过符号再编凸显独属于"00后"大学生圈群的叙事特征，以符号化的"能指关系"指涉"所指意义"。在相关调查中，我们发现谈及"你觉得网络流行语产生的原因是什么"的问题时，大多数的学生认为是"追求新奇独特的事物"，90%的学生认为网络流行语是为引人注意而创制并且偶然间成为爆点的话语，仅有10%的学生认为是"语言本身的发展、需求"。在谈及"你使用网络用语的原因是什么"的问题时，超过半数的学生表明为了跟上潮流，一半的学生是为了显示自己的个性，将近半数的学生表示"因为常在网络上看到，就潜移默化使用了"，这说明"00后"大学生致力于通过符号化的话语叙事风格，在突破主流话语秩序中寻求标新立异的阐释方式，从而在符号互动中达成意义认同。在所谓的"流量拜物教"的时代，谁拥有了流量数据，谁就拥有了平台资本，无论是主流媒体还是小众媒体都在竭力"引流"，为了流量的争夺大肆宣传具有猎奇性、夺人眼球的信息议题。这些具有短平快特质的信息不断冲击"00后"大学生的思维感官,影响着他们的直观思维。在直观思维的影响下,"00后"大学生之间互动交流的话语方式打破了传统的语言文化表征形式,开创了"字母缩写""数字隐喻"与"表情包斗图"等新的符号与图像互动模式。相关调查的数据显示,大部分学生都知道当下最流行的网络用语,并且基本了解网络流行语背后的"梗"。由此可见,无论是从普遍关注的热点事件中凝练出字母的缩写、将常用语简化成数字形式,还是以图像刻画直观的肢体语言与面部表情,目的都在于以相同的圈层文化为背景创制多种话语主体间互动模式。如此一来,"00后"大学生群体便能够在互动中直截了当地理解语意,进而实现主体间话语同频,获得认同感,在主流文化与圈层文化、宏大叙事与生活叙事之间保持适度张力。总体而言,互联网技术与多媒体共生的时代赋予了"00后"大学生平等交互、言论自由的用户主体权利。在主体赋权的逻辑中,"00后"大学生群体逐渐生成网络空间中的主人翁意识,推动了参与议题的多元化发展,并且致力于以其特定的圈层文化为背景,打造标新立异的符号叙事话语,创制了多种样态的话语互动模式,旨在彰显个性与获取认同。

4. 需求直观:价值取向感性化

现代社会中,消费不再仅作为生产总体中的一个环节作用于生产力与生产关系的基础性矛盾,而是与个人生存本身价值互嵌,成为集中反映人们自由意志、个人信念及社会心态的文化表征形式。那么,作为一种文化现象的消费行为如何在网络社会中呈现出需求直观化的特征?直观化的需求如何将行为的价值取向推向感性化状态?"00后"大学生在网络消费时代的感性化消费又存在哪些新特征?这是本文要深刻阐释的问题。鲍德里亚曾提出"消费已然不是人的真实消费,而是意义系统的消费"[1]的著名论断,他将意义系统嵌入消费行为中,赋予消费行为一种全新的象征形式,使人们"不会再从特别用途上去看这个物,而是从它的全部意义上去看全套的物"[2]。从这个意义上理解,消费行为不再是纯粹获取商品使用价值的理性选择,而是成为彰显价值、弥合意义的感性选择,消费需求瞄准的"不是物,而是价值。需求的满足首先具有附着这些价值的意义"[3]。那么,一旦商品所具有的意义和价值的象征形式被赤裸裸地展现出来,与之相对应的消费需求也就呼之欲出了。日本经济学家三浦展认为,在现代性消费社会中,"适合自我"是存在意义的关键词,消费需求在现代性社会中被等同于"适应自我"与"寻找自我"[4]。由此可见,消费社会不仅表征着金钱互动的过程,更是将全部人生价值和自我实现的意义体系纳入其中,建造了凌驾于金钱之上的意义王国,从而把消费行为同人自身的个性发展与自我认同结合起来。

在平台资本与媒介技术的共同作用下,网络媒介将需求传达推向极盛时期,消费成为网络时代独有的媒介文化景观。媒介运用各种渠道将商品赋予特定的价值属性,而平台资本则运用大数据处理和云计算等数字技术不动声色地将意义扩大化、将需求弥散化,甚至直接通过平台将购买链接推送至移动终端,信息无孔不入地覆盖了全部网络空间。在媒介与技术的精妙配合下,类似于"刚刚通过新闻了解到购买某种商品带来的意义价值,它就

---

[1] 让·鲍德里亚. 消费社会 [M]. 刘成富,全志钢译. 南京:南京大学出版社,2014:7.
[2] 让·鲍德里亚. 消费社会 [M]. 刘成富,全志钢译. 南京:南京大学出版社,2014:3.
[3] 让·鲍德里亚. 消费社会 [M]. 刘成富,全志钢译. 南京:南京大学出版社,2014:59.
[4] 三浦展. 第四消费时代:共享经济的新型社会 [M]. 马奈译. 北京:东方出版社,2014:67.

在手机上以推送的形式出现了"的现象将获致普遍性。如此一来，我们日常生活中的全部消费需求都在网络媒介的刺激下呈现出直观化的特征。然而，随着网络媒介的丰盛，琳琅满目的商品使自由追寻自我的人们产生了深深的不确定性，甚至陷入不安的状态之中。为了获得信任与安全感，人们的信念逐渐相对化，消费需求也越来越在意社会的认同与他人的眼光，正如马克思所言，"一切需要，其中也包括表现为社会需要的个人需要，即个人不是作为社会中的单个人，而是同其他的人共同消费和共同要求的需要"。于是，个性化的消费逐渐与感性作用相结合，人们"通过这种感觉、这种生活方式来实现自我，既要表现出与其他人的不同，又能被社会接纳"。因此在消费行为系统中，价值取向大于理性选择且呈现感性化态势，这一特征的显现在"00后"大学生网络消费行为中尤为鲜明。网络世界将空间从具体位置中抽离出来，导致传统社会中的社会关系"摆脱了本土情境的过程以及社会关系在无限的时空轨迹中再形成的过程"。当一维空间被打破，历史与未来相互交织，整个生存空间呈现出虚空化状态，为人类生存提供了极大的风险与不确定性。"00后"大学生成长于网络勃兴的时代并且与网络形成了亲密的胶合关系，因此他们群体特征的复杂性也就随之显现出来——"00后"大学生既是向往自由、张扬个性的一代，同样也是缺乏安全感、渴望认同的一代。他们一方面希望自己与众不同，另一方面又因深知差别的有限性，故而渴望与他人相同。于是他们便游离在"大众化"与"差异化"之间，企图通过两面镜子来映射出真实的自我。在这一矛盾过程中，情感、欲望与虚假需求无疑起到了推波助澜的作用。网络信息空间充斥着海量信息资讯与多元价值文化，既为"00后"大学生的日常生活提供了极为丰富的感性情感体验，同时也带来了极为剧烈的意识形态冲击与价值观念挑战。网络信息技术一旦融入社会现实生活之中，那么必然会被打上文明的烙印，并逐渐成为一个国家、一个社会乃至一个民族所独有的文化媒介，正如尼尔·波兹曼在《娱乐至死》中对技术与媒介之间关系的论述，"一旦技术使用了某种特殊的象征符号，在某种特殊的社会环境中找到了自己的位置，或融入了政治和经济领域中，它就会变成媒介。换句话说，一种技术只是一台机器，媒介是这台机器创造的社会和文化环境"[1]。网络消费已然作为一种具有特殊象征符号的媒介景观，全息化地进入了"00后"大学生的生活空间。在相关调查中，谈到"网络购物的意愿来自哪里"的问题时，大约三分之二的学生表明是为了宣泄情绪，超过半数的学生表示，是因为"跟风随大溜，身边人买了我也要买"，不到半数的学生是因为明星爱豆同款和代言，仅有大约五分之一的学生是因为个人实际需要。从调查结果来看，"00后"大学生的消费行为注重感官刺激、满足情感享受与实现群体认同，导致他们极易忽视对网络信息的理性判断，从而深陷到感性体验之中无法自拔。网络媒介恰好占据了"00后"大学生心理情感的薄弱环节，通过对消费行为的"情感赋魅"和"意义包装"[2]吸引好奇心重且缺乏理性研判的"00后"大学生群体，以商品情感化的方式将消费鼓吹成一种宣扬情感、表达意义的手段。我们以"邀请某明星代言某品牌系列产品"的现象为例来深入理解这一过程：明星代言的方式可以引发粉丝效应，从而吸引狂热追星的"00后"大学生群体。这样一来，消费的需求就从"购买商品"精妙地转化为为偶像打

---

[1] 尼尔·波兹曼. 娱乐至死[M]. 章艳译. 桂林：广西师范大学出版社，2004：110-111.
[2] 乔治·瑞泽尔. 赋魅于一个祛魅的世界：消费圣殿的传承与变迁[M]. 罗建平译. 北京：社会科学文献出版社，2015：138.

call，通过将商品情感化的过程来实现对"00后"大学生的情感拉拢。不仅如此，"明星同款"的商品还隐喻了大众化潮流，能够引发从众心理，通过消费明星产品可以与大众同步，进而获得社会的普遍性认同。最终在情感与意义交织的夹攻下，"00后"大学生往往欣然接受感性化的消费过程。拉康曾说："人总是欲望着他者的欲望。"[①] 如果说情感是"00后"大学生消费的催化剂，那么欲望则是产生消费行为的深层动机。消费不仅代表实际的购买能力，在广告媒体铺天盖地的时代，消费行为更多地被赋予了符号价值的意象。"00后"大学生受自身欲望的支配，企图通过对物的实在占有来追逐平等、自由、个性、认同等抽象的意识形态，将自我价值与社会价值的实现寄托于消费行为中。然而，欲望并不是全部源于内心的真实需要，在广告媒介制造的"伪性构境"中，真实的欲望也可以来源于虚假的需求，在这种情境下，消费需求更多来源于媒体的劝诱。承接上一段中我们提到的"网络购物的意愿来自哪里"的问题，绝大多数学生表示消费意愿来自主播强烈推荐，同样有很多的大学生表示是受到购物狂欢节氛围的影响。可以说是媒体的循循诱导为"00后"大学生提供了虚假需求，并以此激发他们的购买欲望，这种深层次诱导欲望的行为极易对缺乏理性判断和自制力的大学生群体造成负面影响。调查数据显示，大约五分之四的大学生都有过分期付款的经历，分期付款的商品中数码产品、护肤彩妆、游戏装备、个人服饰类别所占比重较高，且绝大多数学生选择分期付款是因为商品价格超出了一次性付清的能力。由此看来，"00后"大学生消费行为的感性化取向在情感的催化、虚假需求的刺激和欲望的引诱下，极易出现过度消费、超前消费等新现象与新问题，亟须思想政治教育发挥价值引导功能加以应对与解决。

（四）"00后"大学生网络行为的新趋向

朝气蓬勃、思维活跃的青年群体，面对着纷繁复杂的网络虚拟世界，其网络行为也展现出了新的趋势，网络行为失范的现象也掺杂其中。伴随网络信息技术的不断革新，同传统网络活动相比，"00后"大学生的网络活动也出现了一些新变化和新趋向。在现代社会历史背景下，分析"00后"大学生网络行为的新趋势，是思想政治教育学科当代发展必须回应的理论问题和现实课题，有利于培养青年大学生在社会多变性中掌握和贯彻正确政治方针和价值导向的基本能力，同时也有利于推动青年学生在新历史阶段的全方面发展。为此，我们主要从四个方面阐述当前大学生网络行为的新样态。

1. 从深度学习不足向认知思维的扁平化转变

"00后"大学生网民群体相较于其他网民群体，自我控制能力和自我防护能力都较为薄弱，但由于处于特殊年龄阶段的大学生往往又具有极为丰富的学习精力、极为活跃的思维活动、极为强烈的个性需求和极为敏感的心理特质，大学生的学习模仿能力和好奇求知欲望促使其对互联网等新鲜事物的理解接受程度较高，从而也直接导致大学生更容易产生对网络信息技术的过度使用。网络已不再是大学生获取知识的主要渠道和解决问题的得力助手，而是慢慢发展成"00后"大学生"拿来主义"的支持者。从当前社会存在的主要网络应用和智能产品来看，有很多产品在外观设计、视觉效果、图像创制等方面做出了充分

---

① 张一兵. 不可能的存在之真：拉康哲学映像[M]. 北京：商务印书馆，2007：153.

的准备，即以更容易让人接受的方式予以呈现。面对纷繁复杂的学习产品或应用软件，无论是学生本人还是学生的家长，都很难在第一时间能够形成具有理性的科学认知。原因有二：第一，多样化的学习应用以各种夸张的宣传语诱导和欺骗大众，只有当主体真切选择并开始运行以后，才能发现其真正的价值所在。可是即便如此，客观事实也已经表明，主体在选择和使用的过程中已经消磨了较多时间，原有的深度学习的意愿也被降格为简单的形式遵循。第二，由于主体在日常的学习生活中都是接受整体化的、系统化的知识体系，但是数字时代推出的智能产品，恰恰都是以松散的知识模块供学生研究，这也在一定意义上造成了知识点和知识体系难以衔接的问题，由此，"00后"大学生的深度学习也极易转为对个别的、特殊的问题的松散理解。

从数字时代网络运行情况来看，几乎很难找到一款独立的学习类应用。当然，这个仅是学习应用本身的问题，也包括其他很多电子产品、应用软件，都存在多种技术交互作用、多种信息交叉、多种宣传叠加的情况。究其根本而言，主要是现代信息技术已经和数字资本成为一种"共谋"式的结构框架，所以"00后"大学生即使选择某一款学习软件进行学习，但也无法逃避遭受资本宰制的可能性，这种可能性体现在：当主体正在利用某款软件学习时，却要被迫观看一个完整的视频广告，或被动接受某一个信息的推送。在这种情况下，各种广告弹窗和娱乐资讯的精确推送，也都在一定意义上影响了"00后"大学生的深度学习情况，最终流俗于关于网络现象类信息的学习和把握，从而失去了最初的探究本意。除此之外，大学生群体生理上还处在上升发育期，主体意识还处在基本成形时期。大学期间的学习方式和内容要求学生自主学习成分较高。当今时代互联网又是进行学习的更有效、更便捷的途径之一，已经成为大学生最主要的信息学习资源来源，互联网在大学生心中的地位已经成为不可或缺的学习工具。但是我们也应该清楚地认识到，网络世界的虚假成分，作为实际存在的个体在虚拟的网络世界中则拥有一个或者多个虚假身份，每一个身份都是互联网整体环境中的独立存在。虽然处在现实中的个体都有不同的身份和角色，但是这些个体的不同方面都属于同一个主体意识，或者说都是源自同一主体意识的不同表达。由于互联网环境中各个子环境不相关联，沉迷于其中一个或者在不同的环境中进行角色转换，就容易对大学生真正的主体意识造成影响，影响大学生主体意识的形成。互联网为大学生提供了宽广的网络学习平台、多彩的娱乐方式、全新的认识世界、建立交往关系的窗口，多层次、全方位地丰富了大学生的生活。网络的开放性意味着人们在网上获取各方面信息基本是不受限的，只要你输入搜索关键字就会集中出现你要的内容。各种信息总量的迅速攀升，将导致互联网传播环境呈现向自由性发展趋势，从而导致供传播的互联网信息失控。海量互联网信息的产生，在政府监管不到位时则让互联网变成"信息宝库"的同时，也将其催化为藏污纳垢之地：一是表现为信息流动的失控，二是表现为信息内容的失控。这种复杂的互联网生存环境使部分大学生信息选择越来越茫然，迷失了自身的原有价值观与目标，信息获得途径也越来越单一化地依靠着互联网，缺乏网络信息就像缺乏臂膀，使各类学术行为、互联网信息行为严重失范，甚至诱发了犯罪。究其原因主要是大学生的主体意识在未最终形成的过程中，受到互联网的影响导致主体意识中道消解。

2. 从无意识行为向具有文化意图的实践转变

"00后"大学生网络行为的最新趋向，还体现为这个群体在网络生活中从最初的无意识行为逐渐转为具有群体文化标识的实践活动，即从一种基于主体自身的特殊诉求或个体活动，逐步转向为具有群体特征的整体行动。区别在于，这个整体行动不是以群体联合的方式，而是多个独立的个体在没有约定和准则的情况下，自觉探寻出来的表征他们自身的文化实践。首先，现代网络应用本身就包含文化因素。前文已有论述，科技在当代的创新发展，已经远远超出传统时期技术取得的进步，这种创新已经不是囿于科技领域本身的技术突破，而是在一定意义上构成了变革现实世界的重要力量。在当前科技的整个变革活动中，它将商业资本和大众文化安置在技术领域，实现了"三位一体"式的架构模式。由此造成的后果便是，以"00后"大学生为主要代表的网络大众，在面对互联网、信息技术、多媒体等现代创制时，也不再像以前一样只是直观地面对技术本身，而是面向着广告背后体现的"急速变现"话语、符合主体特征的"文化符号"，以及能够突破常规限制的"超凡技术"。这样，"00后"大学生在网络活动中，他们所做出的每一个具体的网络行为，就逐渐从主体根据需要出发的个体行为，演变为趋向技术导向的文化实践探索。换言之，问题的关键不在于个体能在何种程度实现自己的原初需求，而是这种具有文化表征的实践活动能在何种意义上成为确证他们自身的存在依据，而非同主体相互异化的外在活动。其次，"00后"大学生已经不仅仅是在网络环境中进行一般的网络实践，这种实践本身还以一种叙事的范式存在。"00后"大学生在网络生活当中，他们既是脱离于网络以外的现实主体，同时也是虚拟空间中的能动个体。在现实与虚拟两个空间的交互作用下，"00后"大学生会更为充分地发挥自身所具有的能动性特质。这个能动性特质不仅体现在他们作为主体对外在对象的搜索、查阅、运用，更体现为他们本身就作为一种网络空间主体的角色，自觉构建一套网络结构化的生存文化。换言之，"00后"大学生的每一个无意识的网络行为，并非相互独立的单项活动，反而是都在以某种终极目标为最终指向，从多个角度出发搭建起来的立体实践。这种被称为立体的实践，一方面超越以往主体的单线条能动活动，另一方面也以对道德、素质、教育、行为、伦理等诸多文化属性的探求，表征为主体关于自己在网络环境中的文化叙事。他们既是叙事的主体，也是所有文化实践背后蕴含叙事逻辑的运行对象。从这个意义来说，"00后"大学生并非有意识地要实现某种文化实践，而是他们的行为本身，就已经表明他们作为网络主体自觉地投入网络文化实践当中了，而且这个实践的直接呈现，本身就是他们的文化特征和他们对于网络世界本身的叙事范式。最后，"00后"大学生从网络行为转向文化实践的另一个表征，还体现为他们在现象学层面对网络应用的痴迷和对网络技术本身的热爱。在诸多网络应用中，我们可以主要将其分为通信类、游戏类、社交类、购物类等软件，"00后"大学生当然可以根据自己的需要进行自主选择。但是问题的关键恰恰在于他们对于不同网络应用的选择，在满足需要的同时，也将逐步转变为即时感受的意外获得，而且他们越是依赖网络应用满足自身需要，他们的精神快感就越发明显。一个显而易见的事实就是，"00后"大学生在使用网络应用时经常发现，他们在网络生活中获得的远远比现实生活中会多出很多，尽管很多获得或实现的活动都是虚拟的产物，但是由此带来的精神快感却是现实生活无法弥补的。这样，"00后"大学生就在这种虚拟精神的构建过程中逐步缺失自身的主体性特质，沦为被网络游戏、网络视频、网络通信牢牢控制的特殊群体。他们就在对网络应用和网络技术的双重迷恋的同时，逐步变成了被现代网络文化影响的主要群体。就此而言，"00后"大学生的无意识网络行为，尽管是依据主体需要而发出的，但是随着商业资本、科学技术、大众文化"三位一体"架构的紧密设计，他们更多地显现出为了获得视觉感受、实现精神追求、短暂的思想欢愉而自愿承担一些本就不属于这个群体的风险和危险因素。从这个意义来讲，"00后"大学生的无意识网络行为并非主体基于需要进行选择而逐步变成的文化实践，反而恰恰是现代网络技术高度发展的后果，只是这种技术后果以文化的方式呈现在这个特殊群体的特殊方面了。因此，我们比以往任何时候都更需要界定当代网络技术的发展限度，同时也必须从思想政治教育的学科属性出发，为"00后"大学生在网络世界中文化实践的自觉生成探寻出一条有效路径。

3. 从娱乐诉求向身份认同的趣缘转变

网络以一种全新的技术逻辑渗透到"00后"大学生日常生活的各个领域，为他们的生存实践与社会交往创造了打破空间限制的在场环境。网络空间塑造了多种媒介融通共生的场域，不同的网络媒介会产生特定的传播受众，于是受众群体首先被各类媒介分化为不同对象群体。彼时的群体划分只是由于网络传播媒介引起的简单区隔，尚未形成统一的群体心理，群体性质也仅为"无意识的异质性群体"[①]。随着"00后"大学生主体意识的觉醒，他们在网络空间中的行为活动开始由简单的信息获取转向有意识的多样化行为。此时的大学生群体便开始以个性化差异为衡量标准创建、融入、形成"有目的意识的同质性群体"[②]。按照古斯塔夫·勒庞的观点，派别一致是建立同质性群体的第一步。所谓派别，是指从属于不同阶级却由共同的信仰联结而成的群体。"00后"大学生的群体划分更偏好于依据自身的兴趣、爱好、需求等个性化目的，通过网络学习、网络社交、网络娱乐、网络消费等行为凸显其独立性、主体性和选择性。那么，在网络媒介空间与大学生生活空间高度叠合的时代，圈层发生了怎样的变化？象征着"00后"大学生圈层取向的主观意图转向又呈现何种趋势？这是本节内容需要理顺的问题。

网络空间突破了传统地理学意义上空间领域的局限性，利用互联网技术将身处于不同地区的人联系起来，赋予了圈层以脱域化状态。于是圈层化现象从地理控制因素中抽离出来并且拓殖至网络世界，呈现出私密性、高黏性和排外性特征。在资本宰制和技术控制的双重逻辑下，网络世界充满了不确定性，而网络空间的无边无际和虚拟失真似乎也在向"00后"大学生印证着这一点。当外部网络环境存在风险与预警信号时，人们往往会选择凝聚在密闭的交往圈层中来获得安全感，由此引发了"00后"大学生网络时代圈层取向的私密性，而网络时代信息茧房化和内容符码化的特质则进一步推动了私密性圈层取向的生成。在私密性圈层中，"00后"大学生通过"语言加密"或是"思想编码"的形式在圈群中传达着同质性话语，以绝对私密化的传播方式影响他们的网络行为。"00后"大学生对圈层取向私密化的共识进一步推动圈层呈现出高黏性特征。在外部环境愈加多变的冲击下，圈内环境会更加紧缩亲密，私密化越是赋予圈层成员相对稳定的安全感，就越会催生成员之间高度信任和相互依赖的状态。"00后"大学生之间的同质性群体本就基于相似的思想情感、价值认知、兴趣喜好，这些内生动因促使他们走到一起且自发地形成圈层，如今他

---

① 古斯塔夫·勒庞.乌合之众：大众心理学研究[M].冯克利译.桂林：广西师范大学出版社，2015：219.
② 古斯塔夫·勒庞.乌合之众：大众心理学研究[M].冯克利译.桂林：广西师范大学出版社，2015：221.

们对圈层外部的网络环境和对现实世界的陌生感也在作为外部因素将他们反推向"舒适圈"。在这种交往空间极度压缩的窘境中,"00后"大学生只能通过高黏性的圈层交往来获得安全感。那么在私密性和高黏性的共同作用下,圈层的排外性便不难理解了。随着媒介传播多元化发展,网络虚拟因素不断渗入"00后"大学生的圈层文化中,既定圈层群体的生成意义在虚幻中显得格外真实,而新生圈层的生成意义则会变得难以建构,甚至新圈层的生成会被视为一种剥离、消解既定现状的潜在性威胁。在保证本体性安全的前提下,固定下来的圈层必然会将新圈层的生成视为破坏因素,从而在圈层的内部生态环境中生发出一致对外的排他性。"00后"大学生的圈层属性在外部环境与内部生态交互裂变黏合的状态中发生了深刻的变化,成为内部因同质性趣缘黏合、外部因异质性情感区隔的嵌套式圈群。对于生活维度与社会关系相对简单的"00后"大学生而言,分化圈层的群体心理则主要是兴趣爱好,正是相同的趣缘诉求吸引了同质性伙伴。"00后"大学生大多将圈层内部视为相对稳定的安全区与舒适圈,随着圈层性质的变化,内部圈层的趣缘取向从追求纯粹的娱乐享受向寻求群体身份的认同转变。

  尼尔·波兹曼在《娱乐至死》中提出,"一切公众话语都日渐以娱乐的方式出现,并成为一种文化精神。我们的政治、宗教、新闻、体育、教育和商业都心甘情愿地成为娱乐的附庸"[①]。在媒介传播与技术逻辑的合谋下,平台资本以泛娱乐化的逻辑对缺乏理性判断的"00后"大学生造成精神麻痹,通过为他们提供即时性、全息化的娱乐体验渠道,劝诱大学生沉溺于娱乐消遣的逻辑之中无法自拔。在泛娱乐化的驯化中,"00后"大学生逐渐将网络游戏、网络直播、网络文学等娱乐休闲活动视为愉悦精神的重要方式。但是随着"00后"大学生主体意识的觉醒,他们不再仅仅使自己沉迷在碎片化信息的自我娱乐当中,而是能够形成有意识的圈层文化意图,以"趣缘"为同质化黏合剂,在圈层内部通过边界意识凝聚高度的身份认同感,从而在虚拟化的网络空间中获得真实的信任、依赖与存在的意义感。可以说,圈层的生成始于同质性趣缘的吸引,在相互吸引的基础上,圈层构建了初步相对稳定的形态,随着圈层化的纵深发展,推动圈层进一步强化的动力便由无意识的同质吸引转向具有目的性的主观意图。我们具体以"网游圈"和"直播圈"为例来分析。在网络游戏领域中,资深大学生玩家首先会基于在游戏中相同的爱好而相互吸引,但是随着与圈层成员的纵深化交往,他们不再将游戏世界单纯视为释放压力、刺激感官的场域,而是在圈层化交往中通过娴熟的操作手法彰显自己的游戏能力,从而获得圈内群体的普遍性认同。在网络直播领域中,经常喜欢观看网络直播的大学生通过共同关注的主播建立起同质性趣缘,并通过线上互动、互相提醒开播信息等形式与圈层成员保持高度联系,其主体性意图在于扩大交际圈层,在与具有相同爱好的人的信息交互中确证自身在群体中的身份认同感。

  综上所述,在网络媒介空间与大学生生活空间高度叠合的时代,"00后"大学生的圈层化交往呈现出私密性、高黏性与排他性的特征,且在外部圈层环境与内部圈层生态的相互作用中,"00后"大学生的圈层取向由无意识的泛娱乐化诉求转向了寻求身份自证的主体性意图。

---

① 尼尔·波兹曼. 娱乐至死[M]. 章艳译. 桂林:广西师范大学出版社,2004:4.

4. 从个体情感体验失真向现实世界的陌生化转变

不同于真实的现实世界，网络世界因为具有身体在场的弱化和情感体验的中介化等特征，形成了一个与现实世界并行不悖的虚拟世界。虚拟在为人们带来不确定性的同时也为人们构筑了一个充满意象与想象的"伪性构镜"，可以弥补人们对现实世界的失落，承载人们对理想生活的幻想。可以说，网络世界以其强大的技术手段缔造了一个随心所欲的"乌托邦"，弥合了理想与现实的鸿沟。这样一个充满希望的新世界对向往自由、渴望权力、期盼平等的"00后"大学生而言极具吸引力，但是缺乏成熟的自制力和理性价值判断力的他们也极易迷失在庞大的虚拟世界中，导致他们过度沉溺于网络接触而不能自拔。

美国精神病医生 Ivan Goldberg 根据美国精神病学会《精神疾病诊断与统计手册》第四版中关于药物依赖的诊断标准，结合网络信息技术在社会现实生活中持续渗透的时代背景，以及网络对人们思想行为方式产生的深刻影响，发现了"网络沉溺障碍"（Internet Addiction Disorder，IAD），以此来解释说明一种忽视现实生活世界的网络使用失控行为[1]。学者 Kimberly S. Young 又进一步提出了"病理性互联网使用"的概念，以更为科学且客观的方式来审视人们网络行为中出现的依赖沉迷问题，并将对网络信息技术的无节制过度使用及沉迷理解为"无沉溺物质作用下的冲动控制障碍"[2]。这是一种由于反复使用网络信息技术导致的慢性或周期性的着迷状态，给人们带来难以抗拒的再度使用欲望，同时还会对于上网所带来的快感产生心理和生理上的依赖，进而使身体与感官知觉发生变化。网络沉溺现象不仅能够清晰地反映出虚拟世界对人的思维方式、心理状态与感官体验的作用机制，而且对"00后"大学生网络行为的发展趋势也具有至关重要的影响。网络的虚拟性弱化了身体的在场性，使人的精神世界处于系统化的宏大叙事之中，人的精神借助网络世界能够短暂地从身体中抽离出来，突破人体的极限，任由"思辨之马任意驰骋"，并且延伸至无限可能。网络虚拟世界仿佛一个巨大的空间黑洞，放大了人的欲望、刺激着人的神经，而身体却始终置于虚无状态，于是直接性的感官知觉遭到弱化，以碎片化、中介化的符号代替了意识与知觉同构的直接感官刺激。正如麦克卢汉提出的"媒介四元律"[3]理论，网络以媒介为载体并通过技术控制了人的生活，网络媒介是人的感官延伸，这个媒介因技术而强化，以虚拟取代了现实，并且与现实世界拉开距离。

如此一来，知觉系统无法与真实世界建立直接性的联系，那么始终处于凌空蹈虚状态中的人就会缺场对外在事物的真实感受，从而以体验的真实替代了真实的体验。精神的强化与身体的缺场构成了人本身的结构性矛盾，导致人们在遇到真实的事件时"似乎会感到在虚拟中比在现实中更为具体"[4]。也就是说，网络虚拟世界中的"真实"并非现实世界中可感的真实状态，而是神经系统根据"真实状态"的经验性体验模仿制造而成的"仿真"

---

[1] J.Gackenbach.*Psychology and Internet Tntrapersonal，Intrapersonal，and Transpersonal Implication*[M]. Academic Press，1998.

[2] K.S.Young.Internet Addiction The emergence of a new clinical di sorder [J].*Paper presented at the 104th annual meeting of the American Psychological Association*，Augustll，1996.Toronto，Canada，1996.

[3] 马歇尔·麦克卢汉.理解媒介：论人的延伸[M].何道宽译.南京：译林出版社，2011：97.

[4] 安东尼·吉登斯.现代性与自我认同：晚期现代中的自我与社会[M].夏璐译.北京：中国人民大学出版社，2016：25.

模式。这种"现实倒置感"使人们陷入真实与虚拟失序交替的认知混乱中，而网络媒介则扮演着"使事情所以然，而不是使人知其然"的角色，久而久之人们将呈现出"操作主义"的特征，不再进行双向度的反思，而是沉溺于虚拟世界的单向度思维模式，使概念的意义等同于一套相应的操作，最后变成令人昏昏欲睡的定义和命令。由此看来，对网络虚拟世界的沉湎将会导致个人感官知觉与情感体验失真，进而产生对现实世界的陌生化转向。在网络虚拟世界的宰制下，"00后"大学生的网络行为将产生新的趋势与走向。具体而言，主要表现在道德规范、人际交往与情感关系三个方面。

首先，"00后"大学生对网络虚拟世界的沉湎会弱化其道德意识，易于催生网络失范行为。媒介通过网络为"00后"大学生带来了一个"乌托邦"式的自由世界，在这个言论自由、行为自由的开放性空间中，人们的语言、情绪、行为却并非像"桃花源"般理想。网络言论的良莠不齐、网络行为的边界效应都在冲击着现实世界中体系化的道德意识与价值观念，也存在弱化"00后"大学生道德观念的事实。"真实世界与虚拟环境的交叉点越来越多，多到我们分不清哪个是真实的，哪个是虚拟的，甚至虚拟的也可以变成真实的"，长时间对虚拟世界的沉湎会使"00后"大学生对虚拟与现实产生道德认知混乱，甚至会迷失自我，将虚拟世界与现实社会的道德规则混为一谈，以虚拟世界的道德放任消泯现实生活中的道德规范，从而导致"00后"大学生的道德观念式微，甚至产生道德失范行为。这一现象是思想政治教育领域需要进行多重审视并加以引导的重要研究课题。

其次，虚拟的人际互动模式使人们的沟通交流以中介传递、符号语言和介质系统传递的形式将现实社会中复杂的人际交往简约化，这种规避现实社交原则的网络空间虚拟互动必然会对"00后"大学生现实生活中的人际交往关系造成冲击。沉湎于虚拟世界的"00后"大学生会生成现实与虚拟之间的"错位倒置感"，产生角色认知混乱，虚拟与现实之间的矛盾使他们无法将多重角色与真正的自我建立联系并实现统一。当矛盾无法调节时，沉迷于网络世界无法自拔的"00后"大学生不得不在二者间进行取舍，缺乏理性判断力的他们往往会选择更为熟悉的空间领域，于是便逐渐忽视现实社会中的道德规范与社交原则，将网络世界的相处模式设定为社交习惯，以虚拟规则代替现实的交往原则。长此以往，他们将缺乏道德伦理意识与社会责任意识，甚至社会功能退化，进而形成孤僻、自私、不合群的不良人格。

最后，"00后"大学生对虚拟世界的沉迷将导致他们的情感关系淡漠疏离。依靠网络"弱纽带"建立起来的人际情感关系呈现淡漠疏离的特征，看似在与他人进行情感交流，实际上却只是对着屏幕进行符号化的情感表达。当情感被编码并且需要通过介质来传递时，"00后"大学生的丰富情绪也就丧失了真实的情感氛围和具体语境，仅仅以图像化、文字化的浅表形式呈现出来，"隔着金属线路与玻璃荧屏，人际往来被淡化成浅薄的功能性对话，人际交流被移植到电子屏幕中"，大学生不得不依照虚拟交流的规则重新审视自己的情感需求，将复杂的情感需要简单化、符码化，以至于再热烈的情感也只是以轻描淡写的形式表述出来，久而久之他们便会形成面具化人格，进而造成情感淡漠、关系疏离的现象。概而述之，"00后"大学生对网络虚拟世界的沉湎将会导致他们将现实生活与网络世界混为一谈，这种虚实颠倒的"错位倒置感"迫使他们产生一系列的角色混乱与认知冲突现象，致使"00后"大学生的个体情感体验失真，从而生发对现实世界的陌生感。而对现实世界的陌生感也在进一步影响着"00后"大学生的行为观念,造成了他们道德观念式微、社会功能退化、情感关系淡漠等问题症候。

二、网络环境对大学生的影响

网络环境为大学生提供了轻松、随意、缺乏严肃性、多元化的玩乐环境,这就使大学生能够接触到与以往现实环境不同的世界。在这里,他们可以以玩乐为主,可以逃离现实环境,可以不必背负过多的学习与生活压力,可以忘却激烈的斗争与获取生存和自由的艰辛。在网络环境中,大学生在缺少道德约束、缺乏自我规范、各种思想观念相互碰撞的条件下,逐渐使其传统的价值取向解体。网络在现代社会对大学生日常生活产生的重大影响,早已不是学术研究和现实探索中的新论调了。但是就网络行为逐步成为大学生日常生活中一种主要的行为方式而言,这的确是思想政治教育当代发展中的一项重要议题。比如,从眼花缭乱的网络游戏到短平快的短视频,从快捷的网络购物到多样的网络应用,从独立的网络营销到泛化的网络信息,以及纷繁复杂的网络文化在不断冲击大学生原有的价值观念和思维方式,这些都极有可能导致网络行为失范现象的频发。从根本上来看,人们的行为实践需要遵循一定的社会规范共同维系必要的社会秩序,这是人类社会系统得以正常运转的基础。但从另一个角度来说,相同的行为在不同的场域所产生的效果可能存在较大差异,特别是在虚拟形态的活动场域中,大学生的网络行为极易因场域环境、网络文化、话语导向等多种因素而产生违背社会规范的失范行为。即是说,大学生现实生活的每一个领域与互联网技术相结合,都有可能会滋生出失范行为。那么,在互联网技术逻辑主导下,网络失范行为是如何发生的?当前"00后"大学生网络行为又具有哪些典型的失范现象?如何从虚实交织的时空结构和"00后"大学生独特的身体特征和心理特质出发分析当前大学生的网络失范行为缘何频发?对这些问题的回答是探索如何实现"00后"大学生网络行为价值引导问题的关键。

(一)网络环境对大学生人格的影响

现时代,全国高校的大学生已经成为网络世界活动的"主力军",他们经常活跃在各大门户网站和其他相关平台当中,对社会新闻、时事热点的新闻关注度较高,但是他们对这些问题的思考方式与价值态度,并未完全在正确意义上显现。这不仅极易造成他们对一般问题的错误理解,也会在一定程度上影响、干扰甚至阻碍大学生的成长成才,同时也将极大地增加大学生思想政治教育的工作开展难度。

在网络环境下与现实生活中保持人格的统一是网络环境下大学生心理健康的评判标准之一。约三分之一的大学生认为他们会出现有时候分不清现实与网络中的人际关系的问题,说明网络环境对大学生现实人际关系产生较大影响。而且由于大学生认为在网络环境下所受到的道德约束要小于现实环境,就有可能使他们在网络上发泄自己的情绪而不考虑道德约束频率和深度更高。虽然有一部分大学生基本同意网络环境中的自我与现实环境中的自我没有什么区别,但仍然有相当数量的大学生认为网络环境对自己不仅有影响,而且有很大影响，甚至影响到自己在网络中如何宣泄情绪。可见重视大学生在网络环境下心理健康的教育已经成为高校心理健康教育者不得不关注的问题。

人格的形成离不开特定的社会环境，当个体所处的社会环境变化时，他的人格稳定性与系统性也会随之发生改变。网络环境在给大学生带来各种便利的同时，也会带来很多包含不健康信息的内容，而长期处于这样的环境中，必然导致判断力较弱的大学生在人格发展方面出现不健全的现象。比如我们生活中越来越关注的网络游戏，虽然能够给大学生带来消遣与娱乐，但长期沉迷于网络游戏不仅会造成孤独症的产生，还会产生网瘾。在这样的背景下，就不难理解网络环境下大学生会产生自我封闭，不愿与他人面对面交流的现象，严重的还会导致大学生人格的分裂。

此外，网络环境还会导致大学生的人格出现变异：一是偏执型人格，大学生表现得比较固执、敏感、多疑，情绪变得容易暴躁；二是分裂型人格，大学生面对现实环境会沉默、胆怯、孤僻；三是情感型人格，大学生长期受到网络的影响而产生持续性的情绪抑郁或情绪高涨；四是爆发型人格，由于网络环境中缺乏道德约束，导致大学生容易将现实环境中的不满、不平转变为网络环境中的报复心理，最终导致其在微小的刺激下就会爆发出强烈的愤怒与冲动。

（二）网络环境对大学生情感的影响

在网络环境中，网络隐匿性、信息低门槛性等让大学生暴露在缺少道德约束、缺乏自我规范、各种思想观念相互碰撞的情况下，逐渐使大学生原本传统的价值取向解体。在网络环境的虚拟性作用下，大学生的性格可以由网络环境影响而改变，也可以由大学生自己重新塑造。在网络环境下，大学生缺少社会、学校、家庭道德和行为束缚，致使他们在网络环境下更容易展现自己真正的想法，宣泄自己对他人和社会的不满，造成双重人格。同时大学生也可以依据自己的想法、兴趣建立自己的网页、空间，在网络环境中塑造另一个自己。而这种无限制的自由感与虚幻感，使他们不愿面对现实环境的挫折与压力，形成脱离于现实环境的虚拟化性格。情感是大学生网络环境下心理健康考核的重要指标之一。

在网络环境下当代大学生心情出现郁闷的情况下，很多大学生选择上网来调节心情，情感是个体对外界事物与现象的态度及体验的总和，它通常是源于外界某种刺激，进而引发个体生理变化而产生。情感属于非智力因素，它能作用于人与人之间的交流，激发大学生的学习活力。网络环境的出现，虽然开阔了大学生的视野，开发了大学生的思维，但不可避免地会给大学生情感带来各种考验。其一，大学生在网络环境下对信息的接收并处理，会导致他们情绪起伏不定而出现学习兴趣低落、脾气暴躁而无法安心学习，使其情感出现损伤而无法正常学习。其二，在宽松和自由的网络环境下，大学生不再受到现实环境的各种约束，从而丧失主动性与自觉性。这将表现在现实环境中缺乏情绪准备，处处被动。其三，网络环境会使大学生疏远现实环境中的人际关系，他们会利用网络环境缺乏道德监管的漏洞发泄情感、破坏人与人之间的信任，造成自身情感的损伤。网络环境缺乏人与人之间的交互作用，无法获得真情交融的体验，使他们的情感变得越来越淡漠。

（三）网络环境对大学生意志的影响

个人意志在心理健康中占据着重要地位，有着坚强意志的人将很容易抵御外界环境对其心理的影响。而在网络环境方面，意志又体现在大学生是否能控制自己的上网时间和上网频率，同时也包括如何使用网络工具，使用网络工具具体做什么，如果能很好地控制自己的上网时间，仅仅充分利用网络进行学习或必要的交流，则说明其拥有良好的心理健康水平，反之则说明其心理健康水平较低。意志是个体采取有计划的行动、克服各种困难与挫折而达到自身预设的目标的心理过程。意志的主要表现为自觉、果断、坚韧等诸多品质，然而网络环境会对大学生的意志造成较为严重的影响。

1. 使其意志力薄弱

在新媒体快速发展的时代，各类自媒体行业不断孵化，网络作为人类有史以来最大的信息交流场所，为人类学习教育提供了新方式，网络环境的便利性与娱乐性将会对大学生产生吸引力，特别是在大学生遇到困难时，网络环境可以为大学生提供压力缓解的空间，分散其注意力，使其放弃原有的目标与理想，导致预设目标不能达到结果。同样作为信息交流场所，网络中也包含大量的垃圾信息，具有优秀判断力和自制力的大学生必然不会受到网络世界中各类不良信息的困扰，而一些自制力较差的学生可能受到冲动、好奇等心理的引导观看色情暴力内容，这也是部分学生出现网络心理问题的重要原因。

2. 轻率与冲动

近年来大学生情感问题日益突出，他们常常因为情感本能和冲动行为而陷入困境。冲动行为是人类天生的本能反应，但在大学生阶段，这种本能往往会受到各种因素的影响而失去了平衡。第一，大学生冲动行为的原因之一是青春期的身心变化。青春期是一个充满挑战和变化的阶段，身体和心理上都经历了巨大的改变。这种变化使大学生的情感容易波动，情绪不稳定，导致他们更容易发生冲动行为。除此之外，大学生在大学求学的阶段还面临着较大的学业、人际关系等各种压力，这些压力也会加剧他们的冲动行为。第二，网络环境下，各类媒体与商家为吸引大学生会给他们提供各种暗示，促使其经常做出过于轻率的错误判断。大数据时代下，各个网络平台的"猜你喜欢"直接将信息推送到用户面前来。网络数据时代，每个人都在网络世界"裸奔"，毫无隐私可言，而大学生自身也会更加容易在网络环境下缺少考虑主客观条件，缺乏周密思考，从而做出冲动的行为。第三，网络社交媒体的普及也对大学生的情感本能和冲动行为产生了影响。社交媒体提供了一个让大学生表达情感的平台，但同时也加剧了他们的冲动行为。在社交媒体上，大学生往往会因为一时冲动而发布一些不理智的言论或行为。这些行为可能会对他们的形象和人际关系造成负面影响。因此，大学生需要学会控制自己的情感，在社交媒体上保持冷静和理智。

3. 承受挫折能力弱化

新时期大学生带着梦想走进校园，希望成为有理想、有知识、有责任感的合格大学生。然而，困难和挫折是大学生活中客观存在的，每个人都会遇到的，所以应对挫折是大学生的必修课。其中，学习困难、生活困难、人际关系困难、就业压力加大，是学生遭受挫折的主要原因。有的大学生面对挫折百折不挠，一个个克服；有的学生逃避现实，不思进取，他们面临着非常严峻的学业、就业与情感压力，而网络环境恰恰向大学生提供了舒缓压力的环境，甚至会提升大学生对自身的评价。当大学生在现实环境中产生委屈、不满的情绪时，将会依赖网络环境寻找心理平衡，久而久之就会造成承受挫折能力弱化。

4.认知冲突

互联网作为一种多元化的基础交流工具，具有高度的包容性和复杂性，各类观点和意识形态在网络世界中迅速发展、不断成熟，学生能够在自由的思想环境中畅游，获得新知识、新技能，但也正是由于网络的高度包容性决定了网络世界中存在大量的错误观点和有害信息，大学生作为社会经验较少、判断能力较低的群体，经常受到有害信息干扰，使大学生的思想观点、理想信念不断遭受着冲击。

（四）网络环境对大学生社交的影响

在网络环境中，不存在特定机构的约束，个体有着充分表达自我主张的空间，而且可以采取隐匿的方式任意发表言论而无须担心自己身份的暴露，甚至个体还可以采用多种角色参与活动。在与他人交往的过程中，个体不必担心交往的对象是怎么样的人，只需依据对方的反应随时沟通，畅所欲言，张扬自己的个性。网络的出现对大学生最直接的影响就是社交圈的扩大和社交方式的拓展。然而正是由于这些原因，导致大学生开始在网络上寻求支持、帮助与理解，而那些自控能力较差的大学生就极易受到网络环境的吸引，在人际交往过程中丧失自我，甚至被不法之徒欺骗，导致心理受到极大的伤害。

目前"00后"大学生的年龄大多在20岁左右，这个年龄段的青年可以说都是在互联网的世界中成长起来的，他们更多的是将网络作为一种生活场域，就像衣食住行一样日常和普遍，而不是作为一种技术手段或者方法载体。尤其是新冠肺炎疫情暴发以来，无论是个体、企业还是政府，都在借助互联网连接学习和工作生活，整个社会朝着全方位的数字化发展。在这种社会氛围下，虚拟社会和现实社会之间的界限感越发模糊，社会个体尤其是心智尚不成熟的"00后"大学生在接触网络过程中，很容易因过度沉溺于互联网技术构建的虚拟网络世界而忽略与现实社会的关系，进而产生一系列沉溺性失范行为。网络沉溺，也可称为"病理性互联网使用"（Pathological Internet Use，PIU），主要是指人们对网络信息技术的无节制过度使用及沉迷，也可以理解为"无沉溺物质作用下的冲动控制障碍"[①]。目前学界对于"网络沉溺"的概念界定并没有形成较为权威的共识性认识，因而本文所使用的"沉溺性失范"这一概念，主要表示因对网络信息技术的无节制过度使用及对网络虚拟世界的过度沉迷而产生的一系列呈现失序状态的行为。从本质上来说，沉溺性失范的发生，归根结底是由于虚拟关系对现实关系的过度侵占，导致个体现实生活秩序和规范的紊乱和失衡。通过互联网信息技术支撑下的网络平台吸引机制、控制机制和干预机制，自上而下地调控和垄断个体的注意力，使网络世界的虚拟关系得以牢牢占据个体的精神世界，致使人们从事现实思维活动和实践活动的时间、空间被严重挤压，甚至被完全侵占。其中吸引机制在于互联网根据大学生日常网络浏览记录应用算法推荐技术，运用大数据、云计算等智能化算法，为用户量身定制专属于自己的信息平台，以最大限度地吸引大学生的好

---

① K.S.Young.Internet Addiction The emergence of a new clinical di sorder [J].*Paper presented at the 104th annual meeting of the American Psychological Association*，Augustll，1996.

奇心和注意力。在此过程中，互联网平台还会通过一定的控制机制和干预机制增强互联网和用户之间的黏性。以抖音和快手为例，此类短视频平台会在视频播放和刷新的界面，通过刻意隐藏播放时长等时间概念、设置无限制下滑的视频快速切换方式，以及构建短平快的内容供给模式，使用户沉浸在虚拟的短视频世界中无法自拔。大学生沉溺性失范的特征主要体现在，个体无法通过自控力有效摆脱虚拟关系对自身精神上的控制，过度沉溺于虚拟的互联网世界中，因而脱离了现实时空学习、生活及社交的正常轨道。进一步来说，人的本质是一切社会关系的总和，这种个体与现实的脱序，只会使大学生越发陷入一种虚无、紊乱和矛盾的状态，最终导致网络虚拟世界对个体思维方式及心理状态的负面作用，影响大学生的身心健康发展，甚至影响社会的稳定有序。

在网络环境下，大学生的社交存在着隐蔽性、可塑性、多中心性的几个特点[1]，大学生通过不同的窗口与界面的切换，可以依据自己的爱好与兴趣随意定义自己的角色，而且可以在不同的虚拟世界中扮演不同的角色，对自己在虚拟环境与实际环境中的定位进行随意的改变。这种徘徊在不同的虚拟自我与现实自我之间的关系，将很难使大学生对自己形成完整而统一的认知，从而导致自己不能正确地开展社交活动，导致大学生在社交方面存在一定程度的困难。"00后"大学生网民群体自我控制能力和自我防护能力还比较薄弱，又具备较为充沛的学习精力和极为活跃的思维活动，更容易深入接触纷繁复杂的网络世界。对于大学生而言，网络社交已成为生活中的一部分。学校通知传达、社团活动组织、日常交流无不依赖社交网络。学习、生活、恋爱、交往无不需要社交网络应用。从社会发展需求看，仍处在青年阶段的大学生在心智、思维和对社会的认知能力上仍处于懵懂状态，处于从未知向已知过渡的状态。大学生渴望得到认同，渴望与世界、他人建立联系。而社交媒体的出现正好与大学生强烈的社会交往需求相匹配。

然而，当虚假的美颜、滤镜横行，"晒图"变成修图，当分享成为炫耀，交流成为宣泄，虚拟的"朋友圈"似乎正在走向扭曲，而沉迷于虚拟"朋友圈"的大学生更容易在网络的洪流中迷失自我。而且，网络社交归根结底属于"虚拟社交"，"虚拟社交"虽然在形式上扩大了社交圈，实质上却缩小了大学生的"有效交际圈"。因为这种"虚拟社交"大部分属于"点赞式"或"广播式"的社交，徜徉在社交网络中的大学生可能前一刻享受着娱乐与喧嚣，下一刻放下手机却变得更加寂寥和孤独。社交媒体的设计思路使它具有容易使人"上瘾"的属性，而相比中学时代，大学阶段的学习与生活环境相对宽松，如果大学生本身自制力不足，让各种五花八门的社交媒体成为强势一方，加速入侵到自己的学习生活中，无意识下随时随地就拿出手机各种"刷"，强迫性使用现象愈演愈烈，那么他就已经在不知不觉中被社交网络绑架。而沉迷的背后是对社会技能学习的忽略和现实生活中对人际交往的疏远，现如今，这股网络力量随着互联网信息技术的进步越发强大，如何防止当前"00后"大学生被互联网力量"牵制"，进而成为"虚拟世界"的附庸，则成为当前大学生价值引导的重要课题。如果处理不当，就会干扰大学生的认知及情绪控制，致使真实社会中社交技能水平降低，甚至引发抑郁等心理问题。

---

[1] 李延香，袁辉. 网络环境下计算机病毒及其防御技术的研究与实施[J]. 自动化技术与应用，2016 (7)：36-38, 64.

（五）网络环境对大学生表达的影响

在互联网的技术框架下，网络世界所特有的虚拟性、隐蔽性和即时性等特点，为个体在虚拟社会场域进行各种形式的信息传播和自我表达提供了极大的便利，人们也由纯粹的舆论消费者转变为舆论场的参与者甚至是舆论的生产者[1]。从调查数据也可以看出，与受到诸多约束和限制的现实表达相比，参与网络舆论发声的门槛更低，自由度更高。当前"00后"大学生更乐于在网络上输出观点、宣泄情绪。但现阶段网络监管的不足、网络平台约束力的弱化等问题的存在，为一些暴力性的、反权威的、集体性宣泄等非理性化表达行为的产生提供了可能。网络信息传播中的失序性失范，主要是指由于非规范化和非秩序化的非理性网络表达而导致的网络空间失序和混乱状态，并对现实的人造成了一定伤害。非理性的信息传播和自我表达在虚拟社会场域中十分常见。有学者指出，非理性表达通常是建立在本能和感觉等非逻辑思维基础上的行为，而情绪化则是此类行为最为突出和明显的特征[2]。尤其是在针对某一热点事件或热点人物的讨论中，正常的观点交流和互动，极易通过互联网舆论传播的扩散效应上升为群体性的无秩序情绪宣泄。对此，有学者在2017年通过对以网易新闻为范例的在线新闻跟帖评论进行内容分析后发现，负面情绪化的评论是较为普遍的，尤其是在负面叙述框架主导下，网友的负面情绪化表达更为强烈[3]。而诸如谩骂、诽谤及人肉搜索等网络谣言或网络暴力行为都与网民个体或群体的负面情绪有着重要关系。个体层面的网络谣言经过网络舆论的传播和发酵，会进一步激发网民的负面情绪，进而演变为群体层面的网络道德审判和网络暴力[4]，这种影响网络社会秩序、违背道德和法律规范的行为延伸到现实社会，便会产生一系列不利于社会稳定有序的失范性后果。如2021年成都四十九中学生坠楼引发的群体极化事件等。总之，由非理性网络表达所引起的失序性失范，其内在逻辑是利用互联网强大的信息整合能力，将现实的具体事件转化为虚拟社会场域的语言和符号，并通过互联网的倍增效应扩大舆论影响力，进而对现实社会场域中的特定对象造成更大的伤害，甚至演变为社会公共危机。当前"00后"大学生失序性网络失范行为主要表现为群体表达极化、参与网络谣言传播、参与或实施网络暴力。其中，群体表达极化是当前"00后"大学生网络行为失范的主要表现形式之一，且呈现出影响持续扩大的态势。群体极化是指"团体成员一开始即有某种偏向，在协商后，人们朝偏向的方向继续移动，最后形成极端的观点"。在交往日益圈层化的网络社会，大学生因相同兴趣爱好形成或加入某些虚拟团体，如"趣味群体"，个体对某网络议题评价的倾向性在加入网络群体讨论后会表现得更加明显。而虚拟社会的匿名化和隐蔽化特性，更容易激发群体成员的非理性行为，使群体表达更加趋于极端化，以致走向网络暴力。如当前大学生俨然已成

---

[1] 张春颜, 刘煊. 后真相视角下网络舆论反转的主体行为、情境类型与规避策略分析[J]. 学习论坛. 2019(7):56-63.

[2] 曲纵翔, 潘剑瑛. 有序与失序之间：社会弱力场对网络非理性表达的"准静止态"调适[J]. 东北大学学报(社会科学版), 2021, 23(2):72-79.

[3] 党明辉. 公共舆论中负面情绪化表达的框架效应：基于在线新闻跟帖评论的计算机辅助内容分析[J]. 新闻与传播研究, 2017, 24(4):41-63.

[4] 刘绩宏. 网络谣言到网络暴力的演化机制研究[J]. 当代传播, 2016(3):83-85.

为追星的主力，据综合电商平台Owhat发布的《2019偶像产业及粉丝经济白皮书》可知，追星付费粉丝的主要群体为"95后"及"00后"，这个年龄段的粉丝大多还是在校大学生。资本的逐利性助推了粉丝群体的组织化和规模化，而在"粉丝群体效应"下，一些大学生粉丝为了维护自己的爱豆，不惜参与粉丝骂战、造谣八卦、恶意炒作等群体极化行为中。类似一些明星粉丝对骂事件等，部分"粉圈文化"逐步演变成社会所抵制的"粉圈恶臭"。另外，参与网络谣言传播、参与或实施网络暴力，也是当前大学生失序性网络失范行为的主要表现形式。根据调查数据可以了解到，当前大部分大学生存在转发、评论或点赞等未经官方证实消息的行为，这种行为一定程度上会助推网络谣言的传播与发酵，尤其是在突发性社会公共危机发生期间，网络谣言的传播不但不利于政府权威的树立，更不利于社会危机的消除。而网络暴力与群体极化有着密切关系。群体表达走向极端化的后果，便是网络暴力的发生，即以虚拟社会场域的软性暴力，对现实社会个人或群体造成实质性伤害，比如侵犯当事人的隐私权、名誉权，甚至是生命健康权。如粉丝群体之间网络骂战常常演变为对粉圈中某一"大粉"的人身攻击。部分大学生并没有意识到网络群体表达极化带来的现实后果，甚至把互联网当作"言论自由"的法外之地。由于"00后"大学生的社会经验还不足、理性认知能力和心理成熟度还不够，因此很多大学生在虚拟社会场域中的"非理性互动"往往是无意识的、被动参与的。那么如何针对大学生这一特定群体参与网络非理性表达行为进行有效的价值引导，成为当前思想政治教育工作中的重要议题。

三、网络环境下大学生心理健康标准

网络心理健康标准属于心理健康的组成部分之一，然而相比心理健康它却是一个顺应时代发展而出现的全新概念，可以认为网络心理健康标准就是个体在虚拟的网络环境中或网络环境作用下对个体心理状态进行评价的准则。与现实环境中的心理健康标准最大的区别点在于，它是建立在网络环境这种虚拟的社会情境基础上的。但是从心理健康标准的角度看，虽然它适用于网络环境，但评价的仍然是现实环境中活生生的个体。因此在探讨网络心理健康标准的同时，应当借鉴心理健康、网络心理健康、心理健康标准等概念及研究成果。笔者认为，网络环境下大学生心理健康标准应当包含以下几方面内容。

（一）正确的观念与意识

判断一个人心理是否健康的关键是在正常智力条件下是否具有符合客观事实的认知。这点在网络环境下就表现为人应当具备正确的观念与意识。网络是一把"双刃剑"，它带给当代高校学生的影响是双面的，既有其积极的影响也有其消极的影响，如网络可以让大学生更为便捷地获取知识，与他人更加快捷地交流。然而过度地使用网络则会让他们容易迷失在网络之中，导致各种心理疾病的产生。因此高校学生正确的网络心理健康观念与意识包括以下五个方面。

第一，对网络的积极影响与消极影响有正确的认知。

第二，能够对自己上网的时间进行合理安排，养成良好健康的网络使用习惯，有明确的网络使用目的。

第三，对于网络中大量的信息能够正确地甄别，并妥善处理网络与现实之间的关系。

第四，有良好的自控力，能够对各种心理健康障碍进行辨识和抵御。

第五，在网络使用过程中有规范的道德约束。

（二）保持网络与现实两种环境下的人格统一

人格是具有一定倾向性、能够代表个体的心理特征的集合，包括个体的能力、气质、性格、理想、价值观等多重因素。网络的虚拟性、想象性与多样性造成大学生能够随意以任何角色在网络中交往、发表言论，而这与现实环境有着明显的区别，也同时造成了大学生双重人格的产生。这种网络环境与现实环境不同的人格有时可能是和谐统一的，有时可能是严重对立的，有可能会造成严重的心理健康障碍。这就需要大学生保持网络与现实的人格统一。

（三）网络与现实环境均有着良好的情绪情感

良好的情绪情感能够让大学生心情愉悦、乐观、平静，进而具备较强的社会责任感，更好地进行学习、生活。然而由于网络缺乏道德监管作用，极易成为大学生不良情绪宣泄的工具，久而久之网络就丧失了其原有的情绪调节功能，使大学生消极情绪上升，出现心理健康障碍。

（四）意志健全

它是指大学生能够正确辨识网络与现实之间的关系，能够抵御网络中各种具有诱惑力的不健康信息，合理控制网络使用时间而不沉迷于网络，在现实生活中受挫后能够选择正确的压力缓解方式，而不是单纯依赖网络宣泄情绪和压力。

（五）保持良好的人际关系

这包括大学生不仅能在虚拟的网络环境中与他人保持良好的人际关系，还能在现实环境中与他人保持良好的人际关系，不会因网络的影响而造成人际交往能力下降。

（六）脱离网络环境不会造成身心不适

在大学生意志力下降、辨识能力不足的情况下，长期使用网络会对网络产生明显的依赖感，如果脱离网络环境就会造成焦虑、孤独、暴躁、难受等身心不适的情况，就是心理不健康的表现。

四、网络环境下大学生心理健康出现的问题

心理健康状态不良者逐渐增加，"00后"与"80后""90后"相比，具有更为优越的物质条件、日益多元的价值取向、鲜明张扬的个性特点、丰富繁荣的网络文化等时代特征，

他们大多为独生子女，存在着以自我为中心，面对困难和挫折常出现不知所措、无从下手的情况。调查资料显示，56%学生表示情绪方面容易受影响，23%学生表示行为方面容易受影响，20%学生表示并不会受到周围环境影响。情绪容易受环境感染的学生占到一半以上，这是值得关注的。调查发现，女生抑郁、焦虑、恐惧三个因素显著高于男生，男生偏执、其他（睡眠与饮食）两个因素远高于女生。农村生源大学生在各方面都高于城市生源大学生，且在强迫症、人际敏感、抑郁、恐惧四个方面尤为突出。目前，由于心理问题不能正常学习和生活而休学或者退学的大学生人数开始逐年上升。究其原因，一般有以下几个方面。

（一）自信心和自卑心的问题

自卑是自我情绪体验的一种形式，是个体在自我认识过程中对自己的能力或品质评价过低、轻视或看不起自己、担心失去他人尊重的一种心理状态。在心理学中，一般把自卑视为一种性格上的缺陷。大学生是青年中的佼佼者，经过高考的激烈竞争，他们成功地击败众多的对手而跨入大学校门，生活在比较优越的环境中，似乎不会产生什么自卑心理。然而，许多调查表明，自卑心理在大学生中并不少见，许多大学生不同程度地存在自卑心理。大学生自卑心理的形成会给他们的学习、生活、人际交往和身心健康等诸多方面带来消极影响，很多学生在步入大学校门之前，都是班级里或者学校里品学兼优的好学生，受到老师和家长的重视，心理上一旦出现任何变化，老师和家长都会及时发现、对他们进行有效的心理疏导。但是进入大学校园以后，发现身边的同学比自己还要优秀，自己则是一个不被老师和同学重视的普通学生，加上一名辅导员一般会带很多的班级，学生人数较多，无法兼顾每一名学生，使学生自己感受到了严重的心理落差，从而产生心理问题。

1. 大学生自卑心理的表现及特点

大学生自卑心理的表现形式是多种多样的，常见的表现主要有缺乏自信、兴趣淡漠、思想消沉、情绪低落、意志减退、敏感多疑、孤独寂寞、内心苦闷、谨小慎微、行为被动、回避交往、唉声叹气、经常失眠等。其表现主要有以下几个特点。

（1）片面性：表现为自我认识和自我评价上不能客观全面地对待自己。有自卑心理的大学生往往只看到自己的短处而看不到自己的长处，甚至用自己的短处与他人的长处相比，怀疑自己的能力，对自己持有消极的评价。他们常常沉浸在不愉快或者痛苦的回忆中，感到前途渺茫，无所适从。

（2）泛化性：表现为把由于某一方面原因造成的自卑情绪波及其他方面，进而对自己各方面作出普遍否定。如有的学生因恋爱失败而产生自卑，便觉得自己在学习能力、人际交往、言行举止、衣着打扮等方面都不如他人，从而进一步加重自卑心理。

（3）敏感性：表现为对自己的短处和别人对自己的评价感知敏锐。有自卑心理的大学生缺乏安全感，常常把别人的一些无关言行看成对自己的轻视，甚至怀疑别人在暗地里经常说自己的坏话。有时也会在言论上贬低他人，与他人产生矛盾和冲突。

（4）掩饰性：表现为总是担心自己的短处暴露于他人面前，因此对自己的短处常常加以掩饰或者否认。有时还会表现出很强的虚荣心，如讲究穿戴、花钱大方等。

（5）封闭性：表现为担心别人知道自己的短处，因此经常回避与他人交往，把自己禁锢起来，与他人保持一定的距离，不愿参加集体性活动，从而产生孤独感，容易形成封闭性格。

（6）退缩性：表现为常常怀疑自己思想观点的正确性，在别人面前不敢发表自己的见解或者不能坚持自己的观点，忍让退缩，附和顺从。

（7）自负性：有自卑心理的大学生有时也会有争强好胜、清高自傲、自我夸耀、只关心个人的需要，强调自己的感受而忽视他人的表现。这种外在的自负，实质是内在的自卑心理的表现。

上述这些特点并不都体现在每一个有自卑心理的大学生身上，但其中片面性、泛化性和封闭性是其普遍具有的特点。大学生产生自卑心理后，往往从低估和怀疑自己的能力到不能表现自己的能力，从怯于与人交往到孤独地自我封闭，与他人保持一定的心理距离，这样又会进一步加重自卑心理。

2.大学生自卑心理产生的原因

（1）因适应不良而导致学习上的失败

学习是大学生十分关注的重要问题。考入大学后，大学生所面临的是与中学截然不同的全新环境，尽快适应新环境是对每一个学生首先提出的客观要求。有的学生由于适应比较困难，不能有效地掌握大学的学习方式和方法，导致学习成绩下降，中学时期的学习优势丧失。学习上的失败，会使他们对自己的智力水平和学习能力逐渐产生怀疑而产生自卑心理。

（2）生活上屡次遭受挫折

大学生一般都具有较强的自尊心和自信心，如果缺乏一定的耐挫力，在生活过程中经常遭受挫折和打击，自信心就会日益减弱，自卑心理就会日益增强。事实表明，专业不理想、经常考试不及格、不能胜任工作、不被老师重视、受到同学不良评价、恋爱失败，甚至长相、身材不符合社会审美标准等，都可能成为大学生产生自卑心理的原因。

（3）理想自我和现实自我的冲突

随着大学生自我意识的发展，促使他们的自我概念分化为理想自我和现实自我两个部分。建立自我同一性，即通过修正理想自我或改变现实自我，使两者之间达到协调一致是他们亟须解决的重要问题。然而，由于大学生自我意识发展尚不完善，因此，理想自我和现实自我的一致性较低。较强的自尊心和自信心以及对理想的追求往往使大学生把理想自我的标准定得太高，而现实自我又往往难以达到理想自我的高标准。这种理想自我和现实自我的冲突，很容易使大学生产生消极的自我意识和与丧失达到理想自我的信心相联系的情绪体验，即产生自卑心理。

（4）自我评价不合理

心理学家艾利斯认为，一些负性的情绪如自卑、焦虑等都是个体对事物的某些不合理的观念造成的。自卑心理的实质就是过低的自我评价，而且这种评价时常是歪曲、片面和不合理的，表现在单一事件失败的基础上对自己作出全面的否定。如有的学生在某一方面不如别人，便常常觉得自己各个方面都比别人差，过于看重自己的短处，并夸大别人的长处。这种不合理的自我评价会使其自尊心和自信心受到严重的损伤，从而产生并进一步加重自卑心理。

（5）气质抑郁、性格内向

心理学研究表明，自卑心理与一个人性格和气质有着密切关系，气质抑郁和性格内向的人产生自卑心理的可能性比较大。有的大学生气质属于抑郁质类型，性格内向，他们对周围人的态度和评价具有较高的敏感性，不愿意与他人交往，社会适应能力不强，自信心不足。学习和生活中遇到困难和挫折时，往往缺乏战胜困难的信心和勇气，放弃目标，甚至自暴自弃。此外，具有抑郁、猜疑、害羞、怯懦等不良性格的大学生也容易产生自卑心理。

（二）学习目的功利化引发的问题

学习是指"个体经过一定练习后出现的，并且是后天习得的，能够保持一定时期的某种变化。是个体在适应环境过程中，心理上产生的适应性变化过程"[①]。学习是学生的主要任务，学习过程也是学生锤炼心志的过程，学生的不少品行要在学习中形成，学习也是求得知识技能的过程，是当代大学生的发展主线，学习的过程就是掌握事物发展规律的过程。学习是当代大学生的主要任务，是大学生获取各种知识，实现自我提高的主要途径，学习的技能、方法是当代大学生学习的基本要素。功利是指"功效和利益"[②]，功利化是指追求功效和利益的普遍意识。学习的目的是提高自我具有的技能和本领，提升适应社会和改造社会的能力。学习目的的功利化扩大了学习目的为自我服务的成分，而缩小了学习目的为社会和为他人服务的内容。当代大学生由于成长环境的不同，学习的目的各有不同，总体上来看，功利化趋势比较明显。

通过对个案报告内容的梳理发现，高校学生在学习方面产生的问题主要包括了学业压力大、学习效率低下、课业拖延、学业倦怠、学业效能感低、考前焦虑等。正如学生自述："现在我每时每刻都处于一种压抑的状态，对未来充满恐慌。挂科5门了，快要被留级，最近又有一门考查课没过。对学习有点恐惧。觉得自己这里不行，那里不行，什么还没做，该怎么办，有退学的念头……或一想到自己的学业就很痛苦，晚上睡不好。老师讲的跟我之前学习的不一样，我得花费很多时间学习；周末我还报了考研补习班，早早准备考研，我一定得考上研究生，因为这个补习班我花了家里很多钱，一定要学好，考上研究生才能证明自己，不然就会感觉自己很没用。"一般来说，出现学习问题的来访学生在认知上可能表现出对学习兴趣低、怀疑自己的学习能力、缺少学业目标等；在情绪情感上表现出考试焦虑、没有学习成就感、不喜欢甚至厌恶课业任务等；在行为上表现出学习习惯差、不能合理安排时间、故意拖延作业、不配合其他小组成员等。

1.为了完成任务而学习

受成长环境的影响，当代大学生一定程度上仍存在学习动力缺乏的现象。在高中时期，老师会给学生勾画出一个美好的大学生活，这时候的学生靠着这种对未来美好生活的向往努力学习，希望能够尽早进入美好的大学生活。而大学是一个大浪淘沙的地方，学生进入大学后，不像高中时期，老师会不厌其烦地劝导自己学习，手把手教学。学生在进入大学校园以前，在基础教育的前端，经历的是传统的应试教育环境，素质教育欠缺，基本上处于父母替代做主的状态。比如，对自己兴趣爱好的选择、对学校的选择，都是由父母

---

① 辞海 [K].上海：上海辞书出版社，2009：2604.
② 现代汉语词典 [K].北京：商务印书馆，2012：453.

做主。考大学选择专业也都是由父母帮助选择，自己主动选择思考得少。父母选择的专业未必是他们喜欢的专业，因此认为学习就是为了完成任务，为了对得住父母，为了找一份好的工作。较少地思考自我理想及自我的职业规划，使学习的功利化趋势明显。学生进入大学以后，发现大学教育是自主学习为主、老师上课为辅的方式，要求学生课下自主查资料，完善上课时自身的不足，这时候大学生很容易懈怠，产生厌学情绪，失去奋斗的目标，沉溺于网络世界，荒废学业。当自我醒悟的那一天又会后悔不已，产生消极负面的情绪，造成心理问题。总体来说，在新时代网络环境下，当代大学生学习的功利性与纯粹性并存，学习能力和网络使用能力提升。

2. 学习目标缺乏长远规划

当代大学生在大学的学习目的各有不同，有的是为了考研，将来能有一个更高的学历，增强就业择业的竞争力；有的是为了获得奖学金，解决一部分生活费支出的问题；有的是为了出国深造；等等。这些目标相对来说都不是长远目标，都是阶段性的目标。从总体上来看，当代大学生学习的目的缺乏长远规划。学习目标的短期化，也是当代大学生职业生涯规划欠缺的表现。学习目标缺乏长远规划也是当代大学生叛逆心理的表现，已经习惯了"自己做不了主"的成长模式，对于人生的思考包括学习的目标在内，都是抱有随遇而安、"临时抱佛脚"的心理。

3. 普遍重视教育"收益率"

收益率是指获得益处的多少。作为受教育主体，当代大学生所重视的教育收益率主要是指在获得知识和技能的过程中所收获和所付出的比率，这里的付出主要是指经济上的付出。当代大学生成长的环境，是我国市场经济发展较快的时期，国家在教育上的投入逐年递增，但也会收取学生一定的学费和住宿费。另外，在基础教育阶段，家长们望子成龙、望女成凤的心情迫切，在学校教育之外，还为小孩报了各种各样的辅导班、培训班，导致在整个教育的过程中"边际成本"增加，教育总成本也随之增加。因此，当代大学生认为自己是交学费来学习的，自己的学习和被教育是有经济上的付出的，天经地义就要看重教育的"收益"和"回报"。

（三）人际关系方面问题

在人际方面，高校学生出现的问题主要包括与同学、舍友关系疏离或紧张、家庭关系差、难与他人建立亲密关系、容易与他人起冲突、不敢与陌生人或在公开场合讲话等。如来访学生自述："我感觉没有人真正理解我，孤独感特别强，我很用心地对舍友们好，但她们却故意排挤我，感觉自己就像是热脸贴了冷屁股一样，看见她们一起说说笑笑我的心口就发闷得难受。"或"和舍友打架虽然是我先动的手，但明明他也有错，为什么要我赔他的医疗费，辅导员还把我换到其他宿舍，新宿舍的舍友也不怎么跟我讲话，感觉自己特别不受欢迎。"一般出现人际方面问题的学生在认知上可能表现出对自身人际能力缺乏自信、偏执或以自我为中心、不能容忍他人缺点、不容易信任他人、对他人反应敏感消极等；在情绪情感上则表现出容易害羞、紧张，有较强的焦虑感或孤独感等；在行为上表现出容易与他人起言语或行为上的争执、无法与他人建立亲密持久的关系、交往被动且容易退缩、缺乏人际交往技巧等。

有的大学生在经历了"千军万马过独木桥"之后，发现自己不如在中学时那么出类拔萃了，进而形成因嫉妒与自卑心理造成的人际障碍，认为自己不如别人，怕别人瞧不起自己。缺少人际必要的信任与理解，人际交往平淡；缺乏与同学的基本的合作精神，甚至视同学为敌手；有的同学自高自大，瞧不起别人；有的同学群体意识淡薄，以自我为中心，对周围的人与事漠不关心；我高兴、我开心就愿意理你，否则就拒人于千里之外。同学之间缺乏必要的宽容，甚至会为一些鸡毛蒜皮的小事大打出手。有的人遇事总是回避退让，整日郁郁寡欢，缺乏交往的愿望和兴趣，他们自我封闭、孤芳自赏，但又特别敏感，心理承受力差，独来独往，不愿抛头露面，不愿与人交往。

有的大学生不善于了解和掌握交往的一些知识、技巧，在交谈的过程中显得过于生硬、书生气太足。有的是认知偏见产生的理解障碍，不注意交往中的"第一印象"，不注意沟通方式，在劝说他人、批评他人、拒绝他人时不讲究艺术。有些大学生在与人交往的过程中不注意交往的原则，开玩笑不注意场合，不懂得给人留面子，或出言粗鲁伤了对方的自尊心；或不懂得尊重对方的风俗习惯；或不懂装懂夸夸其谈等。这些表现都有损于自身形象的塑造，影响了同学之间进一步的交往。

理想模式带来的失落。进入高校之后，新生大都有强烈的人际交往的欲望，但又常常感到人际交往很困难，究其原因是许多大学生对人际交往的追求往往带有较浓的理想色彩，以友谊的理想模式为标准来衡量生活中的人际关系，导致高期待与高挫折感并存。进而表现为部分大学生经常津津乐道于过去的事情，而对于现实生活中的人际交往却表现出强烈的不满。有的大学生不懂得交往在于平时的交往积累，总希望别人主动关心自己，主动与自己交往，而自己总是处于变动地位；或仅仅是一旦自己有事求人时才去"临时抱佛脚"，使对方感到无论在物质上还是在精神上都不能使自己受益，而且甚至感到是累赘时，这种交往就会终止。

大学是一个丰富多彩的世界，有的学生在这里继续着多姿多彩的生活，但对于那些本身性格内向、不爱说话、交际能力较弱的学生来说，他们很难交到朋友，无法融入集体的大家庭。影响大学生人际交往的主要因素有环境因素、空间距离、交往频率、背景相似、需要互补、交往态度、人格特征等。从心理咨询和大学生的日常生活中不难发现，有的大学生因缺乏人际交往技巧和人际交往经验，有的因性格内向或对人际交往的认知偏差等原因，导致大学生人际关系的紧张。大学生人际交往中常见的问题表现在师生关系、同学关系、亲子关系、异性关系等方面。以前在高中时期住在家里，随时有父母给予温暖。而上大学以后身边没有朋友，没有社交，没有父母的关心和照顾，这就给他们在生理和心理上带来了孤独感和恐惧感，如果再遇到交友失败，那么无疑会给他们在心理上造成重击，严重的还会患上抑郁症等心理疾病。

（四）择业方面的问题

近年来，随着高校的扩招，大学毕业生面临严峻的就业形势，使毕业生在择业过程中产生的心理问题越来越多。这种问题突出出现于大四即将毕业的学生中，他们面临着找工作的问题。这些学生会对自己的未来产生迷茫，不知道去哪里找工作，如何去找，找到的工作是否适合自己，父母是否满意等问题。他们会产生焦虑心理，如果身边的朋友找到了合适的工作自己还没有找到，或者一起面试的同学被录用自己却没有，再或者是连续受挫，一直无法找到工作，这时候会在心理上产生懊恼，很可能会自暴自弃，认为自己一无是处，从而产生自卑心理。

大学毕业生在求职过程中，当意识到客观实际与自己的主观期望产生较大偏差时，往往会产生一种焦虑浮躁的心理。表现为心慌、失眠、坐立不安等症状。多次受挫后对找工作产生畏惧心理，既希望谋求理想的职业，又担心被用人单位拒之门外，过分担心找不到工作。当机会来临时，却又无法完全发挥自己的真实水平导致失去就业机会。

同时，自负心理在如今的大学毕业生身上表现得尤为突出。部分毕业生就业期望过高，总觉得自己满腹经纶、才高八斗，工作单位提供的岗位无法满足自己的发展需求。从而盲目攀比，虚荣心不断增长，不能摆正自己的位置，导致对自己的劣势和缺点估计不足，丧失了许多就业机会。与自负相对的是自卑心理，自卑是大学生常见的一种消极的自我评价或自我意识。一些大学生在求职过程中缺乏自信心，过低地评价自己从而产生自卑心理。当求职过程中遇到挫折后，丧失了竞争勇气，于是临阵退缩。这一点在贫困大学生和农村大学生中表现得尤为突出。在择业引发的大学生心理问题上，还可以包括从众心理，主要是指个人受外界人群行为的影响，而在自己的知觉、判断、认识上表现出符合公众舆论或多数人的行为方式。从众心理在就业方面表现为毕业生一味追求热门职业和工作单位，甚至不惜放弃自己所学专业。于是把自己限制在狭窄的求职道路上，错失了许多就业机会。

在就业过程中，有的毕业生对自身缺乏理性的认识，就业信心不足，犹豫观望，就业依赖父母，依赖社会关系，依赖学校和老师。高校每年招聘季到来时，有些毕业生缺乏就业意识，对学校组织的专场招聘置之不理，等待着辅导员老师将就业信息发到自己的QQ上，在每年的大型双选会上，学生家长、朋友代替自己与用人单位洽谈的场面屡见不鲜。这些高校毕业生缺乏自我选择决断能力，不能积极主动争取或推销自己，从而丧失了许多宝贵的就业机会。

现代大学生没有经过艰苦生活的磨炼，普遍缺乏艰苦奋斗的创业精神。目前在大学生中存在着学工不爱工、学农不爱农，在毕业分配中死守天（天津）、南（南京）、海（上海）、北（北京），不去新（新疆）、西（西藏）、兰（兰州）的现象是明显的例证。在大学生求职过程中，普遍存在着攀高心理，理想职业的选择标准是"三高"，即起点高、薪水高、职位高。起点高是要求工作环境好，又有发展前途，最好是弹性坐班的单位；薪水高，就是注重经济收入，追求生活水平高；职位高就是要求社会地位高，最好是国家各大部委、各大公司。大学生要求所选择的工作要名声好一点，牌子响一点，效益高一点，工作轻一点，离家近一点，管理松一点，这"六点"是典型的贪图享受怕吃苦的表现。在怕苦心理的驱使下，学生们选择职业的面很窄，从而形成千军万马过独木桥的局面。学校一宣布某外企招聘，几个名额能有几百人参加，而一些国家需要但不能满足"六点"的单位求贤若渴却无人问津。这种局面的直接后果是增加了大学生求职的失败率和困难，有些同学长时间找不到工作就是死守"六点"的结果。怕苦的心理严重影响择业的成功率，因此大学生求职前就应克服怕苦的心理。要克服怕苦心理，首先要从思想上认识到能吃苦是一个人最基本的能力，不能吃苦就不会有事业的成功，即使是"三高"职位也同样需要吃苦。曾有过一些大学生，千方百计挤进了外企后，又很快跳槽了，其原因是受不了外企紧张的节奏和工作的高效率。另外也应认识到最艰苦的环境最容易锻炼人，也最易取得成功。例如，世界大富翁、世界级企业家、美国的哈默博士，他在23岁时已是百万富翁，他完全可以在美英这些发达国家发展自己的事业，但是在第二次世界大战结束后，他勇敢地进入百废待兴、百孔千疮的苏联，在那里他住的是从未见过的污秽的房间，与臭虫、老鼠为伴，没有洗澡间，没有面包。在这种艰苦的环境下他经营石棉、铅笔、古董等多项生意，他的事业再次取得巨大的成功。当然，要克服怕苦的心理，培养自己艰苦奋斗的作风更需要实践，大学生要在日常的工作学习中有意识地做好吃苦耐劳的思想准备，这对求职成功会大有益处。

（五）网络环境引发的心理问题

随着社会和经济的快速发展，网络化成为生活的主流，作为网络时代的大学生，与网络媒介的互动已经成为新时代大学生生活的主要色彩。在网络和信息化发达的当代，学习已经不拘泥于传统的课堂学习的形式，虚拟的互联网已经成为当代大学生学习的新媒介。当代社会经济和科技的高度发展，提出了教育终身化、全民化、信息化的要求，新时期网络环境大学生的一般心理问题如果得不到制止，那么就可能发展成为更加严重的问题，成为大学生的心理障碍。信息化是当代大学生学习的主要手段，他们越来越愿意用网上学习的方式来解决自己学习中遇到的问题，而不是请教老师或者同学，使用电脑和手机比较方便，随时随地就可以进行信息的获取，甚至在课堂上老师讲授知识的同时，他们就在用手机进行知识的确认。当代大学生与朋辈之间互动的主要工具就是具有"微"特征（微信、微博、QQ等）的网络媒介，他们每天花费在网络虚拟世界的时间是非常多的，不管是学习的需要还是交流的需要，都产生了很多与网络媒介互动的过程。现在很多多媒体特征的教学形式的出现，也是当代大学生与网络媒介互动的真实写照，比如慕课、翻转课堂、共享课堂等，学生在学习过程中都是使用网络媒介进行的。很多老师在进行课后辅导答疑时也采用了网络媒介，这也增加了学生与网络媒介互动的频率。与网络媒介的互动打破了时间上的限制，打破了传统的课堂授课的模式，提高了当代大学生学习的效率。

1. 网络沉迷

网络给大学生带来的心理健康危害最直接的就是网络沉迷问题。随着互联网的普及和信息量的急剧增大，网络吸引了越来越多的人加入，更多的信息混杂在互联网中，其便利性、趣味性、丰富性的增加也在一定程度上带来了危害。由于大学生的好奇心和求知欲的驱使，多彩的网络世界更容易导致大学生的网络沉迷。有研究显示，当今大学生平均每日花费在网络社交上的时间长达2.5小时，其中每日参与网络社交长达五小时的大学生占总人数的15%。一般意义上，大学生每日超过五小时上网时间即可认定存在网瘾。也就是说，有很大一部分的大学生在网络世界中产生了极强的心理依赖性，甚至对于部分大学生而言，相比于真实世界，他们更倾向于在网络世界中开展社交和各项活动，这是十分危险的认知。

大学生是人正确认识世界、了解世界、把握世界的关键时期，然而网络沉迷所造成的心理依赖性将会阻碍大学生的心理成长过程。例如，有网瘾的大学生很难专注于其他事物，因此在日常学习和完成作业的过程中，常常出现注意力分散、每过一段时间玩一会儿手机的情况，导致学习效率低下，学习兴趣不高，甚至可能出现抵触学习的心理。依赖性较强的大学生甚至会出现离开网络便会产生强烈的不适感和安全感低下的焦虑症状，出现即使没有社交信息仍不停查看手机的现象，影响大学生的正常现实生活。

2. 失去底线原则，责任感缺失

由于网络世界的虚拟性和隐蔽性，部分内心阴暗、怀揣不良目的参与网络生活的人会在网络上传输一些不正确的思想，而大学生缺乏足够的判断力，很有可能会受这些信息的影响。并且由于网络具有隐藏个人信息的这项功能，部分大学生认为没有人知道自己的身份，也认为在网络上发表不良言论不会得到什么惩罚，可能久而久之就会在认同感中随波逐流，使内心的恶意滋长，因此选择随意散播谣言，躲在网络的虚假身份后面肆意发表不负责任的言辞，甚至成为"键盘侠"，失去在真实生活中的道德底线和基本原则，"在网络中重拳出击"，随意利用网络伤害他人，从而导致网瘾学生成为缺失责任感和道德情操的人，给中学生的心理健康发展带来巨大的危害。

3. 不良信息引发三观扭曲

由于网络信息鱼龙混杂，而大学生缺乏足够的是非判断能力，常常容易受到不良信息的影响，从而导致其在三观建立的重要时期被错误引导，从而形成扭曲的三观。网络中充斥着大量的低俗言论，由于在部分成年人世界中缺乏情绪垃圾桶，所以他们选择在网络上发泄自己的情绪。例如，有的人今天上班不顺利就发表"想要躺平""凭什么与有钱人相比，自己要活得这么累""为什么要劳动"等非主流观点，甚至为了哗众取宠，有一些媒体人会选择虚荣炫富，这就导致了收集到这些信息的大学生的价值观、金钱观受到影响，甚至滋生出不劳而获、爱慕虚荣、过度奢侈的想法和行为。再比如，性教育是青春期的重要话题，但是网络上存在部分不良网站和黄色信息，其中不正确的性知识会使大学生对于性知识、性健康的观念产生偏差，无法正确认识身体机能的正常需求，从而产生自卑、不符合年龄阶段的行为，甚至走上影响一生的违法之路。这些黄色信息腐蚀着大学生的心理健康，严重阻碍了其身心健康发展过程。

4. 滋生暴力倾向

网络中吸引大部分大学生群体的主要内容就是游戏，然而部分游戏充满了暴力、血腥和低级趣味，长期沉迷于这样的游戏会助长学生的暴力情绪和暴力倾向。例如，大多数的打斗游戏都需要通过将对手"KO"来获得胜利，久而久之就会使大学生萌生出"用暴力才能使对方屈服"的思维链式，从而造成大学生心理情绪的扭曲，进而外化于行，酿成一桩桩惨案。研究显示，长期沉迷于游戏的人其情绪控制能力往往比未接触过游戏的人弱。这是因为在当下普遍的游戏环境中存在大量不文明的游戏行为，例如，游戏中"爆粗口""推卸责任"等。同时研究还发现，在有输赢的游戏中，接连的失败会给游戏者带来极强的暴躁、愤怒、急切的情绪，并容易将这样的情绪延续到生活中。因此，网络游戏在一定程度上会造成大学生暴力情绪的增长和暴力行为频发，给大学生情绪控制带来阻碍，从而危害其心理健康。

第三章　影响大学生心理及心理危机干预的若干因素

一、影响大学生心理的若干因素

（一）家庭因素

家庭是每个人出生、成长和发展的重要居所，其对个体身心健康的重要性不言而喻。根据发展心理学研究中关于环境与个体发展关系的宏理论和微理论框架，从生态系统的角度切入，探讨家庭因素中各维度对大学生心理健康的影响。在家庭因素对人的心理成长重要性问题上众多学者均有共同看法，由此有更多学者将视角转向实践及应用，因而在实践与应用方面的研究也更加深入细致。其中成果较为丰富的几个包括家庭结构、家庭社会经济地位、教养方式、父母的文化素质、亲子关系、是否独生子女等。诸多研究表明，家庭结构、家庭社会经济地位的高低、家庭成员关系和家庭环境等会影响学生的学业成绩、心理健康、社会情感和行为等方面的发展。

1. 家庭社会经济地位

家庭社会经济地位是一个相对复杂的概念，一般来说，主要从收入状况、教育水平和职业这三个维度衡量客观家庭社会经济地位，此外还可通过对个体的主观感知来评估，例如"我家是否有足够的钱买好吃好玩好看的东西""我家是否有足够的钱换大房子"，个体对家庭经济条件的主观感知可能会间接影响个体的行为，所以未来有待进一步探究。

家庭社会经济地位通过父母的受教育程度及青少年对于家庭经济状况的感知两类指标来测量。《心理健康蓝皮书：中国国民心理健康发展报告（2021~2022）》中《2022年青少年心理健康状况的调查报告》（以下简称《调查报告》）显示，父母的受教育程度是青少年心理健康的影响因素。

在抑郁方面，父亲和母亲受教育程度不同，青少年抑郁得分和抑郁风险检出率存在差异。《调查报告》中得出父母受教育程度为小学及以下的组，青少年的抑郁得分最高，同时存在抑郁风险的比例也更高，存在轻度和重度抑郁风险的比例在20%以上。总体上，随着父母受教育程度的提高，青少年抑郁得分和抑郁风险检出率都有所下降。不过当父母尤其是父亲的受教育程度是硕士及以上时，青少年的抑郁得分有所增加，抑郁风险检出率也有所升高。当母亲受教育程度为硕士及以上时，青少年抑郁得分显著高于父亲是本科或大专受教育程度的青少年，与父亲受教育程度是初中、高中或中专两组的差异不显著。抑郁得分和抑郁风险检出率最低的是父母受教育程度为本科或大专的青少年。《调查报告》中有关数据显示，在孤独方面，同样是父母受教育程度为小学及以下组，青少年的孤独得分最高，其次是父母受教育程度为初中组。而在父母受教育程度为高中或中专、本科或大专、硕士及以上三组间的青少年的孤独得分不存在显著差异。在手机成瘾方面，呈现随父母受教育程度提高，青少年手机成瘾问题减少的趋势。手机成瘾得分最高的是父母受教育程度为小学及以下组。母亲受教育程度为初中、高中或中专这两组间的青少年手机成瘾得分无显著差异。父亲受教育程度为本科或大专和硕士及以上这两组间的差异不显著，其他组均呈现父亲受教育程度越高，青少年手机成瘾得分越低的特征。

综上所述，家庭经济状况是青少年心理健康的影响因素，大学生处于由青少年阶段成长为青年中期阶段，因此，关于青少年的心理健康状况调查结果同样适用于大学生。父母受教育程度越高，家庭经济状况越好，大学生的抑郁得分越低，同时存在抑郁风险的比例也更低。家庭社会经济地位同样是大学生心理健康的影响因素之一，父母受教育程度低（特别是小学及以下）和家庭经济状况不佳的大学生可能在心理健康上面临更高的问题风险。

2. 家庭结构

基于婚姻关系、血缘关系和收养关系而形成的社会共同体谓之家庭。不同学科在考察家庭的时候各有侧重，学者们对家庭的概念因关注重点不同而界定不一，由此家庭结构所包含的内容也略有不同。家庭这个概念在人类学上有明确的界定：这是个亲子所构成的生育社群，亲子指它的结构，生育指它的功能。中国的家是一个事业组织，家的大小是依着事业的大小而定的。在我们的乡土社会中，家的性质在这方面有着显著的差别，我们的家是个绵延性的事业社群，它的主轴是在父子之间，在婆媳之间，是纵的，不是横的。

费孝通先生是我国社会学史上十分重要的人物，他从关系的角度出发对家庭结构进行了定义，认为我们中国人的乡土社会里面，不管是亲属关系也好，还是地缘关系也好，其实我们的这种家庭结构是一种圈子，是一种范围的划定，不同于西洋欧美那种人际关系、社会关系。中国人的家庭格局、社会关系、亲属关系，它是一种圈子的划定。有实力的人的亲友关系可以划到很广的范围，但是穷苦人家的街坊可能就只有身边一两家。有一个中国的俗语可以来引证，也就是"穷在闹市无人问，富在深山有远亲"，这充分说明中国人的这个观念是非常实用也非常有弹性的。另有一些学者关注家庭结构的组合方式，他们认为家庭结构是一种家庭人口的组合方式，主要探讨的角度为家庭类型、人口规模、夫妻对数和代际构成等。

《调查报告》中数据显示，不同家庭结构对青少年心理健康的影响是不同的，抑郁方面，在核心家庭、主干家庭、联合家庭、单亲/离异家庭和隔代养育家庭中，存在显著差异的是单亲/离异家庭与核心家庭和主干家庭中的青少年，单亲/离异家庭中青少年的抑郁得分显著高于核心家庭和主干家庭中的青少年。其他类型家庭结构中的青少年在抑郁上无显著差异。在所有关于家庭结构对子女心理健康状况的研究中，单亲/离异家庭备受瞩目，父母婚姻破裂的确给学龄儿童的身心发展和生活带来了消极影响，在《离异家庭子女的社会性发展特点》这一课题中陈会昌等人研究发现：与双亲家庭子女相比，离异家庭子女在亲子关系、同伴关系等人际关系上，不良社会性发展表现突出，存在着更多的问题行为（陈会昌等，1990）。单亲家庭中的子女是心理、行为障碍的潜在高危人群，存在较多心理健康方面的隐患，拥有更高的抑郁症比例及自杀倾向的可能性。离异家庭子女相较于完型家庭子女，在身体症状、学习焦虑、冲动倾向、孤独倾向、过敏倾向、恐怖倾向等八个方面的水平更低，心理健康状况也更低，但离异家庭单亲生活子女与再婚家庭子女的心理健康总体水平无显著性差异。由此可知，当代大学生的心理健康状况仍然受家庭结构的影响较大。

3. 家庭环境

家庭环境的概念最早由英国教育家弗农（Vernon）于1969年提出，他认为："从教育学的角度来看，家庭环境是指家庭为家庭成员创造良好的生活条件和学习条件，如基本的生活保障和学习设备。"由此可见，当时对家庭环境的理解还没有关注到可能存在的精神情感层面，仅仅还停留在物质层面。学者们对家庭环境的理解有狭义与广义之分，狭义的家庭环境指家庭中父母及其他年长者教育活动以外的自发影响未成年人个体发展的因素，可概括为物质环境、心理环境和文化环境，其中心理环境也叫家庭心理氛围，指亲子关系、亲子沟通等方面。而广义的家庭环境，指个体生活在其中的家庭各种条件的总和，包括通常提到的家庭教育，因此也有一些学者称其为家庭教育环境。

家庭环境因素会影响个体发展，不同学科对家庭环境构成要素有着不同的划分标准，心理学上认为家庭环境因素包含主客观两个方面。客观性因素不以人的意志为转移，在一定时期内无法改变，如家长的职业和文化水平、家庭的经济状况和自然结构、是否独生子女、孩子的出生顺序等；主观性因素是可以由家庭成员人为调节的，如家庭氛围、对子女的期望及家长的价值观和生活方式等。

综上所述，家庭环境指家庭软环境，包括亲密度、情感表达、矛盾性、独立性等方面。《调查报告》数据显示，父母同属于严厉养育风格的青少年，孤独和手机成瘾得分均显著高于父母是其他类型养育风格的青少年；父母同属于慈爱、关爱养育风格的青少年，比其他养育风格组的青少年有更低的孤独和手机成瘾水平；当父母其中一方严厉，另一方慈爱时，无论严厉的是父亲还是母亲，都会增加青少年的孤独和手机成瘾的风险。

在抑郁方面，父母关系越和睦，青少年的抑郁得分越低，孤独的结果与抑郁类似，父母关系越和睦，青少年的孤独得分越低；在手机成瘾方面，父母关系和睦程度不同的组间也存在显著差异，主要体现在父母关系和睦（"非常和睦"和"比较和睦"）时的保护作用，而当父母关系一般或不和睦（"不太和睦"和"很不和睦"）时，手机成瘾的得分都是相对高的，且二者不存在显著差异。

（二）社会环境因素

大学生从踏入大学校门那一刻起，首先遇到的就是自己新生角色的变化与适应障碍的问题，这个问题包括对自然环境、生活环境、人文环境及人际关系的变化的适应，对于这些变化大学新生需要有一个角色转换与适应的过程，并且在这个过程中可能发现各种各样与原先预想的不同的状况，这个过程是大学新生产生各种心理失衡的主要原因。首先，现实中的大学可能与大学新生心目中理想的大学存在一定的差距，从而产生失落感。其次是大学新生对于新的学习环境、远离父母家庭的生活、新的教学模式及人际关系不适应，而产生困惑，从而造成心理失调。此外，大学生的生活环境对于刚刚踏进校园的新生而言是一个全新的世界，新生作为大学中普通的一员与以前在中学做佼佼者的感觉会有很大反差，在集体中的地位也有极大的可能发生了改变，与其他同龄人相比，大学新生们需要面对更多的挑战，这些问题是导致心理健康问题及心理障碍的主要诱因。

环境对心理的作用是内外环境因素综合作用的结果，机体与环境的心理冲突主要表现为以下几方面。一是个体与社会环境的冲突。现代社会转型加速，科技迅猛发展，市场经济初步确立，导致社会竞争压力加大，使不少大学生精神迷茫，常常陷入剧烈的心理冲突之中。二是个体与学校环境的冲突。一方面来自学习压力，学校为了提高毕业生的就业率以在生源竞争和高校评估中居于更好的位置，于是在学科设置、课程数量、质量评估等方面给学生带来沉重的负担；另一方面来自就业压力，近年来就业形势严峻，大学生为增加就业机会拼命参加各种形式的等级考试和资格考试，使部分大学生长期处于身心疲惫的状态，从而引发心理危机。三是个体与家庭环境的冲突。高校并轨招生以来，学费成为贫困地区学生沉重的经济压力和心理负担，由此出现了贫困生的心理危机问题。四是个体与网络环境的冲突。由网络媒体所构建的虚拟空间，容易因为长时间的沉溺而使人心理变异，对于大学生来说，可能导致无法分清虚拟与现实。另外，由于受网络暴力和网络色情内容的潜在影响，部分大学生因为沉溺于网络而滋生暴力倾向，导致自我认识与现实社会产生冲突，进而引发心理失调。

当代社会思潮影响大学生思想行为的过程，是一个涉及诸多要素的复杂过程。在这一过程中，不仅有当代社会思潮的刺激，也有大学生成长过程中心理特征的影响，同时还夹杂着由社会环境所形成的诸多变量的干扰，这些因素各自又包含着繁杂的成分。除了环境熏陶、社会发展等因素，从个体心理的角度剖析当代社会思潮影响大学生思想行为的具体机制，对促进大学生的健康成长发展、引领当代社会思潮的科学发展具有重大的现实意义。

社会环境影响大学生心理调节系统，主要包括情感调节、意志调节、信念调节三个环节。

第一，情感调节。在当代社会思潮影响大学生思想行为的过程中，情感一直以弥散的方式贯穿于整个过程，它并非影响过程的一个单独环节，而是存在于诸多影响链条之中，对其他环节起着重要的黏合作用。在情感调节环节，情感对影响的效果发挥着重要作用。1953年杰尼斯和费诺巴研究发现，在信息沟通过程中，所引起的恐惧情绪越强烈，最后影响的效果越差。反之，所引起的喜爱情绪越强烈，则会保持更持久的注意，最后影响的效果越好。因此，要影响一个人的思想行为，必须从实际出发，引起情感共鸣，增强其转变观点的欲望。比如，在传递信息的过程中，先讲优点并提供愉快的信息内容，比先讲缺点并提供引起抵触情绪的信息内容要好；语言婉转含蓄比语言生硬粗暴要好；后知信息传递者的意图比先知信息传递者的意图要好。这是因为，先讲优点能产生原初效应并增强自尊心，语言婉转含蓄可以减轻压力，后知意图不致引起抵触情绪，所以受众较容易接收信息并产生思想行为方面的转变。当前，许多不良社会思潮往往针对大学生普遍关心的个人发展、生活、就业、维权等问题发表意见，在表达方式上通俗易懂，容易使大学生产生情感上共鸣。而且，大学生群体在情感方面往往具有丰富性、复杂性和不稳定性等特点。在情感不稳定的情况下，部分网络言论、影视作品等对社会的错误解读及对政府的煽风点火，严重干扰了青年大学生基本的社会观。

第二，意志调节。意志是个体自主地设定目标，并根据目标来操控自身的行为，排除障碍、不畏艰难，从而推动目标变为现实的心理过程。良好的意志具有三点特征：一是意志的自觉性。也就是说，个体能充分意识到思想和行动的社会意义，自动地调节和控制自己的行动。二是意志的坚韧性。这是指个体坚持自己的决定，以充沛的精力和坚韧的毅力，百折不挠地克服一切困难，实现既定目标的品质。三是意志的自制性。这是指个体善于控制自己的情绪，约束自己的言行的品质。一般而言，大学生群体要实现的目标，是推进自身的成长发展和承担相应的社会责任。面对当代社会思潮的各种渗透，部分大学生会倾向选择与自身成才和融入社会的目标最契合的思潮内容进行吸收内化，这个过程实际上融入了意志调节的力量。意志是体现个体认识并调节个体行为的精神力量，是产生思想行为的重要杠杆。坚强的意志能够使个体将注意力指向和集中于自己所认同的价值观念，能够支持个体在困难面前百折不挠地坚持自己的看法，同时阻止那些异己的价值观念对自己所认同的价值观念的干扰和侵袭。意志还能调控情感、情绪，使其保持在合理限度内，避免因情感和情绪过强造成对某些价值观念的狂热追求，或者因情感和情绪低落而动摇对部分价值观念的看法。因此，个体意志力的强弱最主要体现在自制力上，即大学生的自我控制力量越强，越容易在不良社会思潮的影响中坚定自己的原有正确立场。当大学生的情绪体验被扭曲、压制或夸大后，其自我控制力量会降低，容易受到不良社会思潮的影响；当大学生的情绪体验被正能量激活，其自我控制力量会增强，则很难受到不良社会思潮的干扰。

第三，信念调节。信念是个体发自内心的对某种思想观念的真诚信仰，它是透彻的领悟、深邃的情感和坚毅的意志的有机统一，其统一的基础就是个体的社会生活实践。从这方面讲，信念所揭示的内容总是同人们"应当"持有的态度和"应当"采取的行动密切相关，它是联结思想和行为的中心枢纽。当个体的经验和认识过滤并转化为信念之后，就成为人们行动的重要指南。总之，信念明确表达了个体的意愿和决心，即个体不仅相信，而且确信，并且决心自觉地在这种确信的指导下去思考、去评判、去生活、去行动。信念具有坚定性、持久性、明确性和自觉性等特征，在大学生内化社会思潮的过程中发挥着至关重要的调和作用。

信念的调节作用在于保证认同的各种因素、各个环节都指向对价值观的认可、接受和确信。它将融入情感、意志等因素，对某些价值观念产生由衷的敬仰之情，使之成为自己学习、工作、生活的内在组成部分。因此，当大学生坚信某种社会思潮具备科学性时，就会用这种社会思潮的价值导向来支配自己的行动。此外，个体的性格、气质、个性、思维方式等制约着信念的强度和时效。比如，某些大学生对自身的民族有着浓厚的情感，坚信自己的民族处于优越地位，极力维护自身民族的利益。但是，在这一过程中，如果没有理性、开放、自主、稳定的心态，就容易受到一些偏激思想、狭隘思维的影响，与其他民族产生冲突，转变为极端的民粹主义。可见，信念是驱动和指导个体行为的重要心理因素，信念调节是推进内在价值观念固化的重要过程。由上得知，认知加工系统和心理调节系统是当代社会思潮对大学生思想行为的现影响阶段。在现影响阶段，社会思潮主要引起大学生的思想活动的波动，表现为信息吸收、结构重组、情意调节等。这一阶段还是社会思潮的理论内容与大学生原有的知识结构相互较量的过程，这种较量既与社会思潮的可信度有关，又与大学生自己的真理指向和价值指向相联系。在影响过程中，大学生的思想往往呈现零散的、浅薄的境况，很多只是即时的影响，没有经受思想稳固性的磨炼。

(三)生活事件因素

生活事件（Life Events）源于 20 世纪 30 年代 Selye 提出的应激概念，当个体面临巨大的创伤性事件时就会出现应激反应，如痛苦情绪、对事件的暂时回避及选择性遗忘等，这些创伤性事件被称为应激源，个体需要付出极大的努力才能解决，而这一类的重大应激源不是普遍存在的，后来的研究提出，即使非重大应激源，也就是生活中的一些普通应激源也会对个体造成重大的影响，只要这些应激源在生活中持续存在。现实研究中，一些学者认为生活事件是指个体意识到的个人经历及与体验事件有关的心理状态。另一些学者认为生活事件是指发生在生活中的重大变化促使个体启动相应的应激资源去适应的事件。还有学者将生活事件解释为个体体验到的各种主要生活事件和个体对这些事件的认知性解释。今天我们来看，能够对个体的身心造成一定应激影响的刺激称为生活事件。它普遍存在于生活中的各个方面，诸如家庭和婚姻中、学习和工作中、娱乐和游戏中、运动和锻炼中、旅游休闲中，可能会是夫妻吵架、结婚离婚、孩子的教育、工作升职、离职解聘、考试失败、意外交通事故、生意失败、中了六合彩、观看音乐剧等，就好像生活是一部剧目，生活事件就是其中演绎的各类剧情，总会引发我们情感上的喜怒哀乐。对于大学生来说，常见的生活事件主要来自家庭教育、学习压力、人际交往和挫折磨炼几个方面，这些生活事件总是会对个体造成一定的影响，需要个体运用一定的资源来加以应对。已有的相关报告发现，负性生活事件会对个体生理、心理和行为各方面造成影响，如紧张焦虑、痛苦烦恼、意志下降、头痛失眠、食欲不振、疲劳易倦、做事缺乏兴趣、动力下降等。长此以往，这些后果加以累积和相互作用，可能会产生更坏的结果，所以生活中的负性事件应当引起人们的重视，并且需要及时得到解决。

大学生群体中，自我效能、组织风格、社交能力、家庭凝聚力和社会资源每个维度对心理弹性的贡献是不一样的，其中家庭凝聚力和社会资源对心理弹性的贡献度最大。这说明大学生的心理弹性更多来自家庭和社会，而与自我相关的能力和特质的发展则相对较少。一般来说，在自我效能、组织风格和社交能力三个维度上，男生和女生不存在显著差异，而在家庭凝聚力、社会资源维度和心理弹性总得分上，男生和女生存在着极其显著的差异。从年级分布上来说，大学生的心理弹性整体及各个具体的方面差异都不是很显著，只是在社交能力方面，大一与其他各个年级的差异性显著，且大一到大四社交能力依次增加。

首先从整体上来说，针对大学生主要面对的生活应激事件，他们的应激感受量大小依次表现为：学习压力 > 人际关系 > 健康适应 > 受惩罚 > 其他 > 丧失，与过去的一些研究结果相比，应激感受量偏低。这与过去的大多数研究结果一致，学习压力是大学生首要面对的生活事件，其次是人际关系。从学习压力方面来看，第一，大学生的学习方式发生巨大转变，由过去的父母和老师督促式转变为自主式，这样的转变对学生的学习能力、学习方法和学习习惯方面存在巨大考验；第二，大学生仍然以学习为主，成绩在平常的综合测评、评优评奖中占有大量比重，期末挂科也会影响到毕业证和学位证的获取；第三，现代社会就业形势严峻，"毕业即失业"的现象屡见不鲜，大批大学生选择考研，研究生数量的与日俱增更加加速了就业困难；第四，由激烈的就业竞争衍生出大量考证现象，为了增加就业优势，许多大学生热衷于考取各种职业资格证，如教师资格证、商务英语、托福雅思、会计证、人力资源证等。从以上四点我们就可以看出当代大学生在学习方面面对的压力是多么巨大。再说大学生的人际关系，可以说大学生的人际关系在质和量上有着巨大的需要。第一，从量的方面讲，大学生人际关系变得复杂多样，除了中学时的师生关系、同学关系，还增加了寝室室友关系、社团同伴关系、恋人关系等，每种交往关系的良好建立都需要大学生付出大量的时间和精力；第二，从质的方面讲，良好的人际关系是做好其他事情的重要基础。人际交往最重要的意义在于获得归属与爱，这是每个人最基本的一种需要，根据马斯洛的需要层次理论，如果基本需要得不到满足，人就容易产生焦虑等负性情绪，影响其他需要的满足。其次，我们来看大学生生活事件及其各个维度在一些人口学变量上的差异检验：第一，大学生生活事件量表中的"人际关系"因子和"其他"因子存在性别差异，女生人际关系应激量大于男生，其他事件的应激量小于男生，这与已有的大多数研究结果一致。这一差异与男女之间的性别角色差异和社会地位有关，在性别角色差异方面，女性属于情感动物，对情感上的需要和关怀较多，因此她们需要安全的关系联结，同时女性的社会地位也偏弱势。相反，男性较理智和独立，对感情需要没有那么强烈，有足够的力量保护自己，但是做事情容易冲动，身体力量强，攻击性行为多。所以在人际关系上，女性的需要量大，感受性也强，男性则在其他维度上应激量大。第二，大学生生活事件总分和其他各个维度都存在年级差异，主要表现为大三的学生在各个维度和总量上应激量都最大，大二学生学习压力应激量最小。过去的相关研究表明，大学生生活事件及其各个维度在年级上的差异表现多样，除了丧失因子，大学生生活事件各个因子年级差异显著。在学习压力方面，随着年级升高应激量递减，大一的应激量远远高于其他三个年级；大二年级在人际关系、健康适应、受惩罚三个因子上得分都是最高的。除了人际关系，其他各个因子及生活事件总分年级差异显著，且大四年级的学生都明显高于其他几个年级。人际关系年级差异明显，大一学生得分最高，生活事件各个因子年级差异显著。健康适应维度上年级差异显著，大三最高。根据以上的相关研究我们知道，大学生生活事件及其各个维度在年级上的差异复杂，值得进一步深入研究。第三，大学生生活事件中的"其他"维度在是否独生子女上存在显著差异，独生子女的应激感受量大于非独生子女。"其他"维度包含"恋爱不顺利或失恋""遭父母打骂""不喜欢上学""与人打架"四个题目。与非独生子女相比，独生子女处于家庭的中心，在家庭里缺少与同伴相处的机会，因此与人相处时不太会站在对方的角度考虑，习惯根据自己的喜好对待人事物，处理问题简单直接，因此就容易出现厌学、打架这些负性生活事件。

（四）心理素质因素

心理素质对心理健康的影响是心理素质研究的切入口和重点，心理素质对心理健康的作用及机制研究，是心理素质研究的重要组成部分，其实质是致力于解决"何以高心理素质者具有更高的心理健康水平"这一心理素质研究的核心命题。而这一核心命题的解答，能够揭示心理素质的保护性作用和机制，无论对于心理素质的培养，还是心理素质功能的发挥均具有重要的意义。可以说，心理素质的作用机制研究对于心理素质从理论研究走向应用研究具有重要的价值。不同的学者对心理健康的内涵有不同的见解，总结起来，至少包含三个基本维度：认知维度、情绪维度和社会适应维度。其中情绪健康是学者公认的心理健康基本维度，可以用来作为考察心理健康的指标，也是心理健康的窗口。在心理素质与心理健康关系的考察中，心理健康指标的选取大多包含了情绪维度，比如抑郁、焦虑等。而事实上，心理素质与抑郁、焦虑等情绪的关系及作用机制研究是心理素质作用机制研究的核心。随着学生心理素质水平的提高，其抑郁程度呈下降的趋势，心理素质培养是改善学生抑郁情绪的关键，个体的心理素质水平越高，情绪越健康。此外，在大学生群体当中同样发现了心理素质与情绪健康的密切关系，对大学生进行心理素质训练能够显著降低其焦虑、抑郁水平，高心理素质大学生对正性情绪信息存在认知加工偏向，低心理素质大学生对负性情绪信息存在认知加工偏向。

总之，心理素质对心理健康，尤其对情绪健康的维护和促进功能是心理素质的功能体现，已经是不争的事实，那么心理素质是如何影响情绪健康（心理健康）的呢？已有研究发现，自尊、领悟社会支持、评价恐惧、自我概念、应对方式等在心理素质与情绪健康的密切关系间起到中介作用。另有一些研究则关注了情绪调节过程在心理素质与情绪健康关系中的中介作用，情绪调节在心理素质与情绪健康间发挥中介作用，心理素质可以通过影响个体的情绪弹性进而影响其日常生活中的正负性情绪体验。总之，心理素质对保持健康的情绪状态具有重要的作用，但是心理素质的保护性过程和机制研究有待进一步的深化。虽然已有的研究发现了情绪调节在其中的重要作用，但主要考察了情绪调节方式在心理素质保护性过程中发挥的中介作用。而事实上情绪调节具有复杂的内涵，现有研究还不够深入。只有全面深入考察心理素质与情绪调节的关系，才能够更为全面地揭示心理素质的保护性过程和机制。

二、影响大学生心理危机干预的若干因素

（一）积极心理品质缓解负性心理行为反应

大学生可能面对考试、学习、就业、人际关系等方面的压力，其心理素质品质影响行为方式、生活习惯和对各种事件、现象的认知评价。心理品质决定了大学生在面对危机时的应对方式和危机反应的速度、类型和强度。相较于外向、果敢、开放性格的大学生，具有敏感、内向、自我封闭人格特征的大学生在面对危机事件时更容易出现心理危机。一方面是因为性格内向的大学生不善于运用身边有效的社会支持，更不善于通过这些支持帮助自己度过面临的危机情境和困难处境；另一方面，具备这些品质的大学生情绪往往不够稳定，他们的思维方式更倾向于把注意力和关注点集中到自己身上，纠结于自身所做的无效应对反应上，而不是积极寻求有效的解决方法。这会进一步加剧危机事件对大学生的负面影响，加重其消极情绪体验。

良好的心理品质能够避免大学生出现心理危机。认知评价和应对方式是与个体心理健康关系密切的两个因素，分别反映个体在面临危机事件时的认知和行为素质基础。其中，在认知上，认知评价是人们对世界的觉知和评价方式，人们的心理反应常常受其影响。如果危机事件本身对个体具有很大威胁，但个体并未觉知，或者认为危机事件并不具有很大

危险，那么危机事件并不会引发个体的心理危机反应。相反，一件事并不具有威胁性，但个体把它觉知为危险、负性、消极的，也会产生过度警觉甚至危机反应。在行为上，应对方式是指个体在面临危机事件时，采取何种方式去应对和解决危机。如果采取逃避、否认、一味自责、心存侥幸和幻想等消极应对方式，而不是积极解决问题或向他人求助，个体就更容易产生心理问题，出现心理危机。

1. 乐观坚韧

挫折情境是大学生成长成才过程中难以回避的门槛，是大学生遇到自身无法克服的矛盾障碍时自身的需要或目标不能得到满足和实现的状况。挫折会给人们带来沮丧、失落、难过等情绪状态，也可能引起自我怀疑、自我否定等认知反应。大学生背负着来自家庭、学校、社会的期望，他们自身也往往有着较高的自我要求，但他们往往心智尚未成熟，对问题的认知常常较为主观、随意，考虑问题不够全面，又缺乏应对问题的方法和能力，一旦客观现实不能满足自身的需要和目标，就会产生巨大的挫败感，陷入受挫反应之中。有些大学生在遭遇挫折后深陷其中、难以自拔，出现过分自责、情绪偏激、精神萎靡、孤僻闭锁等心理反应，甚至产生焦虑、抑郁等精神障碍，更为严重的可能直接导致自伤、自杀等威胁生活安全的行为。有些学生在需要或目的受挫后，极端自我否定，变得消沉悲观、精神空虚、生活失控，丧失掉生活热情和动力，找不到人生的意义和价值。根据挫折侵犯理论，大学生缺乏对挫折的耐受力还可能会出现侵犯行为。有些大学生在遭遇挫折后，愤怒情绪体验强烈，可能变得易激怒、易冲动，做出辱骂欺负、打架斗殴、抢劫伤人甚至杀人等攻击他人的行为。既然挫折无法避免，那么提高大学生应对挫折的耐受性，保持乐观坚韧的心理状态和积极品质就显得尤为必要。乐观坚韧是大学生有效应对挫折情境的重要心理品质，是大学生心理健康的保护性因素。心理韧性又叫抗逆力，它是指人们在处于困难、挫折、失败等逆境时的心理调节与适应能力。具有较高心理韧性的人在遇到挫折后能够忍受和摆脱挫折的打击，在逆境中仍能保持健康、正常的心理和行为能力。有研究结果显示，心理韧性能缓解人们在遇到负性事件时的消极心理反应，避免产生抑郁情绪。因而，作为大学生心理健康的保护性因素，乐观坚韧的心理品质能使大学生在遭遇负性事件、挫折情境时，及时调整自己，避免出现心理危机。

2. 自尊自信

自尊自信是大学生积极心理品质的重要方面，是大学生心理健康的保护性因素。自尊自信是人对自我价值和能力被他人、社会承认和认可的一种主观需要，是人对自己尊严和价值的追求。它是人们基于自我评价而产生的一种自重、自爱，并要求受到外界尊重的情感体验。这种诉求如果被满足，人们就会感到有自信心和价值感；如果不能被满足，人们就会感到软弱、自卑和无能，丧失价值感。自尊自信是大学生健全人格的基础，也是他们成才成长必备的心理素质。大学生自尊自信的社会心态有助于他们妥当调节自己的情绪、心理和行为，降低遇到困境与挫败时的无助感。拥有良好自尊自信的个体会满怀热情地投入行动中，即便遇到挫折，也能调节自身行为和心态，积极进取，战胜困难。自尊自信是心理健康的基础，是其良好心理品质的关键。自尊自信是影响个体心理健康的重要因素，它会影响大学生在遇到失败、压力、挫折等负面情境时的情绪、认知和行为。高自尊自信心理品质的个体能对自身做出理性的认知和客观的评价，获得中肯的自我价值感。在他们遇到挫折或压力时，往往能及时调整自己，不会出现严重的心理问题。反之，低自尊自信往往会导致大学生缺乏锐意进取的勇气，在遇到困难时容易出现焦虑、抑郁等情绪，自暴自弃、自轻自贱，严重的甚至一蹶不振、放弃生命、自绝于世。所以，自尊自信是每个大学生都应该具备的良好心理素质，也是大学生维持理性平和、积极向上的心理状态的重要因素，更是大学生实现人生理想、成就生命目标、获得人生价值与意义不可或缺的心理品质。

3. 感恩知足

感恩是人在生存与发展过程中对自身产生过积极作用的人和事物的一种感激与回报。人是社会动物，生活在社会中，与他人有着各种各样的联系。感恩是全世界人类文明共同的情感价值认同，也是我们中华民族的优秀传统美德。在我国历史文化中，"知恩图报""滴水之恩，当涌泉相报""乌鸦反哺""投桃报李"等都是脍炙人口的传颂感恩之情的佳句。感恩在人们的精神领域中占据重要位置。感恩不仅是受恩者对自然、他人和社会等施恩者施予的帮助从内在进行的情感与认知上的认同，也是一种主动报答的行为。感恩意味着对施恩者行为的肯定，这种肯定与认同也是对施恩者的强化，做出更多的帮助他人的行为。因而，感恩会带来社会中人与人之间的良性循环互动，能够提高人们的幸福感，也有利于营造更加和谐互助的社会氛围。

感恩是避免大学生出现心理危机的重要心理品质。感恩是每个大学生都应坚守的基本道德规范和为人处世的素质修养，也是每个大学生应该明确的基本生命态度和生命价值取向。不懂感恩或不愿感恩不仅是修养和人文关怀缺乏、情感冷漠的体现，而且反映了个体不健康的心理状态，也体现了个体消极的生命价值体验和空虚的生命意义感。善于感恩的人能对自己的能力、地位进行正确评估、对事件进行客观公正的认知，更容易达到心态上的理性平和、积极向上，从而避免攻击伤人等极端行为，保护个体心理健康。有研究显示，具有感恩特质的个体做出更少的过激行为，感恩能降低人们做出偏差行为的可能性。也有研究结果显示，感恩是人们心理健康的保护性因素，善于感恩能降低个体抑郁情绪的可能性。心怀感恩的人具有对自身美好的选择倾向和对善的追求，不易做出自伤、自杀等威胁自身生命安全的行为。因而，作为个人内在的、稳定的、持久的道德修养和积极心理品质，心怀感恩、知足常乐，不仅可能保护大学生的心理健康，有效缓解自伤、自杀、攻击等危及生命安全的行为，还可能使他们获得内心的踏实和愉悦，体验到更多的幸福感，提高积极生命价值体验和意义感，主动把握充满热情和期待的人生。

（二）良好社会关系提供认同感和支持力量

人是社会动物，人的生产生活离不开社会环境。人际支持系统是指来自社会各方面的力量给予个体精神上、物质上的帮助和支持的系统，它包括父母家人、亲戚朋友、老师、同学及其他社会机构或组织。有研究显示，良好的社会支持系统是个体心理健康的保护性因素，社会支持能降低个体出现心理问题的风险。人际支持系统不良的大学生，在遇到挫折或创伤事件时，往往没有人给予其有效的精神支持、鼓励、开导或物质帮助，使其孤立无援，很容易出现心理危机。而社会支持系统良好的大学生在遇到挫折或创伤事件时能很快渡过危机，使心理健康状态更好。

1. 国家认同与爱国

爱国是指个人或集体对祖国的一种积极和支持的态度，揭示了个人对祖国的依存关系，是人们对自己家园及民族和文化的热爱、自豪感和归属感的统一。它是人们对祖国的深厚情感，是中华民族的优良传统和弥足珍贵的精神财富，也是社会主义核心价值观的重要方面。爱国的前提和基础是对国家的归属和认同。马克思认为，"人的本质不是单个人所固有的抽象物，在其现实性上，它是一切社会关系的总和""生命不是孤立的、单个的存在，生命存在于关系之中，是一种关系性存在"。[1] 人是群体动物，始终处于一定的群体联结之中，群体联结是影响个体心理健康水平的重要因素。"自杀与由个人组成的社会团体的融合程度成反比关系"。社会认同理论认为，认同自己属于某个群体的人对自己的成员身份比较认可，能自觉与这个群体保持紧密的联系，并能接受和内化该群体的行为规范和价值观。群体认同为人们提供了应对挫折、压力、冲突的心理资源，提升了个体的归属感、信任感、支持感和安全感。因而具有较高群体认同的个体心理健康水平较高，体验到的价值感和意义感水平也较高。群体认同包括对家庭、学校、工作单位、社团及国家等群体的认同。其中国家认同是指个体对其所在国家的归属感、对其国籍身份的认可及对其国家文化价值观念的内化。国家认同与个体心理健康水平关系密切，国家认同能降低个体的社会孤立感，避免孤独、无助、疏离等心理问题的产生，对国家的归属感、认同感能促进个体心理健康水平的提升。此外，群体认同也是个体自尊的重要来源，对国家的认同能提升个体自尊，使成员获得强烈的归属感、价值感和生命意义。因而，大学生要热爱自己的国家，认同自己的身份、国家的历史文化、政治体制等，这不仅有利于维护大学生心理健康，避免出现心理危机，而且有利于大学生体验到归属感，获得更强的生命价值和意义体验。

2. 友善与社会支持

和谐的人际关系包含友善待人和感受到的社会支持两个方面。其中，友善是指人们对待他人宽厚善意的态度和亲社会利他行为，社会支持是指人们感知到的外界对待自己的友善帮助和无私支持。对他人友善和获得社会支持相互促进、良性互动，共同建构了个体良好的人际关系。马克思说："人是最名副其实的政治动物，不仅是一种合群的动物，而且是只有在社会中才能独立的动物。"[2] 人处于社会关系中，合作、利他是人们在社会中生存发展的必备素质。良好的人际关系是大学生成长、成才和发展的必然要素，培养大学生友善待人的态度能力、构建良好的人际关系有利于大学生成长成才、适应现实社会。友善待人和有效的人际支持反映了大学生和睦的人际氛围，有利于维持大学生良好的心理状态。研究结果显示，人际关系问题容易引发大学生出现心理问题，甚至产生自杀等心理危机。而和谐的社会交往、构建良好的人际关系，有利于大学生和外界进行交往、合作，获得友谊、帮助和认同，提升自尊和自我价值感，深化对自我的认识，保持内心和谐与心理健康；也有利于大学生获得社会认可的行为方式、生产生活所必备的素质品质、价值观和目标信念。因而，培养大学生友善待人、善于感知他人的帮助和支持，从而建构大学生良好的人际关

---

[1] 马克思, 恩格斯. 马克思恩格斯全集 (第 3 卷)[M]. 中共中央马克思恩格斯列宁斯大林著作编译局编译. 北京：人民出版社，1960：5.

[2] 马克思, 恩格斯. 马克思恩格斯全集 (第 46 卷)(上)[M]. 中共中央马克思恩格斯列宁斯大林著作编译局编译. 北京：人民出版社，1979：21.

系,不仅有利于提高大学生耐挫能力,维护大学生心理健康,而且有利于大学生感受到积极和谐的人际氛围,体验到生命的意义和价值。

(三)正确价值观引领生命成长宏观方向

社会转型带来的价值观冲突是导致大学生出现心理危机的重要原因之一。"心理危机归根结底就是人在社会化过程中错误建构的价值体系与个体失衡的生存社会环境问题"[①]。价值观是人们对客观事物的意义、作用、重要程度的评价与看法。它是人们对事物进行评价所依据的标准,也是对行为进行指导的内在倾向系统,是人的行为的驱动力、指示器及精神支撑力量。社会转型带来的各种价值体系和评判标准多元化,使大学生经常处于冲突和斗争之中。在多种价值观相互交织的社会转型期,多重矛盾凸显,大学生极易出现认同失标、抉择失据、方向失准的问题,茫然失措、无所适从,在价值信仰、价值理想、评价标准、价值取向等方面存在种种迷惘困惑。此外,价值观冲突使大学生出现认知偏差。当大学生面临困难挫折或危机事件时,缺乏信念的支撑及应对困难与压力的心理素质和有效方法,容易产生心理上的异常与失衡,出现负性情绪甚至心理危机。价值观决定了个体对待生命的基本态度和做出的具体生命行为。无论是大学生自杀、他杀、自残等直接危害生命安全的行为,还是部分大学生表现的"佛系""丧""空虚""无聊""无意义"等生命价值缺失、生命激情和自主性不足的现象,都反映了大学生深层次的价值观问题。因而,培育大学生树立积极正向的价值观,对于预防大学生自伤、自杀等心理危机事件,引导大学生生命成长方向,帮助大学生奋力实现生命价值与意义,都具有重要的作用。

1.敬业奉献

敬业奉献是一种恭敬严肃、脚踏实地地对待自己的本职工作的态度和不求回报、全身心付出的价值取向。马克思把为社会、为他人作贡献作为人的生命具有意义和价值的重要途径。他建议青年人"在选择职业时,我们应该遵循的主要指针是人类的幸福和我们自身的完美","如果一个人只为自己劳动,他也许能够成为著名的学者、大哲人、卓越诗人,然而他永远不能成为完美无疵的伟大人物"[②]。人只有将自身的发展与为人类谋幸福的伟大事业相结合,才能达到自我实现与自身完美。人是在为"人类的幸福"中实现"自身的完美"的,这就意味着生命的最高价值在于社会价值,即人们通过劳动为他人、为社会作出贡献。因而为人类谋幸福和为社会作贡献才是人的生命价值所在。敬业奉献反映了大学生健康的心理状态和积极的生命态度体验,也是大学生实现生命价值与意义的重要方面。校园是大学生学习生活的主要场所,在校园中大学生敬业奉献表现在认真学习文化知识,积极提升素质品质,做到助人利他。作为国家的未来、民族的希望,大学生敬业奉献也表现在珍惜韶华、奋发有为,自觉担负起时代赋予的历史重任上;更表现在把有限的生命投入无限地为人民服务中,把自己的人生理想和国家与民族的蓬勃发展结合在一起。所以,敬业奉献是大学生保持心理健康、创造人生价值、体验生命意义的必备素质和价值观念,这

---

① 张艳霞.价值观视角下的大学生心理危机及其干预[J].山东师范大学学报(人文社会科学版),2011,56(4):135-140.

② 马克思,恩格斯.马克思恩格斯全集(第3卷)[M].中共中央马克思恩格斯列宁斯大林著作编译局编译.北京:人民出版社,1960:459.

要求大学生要在为他人和社会服务中成长成才、在艰苦奋斗中磨炼坚定意志、在实践中锻炼能力本领，在国家和民族发展的历史进程中实现人生价值。大学生要将个人价值和目标的实现与他人、国家、社会联系起来，这样的人生才是有意义、有价值的人生。

2. 诚信正直

诚信正直是中国人民的传统美德，是大学生发展宝贵的精神财富。所谓诚信，概括地讲就是说话、办事、待人接物言行一致，表里如一，遵守诺言，实事求是。所谓正直，就是不歪曲客观事物的本来面目，刚正不阿，敢于坚持真理。诚信正直是大学生良好的思想道德品质和积极人生价值观念，对大学生保持心理健康、避免心理危机，进而实现人生价值具有重要作用。诚信是社会主义核心价值观的重要内容，是每个公民个人层面的行为准则。不诚信行为反映了个体有些需要的缺失或需要的矛盾，以及这些心理需要的不合理满足。如果这些不合理的需求长期存在，会发展为个体不诚信行为的主导驱动力，就容易导致个体人格上的缺陷，甚至导致心理健康状态的失衡。此外，尽管不诚信行为可能带来暂时的需求满足，但长期来看，可能导致严重的心理失衡。当不诚信行为被揭发，个体会出现严重的心理失调，可能会逃避问题，继而诱发羞耻、内疚、自责等情绪，陷入严重心理危机状态之中。相反，诚信正直可以避免大学生发展过程中的焦虑、抑郁等负性情绪，避免自我评价失衡、心理状态失调、幸福感降低、人格缺陷等问题，使个体保持健康向上的心理状态。诚实正直的人能满足自身合理的需求，往往自尊自信，怀有正向、积极的自我评价，生命价值感水平也相对较高。马斯洛也认为自我实现者是"有伦理观念，能区别手段与目的，绝不为达到目的而不择手段"的人，诚实正直有助于人们生命价值和人生目标的实现。积极心理学家塞利格曼认为，诚信正直是个体获得积极生命体验、实现人生幸福的重要特质。因而，诚信正直的价值观是大学生心理健康的保护性因素，也是避免大学生出现心理危机、获得人生价值与意义的必不可少的思想价值观念和道德素质品质。

3. 理想担当

青年一代有理想、有本领、有担当，国家就有前途，民族就有希望。理想担当是当代大学生必须具备的积极价值观念，反映了大学生阳光健康的心理状态，也是大学生实现人生目标、体验人生价值与意义的重要品质，把大学生培养成为有理想担当的时代新人是高校育人的重要任务。理想目标反映了大学生不断发展自身、提升自我、努力奋斗、充满热情的生命状态。生命具有超越性，"生命本身就是一个不断成长、发展、变化的运动过程。每个生命都具有不断向上发展的驱动力"[①]。马克思认为，人是具有生存与发展双重需求的社会存在物。在生存需求得到满足的基础上，人还要获得自身生命的发展，在不断的目标设定与实现中进行自我提升。大学生要获得自身发展，需要确立人生的目标与理想，并为理想目标不断努力奋斗，在奋斗中实现自身的价值与意义。有理想目标的大学生具有努力奋斗的方向和动力，对生活充满热情，能积极规划自己的人生，因此往往更能体会到生命的价值与意义；而理想目标的缺失，使大学生迷茫困惑，不知所措，有些人百无聊赖、无所事事，丧失拼搏奋斗的热情，懈怠生命，甚至做出伤害生命的极端行为。因而，激发大

---

① 何仁富，汪丽华，张方圆，等. 生命教育理念下高校思想政治工作创新研究[M]. 北京：人民出版社，2019：277.

学生的生命热情，引导大学生树立积极向上的理想目标，鼓励其为了目标努力奋斗，是避免大学生出现心理危机的有效途径。"天下兴亡，匹夫有责"历来是中国人崇尚的历史使命。然而在从传统社会向现代社会转型的过程中，人们出现了"个人自主意识增强，社会责任弱化"①的倾向。责任担当指个体作为社会中的人应承担起相应的职责并为自己的行为承担后果。马克思认为："作为确定的人，现实的人，你就有规定，就有使命，就有任务，至于你是否意识到这一点，那都是无所谓的。这个任务是由你的需要及其与现存世界的联系而产生的。"②作为生活在社会中的人，每个人都不是孤立存在的，有着明确的分工，各自承担相应的责任。每个人都有不可推卸的责任，都应该承担对自己、对他人、对家庭、对社会及对国家的责任，人只有在社会中承担相应的责任才能成为真正的人。正如习近平总书记在世界经济论坛 2017 年年会开幕式上的主旨演讲提到的："遇到了困难，不要埋怨自己，不要指责他人，不要放弃信心，不要逃避责任，而是要一起来战胜困难。"责任担当意识是避免大学生迷失于不良诱惑和西方不良价值观念的重要保障。责任担当对大学生具有众多积极意义。一方面，具备责任担当价值观念的大学生懂得爱护自己、珍惜生命，尊重自己、肯定自己，保持乐观心态，促进身心健康协调发展；另一方面，具有责任担当意识的大学生有着独立而完整的人格，有着明确的人生理想和目标，时刻保持积极向上、努力进取的精神状态，在生存的基础上努力追求自我价值和社会价值的实现。所以，培育大学生责任意识和担当精神，鼓励大学生积极承担责任，勇担时代重任，不仅有利于大学生养成良好的人格品质，获得健康的心理状态，而且有利于大学生实现生命价值，体验到人生意义。

---

① 刘济良，王定功. 呵护生命：生命教育的人文关怀 [M]. 北京：中国社会科学出版社，2017：30.
② 马克思，恩格斯. 马克思恩格斯全集 (第 3 卷)[M]. 中共中央马克思恩格斯列宁斯大林著作编译局编译. 北京：人民出版社，1960：329.

第四章　大学生的学习心理

了解大学生的身心发展是研究大学生一切问题的前提和基础。探索大学生的学习心理，应遵循大学生身心发展的规律，充分了解和认识大学生的学习特点、心理机制，以培养学习能力、开发学习潜能，及时解决学习中的心理问题，积极清除学习障碍。

一、大学生的学习心理案例与分析

大学生的主要任务是学习，大学的学习在人的一生学习当中占有重要地位。大学的学习与中学的学习无论在学习方式、学习时间、学习质量和数量上都有很大不同。大学学习有着很强的目的性、自主性与选择性。大学阶段的学习，是人生学习旅途中的重要时期，它是大学生未来事业成功的基石与阶梯。培养良好的学习心理是大学生心理健康教育的重要内容。同时，它对于提高大学生的学习质量和效率也具有特别重要的意义。

案例1：有一名大一男生觉得考上大学以后自己的理想实现了，认为终于可以松口气了，便开始沉迷于网络游戏，常常不去上课。对于考试，他认为最后突击复习一下就行了。可是在第一学期的考试中有一门课不及格，他一下子就蒙了，觉得自己对不起父母，若将来毕不了业怎么能找到好工作，便发誓要开始好好学习。他给自己制订了一个详细的学习计划，早上几点起床、几点跑步、几点看书、几点吃饭、几点上课、晚上几点睡觉，英语单词一天必须记住多少个，专业书每门一天必须看多少页等，把时间排得很满，同学们有什么活动和聚会他也不敢参加，生怕打乱了自己的学习计划，开始有意无意地疏远大家。因成绩没考好，担心被人瞧不起，本来有些内向的他更是一个人独来独往。看到室友们平日里有说有笑，学习轻松，自己更加焦虑，在教室看书总看不进去，学习效率并不高，学习不但一直没有大的起色，而且人际关系也出现了问题，情绪变得更加焦虑，并开始失眠，内心非常苦恼。

案例2：有一名大三女生学习一直很优秀，在高级知识分子父母的言传身教下她对自己一贯要求很高，从小就知道努力与奋斗，并对自己的大学生涯做了认真的规划。在大一和大二时，她的学习成绩一直名列前茅，最早通过英语六级考试，托福考试也顺利通过，希望出国留学继续深造。她珍惜大学的分分秒秒，要求自己样样优秀、处处争先，平时注重锻炼自己各方面的能力，大一通过竞聘当上了学生会干部，在同年级的同学中第一批入党，积极参加学校组织的各种活动，表现突出，整天忙于各种事情。后来，她忽然发现离自己最初设定的目标越来越远，对学习感到吃力，许多东西似乎记不住，开始怀疑自己的学习能力，感到自己学习上的优势在丧失，甚至多年积累的自信也受到挑战，开始担心自己的未来。于是想以辞去所有的学生会干部职务和不参加各种活动来重新找回自己，但是又不忍心抛弃自己曾经付出那么多的努力而得到的种种成果，从而陷入矛盾挣扎中。

案例分析：

以上两个案例在大学里是比较常见的学习心理问题，对于此类问题，值得我们思考的是：上大学学什么？为什么学？怎样学？一些大学生在考上大学之前，认为学习就是为了考上大学，可真的上大学这个目标实现之后，却发现不知道自己将来该干什么，一时找不到新的目标和方向，容易产生困惑；一些大学生给自己的大学生活规划了美好蓝图，有自己的目标，但当进入大学经过一段时间的学习生活后，感到许多事情并不像自己想象的那样，学习方法和学习效果皆不如意，最初的理想难以坚持，学习目标开始动摇。因此，面临新的学习环境、学习内容和学习要求，大学生需要在学习目的、学习心态、学习方法等方面进行及时和必要的调整。

二、大学的学习特点

大学学习是指大学生正规而系统地获得知识（基础知识和专业知识）和实践能力的过程。大学生的学习具有人类学习的普遍特征，但因大学的特殊性质，大学生的学习又具有自身独特的特点。具体来讲，大学生的学习具有以下特点。

（一）自主性

大学学习与中学学习截然不同的特点是依赖性的减少和自觉性的增强。它是与中学被动学习相对存在的一种主动学习、自觉学习。大学生不再是等待教师传授知识的容器，而是学习的主体，是学习的主人公。因此，自主性是大学学习的首要特征。自主学习要求学习者有学习的愿望和需求，能根据自己的需要和特点制订学习计划，明确学习内容，知道为什么学，学什么，怎样学，达到什么效果。大学生除了要学习基础知识外，还要掌握各种专门知识，成为某学科的专门人才。这就要求大学生必须善于自觉地、主动地学习。同时，大学生可以根据自己的兴趣和爱好选择自己感兴趣的选修课程，独立地阅读各种书籍，制订学习计划，采取适宜的学习方法，体现出较大的自主性。

（二）专业性

根据我国现行的教育管理体制，大学生在入学之前或入学之初，专业的选择就已经基本确定，其培养也都是围绕不同的专业方向来组织和安排的。高等教育相对于基础教育来讲是专业教育，是为社会各界培养各级各类的专门人才。大学学习是一种学习专业、完成职业准备的活动。因此，专业性是大学学习的显著特点之一，也是高等教育区别于基础教育的根本特点。大学的教育目标、培养方案、课程结构、教学内容、教学实践等都是以专业来进行建构的，所有的教育教学活动都是围绕专业展开的，专业性贯穿于大学教与学的始终。

（三）合作性

大学是一个学术共同体，是教师和学生共同追求、创造知识和价值观的共同体。大学的特殊性质决定了大学生的学习也具有合作性这一特点。大学生的学习不应只是个人的事情。作为一种社会经验，需要与他人共同学习，以及通过与同伴和老师进行讨论及辩论的方式来学习。大学阶段知识的学习较中学更具开放性、整合性、复杂性和专业性，知识的不确定性、理解性和生成性越发明显。因此，当代大学生应转变中学时代所持有的旨在获得和积累知识、技能的被保罗·弗莱雷称为"储蓄式"的学习观，积极变革学习方式，由以往接受、被动、独立的学习方式向协同、对话、合作的学习方式转变，进而建立开放、互助、共享的"学习共同体"，以更好地适应大学的学习特点，最终实现学习能力的提高。

（四）实践性

培养大学生的实践能力和创新精神是大学教育的目标和任务，也是社会发展对大学教育提出的客观要求。实践活动是大学生学习活动的重要组成部分，大学生除了掌握书本知识、完成课堂教学任务外，更要参加社会实践活动，突出实践性，在社会实践中检验知识、丰富知识、应用知识、深化知识、发展知识。大学生从"求学期"到"工作期"，其中的主要环节就是社会实践环节，大学生的社会实践活动包括实验、专业实习、社会调查、企业参观、社会咨询服务、短期务工等形式。大学生社会实践活动要坚持合理安排、重在指导、积极参与、总结提高的原则。从教学课时安排来看，教学实践环节占到总课时量的三分之一，主要目的就是通过强化这一环节，帮助指导大学生理解知识、应用知识，提高发现问题、分析问题、解决问题的能力，更好地适应形势发展的需要，培养出合格人才。

（五）开放性

蔡元培早在改革北京大学时就倡导"思想自由，兼容并包"的办学原则，指出"大学者，'囊括大典，网罗众家'之学府也"。开放性成为现代大学教育的一大特征，同时又是现代大学学习的一大特点。大学学习的内容是多方面的，它不局限于教学计划所规定的范围，注重知识量的积累、知识面的扩展、学科前沿动态的把握及学生核心素养的培养。随着网络技术的发展和"互联网+"的兴起，大学课堂也发生了根本性的变化，由原来的有限空间转向无限空间，固定时间、固定空间的教学方式也逐渐被生活化学习、网络化学习、个性化学习替代。

三、大学生常见的学习心理问题

（一）学习动机、目的和态度不端正

学习动机以学习目的为出发点，是推动个体为达到学习目的而学习的动力。学习动机决定学习方向、学习态度及学习过程中的努力程度，影响学习的效果。学习态度指在学习

情境中所表现出来的是否喜欢学习的相对稳定的心理倾向。一些学生表现为学习目标不明确，当学习只是为了学习而学习时，就会出现机械学习、应付学习、逃避学习甚至厌倦学习的情况；一些学生表现为学习目的性过强，对自己要求过高，学习强度过大，造成学习压力过大，甚至有时会带来考试焦虑、紧张等问题。

（二）学习方法不当

部分大学生没有适应大学自主学习和创新学习的方法，沿袭过去的死记硬背的传统，不会自学，缺乏问题意识和创新思维，不能做到深刻理解学习内容并融会贯通，感到学习吃力；有些大学生忙于各种活动、社会交往和游玩，学习兴趣不高，学习浮躁，注意力不集中，导致学习效率不高。

（三）学习毅力不足

表现为部分大学生学习自制力不强、自觉性不高，不能持之以恒地学习，在学习活动中遇到困难容易产生畏惧心理，遭受挫折时容易灰心，学习自信心不足，刻苦学习的坚定性不够。

四、大学生学习心理问题的调适方法

大学生要注重学习能力的培养，逐步形成自己的学习方式、知识结构，克服思维定式，学会自我管理，充分开发自己的潜能。大学的学习是自由、繁重而紧张的，它需要个体生理和心理的相互支持与配合才能够顺利完成。在现实的学习活动中，许多大学生存在程度或轻或重的学习障碍，致使学习效率低、学习效果差，学习任务不能顺利完成。

（一）增强学习动机

兴趣是一个人积极探究某种事物的心理倾向，这种探究往往伴有满意和愉快的体验。学习兴趣会引发强烈的求知欲，使学习变成一种内心的满足，而不是一种负担。对某门课程、某个问题感兴趣，就会积极地去进行探究，以此来认知事物的特点和发展变化的规律。当这种探究使学生获得了更深的知识或新的发现时，他们就会有好奇心和求知欲获得满足的愉快体验，而这种愉快的体验会进一步推动他们去进行新的更深层次的探究。所以，兴趣永远是激励学生持续奋进的动力。对大学生来说，学习兴趣与专业兴趣密切相关。发展大学生的学习兴趣应该和发展专业兴趣结合起来，通过兴趣的作用，使大学生把学习活动变成自己的需要，培养强烈的内在学习动力。不论在工作或学习中，人们都是期望获得成功的。在学习中有了收获，达到了预想或意想不到的好结果，都会给人带来愉快的情绪体验，进而培养学习兴趣，端正学习动机。

（二）掌握学习策略

大学生要学会如何学习，实际上就是大学生要掌握学习策略。学习策略是一系列有目的的活动，是大学生在学习过程中选择、使用、调节和控制学习方法、技能、技巧的操作活动，是能否有效地进行学习的重要因素。《学习的革命》一书中提出了这样的问题："学校应该教什么？""学习怎样学习和学习怎样思考？"即首先要学习人的大脑是怎样工作的，记忆是怎样工作的，人是怎样储存信息、找回信息，将其与其他概念相连并在需要时马上调出的。这是对认知活动的认知，也就是心理学中的"元认知"。

元认知对人的学习活动很重要，对大学生掌握科学的学习方法和获得正确的学习策略，起到至关重要的作用。一个学习成绩差的大学生不可能拥有很多有关学习策略方面的知识，不会有好的学习方法，也即其元认知水平低，不能很好地对自己的认知活动进行再思考、再认知和积极地监控。

（三）正确认识专业，培养专业兴趣

专业设置与社会的发展、分工、建设需要、经济条件、科学文化条件有关，每个专业都是社会事业的组成部分，都有光辉灿烂的前途，具有同等的社会意义。个人对专业的选择是双向的，人生选择能否成功受自身条件、社会需要、机遇的影响。因此，我们要自觉接受专业思想教育，全面认识所学专业的社会意义、作用，了解专业的社会需要和发展动态，端正认识，排除杂念，产生专业情感，培养职业理想。

（四）确立合理的成就动机

有的大学生对自己的能力缺乏正确的认识，所确立的抱负和期望远超过自己的实际水平，过分看重成绩和荣誉，这样很容易导致失败，而失败的体验又会挫伤自信心和自我效能感，最终使抱负和期望变得很低。因此，不符合实际的成就动机越强，心理压力就越大，失败的可能性也越大。

合理的成就动机是指个体对认为重要的或有价值的学习和工作积极参与和完成，并能取得进步或者成功的一种内在的推动力量。合理的成就动机是推动大学生进步和成长的力量源泉，在学习过程中体验到获得知识的乐趣，在战胜困难的过程中增强自信和勇气，在创造性的劳动中体验愉悦。

大学阶段确立奋斗目标后，也要一定程度上淡化名利得失，把关注点聚集在学习活动中，而不是关注成败后果，从而使学习效率提高，更能发挥出应有的水平，更有利于成功。

（五）掌握正确的学习方法

学习方法是提高学习效率、达到学习目的的手段。要勤于思考、多想问题，不要靠死记硬背。正确有效的学习方法往往能收到事半功倍的成效。在大学学习中，要把握住的主要环节是计划、预习、听课、复习、总结、记笔记、做作业、考试等，这些环节把握好了，就能为进一步获取知识打下良好的基础。

学习时要合理制订学习计划。制订计划的好处在于它能督促我们一步一个脚印去实现我们的学习目标，克服懒惰情绪。在制订计划时要量化、细化我们的目标，既要有长期计划，也要有中期计划，更要有短期计划，力求做到日日有收获，天天有进步。

（六）改善学习疲劳

良好的学习环境可使大学生在学习活动中身心舒畅，提高学习效果；而嘈杂、脏乱的学习环境，可能会让大学生心烦意乱、焦躁不安。另外在过暗或过亮的地方学习，可能头晕目眩，出现视觉疲劳，影响学习效果。防止疲劳还要学会休息，一是经过一天的学习之后晚上按时睡觉，保证充足的睡眠，以便第二天精力充沛地继续学习。二是脑力劳动和体力劳动交替进行，有利于改善血液循环，消除脑疲劳，调节脑机能。

（七）正确对待考试

对考试要有正确态度，不作弊、不单纯追求高分，要把考试作为检验自己学习效果和培养独立解决问题能力的演练，从而及时找出薄弱环节并加以弥补。要明白考试只是衡量一段时期学习效果的手段之一，考试成绩不能全面反映一个人的学习能力和知识水平，更不能决定一个人的前途和命运，因此不必把考试成绩看得过重。考试要有适度的紧张感，早做准备，认真复习。在知识准备充分的基础上，学会一定的应试技能，可以减轻考试焦虑，有利于提高学习成绩。掌握应试技能并灵活运用，做好各方面的准备，确保身体、心理的良好状态，避免临时慌乱。

五、高校辅导员心理健康教育与引导案例

案例一：我的专业，我的梦

多数学生对专业和行业缺少全面的认知，同时受到社会上一些陈旧观念的影响，对所学的专业和行业或多或少存在一些偏见和误解，对专业存在一定的畏难思想，学习的兴趣和积极性不大，对学业和未来的发展比较困惑和迷茫。因此，适时地开展专业思想教育，有助于学生更全面和深入地了解所学的专业和行业的发展现状和前景，有助于学生找到适合自身发展的职业定位和人生的理想追求。

充分运用讲授法、讨论法、直观演示法、参观教学法及参与互动法，使学生形象真切、全面和深入地了解专业情况及就业前景，形成正确的专业认知。使学生通过了解、交流、参观、体验、思考、行动的过程，对所学专业加深思想认知并转换为实际的行动。通过引导，让学生畅谈美好理想，使学生懂得树立理想的重要性。以林业为例，通过实地参观林业科研和生产单位，与杰出校友座谈交流，以及亲身体验实地工作环境，真切感受林业行业的发展和林学专业的发展前景。联系实际，结合学生的专业特点和生态文明建设的需要，实现美丽中国的梦想，让学生将自己的人生理想与国家和社会的需求相结合，确定目标和方向，鼓励学生为实现祖国和个人理想而努力奋斗。

林学专业大一的学生对专业不够了解，辅导员可结合学生实际情况和"中国梦"概念，与学生畅谈梦想，并分析梦想与现实的关系，邀请相关行业专家介绍林业科研和生产现状、发展趋势和前景；邀请杰出校友分享从事林业工作的感想和体会，学生与行家、校友交流

互动；参观林业机构，感受现代林业工作的内容和环境；与林业工作者面对面交流，并现场体验林业工作。结合座谈、参观和体验的过程引导学生对本专业和行业进一步深入思考；学生结合参观交流的感想和体会，思考和定位人生的梦想。确定大学学业目标和梦想，并写在心形便利贴上，贴到心愿墙上。

第一，及时了解学生的心理和思想动态，及时发现问题，并采取有效措施及时解决问题。第二，对于林学专业的学生，特别是刚入学的新生，由于对专业缺乏足够的了解，可能会对学业和专业产生一定的误解和偏见，从而对自己的人生和未来产生比较大的困惑和迷茫。因此，在新生入学时，有必要及时开展学业引导和专业思想教育，帮助他们缓解和消除对专业的疑虑，树立对学业和专业正确的认识和信心。第三，新生的学业和专业思想教育具有一定的专业性，这就要求我们辅导员要认真学习和掌握该专业的主要特点和发展前景等各方面的信息。第四，新生学业和专业思想教育是一项比较系统和全面的工作，辅导员除了自身学习和掌握该专业的特点和信息之外，还需要依靠专业教师、行业单位、高年级优秀学生和杰出校友等多方的力量来共同开展，并通过让学生更为客观和全面了解其所学的专业，帮助他们树立更加牢固的专业思想。第五，案例运用了形式多样的教学方式和方法，充分运用实地参观、参与体验和座谈交流等方式，让学生更真切地了解所学的专业和行业的发展前景，展现形式形象生动，取得了良好效果。

案例二：青春不迷茫，我的大学我做主

学习是学生之根本，学习文化知识是第一要务，加强大学生学风建设，引导大学生树立正确的学习观，是辅导员重要职责之一。大学新生处于从中学教育向大学教育转变适应期，处在大一的他们刚度过大学生活的适应期，容易出现学习方式不适应、学习目标不太明确、学习动机不强、学习主动性不足等学习问题，而作为"00后"的青年，有独特的性格特点，个性突出，传统说教式的教育方式往往难以取得理想的教育效果。学习困难是新生中普遍存在的现象，帮助新生准确定位人生目标，激发学生的内在学习动机，营造健康向上的学习环境，对学生尽快适应大学生活有重要意义。

辅导员通过引导学生懂得珍惜和把握大学宝贵的学习机会，明白学习的目的和意义，为学生在大学期间明确学习目标奠定基础；引导学生做好大学学习规划，将自我理想和社会现实进行有机结合，端正学习态度，树立正确的学习观，从而进一步规范学生的学习行为。

辅导员将"北大保安考大学"的新闻报道分享给学生，得到了很多同学的关注，很多同学都发表了自己的看法，和同学们试着分析一下保安考上大学获得成功的原因，通过播放新闻报道，引起学生思考，自由发言分析问题。学生在一边观看视频的同时，辅导员注意观察学生的表情和行为，以便提问时有所交流。辅导员总结：①保安能考上大学、研究生甚至出书，有明确的目标，没有十足的努力是做不到的；②北大20年间500多名保安考上大学，显然与大学优良的学习环境和优秀的教学资源分不开，是大学这样优异的学习环境孕育了他们的成功；③反思一下自我，经过高考洗礼，学校优越的学习环境，丰富的学习资源已经属于自己，宝贵的学习机会应该懂得珍惜。

懂得珍惜，更要懂得把握，我们的大学，由我们自己做主，四年时间可以很长，也可

以很短，请学生观看一段我们前期拍摄的大学生短剧——《四年后，你会感谢现在的你，还是后悔现在的你》。短片结束后邀请学生分享观后感。辅导员总结：①相同的起点，成就不同的人生，如何做好现在，就是如何勾勒未来，大学是人生非常关键的阶段；②引用李开复博士在给中国大学生的信中对大学生说的"四个第一次"和"四个最后一次"。引导学生懂得珍惜和把握大学宝贵的学习机会。

懂得珍惜，懂得把握，我们还要学得明白，大学里我们为什么学？学什么？是我们需要思考清楚的重要问题！请同学们分别讨论以下两个问题："我的大学为什么学？""我的大学学什么？"讨论并记录下讨论结果，讨论结束后每组选派一名代表发言，通过分组讨论方式增强学生的参与意识，使学生思考问题更为深入。学生在讨论的过程中，辅导员注意旁听学生的发言情况，以便开展分析和请学生代表发言。辅导员总结：① 大学为什么学？问的就是学生对学习的需求。通过学习达到自我实现，是学生学习最高层次的需求，学习既是为个人发展，也是为了自我实现，更是为了服务社会，为了报效祖国，只有将自我价值的实现和国家与社会的需求结合起来，才能具有最高的社会价值，这是作为大学生应该确立和形成的；②用三个关键词"学知识""学做人""学做事"来回答"我的大学学什么"。正如《礼记·大学》告诉世人大学之道："大学之道，在明明德，在亲民，在止于至善。"学生思考清楚这两个问题，也就明白了在大学学习的目的和意义，通过社会背景分析鼓励学生自觉从被动转向主动，努力学习，不断进步，让大学成为培育学生成才的地方！鼓励学生进一步探索大学学习之道，实现"要我学"到"我要学"的转变。

学习是大学生最主要的任务。对大学生进行学习指导不仅是专业课老师的任务，更是辅导员的重要职责。大学阶段是学生接受教育的高级阶段，学习内容、学习方法、学习环境都有其独特性，因此很多学生进入大学后出现学习不适应问题，辅导员要做到及时关注学生学习情况，及时了解学生需求，采取多种方式帮助学生渡过适应期。辅导员要做学生思想上的领路人，成长道路上的铺路人，生活上的知心人。

案例三：《大学加减法》——时间管理主题班会

一、班会主题

《大学加减法》

二、班会背景

通过对189名学生的问卷调查和App"24PI"时间记录软件的数据统计，当前高校大学生的时间管理情况不容乐观。

（一）目标缺失

从测试结果中看到，很少学生能对自我进行清晰的定位，对未来就业和升研的相关知识了解甚微，缺乏明确的长期目标指引，从而导致四年生涯规划的缺乏。

在短期目标的确立上，也有很多学生没有制定目标完成计划表，对日、周、月、学期、年的时间规划有很大的随意性。

（二）时间利用的计划性较差

同学们从高中步入大学，突然拥有了大量的可自我支配的时间，很多同学在宿舍玩游戏、手机上网、逛街等，如果利用好这部分"闲暇时间"，是学生成长成才的关键。

三、班会思路

激发学生时间管理的意识，树立良好的时间管理习惯，实现学生的自主管理、自我约束、自我教导和自我达成目标奠定坚实的基础。

四、实施方法与过程

通过"24PI"，实时统计手机内所有应用的使用时间长度和次数进行一个周期的数据积累，进而掌握学生时间管理的基本规律；根据数据对学生时间管理的现状进行总结；开展系列主题班会把时间管理教育落地生根，系列主题班会分"时间都去哪了？""你的一天有多长？""大学加减法""不要等到毕业以后"和"我的青春不迷茫"五个步骤进行。

（一）前期工作

请各位同学下载安装手机使用监控 App ——"24PI"，根据实时数据，掌握学生使用手机的习惯和时间、频次，进而掌握学生时间管理的基本规律，并对学生时间管理的现状进行总结。

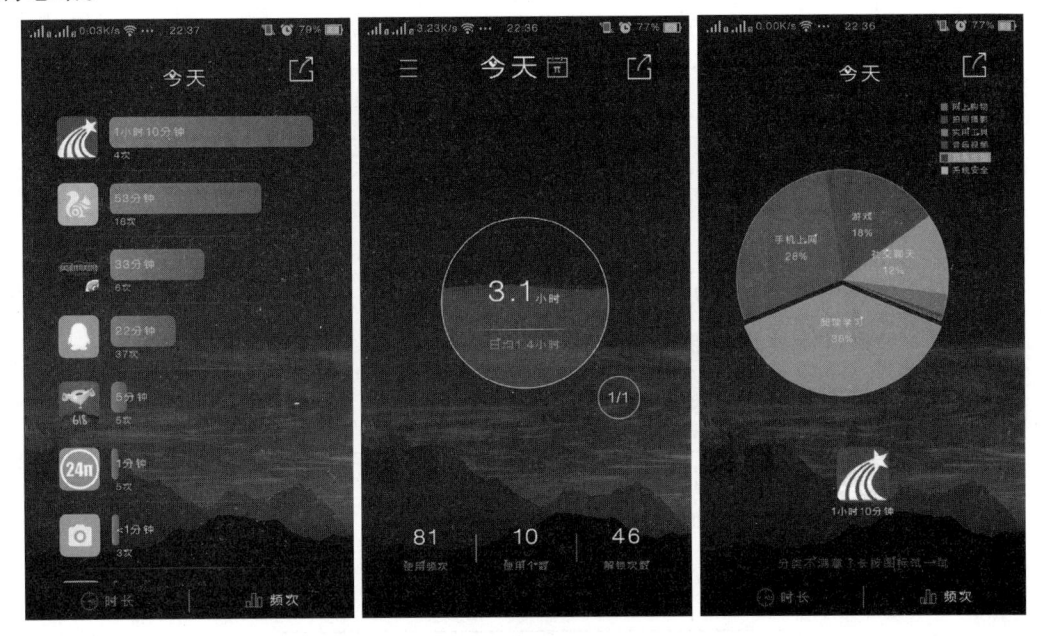

（组图为通过"24PI"获得的编号 0516016 号实验数据）

（二）召开主题班会

1. 班会道具

每人两个小信封（分别是"减法时刻"和"加法时刻"，信封内有图片若干）、题板、"+"号"-"号及数字贴纸若干、草稿纸两张。

2. 班会内容

（1）确立目标

在班会伊始，请每位同学写下自己四年后的自我实现目标，写好后把这张纸扣在桌面上。

（2）时间减法

带领同学们按照自己现有的生活和学习习惯计算大学时间，把容易浪费的时间一步一步减去（后附减法计算步骤），利用时间数量和自我实现目标的矛盾冲突激发学生思考，引导同学们反思减去的时间，启发大家思考怎么样能充分利用碎片化时间。

减法计算步骤：

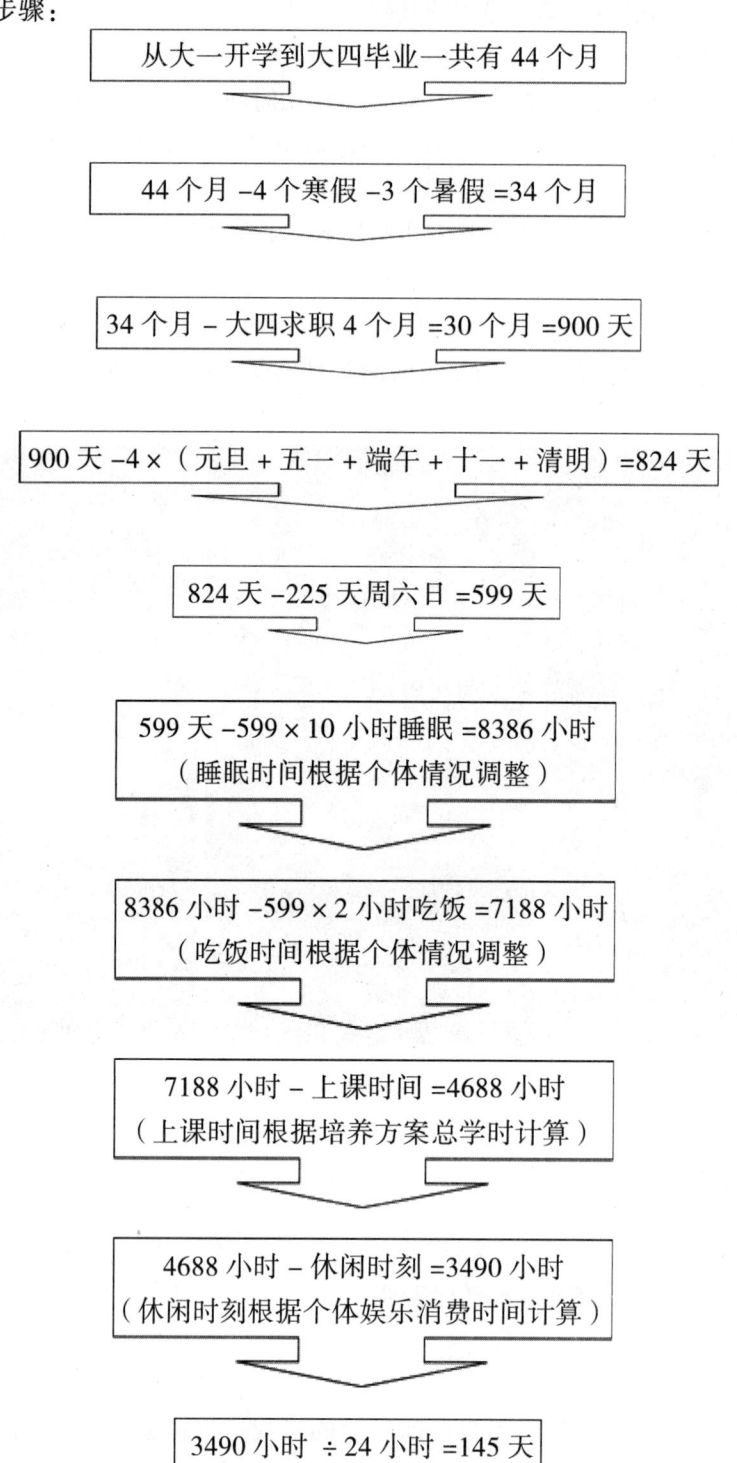

$$\boxed{\text{从大一开学到大四毕业一共有 44 个月}}$$
$$\downarrow$$
$$\boxed{\text{44 个月 －4 个寒假 －3 个暑假 =34 个月}}$$
$$\downarrow$$
$$\boxed{\text{34 个月 － 大四求职 4 个月 =30 个月 =900 天}}$$
$$\downarrow$$
$$\boxed{\text{900 天 －4×（元旦 + 五一 + 端午 + 十一 + 清明）=824 天}}$$
$$\downarrow$$
$$\boxed{\text{824 天 －225 天周六日 =599 天}}$$
$$\downarrow$$
$$\boxed{\begin{array}{c}\text{599 天 －599×10 小时睡眠 =8386 小时}\\\text{（睡眠时间根据个体情况调整）}\end{array}}$$
$$\downarrow$$
$$\boxed{\begin{array}{c}\text{8386 小时 －599×2 小时吃饭 =7188 小时}\\\text{（吃饭时间根据个体情况调整）}\end{array}}$$
$$\downarrow$$
$$\boxed{\begin{array}{c}\text{7188 小时 － 上课时间 =4688 小时}\\\text{（上课时间根据培养方案总学时计算）}\end{array}}$$
$$\downarrow$$
$$\boxed{\begin{array}{c}\text{4688 小时 － 休闲时刻 =3490 小时}\\\text{（休闲时刻根据个体娱乐消费时间计算）}\end{array}}$$
$$\downarrow$$
$$\boxed{\text{3490 小时 ÷24 小时 =145 天}}$$

（3）时间加法

引入名人名言，雷巴科夫有这样一句话——用"分"来计算时间的人，比用"时"来计算时间的人，时间多出五十九倍。

不同的时间管理能力和方法，就会拥有不同的时间长度。对于每一位同学而言，时间的加法来自他对时间的合理规划和充分利用。启发同学们根据自己时间减法表找到"重新争取时间"的切入点，并在现场给予肯定。

（4）实施朋辈教育

班会邀请了一名二年级学生，现场分享自己时间管理的两件小事，用她的有益经验、知识技能和热心奉献的精神帮助其他同学，近距离地进行大学生活的有效引导。利用"身边人教育身边人，同龄人教育同龄人"，真正实现在"导"中"学"，"学"中"悟"，"悟"中"知"。

（5）运用GTD理念绘制思维导图

思维导图又叫心智图，是表达发散性思维的有效的图形思维工具，它简单却又极其有效，是一种革命性的思维工具。思维导图运用图文并重的技巧，把各级主题的关系用相互隶属与相关的层级图表现出来，把主题关键词与图像、颜色等建立记忆链接。思维导图充分运用左右脑的机能，利用记忆、阅读、思维的规律，协助人们在科学与艺术、逻辑与想象之间平衡发展，从而开启人类大脑的无限潜能。

通过思维导图实验加强同学们目标管理的能力，加强思维结构性、条理性的建设，目标简单、直接、清晰，从而帮助同学们找到更加科学有效的时间管理的方法，做好时间的加法。

这和较为时尚的时间管理理念GTD理念有异曲同工之妙。GTD是Getting Things Done的缩写，翻译过来就是"把事情做完"，David Allen这本书的中文名叫《尽管去做——无压工作的艺术》。GTD的核心理念概括起来就是一句话：你必须记录下来你要做的事，然后安排自己——去执行。说起来简单，做起来不容易，我们看一下GTD的五个核心原则：收集、整理、组织、回顾、执行。

运用GTD理念绘制的思维导图，区别于传统思维导图，他更倾向于完整地表达完成目标的全部过程。如果说传统思维导图更有利于思维的拓展和横向延展，那么运用GTD理念绘制的思维导图除却横向延展的功能外，还具备对思维纵深的进一步开发。

六、团体心理辅导方案

学习是一项复杂的脑力劳动，同时也需要手、眼、耳、心等多器官协同作用，其效果受到多种因素的制约。大学生群体出现学习学业方面的心理困扰，通常是由于时间管理能力弱、创新思维和发散性思维不足、协作和资源共享能力差等因素，本章主要围绕这些可能的影响因素设计团体心理辅导方案。

时间管理是影响学习的一个重要因素，许多学生往往不能科学有效地利用自己的时间而浪费了许多精力。实际上，只要加以训练，有效地利用时间是一种人人都可以掌握的技巧。在学习中不仅要充分吸收前人的知识，也要敢于怀疑、敢于创新、敢于打破思维定式，而不是一成不变、墨守成规。不仅如此，学习还要讲究学习策略，学习过程中还要学会与人分享交流，善于吸收他人的智慧，这样不仅有助于自己的人际关系和谐，还让人的视野更开阔，学习的效果更持久深刻。

本章中的心理团体辅导活动"时间分割""一分钟价值"旨在让学生意识到时间的珍贵，要懂得充分利用时间、节约时间；"于无声处"关注学生的注意力与感官反馈，锻炼注意力集中的能力，学会关注生活中的细微之处；"时装秀"则启发学生在学习的过程中要敢于打破思维定式，发挥想象力和创造力；"用途无限"激发了学生的发散性思维，并不断拓展自己对事物的认知宽度；"资源共享"引导学生学会与人分享自己的资源，最大限度地提高资源利用率，从而为个人学习和成长创造有利条件；"寻找变化"让学生意识到学习的环境、时代的要求、专业的发展等都是在不断变化的，善于从观察中学习是应对变化的一种有效之道；"集思广益"则提醒学生要善于借用他人的智慧和力量，善于发掘资源、形成学习团体是提高学习效率的有效方式。

设计这些活动的目的，是让学生对自己的学习加强管理，从而提高时间利用率和学习效果。当然，仅仅靠这几个活动是不能囊括学习的方方面面的，只是希望学生能从这几个活动中受到启发，感悟其中的道理并加以实践，促进自身进步。

【活动1】时间分割

（一）活动目的

1. 将时间具象化，通过让学生以个人和小组的形式扮演时钟、表现时间，训练反应能力和协调性，直观感受时间。

2. 让学生懂得珍惜时间，学会合理安排时间。

（二）活动时间

大约需要25分钟。

（三）活动道具

1厘米宽、100厘米长的纸条每人一条；印有圆形图案的白纸每人一张；笔每人一支；长短不一的小棍子3根为一套，需若干套。

（四）活动场地

以室内为宜。

（五）活动程序

1. 个人扮演时钟：请若干位同学自愿上台，用自己不同的身体形态展现不同的时间。可以使用手势，也可以用胳膊、腿等身体部位协力完成扮演。听主持人的口令扮演出时钟上时针与分针的关系，如6点、8点、3点20分、11点05分等。

2. 小组扮演时钟：请同学自愿组成三人组，主持人分别发给每人一根小棍子，最长的代表秒针、次长的代表分针、最短的代表时针。听主持人的口令，三人一起组合表示一个时间。

3. 撕纸条：主持人把事先准备好的1厘米宽、100厘米长纸条发给每位同学。告诉大家，每个人手中的纸条代表时间，假如这个时间是一天，那就是24小时。每个人想一想：自己的一天是怎样度过的，睡觉用了多少时间，把它撕去；吃饭、刷抖音、玩游戏、参加活动、聊天发呆等分别用了多少时间，把它们一一撕去，看看还剩多少时间是用来学习的，有多少时间是可以创造个人价值的。(也可以用纸条长度代表人生长度,假定每个人可以活 80 岁,减去已经度过的时间、吃饭的时间、睡觉的时间等,思索如何利用剩余的人生长度)

时间管理拼图:发给每个人一张印有圆形图案的白纸,请大家想一想,假如这个圆表示一周的时间,你怎样进行管理,如何合理分配?请各位画出"时间管理拼图",画完后进行交流。

(六)注意事项

1. 棍子长短注意秒、分、时针的比例。

2. 画"时间拼图",一个圆可以代表一天,也可以是一周、10 天等。圆形分割可以用线条,也可以用彩色笔涂出色块。

3. 活动目的是启发同学思考如何合理安排自己的时间,所以每个小活动结束后要注意引导同学们进行分享,思索如何利用和管理自己的时间。

(七)学生感言

1. 我们在学校做了一个游戏"时间分割",主持人分别让我们自己和小组一起扮演时钟。自己扮演时钟时我们需要用胳膊和腿代表钟表的时针、分针,以此来表示具体的时间,这让我们的身体更加协调。在小组活动过程中,还提升了我们的团队合作能力,我们合作,一起扮演出主持人描述的时间,这也更加考验我们的反应能力。这次亲身扮演的活动让我更加了解了时间,还提升了我的团队协作能力。

2. 我们做了一个扮演时钟的游戏,最让我印象深刻的还是我和我的朋友们一起扮演时钟。我们分别扮演了时针和分针,主持人说出时间时,我们先想出这个时间钟表的样子,然后快速分配好工作,最后完成了扮演。虽然过程中有些身体不协调,但在主持人的鼓励下,我们还是尽力完成了每一个钟表时分的扮演。活动结束后,我们感觉自己对钟表更加了解了。

【活动 2】一分钟价值

(一)活动目的

1. 让学生意识到生命是由每分每秒组成的,热爱生命、管理时间就要从珍惜每一分每一秒钟开始。

2. 利用好每一分钟,在有限的时间里创造出其应有的价值。

(二)活动时间

需要 20 ~ 30 分钟。

(三)活动道具

秒表、白纸、笔若干。

(四)活动场地

以室内为宜。

(五)活动程序

1. 分组,每小组 5 ~ 6 人,选出 1 名记录员。

2. 主持人充分介绍活动背景和意义,提出讨论的问题:一分钟能做多少事?

3. 小组讨论、记录。
4. 全班交流。

（六）注意事项

1. 主持人应尽可能激发学生对一分钟价值的挖掘，让他们重新认识日常生活学习中的每一分钟。

2. 有的同学可能觉得这个话题没有什么意思，在讨论的时候不认真，也有的同学在心底里不屑地嘀咕："不就是告诫我们要珍惜时间吗？这个道理人人都懂，没有什么好说的。"此时主持人要注意及时引导，把本次活动的目的和意图告诉学生，让他们从这次活动中去反省自己在日常生活中对待每一分钟的态度。在引导学生珍惜、热爱时间的同时，也可以激发他们的创造性思维，由深入思考激发行动力量，将懂的道理变为用在实处。

（七）学生感言

1. 我们做了一个关于"一分钟都能做什么"的讨论，我们组的每个人说法都不相同。有的人说一分钟可以看一个短视频，有人说一分钟可以写一两道算术题，也有人说一分钟什么也做不了，不用在意。但我觉得"一寸光阴一寸金"，一分钟能做的事情很多，假如我们每天把握好这样的每分钟，一分钟一件小事，那我们的学习效率就会提升许多。

2. 每天有许许多多的一分钟，在这六十秒内，我们可以写一行字，完成一次短跑锻炼，背两三个英语单词等。的确，一天当中有一千多个一分钟，但如果每个小的一分钟我们都把它忽视，那这一天你终将会碌碌无为。相反，在我看来，只要我们把握住每分每秒，努力完成自己当下的事，那么我们都将充实地度过每天。

【活动3】于无声处

（一）活动目的

1. 引导学生关注自身的注意力与感官反馈，锻炼注意力集中的能力，学会关注生活中的细微之处。

2. 用心感受通过眼神和身体接触（如手、背）彼此间传递及交流信息。

（二）活动时间

大约需要20分钟。

（三）活动道具

背景音乐，以聆听大自然的声音为宜，如流水声、雨声、涛声、虫鸟鸣叫声等。

（四）活动场地

以室内为宜。

（五）活动程序

1. 将全班学生分成两组，围成两个同心圆，里圈和外圈的学生面对面坐好。轻轻地闭上眼睛，做5个深呼吸，慢慢地放松，静静地感受来自周围的声音……2分钟后睁开眼睛，交流听到的声音。

2. 让里圈和外圈的学生面对面坐好，轻轻地闭上眼睛，做3个深呼吸，聆听播放的背景音乐，慢慢地睁开眼睛注视对方，默默地去体会对方此时此刻的心情和想要表达的心境。

3. 让里圈和外圈的学生面对面坐好，轻轻地闭上眼睛，做3个深呼吸，聆听播放的背景音乐，慢慢地伸出双手与对方的手轻轻地贴在一起，去感受对方要传达的信息。

4. 里圈和外圈的学生背对背坐好，轻轻地闭上眼睛，做3个深呼吸，聆听播放的背景音乐，慢慢地背靠背，去体会对方通过背脊要传达的信息。

5. 全班交流，分享感受。

（六）注意事项

1. 活动的开展应选择非常安静、没有干扰的环境，在温度、湿度十分舒适的情况下，才能让参与者进入用心聆听、用心说话、用心体验的状态。

2. 本活动的感觉是细微和敏感的，若参与团队成员彼此间不太熟悉，可以以同性学生一组为宜。

3. 背景音乐的选择非常关键，以聆听大自然的声音为宜；也可选择其他内含细节较多的音乐，引导学生感受和体会。

注重对参与者的引导，事前通过介绍等打消顾虑，静心感受；体会后注重分享和总结，能够将活动感受与日常生活学习相结合。

（七）学生感言

我们今天做了一个很特殊的活动，主持人让我们在一个非常安静的房间里面对面坐着。我们闭上眼睛，听着非常柔和的背景音乐，然后深呼吸。第一次我们交流了听到的声音，然后是注视对方，接着是手贴手，最后是背靠背。这次活动让我跟对面的同学产生了非常微妙的感觉，处于安静的环境下，我们都用心感受对方。通过对方的感官和细微动作，我似乎明白了他的一些心理想法。这些细节在平时我们都没有注意到。而在这次活动过程中，我们都非常认真，注意力集中地按照主持人要求去做。这次活动带给了我们特殊的感受，虽然活动很简单，但是却令我们非常难忘。

【活动4】时装秀

（一）活动目的

1. 利用提供的材料，通过"时装"设计与展示，培养个体的自信与团体的合作。

2. 打破思维定式，发挥想象力和创造力，追求美、创造美。

3. 在交流中学会展示自己、欣赏他人，培养接纳自己、包容他人的胸怀。

（二）活动时间

大约需要50分钟。

（三）活动道具

大量报纸、透明单面胶、12色水彩笔、塑料打包绳若干、录音机及音乐磁带。

（四）活动场地

以室内场地为宜。

（五）活动程序

1. 把全班分成若干个6人小组，每组推荐1名组长。

2. 领取时装设计材料：报纸、透明单面胶、12色水彩笔、塑料打包绳若干。

3. 在30分钟内完成男女两套"时装"设计与制作，至少选派男女各一名参加"时装"表演，在"时装"表演的基础上，派1人介绍设计创意。

4. 全班共同评出"最佳设计奖""最佳表演奖"。

（六）注意事项

1. 要求6名学生相互合作、积极配合，"时装"表演的人数可以是2人以上，鼓励全体参与表演。

2. 鼓励学生开拓思维、创新设计，展示各种富有艺术风格、个性特色的作品。

3. 应以提供的材料为时装设计的主要材料，允许使用其他材料进行装饰和创作。

4. 注重引导学生发现、分享在"时装"设计过程中对材料的使用思路及原因，引导学生打破对于物体和事物固有的思维定式，改变视角，多角度发现美、创造美。

（七）学生感言

我们今天开展了一场特殊的"时装秀"活动。我们虽然没有华丽的衣服，但是可以自己设计。主持人给了我们每组很多的报纸，我们需要小组合作先把报纸拼成衣服，然后我们进行分工。有人给这件特殊的"衣服"增添色彩，也有人需要穿着衣服上去表演。我们用多种颜色的水彩笔，按照我们的审美给我们自己的"时装"上色。最后由我们每组的表演者穿着它上去表演。本次活动让我们感受到了新的"美"，它并不是多么昂贵的礼服，但是我们按照自己的审美设计出来的。衣服也不一定是舒适的面料，只是用生活中最简单便宜的报纸，这些在平时我们都未曾想象过，但在这次活动中却得以实现。最后我们组获得"最佳设计奖"，我们组在庆祝的同时也决定下次再设计一套不同的"服装"，再来一场我们喜欢的"时装秀"。

【活动5】用途无限

（一）活动目的

1. 通过相互交流，彼此启发，开阔视野，丰富想象力。

2. 通过"头脑风暴"，积极思考、大胆倡议、科学选择、克服定式思维，激发创造力。

（二）活动时间

大约需要20分钟。

（三）活动道具

塑料可乐瓶、纸、笔，数量若干。

（四）活动场地

以室内为宜。

（五）活动程序

1. 把全班学生分为若干个6~8人组，各组推选出1名组长。

2. 请组长到主持人处领取一个塑料可乐瓶、一张白纸和笔。

3. 小组成员在5分钟内讨论：塑料可乐瓶可以有多少种用途？讨论结果记录在纸上。

4. 全班交流，在交流的基础上，小组成员将可乐瓶用途归类。

（六）注意事项

1. 在"头脑风暴"中，要激发学生想象出各种各样的用途，不要有过多的约束和顾虑，在充分想象的基础上再做合理选择。

2. 在整理用途时，要注意归类总结，尽可能丰富用途的类别，而不要只停留在一种类别中的多种答案。如塑料可乐瓶可以做容器，用于盛水、盛油、盛可乐、盛糖……这样的答案，思路是封闭的，应引导学生拓展用途分类，彼此交流启发。

（七）学生感言

我们做了一个交流活动，主持人给我们发了一个塑料可乐瓶，我们小组进行了 5 分钟的讨论："可乐瓶有什么用途？"最开始我们的小组成员都想到了盛水、盛油、盛糖等。后来在主持人的引导下，我们又展开了新的思考，除了这些我们习以为常的用处，还有什么用途呢？别的小组的同学提出了一个非常有意思的观点，可以用可乐瓶做一个简易的宠物饮水系统，塑料瓶灌满水，倒在宠物喂食盆里，水位差不多的时候，瓶口浸入水面，这样做可以自动调节喂食盆水位，不用频繁加水。这个看法十分新颖，与我们的传统观念形成了很大的对比。而且这个观点可实行性高，回家之后我拿着家里的可乐瓶进行了尝试，按照互联网上的具体方法进行了制作，最终对家里的宠物进行了试用。制作过程中我看着花盆还突然想到，可以做一个简易的花洒。这次活动教会了我不要用单一的思维去考虑事情，发散的思维有时可以让我们事半功倍。

【活动6】资源共享

（一）活动目的

1. 认识彼此交换信息、共享资源的重要性。引导学生学会与人分享自己的资源，最大限度地提高资源利用率，从而为个人学习和成长创造有利条件。

2. 让学生在共享资源的过程中体会助人与被助的快乐。

（二）活动时间

大约需要 30 分钟。

（三）活动道具

展示板 1 个、16 开白纸、剪刀、固体胶、直尺、铅笔、半圆若干，大信封每人 1 个。

（四）活动场地

以室内为宜。

（五）活动程序

1. 把学生分成 8 人小组。给每位学生分发一个装有物品的信封，每个信封里装着一模一样的任务说明，但物品各不相同（见《任务说明书》）。

《任务说明书》：剪一个 8.2 厘米 ×14.3 厘米的长方形纸片，上面粘上一个圆形纸片，并用铅笔在圆上写上你的姓名与小组名称，然后将它粘在展示板上，最后，把空信封交到主持人的手中。你们每个人的信封里，里面有一些东西，如固体胶、铅笔、尺子、剪刀或半圆，因为你的信封里没有装着足够你完成任务的材料。你可以与其他成员协商，但只能以非语言的方式去做，也就是说，不可以说话。看哪一组最先完成任务。

2. 学生打开信封，按照《任务说明书》的要求完成任务。

3. 讨论：大家在活动过程中有什么感受？这个活动中你体会到了什么？

（六）注意事项

1. 在完成任务的过程中，主持人要学生注意保持安静，一切沟通交流活动都不能使用语言，这实际上也是增加沟通难度的一个策略。

2. 主持人在各个小组间巡视，监督学生活动过程，仔细观察学生在活动过程中的各种表现，如有没有违反规则，学生在活动过程中会出现哪些具体的反应等。这些都可以作为讨论素材，在讨论过程中加以引导和启发。

3. 对于手中多余的资源，有的同学不给其他小组用，目的是打压别人，为自己争得机会；有的同学则主动分给其他人用，他们觉得竞争不必打压对手，可以做到"双赢"。这一点，在活动分享的时候，主持人可以着重强调说明"双赢"的重要性。

（七）学生感言

我们做了一个团队合作的活动，我的信封里有剪刀和固体胶，于是我快速地完成了《任务说明书》里的第一步和第二步，但是在写名字时我遇到了困难，因为我的信封里没有铅笔，导致我没有办法写名字。但是我并没有看见有铅笔的同学，在我寻找铅笔的过程中也耽误了别人使用剪刀和固体胶的时间，所以我们组的速度并不快。在活动结束后，我们也借鉴了这场活动的获胜者的获胜方法，我们发现他们并没有着急开始做活动，而是先把自己信封里的东西摆出来，以便大家需要的时候拿取。这样虽然个人速度可能比不上我们，但是整体速度因为物品分配利用而提高，最终才取得了胜利。这场比赛让我明白了"双赢"的重要性，只关注自身的利益而置他人利益于不顾，并不会导致自身速度变快；相反，忽略了合作，在影响他人的同时也影响了自己。

【活动 7】寻找变化

（一）活动目的

1. 善于从观察中学习是应对变化、增强学习效能的一种有效之道。通过寻找变化活动，让学生体验"变"的快乐，感悟"变"的意义，以积极的心态和能力应对学习、生活中的变化和挑战。

2. 在变化自己的同时学会欣赏他人的变化，并在变化中成长和完善自己。

（二）活动时间

大约需要 20 分钟。

（三）活动道具

无。

（四）活动场地

以室外为宜，或拥有较大活动空间的室内活动教室。

（五）活动程序

1. 用连续报数的方法，确定实际参与活动的人数，要求为偶数。如出现奇数时，主持人也作为一员参与活动。

2. 如以 50 名学生为例，1~25 号学生排成一排，26~50 号学生在 1~25 号学生中寻找一个"中意者"，两两成对。

3. "成对"的两名学生面对面站立，相互关注对方 1 分钟，仔细观察对方的外形。1 分钟后，1~25 号学生留在原地，26~50 号学生离开原地，走到 1~25 号学生看不到的另一空间，所有学生在 2 分钟内对自己的外形做 3 个改变。

4. "成对"学生分别找出对方的 3 个改变。完成后，请 26~50 号学生留在原地，1~25 号学生离开到另一空间，所有学生在现在的基础上分别做 5 个改变，5 分钟完成。

5. "成对"学生分别找出对方的5个改变。

6. 主持人请出有代表性的三组学生作全体分享。

（六）注意事项

1. 在寻找"中意者"时，要求学生最好寻找自己不熟悉者"成对"，这样可以避免因彼此熟悉而轻易发现对方的"改变"。

2. 鼓励学生做出多于主持人规定的3个和5个"改变"，充分发挥想象力和创造力，设计出富于个性的"改变"。

3. 主持人要注意捕捉有创意的"改变"，进行全体分享。对有些无法找到对方"改变"的情况，可以作为典型案例，全体学生共同寻找。

4. 对没有积极参与、没有做出响应"改变"的个别学生，主持人要及时暗示、启发、建议，让其投入活动之中，避免影响学生的情绪和伤害其自尊心。

（七）学生感言

我们今天在操场做了一个"寻找变化"的活动，我们首先和自己的"中意者"见了面，我们对对方的外形进行了仔细观察。然后对方消失在我的视野中3分钟，当我再见到她时，我需要指出她外形的3个改变。我发现对方衣服的扣子解开了一个，裤腿挽了起来，最后一个改变我并没有看出来。活动结束之后我才知道，她的发绳换了一个，观察时我忽略了这一点。之后我也去完成了我的5个改变，我从鞋带、衣服、帽子的歪齐程度、口罩的颜色和手链佩戴等5个方面进行了改变。我的"中意者"也没有看出来我手链的变化。最终活动结束后，我们也说出了自己的感受。本次活动，提升了我们的观察能力和识别能力，虽然活动中我们并没有完全看出对方的改变，但是这次活动仍让我们印象深刻，玩得开心的同时也收获了较为细致的观察能力。

【活动8】集思广益

（一）活动目的

1. 让学生树立合作学习意识，当遇到个人力量无法解决的困难时，学会借助他人的智慧解决自己的难题。

2. 培养学生的互助意识和能力，在帮助别人解决困难的同时提升自身能力。

（二）活动时间

大约需要30分钟。

（三）活动道具

一些塑料饮料瓶（漂流瓶）、一些信封和一些白纸。

（四）活动场地

以室内为宜。

（五）活动程序

1. 全班分成4~6人的小组若干。

2. "献策"

（1）每位同学可以自由选择自己是使用漂流瓶还是使用信封，并将漂流瓶或信封和白纸发给每一位学生。

（2）每位同学在事先准备好的白纸上写下自己当下最头痛、最想解决的问题（如学习问题、交往中的问题等，通过描述，自己可以对当下的问题有明确的概念，并在书写的过程中进行梳理和厘清），然后把这张纸装在准备好的漂流瓶或信封里。

（3）以小组为单位，把每个小组同学的"求助信"在全班范围内"漂流"，每位同学负责对"漂流"到自己手里的"求助信"献策，并在策略末尾写上自己的名字（注意：如果学生不愿意留下自己的名字，可以不留；尽量多地把"漂流瓶"传到不同同学的手里），最后，"物归原主"。每人不必拘于只献一计。

（4）在全班范围内把自己收获到的"计策"进行交流。

3."感谢"

向为自己提供可行又有效方法的同学表示你的感谢。走过去，握手并说"谢谢你"（或者用其自己的感谢方式表达）。

（六）注意事项

1. 问题的署名。有的同学在寻求别人帮助的时候，由于害怕自己的隐私被暴露，不敢写其内心真正困惑的问题，所以主持人在宣布写疑难问题的时候，可根据实际情况，在纸条上不一定要署自己的名字，这样可以让学生们心理上有一种安全感，有助于求助问题的真实性。

2. 鼓励大家提出尽可能多的问题解决方法。在献策时应注意，提出解决问题的建议时，任何想法想到了就写下来。不管听起来有多么荒谬，也不要"删改"，越多越好，类似于头脑风暴；但同时也要注意应形成认真为他人解决困难的氛围，不要带着玩笑的心态参与。

3. 为鼓励参与者形成互帮互助的良好氛围，主持人可请同学们在自己收到的（或小组其他成员收到的）方法中评选以下奖项：最佳方法——最佳创意奖；最奇特方法——别出心裁奖；最容易完成的方法——善解人意奖；方法最多的——"智多星"荣誉称号等。

4. 如果时间充裕，主持人应该就这些"问题""方法"和"建议"进行讨论，让学生能更好地知道如何更好地描述和形容自己当前困难，以及提出解决问题的办法时应注意哪些方面，如何使自己的"建议"和"方法"更为有效。

（七）学生感言

我们做了一个特殊的"互助"活动，活动开始前我们每个人都可以选择一个漂流瓶或者信封，我们可以在里面写下我们当前的困惑，可以是学习方面，也可以是生活或者其他任何方面。收到自己漂流瓶的人会根据自己的困惑进行建言献策。我提出了自己在学习方面的困惑，自己平时努力学习但成绩一直不是很高。活动结束后，我收到了回信，对方建议我调整自己的学习方法，或许是当前的学习方法不适合，导致了事倍功半。我突然意识到自己确实未曾考虑过这个问题，茅塞顿开，虽然对方没有留姓名，但是我非常感谢这个人，他对当前迷茫的我指明了方向。同样我也收到了一个漂流瓶，他的困惑是和同学们相处不是很好，不知道如何搞好同学之间的关系。我跟这个同学也不是很熟悉，我认为他比较内向，应该多与同学们交流，不只是学习上的事，也可以进行生活中的闲聊。这些都是增进同学们之间关系的办法，我也希望可以对对方有所帮助。本次活动非常有意义，大家可以把平时不好意思问的问题写下来，还可以不面对面提意见，减少了大家的困惑。

第五章 大学生的恋爱心理

一、大学生的恋爱心理案例与分析

案例1：王某（男）和李某（女）是高中同学，他们一起考上了大学，在同一个城市里，但不在同一所学校，两人的学校相距大概一个半小时的车程。他俩在高中的时候都忙着高考，关系一般，上大学以后也联系得不多。在上大学半年以后，他们在一次同学聚会中再次相遇了。由于大学压力较小，大家都比较放松，他们见面之后聊起高中时候的事情，一起回忆以前班级上的一些事，并介绍了各自所在学校的一些情况，聊得很高兴，慢慢地感觉亲近了很多。王某觉得大家的变化都很大，以前没发觉，现在看着李某觉得还挺有魅力，因此越发热情起来，李某受此感染也很开心。从此王某经常给李某打电话，两人的关系渐渐地密切起来，两个月后，两人正式在一起，成了男女朋友。刚开始的时候，两人的感情进展很快，也很热切，每个周末都在一起，尽管小有吵闹，但两人都很快解决了。相处半年之后，李某发觉王某给自己打电话的次数少了，并且周末来找自己的次数也少了，李某问及原因，王某总是说学校事情多。李某知道事情不对，托与王某同校的朋友打听，才知道最近王某经常与本校的一个女生在一起，还很亲密的样子。李某觉得很生气也很难过，在一个没有提前告诉王某的周末偷偷去王某的学校，在王某宿舍楼下等了一个下午，见到了王某和一个女生牵着手回来，李某顿时觉得自己受到了欺骗，上去就给了王某一巴掌，并提出了分手。

案例分析：

王某和李某的交往很仓促，甚至有点盲目。由于大学生的心理还没有完全成熟，也没有经过社会的洗礼，对待爱情往往只是为了浪漫、喜欢而在一起，却没有一起经历各种考验。什么是真正的爱情，如何对待恋爱、追求爱情，怎样把握自己、处理好恋爱中出现的各种问题，如何协调恋爱中的各种关系等，是每个远离父母"束缚"的大学生所面临的问题。然而，不少大学生都处理不好这些问题，不能发挥恋爱的人格再造作用，也不能从中获得全新的自我体验，反而迷失自我，出现各种心理困惑和问题，影响到自己的人际交往、学习及心理健康，乃至以后的职业选择、事业发展及家庭幸福等。恋爱心理健康无疑是大学生心理健康的一个极为重要的方面。本章将帮助大学生了解自己的恋爱心理特点及恋爱与心理健康的关系，学会调适并解决恋爱问题上难免出现的各种心理困惑。

案例2：张某（男）和吴某（女）是大学同班同学。刚开始，在班上寥寥无几的几个男生中，吴某也就看张某还比较顺眼，因此关注他也就相对多点。后来知道张某喜欢班上另一个女生，吴某对此虽然不是很开心却也没有很大的失落感，只是从心里打消了那唯一的念头。可是后来事情不知道怎么了，张某和那个女生并没有在一起，而吴某心里此时也并没有任何想法。到了大二，两人接触渐渐多了点，又加上两边的朋友不断在他们各自的耳边做各种鼓动、各种劝说，本来双方都没想过恋爱这个问题，但是在这种情况下就这样被拉到了一起，谈起了恋爱。他们的"爱情"看似顺利地发展着，他们每天一起吃饭，一起散步，一起看书，也还拥有着他们的梦想……

本来一切在外人眼里，甚至是在他们自己的眼里是那么美好，可是"恋情"才开始一个月，事情就有了变化。王某是吴某在认识张某之前出现的，因为各方面条件的限制，吴某从没想过和王某会有可能。可是现实就这样发生了。张某心痛，他没想到吴某又有了新的男朋友，吴某也纠结，一切来得是那么偶然，那么不经意，那些天吴某一直处于矛盾纠结之中，她不知道自己的心里到底爱着谁，她好像对两个男生都有感情，谁也放不下。最终吴某选择了王某，而这样的打击使张某非常痛苦，他一直苦苦哀求她能够回到他身边，一直不肯放手，甚至有段时间情绪特别消沉，没办法正常在学校学习，而吴某也觉得自己非常对不起张某，情绪也特别消沉，满怀愧疚……

案例分析：

大学生恋爱是大学校园中一个较为普遍的现象，随着年龄的增长，大学生的思想趋于成熟，对待爱情也有自己独到的见解和较为深刻的情感体验。但是，由于年轻，思想较为冲动，大学生的爱情也会呈现出几个值得注意的问题。第一，恋爱的盲目性和冲动性较强。很多大学生在谈"恋爱"时并不能很好地区分爱情与友情、爱情与好感的不同，往往简单地将异性之间的友情和好感归于爱情，未能很好地理解和把握爱情的真谛。另外，由于大学生的冲动性较强，会在有了感觉之后的第一时间表白，不能给自己一个对于这份感情仔细体味和把握的时间与空间，仓促恋爱。第二，恋爱容易受周围朋友和环境的影响。由于大学阶段处于"群居"生活阶段，周围朋友和环境的影响表现得尤为强烈，一些大学生会因为朋友觉得某某对自己有好感而觉得的确如此，会因为朋友说这个人很爱你而觉得的确如此，甚至会因为身边同学都谈恋爱了，只有自己没有，而在一个异性的"橄榄枝"抛过来时，不管是不是"救命稻草"慌忙抓住。这些都在某种程度上导致有些恋爱根本不是"爱情"。第三，恋爱缺失了很重要的成分：责任与承诺。许多大学生情侣在谈恋爱时并不能意识到自己对于对方所肩负的责任，甚至并不将承诺与责任作为爱情必需的成分，而是认为"只在乎曾经拥有，不在乎天长地久"。甚至令很多老师和家长都担心不已的"毕业就分手"的问题，一些大学生也表现出了一如既往的不在乎，觉得谈恋爱并不是为了结婚，谁对谁都没有责任，不能因为对方而阻挡自己的"进步"。这种责任与承诺的缺失使大学生的恋爱根基不牢，稳定性较差。案例2中的"爱情故事"就是因为没有能够很好地区分是不是爱情，而在朋友和环境的影响下仓促恋爱，从而导致爱情失败。

二、了解爱情的实质

马克思认为，在现实性上，人的本质是社会关系的总和。男女之间的关系就是最自然的社会关系，而爱情则是男女之间人际吸引最强烈的具有浪漫色彩的形式。

（一）爱情的本质特征

★ 爱情是人类自然属性和社会属性的自然统一。

★ 爱情的自然属性是指成熟健康的男女自身的性欲和性需求及性爱，它们是爱情产生的最基本的生物前提。

★ 爱情的社会属性是指人的性需求不是以一种自然方式来满足，人的性欲本能随着社会发展而进行个体社会化的属性。

★ 爱情是一种社会情感，既受到社会法律和道德的约束，也包含经济和价值利益的交换。

★ 性爱是爱情的必要构成成分，但性爱并不等于爱情。

（二）爱情的特点

★ 爱情是人类独有的情感。

★ 爱情以正常性生理发展为基础。爱情是在男女两性之间生理差异的基础上发展起来的生理和情感需要。

★ 爱情是一种以异性之间感情为基础，具有强烈的相互吸引力和愉悦体验的高级情感。

★ 男女双方培育爱情的过程被称为恋爱。

★ 男女双方彼此尊重和关心是爱情的基础，忠诚与信任是爱情的保证。

★ 专一性或排他性是爱情的核心。

★ 爱情是男女双方相互需要、相互欣赏和倾慕，自愿结合为一个家庭，并具有排他性的一种高级情感和社会承诺。

★ 爱情的心理成分是：动机、情绪、认知与态度。

爱情是两个人之间最亲密的社会关系。一般认为，理想的爱情以互爱为基础，在道德观、择偶标准和价值观等多方面有较高的一致性，动机纯正而非功利，感受体验愉悦和幸福，相互忠诚和信任。健康的恋爱过程应该是双方通过交谈、多方面的观察和接触，相互了解对方的恋爱动机、价值观等感受愉悦的一个过程。如果男女双方在恋爱中个体所表现出的对爱情的理解及道德意识和道德行为、择偶标准和价值观等差异较大，恋爱将难以继续。

（三）爱情的结构

斯滕伯格（Sternberg）认为，爱情的结构由三种成分组成。

（1）恋爱中的动机成分。动机是指引起、推动、维持与调节个体行为，使之趋向既定目标的心理过程或内驱力。引发恋爱的动机通常有：性的内驱力、异性容貌、身材、气质和性格、才华、社会地位和权利、拥有的钱财等社会资源。正是因为对方的某些条件可以满足自己的需求，个体才会热情地投入恋爱之中。

大学生恋爱并不全是因为爱，这一观点已成共识。研究表明，大学生试图通过恋爱来缓解生活、学习的焦虑、压力，甚至是排遣孤独、寂寞，这种心理被称为代偿心理。恋爱应该是一件"发乎情，止乎礼"的事情，试图通过恋爱来代偿大学生活的空虚、无聊，又或者是单纯由于性吸引而恋爱等现象，通常不能产生预期的幸福体验，反而可能会由于动机不纯而产生各种恋爱压力，进而产生生活困扰。尽管恋爱确实能在一定程度上帮助大学生降低一般孤独感，但也容易让大学生因脱离群体而感到更强烈的社会孤独感。由此可见，大学生由于恋爱动机不纯容易导致代偿失败，非但不能解决原有问题，反而会新增多种心理压力，是一种得不偿失的行为方式。同学们要认真思考"什么是恋爱""为了什么恋爱"等问题，在加强对自身状态、恋爱相关问题把握的基础上，调整恋爱动机，以避免由于代偿失败所导致的负性情绪体验。

（2）恋爱的情绪成分。恋爱过程中体验到的情绪可以分为愉悦、轻松等积极情绪和抑郁、抱怨、紧张等消极情绪，积极的情绪将促进和维持爱情，而消极的情绪则导致恋爱走向终结。热恋中，强烈的情绪往往遮住理智的思考，也导致发生许多爱情的悲剧。

大学生恋爱受挫是一种较为普遍的人际情感创伤事件，容易导致恋爱双方产生痛苦的情绪体验。尽管有研究认为分手是个体积极改变关系、促进自我发展的一种行为，但对于大部分个体而言，恋爱关系的结束仍然会产生与情感投入程度相匹配的挫折体验。认知加工理论认为，个体对创伤性信息的自动注意偏向是心理创伤得以维持的来源，而情绪 ABC 理论也提出，认知偏差是导致不良情绪和行为后果的原因。由此可见，处理由于恋爱带来的负性情绪的方法，应集中在如何调整恋爱心态上。学校在教育教学过程中，应为同学开展心理咨询团体活动或个体心理咨询，有针对性地对有需要的大学生提供指导，多方面、多渠道帮助大学生改变认知、调整情绪。

（3）恋爱的认知与态度成分。认知通常是指个体认识事物的感觉、知觉、记忆和思维等心理过程；态度是指个体对社会事物的一种带有认知、情感成分和行为倾向的内在的稳定和持久的心理反应系统。恋爱中个体所表现出来的对爱情的理解和评价，对配偶、子女、金钱、家庭、姻亲关系的看法和态度，在恋爱中所表现出来的道德意识和道德行为、择偶标准和价值观等都属于认知与态度成分。认知与态度是维系爱情是否持久的决定性因素，如果男女双方在这方面的差异较大，恋爱将难以为继。

（四）关于爱的三角理论

美国耶鲁大学心理学家罗伯特·斯滕伯格认为，人类的爱情虽然复杂多变，但不外乎三种成分，即亲密（intimacy）、激情（passion）和承诺（commitment），三者缺一不可。爱情三角理论的构成看似简单，但是内涵极其丰富，不仅要引导学生掌握其三种成分的内涵，还要帮助学生了解爱情三角理论架构中的不同爱情的组合形式，掌握爱情的三角理论，并正确指导爱情实践。

关于对爱情三角理论的阐述，可从以下几个方面解释。

（1）爱情的第一种成分——亲密。亲密具有热情、理解、交流、支持及分享等特点。亲密是爱情的情感方面，包括亲近、分享、交流和支持，即对另一个人产生的心灵相近、相互契合、相互归属的爱恋的感觉。亲密也包括愿意付出和得到情感支持，分享彼此最内在的想法。亲密一般最初发展缓慢，然后稳步发展至平稳的水平，然后再下降。亲密的缺失一般意味着亲密关系即将结束。

（2）爱情的第二种成分——激情。激情以身体的欲望激起为特征。激情是爱情的行为动机方面，伴随着生理唤醒及和所爱的人结合的强烈愿望。和亲密不同，性方面的动机最初发展迅速，但一段时间之后，和同一个人在一起时，当初的兴奋和满足感都会消失。

（3）爱情的第三种成分——承诺。承诺指将自己投身于一份感情的决定及维持感情的努力。承诺是爱情的认知方面，包括短期和长期两部分。短期部分指决定去爱一个人，长期部分指对两人的爱情关系做持久性承诺。承诺不受情绪的左右，是由我们理智和意志控制的。坚定而执着的承诺，将为两个人的关系提供保障，因为双方都知道，无论发生什么事情，他们都是可以相互依赖的。

（4）由三种成分构成爱情三角形的顶点并组合出不同种类的爱情形式。该理论认为，爱情的三种基本成分是亲密、激情、承诺，它们构成了爱情三角形的三个顶点，三种成分因其多寡及组合方式不同而组成不同类型的爱情，爱情三因论给正在热恋中的青年朋友的启示是：单凭热情建立起来的爱情关系是维持不久的，最理想的爱情关系应该是把这三因素完全融合起来。如果达到了这种理想的境界，便是斯滕伯格称之为"完美的爱"的爱情。

爱情三成分中，承诺是认知性的，亲密是感情性的，而激情是动机性的。爱情关系的热度来自激情，温暖来自亲密，相形之下，承诺所反映的则完全不是出于感情或性情的决定，而是责任与理性。在真正的爱情中，双方必须情感上能够亲近、沟通和支持，行为及生理上有激情，认知上达到相互了解和接纳。

三、恋爱的准备

★心理发展相对成熟是大学生恋爱的必备条件。
★人生观相对稳定是大学生恋爱时机成熟的标志之一。
★相对牢固的学识基础是大学生恋爱的前提条件。
★相对丰富的社会阅历是大学生恋爱的社会基础。
★相对独立的经济条件是大学生恋爱的经济基础。

爱情是一对男女基于一定的客观物质条件和共同的人生理想，在各自内心中形成的对对方的最根本的爱慕，并渴望对方成为自己终身伴侣的最强烈、稳定的、专一的感情。校园里的大学生，很多人在还没有真正领悟到爱的真谛之前，就盲目地闯入了爱情花园，上演着一幕幕爱情悲喜剧。大学生朋友在没有成熟的恋爱心理准备下谈恋爱，容易将爱情理想化、简单化和片面化。怎样才能够拥有成熟的心理准备？怎样正确地处理好学习与恋爱的关系？怎样才能避免不良的恋爱心理出现？这些都是需要同学们深思熟虑的。因此，同学们现在认真地思考一个问题：恋爱，我准备好了吗？这是很有必要的。

（1）何谓恋爱观？所谓恋爱观是指对待配偶和爱情的基本看法和态度，是社会经济制度、婚姻制度和伦理道德观念在恋爱问题上的反映。男女双方共同培养美好爱情的过程必须遵守一定的道德规范，并以此来调节和制约恋爱中的行为和各种关系。在人生道路上，恋爱是每一个大学生迟早要经历的重要课题。因此要树立正确的恋爱观。

（2）如何树立正确的恋爱观？在恋爱之前树立正确的恋爱观，了解自己及恋爱对象的爱情类型，有利于帮助大学生在恋爱过程中少走弯路，做出更为正确的选择。正确的恋爱观一般包括以下几个方面。

第一，正确的恋爱目的观。树立正确的恋爱动机，摆正恋爱在生活中的位置。选择理想的终身伴侣，才能获得幸福的爱情生活。

第二，正确的择偶标准观。尽管很难有放之四海而皆准的所谓标准，但有一些共性的东西还是值得我们去借鉴的。一般来说，择偶会考虑以下因素：共同的理想、志趣和价值观；性格相合，脾气相投；良好的德行。

第三，正确的恋爱过程观。首先，初识阶段。对对方有好感，时刻想念他（她），总是想和他（她）在一起，这是恋爱的萌芽。其次，深知阶段。由对表面特征的迷恋到深入了解，这是感情的深化阶段。最后，升华情操、明确责任阶段。这是双方明确关系、彼此承诺的阶段。

第四，正确的恋爱道德观。这包括以下四个方面：一是注重双方的品德，志同道合。二是尊重对方的情感，平等履行义务。三是相互了解，长期考验，忠贞专一。四是高深的情操，健康的交往。

第五，正确的恋爱时机观。很多人讨论什么是早恋、高中生大学生能不能恋爱，其实年龄只是一个表面因素，真正的因素是个人的发展成熟水平是否具备了。一般认为比较适合恋爱的阶段是：生理、心理发展相对平衡时；人生观相对稳定时；社会阅历相对丰富时。

第六，正确的恋爱挫折观。有牵手就会有分手，有恋爱就会有失恋。面对失恋，正确的做法应该是：一是从道理上明白恋爱是双方自愿的、平等的，每个人都有爱的权利和不爱的权利，爱不可以强加于人；二是实事求是地分析失恋的原因；三是失恋不失志，失恋不失德，失恋不失格；四是积极寻找解除失恋痛苦的合理途径。

第七，正确的恋爱关系观。首先，是恋爱与事业学业的关系；其次，是恋爱与友爱的关系；再次，是恋爱与博爱的关系；最后，是恋爱与能力培养的关系。

四、关于爱的能力

（一）什么是爱的能力

爱的能力是指和他人建立亲密关系的能力。这种亲密关系是否能稳固、发展、走向成熟，是大学生自我成长的一个重要标志，是大学生良好自我素质的体现，它对人的一生发展有着重要的意义。爱需要学习和培养，每个人都有爱的能力，但需要自我探索与开发。

（二）爱的能力包括哪些方面

爱的能力意义广泛，它包括表达爱的能力、识别爱的能力、拒绝爱的能力、迎接爱的能力、发展爱的能力、鉴别爱的能力、承受恋爱挫折的能力等。

在心理学家弗洛姆看来，"爱是一种主动的能力，一种突破把人和其他同伴分离之围墙的能力，一种使人和他人相联合的能力；爱使人克服了孤独和分离的感觉，他允许他成为他自己，允许他保持他的完整性"。这句话说得多么深刻啊！大学生首先要塑造自己，培养自己爱的能力，只有具备了爱的能力才能引导一个人去真正地爱他人，也真正地爱自己，才能真正体验到爱给人带来的快乐和幸福。恋爱的过程是培养爱的能力的过程，恋爱的过程也是大学生自我修复和自我成长的过程。

五、大学生常见恋爱问题与调适

本内容重点在帮助大学生掌握恋爱对心理健康的积极和消极影响，正确对待和处理恋爱矛盾问题，帮助学生掌握恋爱心理调适的一般方法，提高恋爱挫折承受能力。

（一）恋爱的心理意识

恋爱的心理意识是指对恋爱心理的观察、体验和评价等。恋爱中的人常表现出兴奋性、冲动性、幻想性等心理特征，表现如下。

（1）常有"眉目传情""心有灵犀一点通"的感觉。
（2）美化对方，"情人眼里出西施"。
（3）力图完善自己，自觉或不自觉地掩盖自己的缺点和弱点。
（4）渴望与对方在一起，形影不离。
（5）具有强烈的排他性，看见对方与别的异性在一起时会有嫉妒心理。
（6）期望在身心上与对方融为一体。

当前"00后"大学生已经成为大学生的主体，恋爱是这一群体正在经历或即将面对的必选项，需要辅导员深入了解其恋爱心理意识特点，并有针对性地开展教育，引导学生理性对待，享受爱情，同时帮助学生保持身心健康，最终获得终生的幸福。

（二）大学生常见的爱情心理困扰

"00后"大学生正处于青春期后期，心理介于成熟与不成熟之间，对于情绪的调适也不能得心应手，容易在恋爱过程中出现矛盾和冲突。我们将重点论述大学生常见的爱情心理困扰：爱情错觉、单相思、一见钟情、感情纠葛、失恋、性行为困扰等。

大学生恋爱心理的不成熟有可能带来种种问题与矛盾。冲突可能来自日常生活的不协调，也可能来自双方思想、性格差异。相爱的人不是需要两人的一致，而是看双方如何协调、合作。爱需要包容、理解和体谅，要学会用建设性的方式解决冲突。沟通是一种非常有效的方式，恋人之间需要进行有效的沟通，学会表达清楚自己的想法和感受，伤害性的争吵不利于问题的解决。大学生的恋爱具有鲜明的时代特征和个人特点，恋爱是一门学问，要真正学会爱与被爱需要时间的洗礼，希望同学们能够通过这一课的学习认识自己的特点，找到属于自己的真正幸福。

（三）大学生常见的恋爱误区和不良行为

大学生恋爱中常见的误区或不良行为有：在教室和宿舍等不恰当的场所里表现过度的

亲昵行为；拍摄过度暴露和性爱的不雅照片；同居和婚前性行为、导致流产或性病传播、频繁更换男友或女友，或搞三角恋爱；为获得经济援助而提供性服务的性援交；玩弄异性，骗取感情或财物；偏好不合社会主流文化的畸形的恋爱关系，如少女嫁给老翁、少男迎娶老妇等；因失恋而自杀或杀人、毁容等报复行为。

随着人们社会观念和生活方式的变化，恋爱问题已渗透到大学生的学习、生活、人生态度、理想等各个方面。恋爱现象已成为高校学生都要面对的一个现实问题。事实表明，上述恋爱的误区和不良行为不仅会导致当事人的身心受伤，对学业带来严重的不良影响，而且可能是导致轻生等校园恶性事件的重要诱因，其深刻的教训不能不引起每一个想进入恋爱之途的大学生的高度警惕。

六、大学生性心理的发展

（一）关于性与性心理健康的内涵

（1）人类的性是由生理—心理—社会因素构成的一个整体。其中，生理属性是性活动的物质基础，心理属性是区别于动物的特性，而社会属性则是人类性的本质属性。

（2）性心理是指在个体性生理成熟的基础上所形成的与性特征、性欲、性行为有关的心理状况和心理过程。性生理是性心理发展的生物学基础，性生理发育的障碍或缺陷，会使性心理的发展出现偏差。

（3）性心理健康是指个体具有正常的性欲望，能够正确认识性的有关问题，并且具有较强的性适应能力，能和异性进行恰当的交往，在免受性问题困扰的同时，还能增进自身人格的完善，促进自己身心的健康发展。

（4）世界卫生组织对性心理健康所下的定义是：通过丰富和完善人格、人际交往和爱情方式，达到性行为在肉体、感情、理智和社会诸方面的圆满和协调。性心理健康是人类健康不容忽视的重要组成部分，近年来正越来越受到人们的重视。

（二）关于大学生的性行为

大学生的性行为主要包括自慰性行为、边缘性行为和婚前性行为。

（三）大学生性生理发展特点

★性心理的本能性和朦胧性。
★性意识的强烈性与表现上的文饰性。
★性心理的压抑性和动荡性。
★性心理的性别差异性。

（四）大学生性心理的矛盾冲突

大学生正处于性生理发育成熟、性心理逐渐趋向成熟的时期，也是性生理需求与性的社会规范之间的冲突阶段。

★生理成熟与心理不适的矛盾。

★性意识的强烈性与社会规范的矛盾。

★传统性观念与开放性观念的矛盾。

辅导员根据学生的心理发展和需求特点，向学生们介绍性的相关知识，分析大学生性生理特点和性心理矛盾冲突及教学实例、教学视窗、课堂讨论等，引导学生了解性、探究性，科学地对待性。

关于"00后"大学生的性观念调查，有调查表明，相当数量的"00后"大学生对于恋爱中的性接触行为持一种宽松和开放的态度，正在恋爱的学生中62.35%曾经有过拥抱和接吻；41.48%有过接触与抚摸敏感部位；有过性行为的占25.66%。但受调查学生中有28.52%的学生认为婚前性行为"可以理解和接受"，45.37%的学生对婚前性行为持"顺其自然"的态度，只有26.11%的学生认为婚前性行为"不可接受"。调查说明"00后"大学生恋爱中的性接触已相当普遍，性行为在一定程度上仍存在，但由于大学生心理不够成熟和社会化还没最终完成，恋爱成功率较低，性接触和性行为容易带来一些负面影响，需要引起关注。与之相关的是我们的教育体系中性教育尚未成为必要内容，学生们获取性知识的渠道多是自己读书、看影视作品、与朋友或同学交流，甚或通过黄色网站获得，结果容易造成对自己身心的伤害。

大学生正处在性生理与性心理日趋成熟的时期，既需要满足正常的性需要，又要考虑到不能因为性无知带来不良后果，所以要通过学习科学的性知识来保护自己的性健康，只有掌握了正确的调节性机制的方法，在不违背法纪、法规、伦理道德的背景下，才能正当地行使自己的性权利，最终达到性健康的目的。

七、大学生常见的性心理困惑及调适

性心理是人类的一种心理现象。由于我国受传统伦理观念的影响，社会对性问题讳莫如深，加之青春期性教育又很缺乏，步入青春期后期大学生们的性心理往往是最敏感、最神秘的区域，很容易导致各种心理问题的出现。

（一）大学生性心理问题产生的原因分析

★青春期生理与心理发展的内在冲突。

★对科学性知识欠缺了解。

★性观念的冲突。

★自我意识的不成熟。

★社会环境中不良性信息的刺激。

（二）大学生常见的性心理困惑

大学生常见的性心理困惑：性自慰（手淫）、性冲动、性梦、性幻想等。

辅导员可以通过一些案例帮助学生了解这些性心理困惑的表现，帮助学生正确认识和对待这些困扰，以及帮助学生认识大学生性心理困惑的潜在因素。

八、大学生性心理障碍及其原因

进入青春期后期和青年期，有些大学生会出现性心理扭曲现象，严重的还会形成性心理障碍（俗称性变态），一般以男性为常见。性心理障碍是指不符合一般常规的性心理和性行为现象，表现为性爱对象、性身份、性目的或性欲满足方式异常。有些性变态仅仅是脱离常规，并不造成伤害；有些则可能造成他人恐惧和受伤害，影响社会的安定团结。

（一）性心理障碍

性心理障碍又称性变态，指性行为的对象或满足性欲的方式偏离正常，或者存在变换自身性别的强烈欲望的一组精神障碍。性心理障碍般包括性偏好障碍、性指向障碍和性身份障碍三类，具体包括恋物症、异装症、易性症、露阴症、窥阴症、摩擦症等多种类型，其共同特征是性兴奋的唤起、性对象的选择及两性行为方式等出现反复、持久性的异乎常态表现，且不以生殖为目的，违背社会习俗。

中国精神障碍分类与诊断标准第三版（以下简称CCMD-3）指出：有异常性行为的性心理障碍，特征是有变换自身性别的强烈欲望（性身份障碍）；采用与常人不同的异常性行为满足性欲（性偏好障碍）；对不引起常人性兴奋的人、物有强烈的性兴奋作用（性指向障碍）。除此之外，与之无关的精神活动均无明显障碍。不包括单纯性欲减退、性欲亢进及性生理功能障碍。

（1）恋物症。恋物症属性偏好障碍。指在强烈的性欲望与性兴奋驱使下，不断收集异性使用的物品。几乎只见于男性，所依恋的物品都是直接与女性身体接触的东西，如胸衣、内裤等，通过抚摸、嗅闻这类物品和伴以手淫，或在性交时由自己或要求性对象拿着这些物品以得到性满足，即所恋物体成为性刺激的重要来源或获得性满足的基本条件。

CCMD-3提出的诊断标准：第一，在强烈的性欲望与性兴奋的驱使下，反复收集异性使用的物品。所恋之物是极重要的性刺激来源，或为达到满意的性反应所必需；第二，至少已持续6个月。

（2）异装症。异装症是恋物症的一种特殊形式，表现对异性衣着特别喜爱，反复出现穿戴异性服饰的强烈欲望并付诸行动，由此可引起性兴奋。其穿戴异性服饰主要是为了获得性兴奋，当这种行为受抑制时可引起明显的不安情绪。

CCMD-3提出的诊断标准：第一，穿着异性服装以体验异性角色，满足自己的性兴奋；第二，不期望永久变为异性；第三，至少已持续6个月。

（3）露阴症。露阴症属性偏好障碍，指在不适当的情况下通过裸露自己的生殖器或全部身体而引起异性紧张性情绪反应，从而使自己获得性满足的一种性心理障碍。这种性心理障碍者几乎仅见于男性。

CCMD-3提出的诊断标准：第一，具有反复或持续地向陌生人（通常是异性）暴露自己生殖器的倾向,几乎总是伴有性唤起及手淫;第二,没有与"暴露对象"性交的意愿或要求;第三,此倾向至少已存在6个月。

(4)窥阴症。窥阴症属性偏好障碍。指由于窥视异性的裸体和他人的性活动而获得性兴奋和性满足。这种性心理障碍者多以男性为主。

CCMD-3提出的诊断标准:第一,反复窥视异性下身、裸体,或他人的性活动,伴有性兴奋或手淫;第二,没有暴露自己的意向;第三,没有同受窥视者发生性关系的愿望。

(5)摩擦症。摩擦症指男性病人在拥挤场合或乘对方不备之际,伺机以身体某一部分(常为阴茎)摩擦和触摸女性身体的某一部分,以达到性兴奋的目的。

CCMD-3提出的诊断标准:第一,反复通过靠拢陌生人(通常是异性),紧密接触和摩擦自己的生殖器;第二,没有与所摩擦对象性交的要求;第三,没有暴露自己生殖器的愿望;第四,这种行为至少已存在6个月。

(6)性施虐与性受虐症。施虐症是指通过折磨异性或配偶的肉体和精神,使对方痛楚和屈辱来满足性欲的一种心理异常。受虐症刚好相反。施虐者大都是男性,受虐者以女性为多,严重的施虐行为会构成暴力犯罪。

(7)易性症。性身份障碍指从心理上否定自己的生理性别和服饰,强烈希望转换成异性,即异性症,又称异性转换症或性别转换症。男性患者居多,也见女性。易性症者大多在幼年时就出现朦胧的否定自己生理性别的倾向,表现在对服装、玩具、游戏的选择偏好上。到青春期后,对自己的第二性征发育严重反感和厌恶,出现强烈的变性愿望。他们往往都有严重的性压抑心理,严重者可能产生自杀心理倾向。

CCMD-3提出的诊断标准:第一,期望成为异性并被别人接受,常希望通过外科手术或激素治疗而使自己的躯体尽可能与自己所偏爱的性别一致;第二,转换性别的认同至少已持续2年;第三,不是其他精神障碍(如精神分裂症)的症状,或与染色体异常有关的症状。

(8)同性恋与双性恋。CCMD-3指出,性指向障碍从性爱本身来说不一定异常。但某些人的性发育和性定向可伴发心理障碍,如个人不希望如此或犹豫不决,为此感到焦虑、抑郁及内心痛苦,有的试图寻求治疗加以改变。这是CCMD-3纳入同性恋和双性恋的重要原因。

(二)性心理障碍的原因

有研究指出,性心理扭曲和障碍的产生与遗传基因和性激素有关,也与个人的认知、社会环境、教育等因素有关。其中,家庭教养方式和社会环境起着重要作用。儿童性角色观念的形成、性心理的成熟,首先是向父母学习模仿的过程,父母对性知识的无知及教育行为的不当都会给孩子的性心理造成伤害,为日后的性心理变态埋下恶种。社会环境的影响主要在于:色情文化泛滥,特别是淫秽书刊和黄色录像,诱使一些青少年形成性越轨和性变态;网络技术普及,导致色情文化更隐秘、更便捷地侵蚀、扭曲着青少年的心理和灵魂;成人的性侵犯,使受害儿童在成年后可能发展为性变态者;性挫折、性压抑和家庭婚恋中的不幸遭遇也是形成变态心理的重要因素之一。

九、高校辅导员心理健康教育与引导案例

案例一:"待到山花烂漫时"——大学生恋爱观教育

爱情,是人类最基本的情感之一,也是人类最美好的情感。"待到山花烂漫时"(《卜算子·咏梅》),在此寓意婚恋虽然美好、令人向往,但不可盲目,不可急功近利,只有顺其自然、顺应规律,时机成熟才能瓜熟蒂落,照应了大学新生恋爱观主题教育。

大学生正值青春期后期,生理发育与心理发育趋于成熟,性意识开始萌发,对爱情开始有憧憬与渴望,或者说会有一些小小的期待或悸动。但是另一方面,大学生由于涉世未深,生活经验和人生阅历比较浅,在对待爱情及婚姻问题上就难免会显得不够成熟,校园恋爱无疾而终的现象非常普遍,而情感失意又会对大学生产生消极影响甚至危害其安全。

因此,开展关于大学生恋爱观的案例分析,引导和帮助大学生正确认识爱情,树立正确的恋爱观,从而实现情感的良性发展,使其走向完满而幸福的人生就显得非常迫切和必要。案例分析的目的与意义:引导和帮助大学生领悟爱情的真谛;引导和帮助大学生正确认识和处理爱情中的各种问题;引导和帮助大学生树立正确的恋爱观。

通过案例分析的"爱情连连看""爱情各家谈""爱情大揭秘"和"爱情你我他"四个环节,引导学生对大学生恋爱观从认识到思考,从疑惑到解惑,从盲目到明确。一步步引导学生实现自我恋爱观的认知,从而认识到爱情的本质内涵所在,促使同学们对校园婚恋形成一个客观、理性的认识,引导大学生树立积极健康的大学生恋爱观。

第一环节:"爱情连连看"

通过两个部分的内容来说明不同的人们对于大学生恋爱观问题的种种态度和看法,让学生们初步思考大学生婚恋观。一方面是通过PPT数据案例导入世纪佳缘网站的大学生婚恋观调查,来展现大学生婚恋观中存在的一些问题。另一方面通过班级成员在大学校园内做的微访谈,微调查视频播放,来激发学生们对于大学生恋爱观的进一步思考。

第二环节:"爱情各家谈"

在"爱情连连看"之后,同学们已经对校园学生的恋爱观和自我的恋爱观都有了一些认识和思考。接着运用班级内的分组讨论,让同学们围绕着"你对校园恋情的看法,你觉得校园恋情应该注意的问题"展开讨论,在讨论过程中加深学生自我恋爱观的认知。再利用师生互动,引导学生们将自己的观念表达出来,引起学生们的共鸣和思考。

第三环节:"爱情大揭秘"

"爱情各家谈"环节结束之后,学生们对于大学生恋爱观会出现一些迷惑和问题。辅导员引导大家思考之后,通过两个部分来给学生们进行答疑解惑。一是请出恋爱心理方面的专家老师来给大家做进一步的引导教育。通过师生互动,给学生们进行恋爱观的答疑解惑。二是通过学院里非常优秀的学长学姐的恋爱分享,利用榜样的力量,让同学们明白爱情与学业的处理原则。

第四环节:"爱情你我他"

1. 先从同学们分享的内容中提炼出同学们自己关于爱情的认识的几个要点。

2. 结合爱情的实质,根据这些要点,同学们没有考虑到的问题老师要帮助补充完整,同学们考虑得不充分的老师要帮助完善,同学们考虑得不合适的老师要帮助修正。

爱情是一对男女基于一定的社会基础与客观物质条件,在彼此的人生理想互相产生共鸣的前提下,在各自内心中形成的相互欣赏、相互爱慕,并渴望对方成为自己终身伴侣的强烈的、真挚的、专一的感情。这里要着重引导和帮助大学生把握好爱情的四个问题。

(1) 爱情与性爱。性爱是爱情的基础特性,是区别爱情与其他感情如亲情、友情等最明显的标志。性爱是男女两性间的生理吸引,是爱情发生、发展与维系的生理基础。没有性爱的爱情是不完整的。但是爱情并不仅仅是性爱、只有性爱。对大学生的爱情教育应该引导和帮助大学生把握好爱情与性爱的关系,避免大学生将对异性生理的好奇和对生理需求的满足当作爱情,避免大学生在追求爱情的道路上误入歧途。

(2) 爱情的专一性。人类的诸多情感都可以与人分享,唯独爱情不能分享。因此爱情教育更要引导和帮助大学生厘清纷繁复杂的人际关系,不涉足他人的爱情,牢握属于自己的那份唯一。另外,爱情也是无私的,这是因为真心实意的爱情会让人将全部身心倾注于所爱的人,甚至愿为其奉献一切,不求回报,这是爱情专一性高层次的体现。对大学生的爱情教育一定要引导和帮助大学生抵御功利主义思想对爱情的影响,让他们真心实意地去追求爱情、享受爱情。

(3) 爱情与婚姻。婚姻是由法律所确认的男女两性的结合及由此产生的夫妻关系,是爱情区别于其他情感的根本特性。缔结婚姻以爱情为前提和基础,爱情以婚姻及由此形成的家庭为结果和归宿。对大学生的爱情教育要注重引导和帮助他们能够在追求爱情的过程中找到志同道合的人生伴侣,携手谱写美好人生。

(4) 正确面对失恋。当两个人无法互相适应或者当爱情世界里的矛盾无法解决时,爱情的结局必然就是分手。这是正常的现象,也是在所难免的。所以对大学生的爱情教育要注重引导和帮助他们认识到这一点,在面对一段爱情逝去的时候,豁达一些,洒脱一些,学会放手,祝对方幸福,也给自己留一片天。

最后可以让同学们书写"爱的心愿卡",将自己对爱情的美好祈愿贴在事先制作好的爱的小树上,在这个过程当中可以同时播放一些青春励志又温暖的歌曲,营造和谐的氛围。当大家都贴完心愿卡后,手拉手一起合唱,帮助大学生在活动中思考如何树立正确的世界观、人生观、价值观和恋爱观。

案例二:大学恋爱——想说爱你不容易

景色怡人的大学校园里,草地上亲昵相拥,长凳上卿卿我我,校园恋情已然成为象牙塔里的一道风景,尤其对大学生来说,大学恋情早已不是什么新鲜的事情。但同样是校园恋情,有的大学生情侣在学习和生活上都能够相互促进,彼此鼓励,成为鼓舞前行的正能量,如网络上走红的国内高校两对"学霸情侣":武汉大学男生饶子健,先后收到了康奈尔大学等9所美国名校的录取通知,女生袁定一也收到了芝加哥大学等6所美国名校的录取通知,两人最终决定同时选择在全美金融工程专业排名第一的卡内基梅隆大学读研;华南农业大学兽医学院的情侣学霸杨振和李梦,将一同公派赴美名校留学,他们将前往美国堪萨斯州立大学公费攻读DVM学位(执业兽医博士学位),这是中美兽医预科和兽医专业博士项目,项目从浙江大学、华南农业大学等9所候选大学中,遴选了6名学生,国家资助每人留学费用100多万元。与此同时,也有部分大学生情侣因未能妥善处理恋爱中出现的各种问题,轻者相互牵绊,影响学业,彼此拖累,重者在恋爱受挫之后出现各种心理障碍,更有甚者,因感情纠葛而出现互相伤害或自残的报道也时常见诸报端。

由此可见,面对大学校园里越来越普遍的恋爱现象,高校辅导员应当引起足够的重视,通过开展案例分析与教育,引导大学生树立科学的、正确的恋爱观,学会正确处理恋爱中可能出现的问题,帮助学生成长成才。

通过案例分析,让同学们对大学校园中的恋爱现象有一个客观理性的认识,通过对大学生是否应该谈恋爱这一辩题正反双方的观点对撞,以及高年级学生的现身说法,引起同学们对大学校园恋情的思考,从而引导大学生树立正确的恋爱观。将舞台交给同学们,通过大学生们喜闻乐见的"辩论赛"形式,通过开展一场立场鲜明的辩论会,按照大学生对于校园恋爱支持与否的态度将同学们分为正反两方,让同学们在前期过程中各自寻找收集辩论素材、查阅资料数据、排练情景短剧、现场辩论、与高年级学生交流等过程中,通过同学自身扮演的一个个鲜活的角色,反思自己对校园恋情的态度,找到自己的定位。通过辅导员的引导,对大学校园的恋爱产生客观理性的认识,正确处理好校园恋爱与专业学习、工作及生活的关系。

第一环节:开场

1. 辅导员引入主题,阐述目的和意义。

2. 视频播放:播放同学自编自演的视频"大学恋爱面面观",从同学们自身角度看看校园里存在的恋爱现象。

第二环节:开展分析

1. 互动讨论:对于这些恋爱现象,同学们有何感想?引导学生思考自己对待校园恋情的态度。

2. 辅导员小结,提问:对于大学校园的恋爱,同学们持何种态度?并按照赞同和反对的观点将现场同学分为两组,分别进行辩论准备。

3. 正反双方分别选出四名辩手,围绕各自观点展开辩论,并分别进行情景剧表演。通过正反双方的激烈交锋,引导同学们再次反思自己对待校园恋情的态度。

4. 辅导员对辩论环节进行小结。邀请四名大学三年级学生(其中两人为情侣关系),讲述各自对校园恋情的态度及处理恋爱与学业的做法。引导同学们从辩论双方的观点碰撞及学长学姐的现身说法中,思考对校园恋情的正确态度。

5. 互动讨论:对于学长学姐的真实经历,同学们有何感触?让同学们畅所欲言。

6. 观看中央电视台《心理访谈》节目视频片段,聆听心理学专家对于大学生恋爱的建议和忠告,让同学们从心理学专家对校园恋情的专业分析中得到启发。

第三环节:总结

1. 辅导员对本次案例的讨论进行分析总结。引导同学们对比之前对校园恋情的态度、观看完辩论赛及学长学姐分享的自身经历后的态度、学习了心理学专家的建议之后的态度,从而对校园恋情的认识由感性到理性，认识到在大学中恋爱或不恋爱，都是正常现象，重要的是要有自己独立的人格。假如开始了一段恋情，要学会正确处理恋爱中可能出现的问题，学会包容和承担，协调好恋爱与学业、生活的关系，将校园恋情转化为促进恋爱双方共同成长成才的"正能量"。

2. 观看视频：《我的理想恋爱》。通过同学们提前录制的视频短片，畅谈各自理想中的校园恋情，为已经到来或即将到来的理想恋情许下美好的愿望。

十、团体心理辅导方案

在高等学校实际工作中，大学生出现恋爱心理方面的困扰一般是由于在恋爱过程中缺乏人际交往技巧和意志品质、缺失责任感。人际交往主题的团体心理辅导方案详见第九章《大学生的社交心理》，本章以"意志责任"为主题进行团体心理辅导方案设计。

心理学认为，意志是人在完成一种有目的活动时所进行的选择、决定和执行的心理过程。有目的地培养学生良好的意志品质，使他们成长为坚强、独立、自制、有韧劲的人，是学校实施素质教育的重要环节，也是每位教师义不容辞的责任。一个学习计划的制订与执行，处理好与同学的交往关系，以及养成一个好习惯，都离不开坚强的意志品质。逃避、倒退、怯懦是坚强意志的对立面，许多大学生在恋爱关系中遇到问题和矛盾只会选择逃避或冷处理，往往会导致矛盾的不断累积，最终造成不可挽回的结局，长此以往会对双方的心理都产生巨大影响。只有坚持不懈地克服困难，在恋爱关系中形成负责任、敢担当的意志品质，才有可能形成一段健康的两性关系，才能把握自己的人生之旅，促进恋爱双方的共同成长。活动"举手仪式""护蛋行动"让学生体验到耐心和毅力是支持我们坚持到最后的重要因素；"突出重围"则让学生感受到在面临困境的时候，坚持到底的决心和勇气是最终解决问题的重要保障；"祝福花篮"则让同学们感受到分工合作的重要性，形成担当和配合的良好品质。此外，这几项活动还可以让学生感悟出，通过坚强意志去克服困难、保持一段健康和良性的关系并非一件很难的事，恋爱关系需要双方的付出，每个人对自己都要充满信心并付出切实行动。

另外，一个对社会真正有用的人，应该首先是一个有着健康、健全人格的人，一个富有社会责任感的人。当前，责任心的培养正引起社会的广泛关注，近年来在全社会展开的《公民道德建设实施纲要》的学习，其宗旨亦在于此。事实上，只有具备高度责任感的人才有前进的动力和明确的奋斗目标，才会不畏艰难、努力进取，承担起对自己、对他人和对社会的责任，成为社会的有用之才。许多调查研究表明，在恋爱关系中，"责任感"为男女双方均非常看重的因素，也影响着恋爱关系的质量和持久程度。"承担责任"让学生感受到了在面临问题时，如何看待自己的责任和别人的过错；在"手指的力量"活动中学生可以体会到集体责任感，以集体的力量完成看似不可能完成的任务；"信任后仰"则培养了学生彼此间的信任感和个人在团体中的责任感。

本章的活动设计大都简单易操作，但意志品质的培养并不像游戏这么简单，责任心的培养更不是一朝一夕的，只有在平时的学习生活中有意识地进行锻炼和磨炼，在恋爱关系中不断发现自身的不足，双方进行磨合，才能形成良性的恋爱关系，促进双方人格的健康成长。

【活动 1】举手仪式

（一）活动目的

1. 让学生体验坚持所需要的耐心和毅力，培养学生的意志力。
2. 让学生认识到意志力的培养要从小事做起。

（二）活动时间

大约需要 20 分钟。

（三）活动道具

秒表一只。

（四）活动场地

室内、室外均可。

（五）活动程序

1. 全体同学按体操队形站立，每个人的两只手臂伸直向胸前平举，身体不准晃动，坚持 10 分钟（教师可根据学生实际情况选择时间长短），看谁能坚持到最后。

2. 活动体验分享与讨论

（1）当时间过了一半的时候，你有什么感受？

（2）当你坚持到最后的时候，你有什么感受？

（3）在坚持的过程中遇到了哪些困难，你是如何克服的？

（4）你觉得这个活动对你的学习与生活有什么启发？

（六）注意事项

1. 若在室外，注意避开高温或极冷天气。
2. 主持人也可以参与活动，通过活动参与拉近与学生之间的距离。
3. 活动过程中，主持人可在学生举手的时候播放一些激励性的歌曲或音乐，主持人本身也可给他们喊一些激励的口号等。等时间到的时候，主持人要给予那些坚持到最后的同学以鼓励，此时游戏还可继续做下去，可把时间再拉长一分钟，看还有哪些同学能坚持。若有些同学能坚持到最后，主持人应当在全班同学面前给予肯定和鼓励。

（七）学生感言

1. 我们在室外进行举手仪式，主持人让我们成体操队形，举手站立，双手伸直向前平举，身体不准晃动，坚持 10 分钟。活动期间，主持人中途给我们播放了几首激励性的歌曲，让我们不要放弃，继续坚持下去。时间过半的时候，我感到双臂酸痛，无法坚持到最后，当我听到主持人播放的歌曲时，我感觉浑身充满了力量，可以再继续坚持。听到主持人说活动结束，我终于放下了手臂，感到如释重负，通过这一小小的游戏，我认识到，所有的事情都应该从点滴做起，慢慢坚持，意志力的培养也不应该是一朝一夕，是一件件小事逐渐积累，才能培养出强大的意志力。

2. 我们在操场上将双臂举起放在胸前，按照主持人的要求，身体不晃动，坚持 10 分钟。其间我感觉双臂仿佛失去了知觉，但是我依旧没有放弃，告诉自己继续坚持下去，当主持人宣布时间到的时候，我放下双臂，心里有巨大的成就感。通过此活动，我深刻认识到培养耐心和毅力的重要性，培养强大的精神内核需要从身边的点滴小事做起。

【活动 2】护蛋行动

（一）活动目的

1. 培养学生坚持的意志品质。
2. 培养学生的责任感。

（二）活动时间

持续性活动，可以根据活动目标与需要，设置一个星期、两个星期或一个月为活动时长。

（三）活动道具

生鸡蛋若干。

（四）活动场地

室内、室外均可。

（五）活动程序

1. 主持人宣布活动规则与要求

主持人给每位参与者发放一个生鸡蛋。这个道具"生鸡蛋"在这里被当作一个小生命，要求学生每天携带鸡蛋参加学校的各类教学活动，并且要保护好鸡蛋，使它完好无损。每日固定时间和地点，把鸡蛋带到主持人这里，由主持人做一次标记，每次做的标记都不同。若鸡蛋破损，则要受到适当的惩罚，比如重新开始活动时，必须带两个鸡蛋或三个鸡蛋等。整个活动时间为一星期、一个月、两个月或一个学期均可，看哪一位同学能坚持到最后。

2. 主持人和同学按规则实施活动。

3. 活动体验分享。

（六）注意事项

1. 活动前要做充分动员，讲清楚活动的内容与要求，要参与者配合。这项活动大多数的同学都认真对待，但也有个别同学嫌麻烦，鸡蛋不带回宿舍，而是放在教室里或是放置在学校的某个地方，第二天直接带到主持人那里做标记，这样使这项活动的难度就降低了许多，活动本身也失去了意义。因此，主持人应事先进行充分动员，并在活动过程中采用多种监督或打卡方式，保证活动正常有序开展，避免投机取巧行为。

2. 注重活动体验与分享。注意延伸活动意义，"保护鸡蛋"可以延展为在恋爱关系中的责任心，同时可以引导同学们关注和发觉影响这个"小生命"健康的因素，在建立亲密关系中加以注意。

（七）学生感言

1. 参加本次护蛋行动，主持人先给每个人派发了一个生鸡蛋，按照其要求，我们要每天携带这个鸡蛋进行教学活动，要保护好它，不能损坏，并且要定期去找主持人打卡做标记。刚开始参加此活动时，我感到很麻烦，不想每天带着生鸡蛋进行我的各项活动，我也曾想过把它放到一个固定的地方，到时间再拿去找主持人打卡，但是我想到他曾告诉我们，要把鸡蛋看作一个小生命对待，我不能对一个生命如此不负责，于是我开始认真对待，每天打卡。这次活动增强了我的责任意识，我认识到，不论是做事还是对人，都要本着一种负责的态度。

2. 主持人给我们每个人分发生鸡蛋之后,告诉我们要把它看作一个小生命对待,每天带着它进行日常的活动,并且要定期完成打卡活动,最后要保证鸡蛋完好无损,才算挑战成功。这一小小的护蛋行动,培养了我们的责任感,让我认识到无论做什么都要负责,不仅是对人,对待每一件事物都应该本着一个负责的态度去完成。

【活动3】突出重围

(一)活动目的

1. 培养学生在面临突发情况和危急状况的时候,保持冷静的头脑并具有克服困难的信心、勇气。

2. 培养学生解决问题的能力和责任,培育团队精神和坚持到底不服输的精神品质。

(二)活动时间

大约需要30分钟。

(三)活动道具

无。

(四)活动场地

室内、室外均可。

(五)活动程序

1. 以15~20人为一组,所有同学手拉手围成一个圈,这个圈被称为"包围圈"。

2. 主持人讲解活动规则

假定你被敌人包围了,情况十分危急,要求你尽快想办法冲出包围圈。可采取钻、跳、推、拉、诱骗等任何方式(以不伤害人为原则),力求突围挣脱,冲出包围圈;其他同学则站立,手拉手围成一个包围圈;外围的同学必须尽全身气力、想尽办法不让被围者逃出;若圈内的同学从某两个同学手拉手的缝隙中逃出,则这两个相邻的同学都要进入圈内作为被包围者。

3. 游戏开始

主持人可通过随机抽学号的方式,让一名同学站在包围圈中央开始游戏。倘若被围的同学灰心失望,一时冲不出"包围圈",则主持人可增加两名同学到圈内作为"突围者",鼓励他继续努力,一起突围。一段时间后,换其他成员。

4. 活动体验分享与讨论

(1)闯关突围会令人想起什么?

(2)突围者成功了几次,失败了几次,为什么会失败?

(3)突围者在活动中感觉如何?单兵作战容易吗?增加突围者之后有何感受?

(六)注意事项

1. 注意场地安全,做好安全预案。因为游戏具有对抗性质,游戏的场地最好在草地上而不要在坚硬的水泥地面上。在做游戏的时候,一定要向学生讲清楚可能会发生的碰撞及跌倒等问题,以保障学生安全。要同学们做好预防,并在活动中注意力度,事先需注意移去危险器物。

2. 活动开始前询问参与者是否有不适合参与活动的情况，有健康问题者（如先天性心脏病、心脏功能欠佳者等）不要参加，以防意外发生。

3. 旁观者也应对于活动有参与感，观察同学们在活动中的表现和特殊情况，并最后参与分享与讨论。

4. 突围方式以不伤害别人为原则。这个活动虽然可以允许圈内突围者采用钻、跳、推、拉、诱骗等任何方式，但有一点要提醒学生，不可以对外围的同学进行过分的暴力攻击，如用脚踢或肘击等。

5. 包围圈男女同学的搭配问题。这个还有一个用途，那就是用于异性交往。男女同学的身体接触在日常生活中一般是较少的，导致很多同学开始恋爱关系也是出于对异性的好奇而没有经过责任感等方面的考虑。而在这个活动中，男女同学手拉手围成一个圈，是活动的需要并且大家都这样做，一般就不会觉得害羞了，且在活动过程中能够增加男女之间的了解和配合。在包围圈的形成过程中，教师可根据班级的实际情况，让男女同学交叉站立，然后手拉手围成一个圈；如果学生们比较保守，不愿意的话，则可先分为男女各一个包围圈，过一段时间，将两个包围圈合并为一个，同样可达到目的。

6. 关注学生在活动中的特殊表现，注重分享与引导。如活动表现不积极的、多次突围成功的、多次阻拦成功的、注重团队合作的学生，邀请其分享活动感受和收获，对表现不好的要多鼓励，对表现突出的要给予肯定，形成正向引导。

（七）学生感言

1. 按照主持人的要求，我们15~20人围成一个圈，我作为包围圈成员，主要负责阻止包围圈内的同学逃出包围圈。初期包围圈同学配合不默契，让部分圈内同学逃出。之后，我们逐渐找到了配合的小方法，配合愈加默契，成功阻止圈内同学逃出。本次活动让我认识到了团队合作的重要性，以及团队内男女搭配的重要性，一个团队想要完成任务，需要增强团队成员配合的默契，这次活动增强了参与同学解决问题的责任和能力。

2. 参加突出重围活动，我和一个同学作为"突围者"，一起手拉手冲出包围圈。活动刚开始时我也感到不知如何行动，大家都很局促，但是随着活动的进行，我们认真分析，一起合作，最终冲出外围同学的包围圈。

3. 这项活动，增强了我面对困难时候的勇气，以及提升了我面对突发状况时冷静分析的能力，让我认识到无论何时都要保持清醒的头脑，冷静地分析。在后续和异性的交往过程中，我同样也要保持冷静的头脑，在面对困难时更要平静地一起分析问题，一起共同增强信心和勇气。

【活动4】祝福花篮

（一）活动目的

1. 通过活动体验团队合作，让同学们感受到分工合作的重要性，形成担当和配合的良好品质。

2. 根据自己的强项与弱项，在团队中找到合适的位置。

（二）活动时间

大约需要20分钟。

（三）活动道具

彩色的小纸、报纸、缝衣针和缝衣线若干。

（四）活动场地

室内、室外均可以。

（五）活动程序

1. 6人为一组，要求3男3女。各组向主持人领取工具包一个，内有报纸一张、彩色的小纸片18张、彩色笔、条形白纸、胶带纸、缝衣针6枚和缝衣线一卷。

2. 各组在10分钟内完成下列任务：

（1）用报纸折一只花篮；（2）用彩色小纸片折6只千纸鹤；（3）用彩色小纸片折6颗幸运星；（4）取缝衣线穿好6枚针；（5）用彩色小纸片折6朵小花；（6）最后把花篮尽可能地挂到高处；（7）写一句祝福的话。

3. 主持人点评引导和交流感受。

（六）注意事项

1. 鼓励学生把花篮尽可能地挂到高处，但要注意安全。

2. 如果时间不够也可以将任务减量，但时间与工作量的安排要有一定的紧凑度，保证形成区分度，有的组可以完成，有的组来不及完成。

3. 如果碰到较多组员不会折花篮、不会折千纸鹤、不会折幸运星的情况，允许外派组员到其他组现场学习，活动的总时间根据实际情况可以调整。

（七）学生感言

1. 我们进行了一个活动——祝福花篮，用报纸和彩色纸按要求折出不同的花篮、星星、千纸鹤等，还要完成穿针引线，把花篮挂到高处等任务。团队内成员的3男3女，我作为男生，并不擅长折纸和穿针引线，在活动开始时不知如何配合，随着时间的推移，我们逐渐认识到自己的长处和弱点，从而进行了分工和合作，例如女生主要负责折纸和穿针引线，男生主要负责将星星穿起来及将花篮挂到高处，最后我们顺利配合，出色地完成任务。我们认识到了男女之间所擅长的领域不同，也认识到了男生应该承担起应有的担当。

2. 在祝福花篮活动过程中，团队内成员分配3男3女，在折好花篮之后，还要将星星和千纸鹤等用针线穿起来，最后要将花篮尽可能地挂到高处。我作为女生，擅长折纸，但是在最后将花篮尽可能地挂到高处这项任务方面，身高并不占据优势。我们团队内的成员进行交流，根据每个人的擅长及不同特点，分配不同的任务，任务最终顺利完成，并获得了一定的名次。

3. 通过本次活动，我们团队内的成员深刻认识到了男女差异，所擅长的领域不同。同时也推翻了之前的一些刻板印象，我们都认识到了自己擅长的领域，能够把自己放到团队的正确位置。

【活动5】承担责任

（一）活动目的

让学生感受到在面临问题时，如何看待自己的责任和别人的过错。

（二）活动时间

大约需要 30 分钟。

（三）活动道具

无。

（四）活动场地

室内、室外均可。

（五）活动程序

1. 将全班同学分为不同的小组，每组 4 人，两人相向站着，另外两人相向蹲着，同方向站着和蹲着的人是一组。

2. 站着的两个人进行"剪刀、石头、布"猜拳，猜拳胜者，则由和猜拳胜者一组蹲着的人去刮对方输的一组中蹲着人的鼻子（或采用其他的惩罚方式）。

3. 输方轮换位置，即站着的人蹲下，蹲着的人站起来，继续开始下一局。

4. 开始的新局中，上次胜方站着的人若在猜拳中输掉，则上次胜方蹲着的人要被上次输方站着的人刮鼻子。

5. 在接下来的一局中，胜方也轮换位置，即原来站着的人蹲下，蹲着的人站起来，开始新的一局。

6. 活动可反复进行，具体进行几个回合可由小组成员自行决定，主持人也可根据实际情况进行调整。

7. 活动体验分享与讨论

（1）如何看待自己的责任和别人的过错？

（2）当自己的同伴失败的时候，你有没有抱怨？

（3）同组中的两个人有没有同心协力应对外面的压力？

（六）注意事项

1. 作为对输方一组同学的惩罚，除了刮鼻子外，可以采用做俯卧撑的办法，具体数量可参考学生的实际能力大小。

2. 主持人要注意观察失败一方两个同学在面临惩罚时所出现的情绪反应，注意引导和分享。

（七）学生感言

1. 我们进行了承担责任这一活动，两人一组，进行猜拳，并且有相应的惩罚，惩罚可以是刮鼻子或者做俯卧撑代替。开始时，面对不断惩罚，我有些许的不满，埋怨猜拳的同学。但是慢慢地，我认识到了我们是一个团队，是一个整体，一荣俱荣，一损俱损，我不能有怨恨的心理，我们要正确认识自己的责任和别人的过错。

2. 参加承担责任这一活动，我作为猜拳的同学，如果我输掉猜拳，蹲着的同学就要受到惩罚，开始时我连输好几次，让蹲在地上的同学受到了好多次惩罚，我心生愧疚。但是和我同组的同学告诉我，不要有心理负担，放宽心就好，每个人都会有输有赢。通过此活动，我正确看待了自己的责任，也更加认识到团队协作和相互理解的重要性，不能一味地埋怨，要学会正确地承担起自己的责任。

【活动6】手指的力量

（一）活动目的

1. 让学生认识到目标一致的情况下，合作可以产生不可估量的强大力量。
2. 让学生认识到任何人在合适的条件下，都可以最大限度发挥自身的潜能。

（二）活动时间

大约需要 25 分钟。

（三）活动道具

安全的海绵垫。

（四）活动场地

室内、室外均可。

（五）活动程序

1. 学生中先选取一名同学作为试验者，体重一般可以选择较轻的。另外选取 16 人左右为托举者（根据现场情况，可以增加托举者的数量）。
2. 试验者平躺在地面上或是桌子上，双臂抱胸。
3. 另外 16 个人各伸出一个食指，不同的人分别用食指顶住试验者身体的头部、颈部、肩膀、后背、臀部、大腿、小腿和脚。
4. 准备就绪后，喊一声"一、二、三"，大家一齐向上用力，就能把试验者托举起来（若无法托举成功，可以依次增加托举者的数量，不断尝试）。
5. 再从学生中选一位体重更重的同学，重新做一次，看结果如何。
6. 活动体验分享。

（六）注意事项

1. 安全防护要到位，做好安全预案。由于对于试验者来说，脱离地面有一定的危险性，所以其身下要有安全的海绵垫或其他安全设备。还要让参与试验的同学注意安全，特别是当试验者用手指顶住试验者的后背或肩膀部位时，做试验者的同学可能会感觉痒而发笑，这样会引起其他同学笑而导致大家的力量不一致。
2. 刚开始选取的被抬起的同学体重不要太重，第二次可选取体重较重或最重的。身体功能欠佳（哮喘、心脏病等）者，不宜参加此活动。
3. 托举部位应慎重选择，既能够给予力量支撑，又要兼顾不要触碰试验者较为敏感的位置，以防同学们心存顾忌而无法全身心投入活动。

（七）学生感言

1. 参加手指的力量这一活动，我体重较轻，作为试验者，躺在桌子上，双手抱胸，其余的十几个同学要用手指的力量将我托举起来。开始时我心中有些忐忑，担心他们无法将我托举起来。随着活动进程的推进，托举的成员不断增加，他们也逐渐找到了托举的力量和发力的位点，最后我被托举成功，成功后我们都欢呼起来。通过此活动，我认识到，在目标一致的情况下，团队会产生不可估量的力量。
2. 进行手指的力量这一活动，我作为托举者，主要负责和其他人一起合作将躺在桌子上的同学用一根手指托举起来。开始时我们无法找到合适的托举力量和托举的发力位点，随着不断地尝试和不断地寻找合适的发力位点，并合理地进行人数的增减，最后成功完成此项任务。通过这项活动，我深刻认识到，一个人的潜能在合适的条件下可以发挥到最大。

【活动 7】信任后仰

（一）活动目的

1. 体验在一定的风险中学习如何信任及支持他人。
2. 培养团体成员彼此间的信任感。
3. 从活动中建立个人在团体中的责任感。

（二）活动时间

大约需要 30 分钟。

（三）活动道具

一定高度的台子，也可以是学校里教室用的课桌或椅子等。

（四）活动场地

室内、室外均可。

（五）活动程序

1. 团队成员分组。每组成员 10 人左右，两人为一搭档；通过自愿报名的方式选出一名同学在台上进行"后仰"。

2. 后仰者站在台上，下面的同学两人为一搭档。一个同学先用左手握紧自己的右手腕，另外一个同学也是如此，然后让另一个同学的右手握住第一个同学的左手，第一个同学的右手握紧另一个同学的左手，形成非常牢固的一个"手结"。其他几对搭档也是如此，然后让他们排成一排，形成一道比较安全的手臂网。

3. 后仰者用左右手交叉抱住自己双臂，并闭上双眼，准备从台上往后仰面倒下。此时台上后仰者需对台下的同学说："你们准备好要支持我了吗？我相信你们！"台下的同学需要大声说："我们准备好要支持你了！请相信我们！"然后，后仰者往后倒下，台下的同学用手臂网接住。

4. 接着再换另一位后仰者，遵循上述的程序，如此依序直到小组内所有志愿者皆完成这项体验活动。

5. 活动体验分享与讨论

（1）在活动中，当你分别担任志愿者和台下的支撑者时，各有什么样的感受？

（2）活动中你会怎么做或怎么想，才会相信其他人会安全地支持你？

（3）从信任后仰开始直到结束，你觉得身体有什么变化？

（4）通过这样的活动，你觉得大家彼此间的关系会有什么改变？

（六）注意事项

1. 保障学生安全，做好安全预案。场地选择相对要松软些，最好选有保护性的海绵垫。

2. 后仰者倒下时需两脚直立，且双手交叉抱在胸前，倒下时身体尽量保持直线，不要扭曲。

3. 台下的同学在组成手臂网时，要摘掉眼镜、手表等易碎或易损坏的东西，以保证安全。

4. 后仰者往后倒下时,台下的同学组成的手臂网可以由低到高形成一个斜坡,这样可以减少志愿者身体对台下同学手臂的冲击力,减少疼痛。

5. 身体健康有问题的同学(如哮喘、心脏病、恐高心理者等)不能参加,可作为观察者观察活动过程,并参与分享和讨论。

6. 主持人要注意引导,当小组内无人愿意上台成为后仰者时,应及时鼓励和引导,保证同学们的活动体验。

(七)学生感言

1. 我们在室外进行信任后仰这一活动,我作为后仰者,站在台上,需要双手抱胸,向后仰,台下的同学组成手臂网需要接住我。刚开始站在台上时,我并不信任台下的同学能够顺利接住我,但是当听到台下同学的那句"我们准备要支持你了!请相信我们!"时,我感到了无比的安全感,向后倒去,台下的同学也顺利地接住了我。这项活动之后,我学会了如何在有风险的情况下正确地相信他人。

2. 我参加了信任后仰这一活动,作为手臂网成员之一,负责接住台上往后仰的同学,我取得了无比的成就感。本项活动让我学会了如何团队协作,如何在团队中培养彼此之间的信任,以保障任务的顺利完成。

第六章 大学生的网络心理

一、大学生网络心理案例与分析

随着社会的不断发展，网络已成为人们生活中不可或缺的一部分，也是大学生了解社会的渠道之一。然而，网络也像一把"双刃剑"，给大学生的心理健康造成了巨大的影响和冲击。

案例1：据媒体报道，海口市公安局刑警队曾抓获一名以网络美女头像冒称自己、以网恋的形式疯狂诈骗大学生钱财的女骗子。

女骗子真名叫王梅丹，当时只有19岁。她与家人吵架后离家出走，并发誓不干出一番名堂不回家。经多方"研究"，王梅丹发现，利用网络美女和网恋的形式骗钱是一条发财、通往"成功之路"的理想途径。她把目标瞄准了海南的在校大学生，在一年多的时间里，她先后利用这种方式骗取了海南大学、海南师范学院、海南医学院等多所高校在校大学生的钱财10万余元，受骗学生达20人之多。

王梅丹是如何行骗的呢？据她后来交代，在了解到大学校园卡的电话号码后就挨个拨打，通常佯装打错电话，然后闲聊，闲聊中透露出自己长得漂亮、没有男朋友或者是刚跟男朋友分手等信息，当有人"上钩"后就进一步发展为网聊，发送一些美女照片，惹得对方爱慕不已，继而发展为网恋。"恋爱"之后则以"没钱吃饭""没钱住房""没钱买手提电脑和手机"等各种理由要求对方寄钱。因为深深迷恋，通常对方都会有求必应，赔上学费、生活费的大有人在，有的甚至将父母看病的钱也骗出来寄给她。

案例分析：网络的出现改变了人的生活方式，也包括恋爱。网恋大概是现在最热门的名词之一，也是大学生中最流行的一种时尚。那么是什么原因让大学生这么容易接受网恋的方式而轻易地深陷网络情缘之中呢？

大学生正处于强烈情感需求阶段，他（她）们渴望友情和爱情，期待与同龄人的心灵交流。网络的隐匿性从一开始就给了网恋充分发展的空间，并且使网恋笼罩上了一层神秘而浪漫的面纱。网恋的神秘和浪漫对大学生有着强烈的吸引力，再加上现实人际交往中种种问题的存在，促使相当部分的大学生选择了网恋，试图给自己的大学学习生活带来轻松和快乐。这也正是案例中王梅丹的诈骗手段虽然并不高明，却让不少大学生上当受骗的原因。

案例2：鲁新成长在一个父母要求严格的家庭里。小时候，在跟随外公外婆生活了一段时间后，下海经商的父母就把他接回了家，并专门雇了保姆照顾他。父母每天都回来很晚，有时回来早了，就会问鲁新的学习情况，在这样的严格教育下，鲁新的学习成绩如果不好就要挨骂，有时还要挨打。在这样严格教育下，他的学习成绩一直不错，尤其是考上重点高中后，三年的紧张学习更是让他站到了学校理科高考第一名的位置。

以优异的成绩进入众人向往的高校，鲁新发现自己就像进了尖子森林：到处都是很厉害的人，不是省状元就是市状元，而且都摆出谁都不服谁的样子。选课开始后，平时各干各的同学更是难得碰面；班主任管得也特别少，甚至可以说极少出现。大学生活原来这样自由，鲁新突然有一种飞出笼子的感觉。校园里有很多社团招新的活动，鲁新对于这些都没有太大的兴趣。宿舍成了他主要的活动区域，他最喜欢的就是和四个室友一起联网打游戏。

校园宽带非常快，下载电影和游戏比外网快多了。他们每天除了上课吃饭以外，大都泡在宿舍里玩电脑。有时候懒得出门，他们就玩"石头剪子布"，让输的人出门打饭或买点包子、面包回来。

期中考试了，他发现原来这里的考试并不那么难通过，只要提前几天看看书就可以了。渐渐地，逃课的人越来越多了。这时他也开始观察哪些课不用听就可以过，哪些课只要看看书就可以了，哪些课老师讲得特别差也就不用听。后来他尝试了一次让同学帮忙签到，课后非常紧张地问同学怎么样，听到"没问题"的回答后，他开始笑自己的胆小。很快就到期末了，他的考试就在最后突击之后顺利过关。

大一第二学期开始，鲁新听说网吧的机子很适合玩游戏，他和室友就开始尝试到外面去上网。网吧混着烟味的环境他慢慢就习惯了，后来他甚至也跟网友一起一边吸烟一边打游戏。他完全不在乎学校的事情了。刚开始还找同学帮忙签到，后来同学不见他的人影，也就不知道他去没去上课，不再帮他签到，他的逃课记录越来越多。考试前还是同屋的人提醒了他，要不连考试也会错过。最终，成绩背叛了他的网络狂欢。大二刚开学，学校就发了一张休学通知给他父母。

案例分析：鲁新"从优等生到被休学"，这个案例曾被《中国青年报》报道过。一名优秀大学生这样沦落，令人唏嘘。而更让我们有感而发的是，这样的故事在现在的大学校园里绝对不是个案，一个又一个的"鲁新"不断地在我们的身边"复制"着相似的经历。许许多多的大学生被一种叫作"网络成瘾综合征"的网络心理疾病牢牢地控制。网络成瘾综合征是一种病态的强迫性的网络使用行为。许多大学生因为沉溺于网络游戏、网络聊天、网上赌博，或观看、下载和交换色情作品等，耗费了大量的时间，耽误了自己的学业，影响了人生的命运，甚至破坏了与父母的亲情。

案例3：《中国青年报》曾经报道过一个叫张韫的大学生，他自幼聪颖，13岁开始迷上电脑，16岁时便考入重庆一所大学。由于沉溺网络，他在大三时因旷课次数太多被校方开除。一次，张韫上网时意外发现了一家"黑客培训基地"的QQ聊天群，他报名开始了长达半年的培训，网络水平提升很快。培训结束时，张韫花100元从网上买来一种名叫"灰鸽子"的病毒软件，通过病毒侵入用户电脑，对电脑实行远程监控，以盗取用户网上银行的用户名、密码等信息。

经过一段时间的"努力"，张韫已有效控制300多台他人电脑。后来，他发现被自己监控的一家温州公司的网上银行账户里有了十来万元存款，于是花了5个Q币从网上买了两张身份证资料，以伪造的身份证开设了两个"网银"账户。之后，张韫在西安市某网吧包间内,将自己的笔记本电脑接入网络,利用"灰鸽子"软件,仅用 1 分钟就成功登录那家温州公司,将那笔钱划到自己新开的账户上。当张韫准备逃离西安时,没想到一张假身份证露了马脚,被民警抓获。

案例分析:一些掌握了较专业的计算机网络知识的大学生,利用自己所掌握的知识,在网络上实施网络犯罪。调查发现,在我国,利用计算机犯罪的案件每年以 30% 的速度递增,造成国家经济损失数以亿计。本案例中,张韫曾经是一名优秀的大学生,因为沉迷网络被学校开除,之后他并未从中吸取教训,而是选择通过自己所学的知识,采用病毒植入的方式侵入别人的电脑,获取别人网上银行的用户名、密码,盗取巨额资金。这种行为不仅浪费了他自身的聪明才智,还使他走上了犯罪的道路。

二、网络及其对大学生的影响

(一)网络的概念及特征

网络,即互联网(Internet),是 International Network 的缩写,中文称国际互联网,也可直接音译为"因特网"。它是指集通信网络、计算机、数据库及日用电子产品于一体的电子信息交换系统,以接收、存储、处理、传递全球信息为主要功能的国际互联网络。

互联网能使每个人随时将文本、声音、图像、电视信息传递给设有终端设备的任何地方、任何人。从这个角度上说,互联网已经不仅仅是一个单纯的计算机网络,同时是一个庞大的、实用的、可享受的公共信息源,是一个面向大众的平台,具有查询全球信息、浏览新闻、网上学习、收发电子邮件、网上聊天、发布信息、游戏娱乐及其他远程服务等超强功能。

网络作为一种工具,被人们接受使用的速度如此惊人,以至于对我们的生活及心理产生了如此巨大的影响,原因在于它具有其他大众媒体所不具备的特征。

1. 全球性和开放性

互联网最大的特点是全球性,它是个空前开放的系统。网络文化表现出全球性,使"地球村"成为现实,建立在互联网基础上的信息文化,具有内容丰富、传播迅速、影响广泛、参与平等、服务个性化等特征,是其他类型媒体无可比拟的。

2. 平等性和互动性

网络可以消除因为经济地位阶层的不平等带来的享用资源不平等的现实。网络上,人与人之间的联系是互动式的,相较于传统媒体,发布信息能得到及时反馈,可以参与媒体的传播活动,成为媒体的一分子。网络方便的交互式访问、信息资源的可复制性、共享性、实时传输等特点使信息的获取更加快捷、主动。

3. 便捷性和高效性

网络带来了高效、快捷、廉价的通信方式。例如,电子邮件可以同时传送图、文、声等,而且它的传播速度是普通邮件望尘莫及的。网络将信息高效处理,能满足我们的各种需要,做到足不出户知晓国内国际大事,省时省力,提高了人们的生活质量。

4. 虚拟性和隐匿性

网络中的一切主体都可以被虚拟化，它遮蔽了现实世界中人们身份特征的识别标志，只用一个数字代码来表明身份。网络上有句名言——"在网上没有人知道你是一条狗"，网络上可以匿名，可以隐藏性别、年龄、种族和社会地位等。

（二）网络对大学生的影响

1. 网络对大学生的积极影响

（1）改变了大学生的学习方式。首先，网络是一个信息宝库。研究表明，在网络、电视、广播、报纸、杂志等几种主要媒体中，网络当之无愧地成为大学生获得新闻信息最主要的途径。同时，网络提高了大学生获取信息的占有量和更新速度。网络是世界上最大的广告系统、信息和新闻媒体，是一个信息的海洋，信息无所不有，内容丰富而新鲜，并具有运行的快捷性、同步性和使用简便性的特点。大学生只需轻轻一点，就能在浩瀚的信息海洋中方便、快捷地找到自己所需的信息。另外，大学生可以通过"远程教学""远程课程"直接获取想要的学习课程，可以通过网上图书馆阅读海量的图书，也可以通过博客和BBS论坛在网上直接与某领域的专家沟通与交流。大学生可以在网络上学习各种知识，而且网络的快捷性和廉价性的特点使学习知识相对于传统的书籍和课堂而言，更为便利。网络正以全新的方式渗透到大学生学习的各个环节中，在很大程度上引发了大学生的"学习革命"。

（2）扩大了大学生的人际交往范围。随着网络的普及与发展，大学生突破了以往打电话、见面交谈等传统方式，而采用电子邮件、网络游戏、网络聊天等进行沟通。这极大地丰富了大学生人际交往的方式，而且这种网络人际交往具有超时空的特性，使大学生能够从以往狭小的生活圈子走出来，突破地域限制，实现"朋友遍天下"的梦想。网络全新的人际互动模式，使一种全新的人际关系产生。这对于大学生的社会适应和人际交往能力的培养、世界观和价值观的形成产生了重大影响。网络交流扩大了大学生人际交往的广度，大学生通过网络可以接触到社会不同层面的人，对社会有进一步的觉察和了解，这有利于促进大学生的社会化。

（3）拓宽了大学生情感表达的途径。网络使大学生找到了一个情绪表达的突破口，有助于其缓解压力。很多研究表明，网络是某些人改变心境的工具（情绪低落或焦虑的时候会采取上网的方式缓解压力）。网络可以减轻大学生来自学习和生活等方面的压力，还可使大学生在网络上获得社会支持。在网络上，大学生可以与具有共同兴趣和经历的人互动和支持，这使大学生避开了现实中不能与他人交流带来的情绪压力，找到了倾诉的空间和对象，有助于缓解其压力。

（4）促进了大学生思维的多元化发展。网络呈现给人们的不是一个单一文化和单一价值观的世界，而是一个多种文化和各种价值观交织的世界。这就使大学生的思维出现多元化倾向，不再局限于某一种特定价值观的影响。

2. 网络对大学生的消极影响

（1）过度使用网络会影响大学生的身心健康。目前，电脑和网络对健康的影响已引起人们的高度关注。长时间使用电脑或在网络里漫游不利于身心健康，一方面让人产生社会隔离感和沮丧、孤僻、焦虑等心理；另一方面也会出现视力下降、颈椎病、肩周炎、背痛、手臂僵硬和手指灵活度降低等躯体病变。在现实生活中，有些长期上网的大学生在网上表现出兴奋、注意力集中、反应敏捷等"积极"的情绪状态，在现实学习和生活中则出现魂不守舍、烦躁不安等情绪，出现对网络的依赖和网络强迫症。

（2）过度使用网络易导致现实人际交往障碍。建立良好的人际关系对大学生的人格发展来说十分重要。大学生能从与同辈群体的相互交往中得到对其言行的评价，从而认识、反省、完善自我。只有正确评价自己，学会尊重、学会宽容、坦诚与人交往，融入群体，才能感受友情，取得信任，建立合理的"归属感"。而网络交往是在虚拟情境下进行的，并非面对面交往，这种人机交往方式影响了大学生正常的交往，极易导致现实中人际关系冷漠，产生新的人际交往障碍。

（3）过度使用网络易产生不良的情绪体验，情感趋于冷漠。大学生的情感体验极为丰富、强烈、敏感，也极为动荡和复杂。他们关注社会的发展，也关注自己的切身利益。但由于生活阅历的贫乏，他们对人生充满理想又脱离现实，情绪起伏较大，很不稳定。大学生情感的成熟必须通过社会生活的实践体验得以实现，而长时间上网阻断了大学生亲身的社会体验。他们沉迷于虚拟世界中，受到网上传播的价值思想的感染，他们往往会花费大量的时间和精力去浏览虚假重复信息，难免会产生心理焦虑，出现精神疲惫，造成情感冷漠，更有甚者会产生心理问题。

（4）过度使用网络易导致自我分裂。大学生在网络这个虚拟世界获得比现实世界更多的快乐体验时，就可能将更多的时间和精力投入网络，导致网络掩盖了真实生活，扩大了现实生活与虚拟社会间的差距。他们渴望在网络上追求虚拟的完美人生，消极地对待或逃避现实世界，其自我系统中的真实我、现实的我和网络的我产生冲突，以致在网上和现实中判若两人，引发人格障碍。

（5）网络信息污染对大学生的负面影响。网络传播信息的方式具有全球性、超地域性，所以有精华也有糟粕。许多网站专门传播金钱、血腥、色情、吸毒、赌博、诈骗、自杀等不良内容，还有些网站源源不断地推出一款又一款"加码"的"新产品"。网络中充斥着诅咒、谩骂、造谣、诽谤、恶意中伤等行为，还有裸聊等层出不穷的低级趣味娱乐。此外，网络犯罪的手段也多种多样，如非法盗取国家机密情报，非法侵入政府机构、组织网站，恶意更改数据库，非法侵入银行盗取客户资料，散布谣言或恶意诽谤等。这些都极易诱使一些在校大学生走上违法犯罪道路。

三、大学生常见网络心理障碍及行为偏差

研究表明，中国有300多万人网络成瘾，60%的青少年犯罪涉及网络，全国各地高校甚至是名牌大学，劝退、处分、开除的学生中有80%因沉迷于网络而放弃了自己在最佳年龄阶段学习的珍贵机会，这里面甚至包括某些省市的高考状元。还有的大学生甚至被网络迷惑，以致出现精神障碍，连父母也不认识。

（一）大学生常见的网络心理障碍

1. 网络心理障碍

网络心理障碍是指上网者没有一定理由、无节制地花费大量时间和精力在互联网上持续地聊天和浏览，以致损害身体健康，并在生活中出现各种行为失控、心理异常、人格裂变、交感神经功能部分失调等现象。

2. 网络情感障碍

大学生的情感、情绪具有丰富而又不稳定的特征，其情感的变化、与他人的互动都建立在周围现实环境及与人面对面交流的基础上。网络空间不仅不利于大学生情感、情绪的成长和成熟，而且长期沉迷网络，脱离现实环境，还会引起他们情感社会化的不足和情绪的偏离，产生情感障碍，主要表现为以下几个方面。

（1）冷漠。由于长期上网，对外界刺激缺乏相应的情感反应，对亲友冷淡，对周围事物失去兴趣，面部表情呆滞，内心体验缺乏，严重时对一切都漠不关心。

（2）孤独。网络上过多的信息和刺激使大学生在应接不暇的同时也对现实生活感到孤独，表现为上网时感到刺激和兴奋，离开网络便觉得孤独、精神无所寄托，又想继续上网。久而久之，他们因平时不能正常参与大学集体生活而导致孤独感日益增强。

（3）抑郁。聊天室、电子邮件、网页对缓解心理紧张、释放学习生活压力有积极作用。但由于网络的虚拟性特征，一部分大学生深陷其中不能自拔，正常的人际交流出现困难。更有甚者，一些大学生一旦停止上网就会出现精神萎靡、孤独少言、思想呆滞、行动迟缓等症状。

（4）空虚。网络是虚拟而又精彩的，而现实是客观而真实的。一些大学生常常徘徊在虚拟的网络与真实的现实之间，体验着从网络的精彩跌落到现实的无奈，容易产生心理不充实、苦闷空虚之感。

（5）冲动。一些大学生在网络空间缺少正常的情感，再加上网上浮躁的语言和刺激性画面，常常使他们在现实中遇事不冷静，产生冲动情绪。

3. 网络人格障碍

网络在某种程度上既可以促进大学生的人格健康发展，也可以导致其人格走向扭曲，出现人格障碍。

（1）人格虚拟。部分大学生由于长时间痴迷网络的虚拟空间，常常出现"忘我"境界，习惯在网络中将自己虚拟为一个非现实的自我，进行虚拟的网络行为。这种长期脱离自我、脱离现实、以一种似我非我的状态游荡于网络空间的行为，极易形成虚拟人格。

（2）人格封闭。其表现为依赖网络、封闭自我，导致现实中与人交往少、言语不多、思想迟缓。他们能在网上与人侃侃而谈，却难以和现实中的人正常交流。他们常常蛰居于网络空间，生活更加封闭，人格更加孤独，形成恶性循环。

（3）人格变异。传统的伦理道德很难约束人们的网络行为，容易导致人格发生变异。例如，一些大学生因上网而反传统、反主流、缺少责任感，追求异化性格，形成多重人格，有的甚至散播谣言、热衷浏览黄色网站、崇尚黑客行为、幻想网络犯罪等。

4. 网络交往心理障碍

一些大学生长期沉迷网络虚拟空间的交往,以"冷冰冰"的人机交流代替"热乎乎"的人际交流,容易产生如下人际交往心理障碍。

(1)孤僻。其表现为言行怪僻不合群,在网上显得独树一帜,常常语出惊人,我行我素。

(2)虚伪。网络交往的匿名性淡化了一些大学生在交往中的责任感,引发或强化了他们撒谎、隐瞒、伪装的心理,形成虚伪的交往人格。

(3)多疑。大学生在网络交往中常常会遇到欺诈、虚拟信息等不道德的行为,使其觉得交往安全感下降,久而久之会产生多疑、防范等不良交往心理。

(4)社交恐惧。一些大学生在网络交往中越积极活跃,在现实交往中就越孤独内向,在这样的恶性循环中产生对现实交往的恐惧心理。

5. 网络性心理障碍

据调查,70%以上的大学生浏览过色情网站,有的经常观看,有的偶尔"越轨"。大量的黄色网站和色情信息造成大学生的性心理障碍。这些障碍,主要包括以下三个方面。

(1)性认知偏离。色情网站通过一些消极、不堪入目的文字、图片、视频及聊天室、论坛等传播不健康的性知识,使涉世未深的大学生在性认知上产生偏差。

(2)贞操观淡化。网络充斥着大量挑战传统性道德、贞操观的内容和信息,诱惑大学生认可并接受,使大学生在性态度、性观念上比较自由和开放,贞操观念被淡化。

(3)性行为放纵。一些大学生在开放的性观念的驱使下,选择放纵性行为来宣泄自己的性需求,如在网上寻找性伴侣,在论坛上随意聊性等。

(二)大学生常见的网络行为偏差

最常见的大学生网络行为偏差有网恋、网络成瘾综合征和网上破坏行为。

1. 网恋

"一网情深,二地相思,三四天见面,后悔五六年。想当初七弦无心弹,八天不思茶饭,九连环都折断,十里长亭望欲穿,百思想,千系念,万般无奈把郎盼!万语千言说不完,百无聊赖十依阑,重九登高看孤雁,八月中秋月圆人不圆,七月初七上火车,六小时郎出现,五十块钱吃顿饭,没人摇扇我心寒,四处打探心意乱。急匆匆,三心二意敷衍完,飘零零,一点的飞机我得赶。郎啊郎,恨只恨,你拿刘德华的照片来骗俺,下一世,如果网上再相遇,你做女来我做男。"

这是网上流行的一首网恋打油诗。互联网的出现,为人类爱情的天空增添了一丝色彩。科技的发展带动了社会的变迁,同时也带动了人与人联结的形式。谈恋爱不仅限于现实世界,在网络的虚幻世界中也同样可以谈情说爱。这种通过上网结识异性朋友而产生的恋情称为网恋。网上聊天和网恋现在正成为大学生最主要的上网动力之一。

目前,网站有很多聊天室和聊天软件,对正处于青年中期的大学生来说,对网恋等行为抱有很大的幻想。一项大学生网恋的调查显示,87.8%的大学生认为,网恋是满足情感需要的一种方式,三分之一的人选择将网恋带入现实生活,近四成的大学生报告自己周围有同学发生网恋。

那么是什么原因使大学生这么容易接受网恋这种恋爱方式呢？大学生网恋除了具有普通恋爱产生的一些原因外，还有其他什么因素促成？细分析起来，主要有以下几个原因。

（1）强烈的情感需求和现实情感途径的压力。正值青年期的大学生，具有强烈的情感需求，他们期待友情和爱情，期待和同龄人交流。现在很多大学对大学生谈恋爱都持"既不提倡，也不反对"的模糊态度。然而，对大学生来说，家庭与学校的压力使他们不便谈恋爱。网络恋爱却因具有隐蔽性的特点而不容易被父母及学校发现，因而正被越来越多的大学生作为宣泄情感的一种方式。

（2）大学生普遍具有猎奇心理，容易使其选择网恋。相当部分的大学生具有浪漫情结，选择了没有现实局限的网恋，因为它比现实恋爱更生动、更精彩、更迅速和更直接。

（3）网络的隐匿性给了网恋充分发展的空间。匿名性是网络最突出的特色之一，人们可以隐瞒自己的真实姓名、性别、身份、学历、地位、职业、外貌、所在地等社会角色标志性信息。在网恋中，网络在缩短彼此时空距离的同时，也缩短了彼此的心理距离。在网上人们可以毫无顾忌地宣泄自己内心深处的快乐、烦恼、孤独和痛苦，表现出在现实中较难以出现的真诚。在网上还可以根据自己的喜好扮演一个满意的角色，真实生活中的缺憾可以通过上网制造出的虚拟来弥补，如找异性朋友，即使是性格内向胆小、不擅长交流的大学生，在网络中也能给自己找到自信。

（4）同龄群体的从众性促进了网恋。通常，同龄群体的行为具有从众性，在网恋问题上也有所体现。据调查，绝大多数（92%）有过网恋经历的大学生，其周围人群也有类似经历。从人际互动的角度上说，家庭背景、思想观念和兴趣爱好等方面有相似性的同龄人之间，最容易彼此发生人际吸引和人际影响。大学生都是20岁左右的年轻人，学习能力强，而且彼此朝夕相处，周围环境特别是同龄群体的影响就会更加显著。看到自己周围的同学网恋，虽然主观上并没有刻意盲从，但网恋占据了潜意识中的一定空间，一旦有机会，就容易去尝试。正是这种同龄群体的示范作用，使尝试网恋的大学生数量在不断增加。

网恋是恋爱的一种方式，它给人最大的冲击是爱情过程的浓缩。网恋在虚幻中不乏真实，但网恋具有很大的盲目性和偶然性。事实上，迷恋网络恋情，会使大学生远离正常的社交场合和生活状态，对现实生活采取回避态度，性格会变得孤僻。一旦网上的恋人欺骗自己或与自己理想中的恋人出现差距，不少大学生就会难以接受，更严重的会导致对个人自尊和价值感的怀疑和否认，影响以后的情感生活。

爱情是真实的，除非你崇尚柏拉图式的精神恋爱，否则处在网络两端的你和对方迟早要走到阳光下交往。正如有人所言：让虚幻的归属虚幻，现实的归属现实。这也许是对待大学生网恋的"合适"态度。在这之前，提高警惕并不是什么坏事。轻信，受伤的只会是自己。

2. 网络成瘾综合征

网络成瘾综合征（Internet Addiction Disorder，IAD），是指由于过度使用互联网从而导致明显的社会、心理损害的现象。这一术语是由戈登伯格在1986年首先提出的，用来描述病态的、强迫性的互联网使用现象。心理学家米歇尔把它定义为强迫性的过度使用网络和剥夺上网行为之后出现的焦躁行为。

网络成瘾综合征的症状通常有以下几方面：一是耐受性，即不断增加上网时间才能达到原有的满足感。二是戒断症状,如停止或减少网络的使用时出现典型的焦虑,有关上网的幻想或做梦,强迫性考虑上网的事,随意或不随意的手指打字动作等戒断症状。三是病态行为,包括:①上网冲动控制障碍,整天一心只想上网,沉溺于网络中不能自拔,经常冲动性地检查电子邮箱,下网后仍想着上网,期待着下次上网,为有更多时间上网,而使生活方式发生改变,改变睡眠习惯或通宵上网,不注重个人卫生。②逃避行为,社会交往活动减少,宁愿在网上与人交流也不愿进行面对面的交流;将上网作为逃避问题或缓解无助、内疚、焦虑或抑郁情绪的一种方式,忽视对亲人、朋友等的个人责任。③网络性行为,经常访问色情网站,大量下载色情图片或影像,在网上不断更换性伴侣、相互调情及进行虚拟性爱,以满足性刺激。④否认症状,否认上网所花费的时间,向亲人朋友等说谎以隐瞒自己迷恋互联网的程度和上网所花费的时间。⑤认知适应不良,包括认知自我和认知外部世界。对自我的曲解认知有自我怀疑、自我负性评价,对外部世界的曲解认知有以偏概全或非此即彼,这些曲解认知加强了患者对互联网的依赖。

3. 网上破坏行为

网上破坏行为是指网络黑客的恶意攻击;编制和传播计算机病毒、网上对他人实施辱骂和人身攻击;网上散布谣言、恶意地灌水和刷屏,恶意传输垃圾邮件等。

(1)网络黑客。网络犯罪行为中最严重的当数网络黑客行为。黑客,英文"hacker",是指利用通信软件,通过网络侵入他人系统,截获或篡改计算机数据,危害信息安全的电脑入侵者或入侵行为。黑客违法犯罪活动已成为一种严重的问题,黑客的各种破坏活动也随之猖獗,如巨额资金被盗取、政府数据被篡改、商业机密被窃取、交通指挥失灵、军事情报泄露、网络突然瘫痪等。

(2)编制和传播计算机病毒。编制和传播计算机病毒也是一种严重的网上破坏行为。所谓计算机病毒,是指在计算机程序中植入的破坏计算机功能,毁坏数据,影响计算机使用,并能自我复制的一组计算机指令或者程序代码。由于其传染和发作都可以编制成条件方式,像定时炸弹那样,所以计算机病毒有极强的隐蔽性和突发性。目前,已发现的计算机病毒种类有几十万种。近年来,五花八门的病毒在极短时间内通过网络迅速传播,使数百万人受到人身攻击,恶意地灌水和刷屏,全然不顾现实中的社会道德。另外,还有部分大学生在网上发表过激言论、散布政治谣言、发表不健康文章,甚至还有大学生对网上境外恐怖分子和西方反动势力的宣传进行附和,这都是造成高校不稳定的因素。

近年来,随着计算机网络的普遍运用,我国的网络违法犯罪案件呈明显上升趋势。随便在任何一个网站只要输入"网络犯罪"四个字,都能搜索到几百条甚至上千条相关新闻。诈骗、恐吓、敲诈勒索、非法传销、赌博甚至杀人等传统犯罪形式,已经悄悄在网络的虚拟空间蔓延。

四、大学生如何对待网络

（一）正确掌握和应用互联网知识

互联网是一把"双刃剑"，马克思认为新技术对人类行为和社会结构的影响是深远的。网络既是一种新的认识武器、认识工具，又是一种新的知识资源和新的生产力。因此，在网络时代，大学生不能因为网络的负面影响就对网络视而不见或"谈网色变"。我们的态度应该是：主动地掌握互联网这个工具，全面学习网络知识和技术，善用网络为我们的学习和生活服务。

截至 2019 年 9 月，据微信官方发布，我国微信月活跃用户数已达 11.51 亿。现在大学同学之间、师生之间会使用电子邮箱、QQ、微信等网络平台来实现沟通和互动，这些方式方便、快捷、高效，成为大学校园一种新的生活方式。另外，也一定要客观对待网络的利弊。大学生作为利用网络最多的群体，应积极利用网络优势，打造主流阵地，开发信息资源，真正为人所用，引导更多的人参与到有益的网络活动中。

（二）端正上网目的和动机

中国互联网络信息中心发布的第 52 次《中国互联网络发展状况统计报告》指出，截至 2023 年 6 月，我国网民规模已达 10.79 亿，互联网普及率达 76.4%。上网用户受教育程度普遍较高，这也是信息时代高速发展的需要。然而，我们发现，聊天和游戏基本上成了目前部分大学生上网的主旋律，他们上网已不是利用网络搜集信息、查找资料，而是把网吧变成"聊吧"，整天上网聊天，更有甚者终日上网玩游戏。至于网络的基础知识、综合技能，尤其是如何将利用网络与自身的专业学习、人生发展、兴趣爱好结合起来，则抛在脑后。对此，大学生应在上网之前确定上网的目标，限定上网的时间，提高效率。只有这样，我们才能真正地把网络作为一个媒介、一个工具来使用，才能使它更好地为我们服务。

（三）规范上网行为

主要体现在大学生上网过程中的遵纪、合法和守德三个方面。遵纪指的是大学生在上网时要遵守纪律制度，将其作为自己网络行为的准则。比如，在公共场合不大声喧哗，维护安静有序的上网环境，听从网络管理人员的管理和劝导，不破坏网络安全和网络秩序等。合法指的是大学生的网络行为应当合乎我国当前的网络法规和条例，不在网上做违法的事情，包括网络管理、信息安全、网络通信、密码管理等方面。守德指的是大学生的网络行为要符合伦理规范，如诚实守信、公正公平、尊重他人隐私、尊重知识产权、保守秘密等。

针对网络道德弱化这一特点，在现阶段尤其应该强调道德的规范作用。大学生应该自觉遵守网络的社会法律规范和道德规范，教育和控制能力，营造网上健康文明的道德氛围，培养自我教育和控制能力，做一个高尚的网络人。团中央、教育部等单位联合向社会发布的《全国青少年网络文明公约》明确提出要诚实友好交流，不侮辱欺诈他人，其中"五要五不"明确指出：要善于网上学习，不浏览不良信息；要诚实友好交流，不侮辱欺诈他人；要增强自我保护意识，不随意约会网友；要维护网络安全，不破坏网络秩序；要有益身心健康，不沉溺虚拟时空。这也符合中央确立的《公民道德建设实施纲要》要求。

（四）积极参加社会活动，增加现实世界的体验

大学生应当认识到网络虽然具有各种优点但不能完全替代现实生活，网络生活只能作为现实生活中的部分。虽然网络具有虚拟世界时空连接的功能，但是这种虚拟是无法取代现实的。理想是一只风筝，现实是一根线。线有多长，风筝才能飞多高、飞多远。不要让风筝和线脱离。

由于人们生活水平逐渐提高，不少大学生室内活动多，户外活动少；模拟体验多，生活体验少；间接体验多，直接体验少。大学阶段是人们人际交往能力和人际关系形成的重要时期，由于网络交往与传统的具有亲和感的人际交往大不相同，所以往往难以形成真实可信的、安全的人际关系。在网络上，人们提取信息时越来越依赖间接和抽象的符号系统，这使人们以一种彻底的外在化、符号化的方式和冷冰冰的操作伦理来面对真实的社会，势必会在一定程度上弱化个体与真实世界交往的能力。由于现实的、具有亲和感的人际交往机会大大减少，个体也会产生紧张、孤僻、情感缺乏等心理问题，有些个体甚至产生人格障碍和人际交往障碍，只会纸上谈兵，无法面对真实的社会。针对当前大学生网络依赖度过高、体育锻炼意识不够、身体素质堪忧等问题。2014年团中央、全国学联联合教育部、国家体育总局在全国高校开展了大学生"走下网络、走出宿舍、走向操场"为主题的群众性课外体育锻炼活动，一段时期以来，这项被大家简称为"三走"的活动，逐渐成为校园生活的一道亮丽风景。因此，我们提倡大学生多些自然体验，让强健体魄、健康生活成为大学校园经久不息的新风尚。

（五）求助心理咨询，对网络心理障碍进行调适与治疗

网络成瘾综合征是人为造成的，只要加强自我保护便可防治，具体要求是早发现、早节制，理智上网。出现早期症状时，应及时停止操作并休息。一旦确定自身对网络形成了一定的依赖，真有成瘾现象时，不要紧张，应该及早求助专业人士，进行干预治疗。目前，有多种心理治疗的方法，如美国人本主义代表性学者罗杰斯提出的"来访中心法"认为，人性都是积极向上的，且都有能力发现自己的缺陷和不足并加以改进。该方法不能操纵一个被动的人格，只能协助某些同学自省自助，充分发挥其潜能，以达到自我实现的目的。当然，也可以采用行为疗法，通过对环境的控制来改变人的行为，其目的在于强化使患者模仿或消除某一特定的行为习惯，建立新的行为方式。常用的技术包括放松训练、系统脱敏法、厌恶疗法等，其核心是控制环境和实施强化，促进患者保持良好的行为，矫正不良行为。此外，我们还可以借助食物和药物治疗。例如，由于眼睛长时间注视电脑显示屏，视网膜上的感光物质流失过多，应多吃胡萝卜、豆芽、瘦肉、动物肝脏等富含维生素A和蛋白质的食物，以及经常喝绿茶等。如果病症严重，还可以采用专门的药物进行控制和治疗。

五、大学生网络心理调适

（一）提升自我调适能力

1. 理性看待网络

互联网的出现宣告着人类信息时代的到来。它消除了人类跨地域沟通在时间上的滞后性，拓展了人类的交往空间，深刻地改变着人与人、人与社会的关系。然而，网络在充满自由、平等和开放的同时，又充满着诱惑与陷阱。我们既不能将其视作洪水猛兽，又要清楚地看到沉迷于它会"玩物丧志"。

对大学生而言，应该看到网络只是一种工具，而使用它的人是灵活的。对不良网络行为负责的应该是人，而非网络本身；网络资源是我们不可缺少的财富，对网络的破坏和滥用是对社会秩序的极大干扰，会危及我们每一个人；网络社会并非真实社会，虚拟世界的情感宣泄和满足并不见得使人真正快乐，我们应学会现实生活中的处事方法。无论是夸大网络的积极的还是消极的效果，都不是解决一切问题的灵丹妙药，都只能是陷入极端。大学生只有建立正确的认知，才能全面地看待网络，合理利用网络资源为自己服务，处理好现实与网络世界的关系，避免产生各种网络心理问题。

2. 讲究网络礼仪

上网作为一种新型人际交往行为，需要我们遵守一种特殊的礼仪。只有当使用互联网的人们懂得并遵守这些规则，互联网的效率才能得到更充分、更有效的发挥。网络礼仪就是指人们在计算机网络上通过电子媒介而体现的、规定的社会行为和方式，是指在网络世界的交往中，以一定的、约定俗成的程序、方式来表示尊重对方的过程和手段（张睫等，2010）[①]。

3. 遵守网络道德

第一，传播文明，不发布虚假、污秽信息。网络平等开放，任何人都可以涉猎自己所需信息。若肆意散布虚假、污秽信息，对大众的身心健康都有危害。即使是在网络世界，也要为自己的言行负责，而虚假污秽信息不仅对网友无益，对自己也是一种污染和侵蚀。第二，不盗用别人的网上资源。网络财产虽然虚拟，但也是网民投入大量时间、精力和金钱后换得的，属于特殊的私有财产，我国也将其列入了法律保护行列。盗用他人网上资源不仅为道德和法律所不容，也易使自己产生网络依赖，久而久之，不劳而获的思想就会自由泛滥。第三，不用网络进行赌博。没有道德约束的网络就像一株罂粟，让人深陷其中以致丧失自我。赌博于人于己都有害无益，而在虚拟世界通过赌博来谋取利益同样会遭受法律的制裁。第四，不破坏网络系统。随着黑客技术的不断发展，对网络安全的威胁也在加剧。而当今社会对网络的依赖性也在升高，我们更需从自身做起，不能蓄意破坏网络，而是要更好地维护它，使之为大家服务。

[①] 张睫，周延欣. 网络礼仪的构建原则 [J]. 新闻爱好者，2010(7):32-33.

4. 选择网络环境

在网络世界，信息含量巨大，各种文化与价值观交织，各种论断莫衷一是，各种诱惑比比皆是。大学生应学会自我主宰、自我约束和自我控制，自觉避免黄、赌、暴力等不良信息，为自己选择健康的网络环境。

5. 设定上网目标

每次上网前，明确自己的上网目标，并将内容按重要性和紧迫性给予排序。最好列出任务清单，粗略估计出自己的上网所需时间，有效控制任务进度。尤其是针对有网瘾的同学，更需要用这种方法约束自己。比如此次上网大概需要一小时，那半小时后就用不同的方法提醒自己：①设置时间警示框。如上网30分钟后，电脑上自动弹出"您已上网半个小时，距离结束时间还有半个小时，请及时调整您的网上任务进度"等样式的对话框来提醒自己。②设置手机闹铃。上网时间达一半时用闹铃警示自己，看任务进展到哪儿了，如果完成进度不到一半，就得加快步伐，相应调整网上操作进度。③电脑设置上网时限。自己预先限定的时间一到，电脑就自动关机。避免养成在网上随意浏览的行为习惯，提高网上的操作效率。

6. 培养多样兴趣与爱好

沉迷于网络的人常常喜欢将自己游离于现实社会之外，久而久之，就形成了对现实社会的疏离感。而人是社会性的动物，我们最终还是在和社会打交道，所以将自己从隐居网络的状态重新投入现实社会中来才是理智的选择。而参与社会活动，不仅能体现自己的真实能力，还能锻炼自己，又能帮助戒除网瘾，一举三得，何乐而不为？

兴趣是最好的老师，它带有明显的倾向性。大学生应积极寻找有意义、有兴趣的现实体验来取代网络虚拟刺激，挖掘自我优势，找准自身亮点，用现实的成功感祛除网络的诱惑。比如参加户外运动，闲暇时光和亲朋好友一起外出郊游、爬山等，离开网络，开阔视野，磨炼意志，同时也能联络感情；又如寻找自己感兴趣的读物或专业书籍等来进行阅读，增加自己的知识，也能转移对网络的依赖；还可以进行体育锻炼，既能强身健体，又能改善心情、淡化网瘾。

7. 科学规划人生目标

很多大学生网络成瘾是由于觉得大学生活空虚、无聊，没有生活目标和追求所致。明确的生活目标是开启人生动力的关键所在，大学生首先要客观、全面地认识和评价自己，弄清楚自己的优势和劣势是什么，才能知道"我可以做什么"和"我应该怎么做"。然后结合自己的个性特点、专业背景、综合能力等认真思考，定位自己的个人理想与人生追求，将社会需要和个人实际结合起来，制订切实可行的人生规划，明确自己大学四年每一个阶段的具体要求，在执行过程中根据实际情况适当地进行调整和修缮，在实现目标的过程中要有克服困难的恒心和勇气。

（二）加强大学生网络心理健康教育

除了学生的自我调适之外，高校对维护学生的网络心理健康有着义不容辞的责任。教育不能仅停留在思辨和理论阶段，而应建立科学的网络心理健康教育理论，并采取有效的教育模式和具体方法。

1. 提高学生对网络的客观认识

教育者不要把学生上网看成洪水猛兽，这样当学生遇到冲突时，网络反而会成为一种消极暗示。学校应视其轻重加以正确引导，比如加强学生对网络工具性和资料性的认识，培养学生树立正确的网络观，从而既不依赖网络，也不谈"网"色变，培养大学生健康、良好的网络使用习惯。

2. 加强时间管理教育

学校要培养学生养成良好的时间管理习惯，也就是自我管理习惯。心理健康教育从根本上说是个体自我教育、自我管理、自我完善的过程。事实上，任何教育只有转变为受教育者自身的能动活动，教育目的才可能得以实现。指导学生制订计划，利用时间表规划上网学习和娱乐的时间，并按轻重缓急将上网所需完成的任务列出，在完成学习任务后，方可进行一定时间的娱乐活动，从而更加有效地使用网络。

3. 对学生加强选择性教育

大学生接触网络的基本状况与其他群体明显不同，反映在：地点以校内为主，上网时间因学习的需要而显得没有规律，掌握网络知识的媒介以自学为主，上网内容和动机上表现出较强的主动性和好奇心。针对这些情况，学校应该对学生开展"选择性教育"，即价值选择和网络选择。通过价值引导，教会学生对网络所负载内容的价值性进行合理的判断和选择。一方面，学校应教会学生做网络的主人，充分利用网络提供的信息；另一方面，要让学生认识到网络并不是我们生活的全部，不要在网络中迷失自我。

4. 根据性别差异有针对性地进行教育

众所周知，男性在操作电脑的熟练性、实用性和自发性上都远远高于女性。男大学生对网络游戏的参与程度远远高于女大学生，也更加关注新闻。而女大学生较之男大学生则更加痴迷于网络聊天。针对大学生网络使用的性别差异，学校应有针对性地采取不同的教育措施加以引导。如组织和开展各种有意义的活动来丰富校园文化生活，让学生参与其中，从而转移他们对网络的注意力并减轻其对网络的迷恋程度；鼓励学生参加各项社会实践活动，建立良好的人际关系，学会正确运用网络促进个人发展。

5. 开展心理健康课程，重视心理咨询工作

大学校园应结合大学生的生理和心理发展特点及其规律，有目的性、有针对性地开设心理健康专题讲座及相关活动，有计划地培养和提高大学生的心理素质，向学生宣讲心理生理健康知识，充分利用课堂教学、校园广播、报刊、心理健康知识手册等，多渠道地进行宣传。学校要重视并且做好学生的心理咨询工作，积极开展心理筛查，对有心理问题的学生早发现、早关注、早治疗。运用正确的心理咨询方式，科学地规划心理咨询内容。

6. 加强网络心理咨询体系的建设

要解决大学生的网络心理问题，还必须大力加强现有心理咨询体系的建设，尽快进行大学生网络心理的研究。进一步做好大学生心理档案的建档工作，普及心理卫生知识，做好学生心理咨询的面谈、电话咨询等各项服务。与此同时，开展网上心理咨询，可以从两方面入手：一是利用网络快捷、保密性好、传播面广的优势，开设网上心理咨询，如设立心理咨询网站，传播心理知识，进行网上行为训练的指导，开设在线心理咨询（采用网上心理恳谈等方式）；二是抓住大学生喜欢上网的心理、网络人际交往的心理特征、网络心

理问题、虚拟与现实的人际关系的比较等大学生网络心理问题的研究,确立可操作的、有效性强的网络心理障碍咨询体系。

六、高校辅导员心理健康教育与引导案例

案例一：网络化、话网络

社会环境影响方面,中国互联网络信息中心2021年发布的《中国互联网络发展状况统计报告》显示,网民中的最大群体是学生。飞速发展的网络时代深刻影响着人们的生活与思维,对新鲜事物总是保持亢奋状态的青年大学生便成了网络时代的排头兵,网络对大学生的优势有目共睹。但由于大学生生理、心理的不成熟和非稳定性,使网络对大学生的影响极大,且负面影响显得尤为突出。

所学专业特点需要方面,由于学习的需要,班级每位同学均有电脑,电脑成为同学们学习的工具,同学们使用电脑时间多,上网时间多,已将网络作为其学习的主要形式之一。

班级实际情况方面,辅导员通过走访宿舍和学生谈心了解到同学们课余时间上网多用于娱乐与游戏,对学习产生了一定的影响。通过设计调查问卷给班上同学填写,发现网络教育问题不容忽视。

学生方面,学生在日常学习中电脑是必备的工具。随着互联网的发展,QQ、E-mail、抖音、微信等网络服务已经渗入大学生学习与生活的方方面面,成为大学生学习、生活中不可或缺的部分。然而由于学生个性不成熟,在现实网络使用中,部分学生出现了对网络的过度依赖,造成了网络成瘾、交往能力下降、人际关系淡漠等不良后果,影响了其学业、生活、人际关系和身心健康。基于学生的实际,通过案例分析与引导旨在提升同学们认清网络,学会合理使用网络,善于利用网络的能力。

大学生是现阶段国内"网民"中占比重最大、最活跃的一个群体,如何认识网络对在校大学生的学习和能力培养所产生的影响已经成为一个值得关注的热点问题,就网络对大学生的学习、生活利弊的分析与讨论,并有针对性地提出一些对策,对大学生合理利用网络学习和提高能力具有十分重要的现实意义。要使同学们在观念、能力、德育方面有所提升,以期达到以下目的：让学生树立网络是学习工具,而不是娱乐工具的观念；提升大学生正确认识网络作用的能力、自我教育自我约束的能力、正确分辨网络信息的能力；培养学生养成互帮互助的美德。填写网上在线调查问卷,同学们收集一些关于网络对大学生影响及大学生如何合理利用网络的资料。

第一环节：导入

1.观看短片,引发思考。通过观看自拍短片,辅导员深入学生宿舍及与同学谈心谈话场景,提出疑问：辅导员到底了解到了什么？同学们通过观看自己身边真实场景的短片,引发同学们的思考。

2.辅导员与同学分享调查结果,引出主题。通过与同学们分享大家填写的调查问卷,让同学们直观了解网络在大家的日常学习、生活中所产生的影响。

第二环节：认识网络
1. 使用图文并茂的方式给学生讲解什么是网络，让学生认识网络。
2. 引导学生结合所学专业知识，思考网络给我们带来了什么。

第三环节：畅谈网络
1. 同学们讨论发言，辅导员适时通过案例引导同学们思考。同学们针对网络给我们带来的利与弊进行讨论。
2. 辅导员针对同学们的发言，总结网络对大学生产生的利弊。网络的利处：开阔大学生视野，帮助了解更多未知领域，掌握大量的需求信息；可以借助虚拟空间，广泛开展对外交流；可以利用网络资源和信息技术，促进大学生就业；互联网成为大学生寻求知识的主要手段，进一步拓展了当今大学生教育的空间。网络的弊端：网络病症问题；不健康网站问题；诱发大学生犯罪问题；网上交友问题。
3. 辅导员归纳结论：网络是把"双刃剑"。同时提出问题——大学生应该如何去应对这一把"双刃剑"？

第四环节：善用网络
1. 同学们通过微博形式发表自己的看法，学生发言讨论。
2. 观看视频，倾听专家给由于过度使用网络引发厌学及身心健康的人群的建议。
3. 辅导员根据同学微博内容与发言作总结发言。
给同学们提出建议：尊重互联网发展规律，遵守网络文明公约；以网络为学习工具，努力学习专业技能，学会和掌握计算机技术；科学合理利用网络。

第五环节：成立班级网络互帮小组
根据调查问卷及辅导员对学生的了解，建立班级互帮小组，让目前由于会合理利用网络从而学习进步的同学去帮助那些使用网络用于娱乐方面时间过多因而影响学习的同学。
1. 微博互动：根据学生在主题班会上的讨论与收获，鼓励大家在微博上继续分享自己的观点，让更多的同学掌握上网技能、高效利用网络，端正上网的目的、积极健康利用网络，约束上网行为、文明上网。
2. 一帮一结对子活动：让优秀的学生（如党员、学生干部等）与有上网成瘾倾向的学生结对子，以带动和影响他们，进而增强班级的团结和提升班级的凝聚力。

使同学们能够有效地进行自我对比和学习、自我教育和反思、自我要求与完善、自我提高与发展。以发现问题、分析问题、解决问题为主线，通过调查、讲授、讨论、交流等方式将"网络化、话网络"进行了很好的实施。作为辅导员，可以意识到学生在使用网络中存在优势和不足，正确引导学生合理利用网络能提高学生的学习能力，丰富学生的大学生活，提高学生的综合素质，持续关注并引导学生用好网络，不断探究实践，与学生共同成长。

案例二：我心我网——大学生网络安全教育

网络安全已经成为我们生活中必不可少的一部分，为我们获取信息、交友等提供了极大的便利。但同时，网络也是一把"双刃剑"，在为我们提供便利的同时，也存在许多安全隐患。通过分析引导同学们学习相关知识，增强防范意识，合理使用计算机网络。
1. 什么是网络安全

网络信息安全是一门涉及计算机科学、网络技术、通信技术、密码技术、信息安全技术、应用数学、数论、信息论等多种学科的综合性学科。

随着互联网的普及和信息技术的飞速发展，网络安全问题日益凸显。网络攻击、网络诈骗、网络病毒等问题时刻威胁着人们的隐私和财产。

2. 网络安全隐患

如今网络时代信息技术日新月异，已全面融入人们的生产、生活。但网络在极大促进经济、社会发展的同时，也留下了不容忽视的风险隐患，下面让我们来了解一下在日常生活中，究竟有哪些常见的网络安全隐患？

（1）电脑漏洞

电脑系统漏洞的威胁主要来自网络攻击，不法分子会利用电脑系统存在的漏洞和安全隐患，对电脑的硬件、软件进行攻击，从而达到获取重要数据或制造破坏的目的。

（2）恶意程序

电脑系统漏洞的威胁主要来自网络攻击，不法分子会利用电脑系统存在的漏洞和安全隐患，对电脑的硬件、软件进行攻击，从而达到获取重要数据或制造破坏的目的。

（3）钓鱼网站

钓鱼网站是网页仿冒诈骗中最常见的方式之一，常以垃圾邮件、即时聊天、手机短信或虚假广告等方式传播，用户访问钓鱼网站后，可能泄露账号、密码等个人信息。

（4）山寨软件

山寨软件经常会通过模仿一些知名软件来吸引用户下载、安装，一旦得逞，其会通过开启后台权限等方式，偷偷收集用户的位置信息、通话记录、电话号码等敏感信息，并将其上传至服务器。

（5）恶意二维码

恶意二维码由恶意网址通过网络技术生成而来，用户一旦使用手机扫描，就会通过链接进入二维码"背后"的恶意网站或遭引诱输入个人信息，或被偷偷开启手机后台权限。

（6）虚假免费Wi-Fi

为了节约流量，一些用户出门在外时，会选择连接周边的免费Wi-Fi，这就给不法分子留下了可乘之机，他们会打着提供免费Wi-Fi服务的幌子，通过后台侵入用户手机，窥探隐私、收集数据。

在了解了网络安全隐患以后，在班群发布了一则关于"如何减少网络安全隐患"的讨论，大家纷纷积极发表自己的观点：不轻易点陌生链接；填写个人信息时注意不要轻易透露自己的隐私；要增强自己的安全意识；可下载国家反诈App等。

3. 网络安全的法律

本环节由一个反诈小视频作为情境导入，让我们知道了正发生在我们身边的一些诈骗手段，以及我们个人和国家是如何应对的。没有网络安全就没有国家安全，就没有经济社会稳定运行，广大人民群众利益也难以得到保障。

从中可看出党和国家领导人对网络安全高度重视，通过法治的保驾护航进而不断加强网络信息安全。

4. 网络安全防护措施

（1）全面规划网络平台的安全策略。
（2）制定网络安全的管理措施。
（3）使用防火墙。
（4）尽可能记录网络上的一切活动。
（5）注意对网络设备的物理保护。
（6）检验网络平台系统的脆弱性。
（7）建立可靠的识别和鉴别机制。

维护自身网络安全需要我们每个人共同努力，这既是对个人权益负责也是对社会利益负责，我们要养成良好的上网习惯，合理使用网络资源，增强防范意识和自我保护能力。

案例三：《"大人味"是一种什么味道》——慎思己行，独见通达

一、班会主题

《"大人味"是一种什么味道——慎思己行，独见通达》

二、班会背景——大学生在当下网络社会中的现状

互联网使人类进入高速化的信息时代，改变着人们的生产方式和生活方式。随着网络普及化的深入，作为网络世界主力军的大学生，在网络道德方面存在诸多问题，给大学生的思想政治教育带来了新的难题和挑战。

1. 大学生对网络垃圾信息辨别能力低。网络环境中存在着大量网络诈骗、网络暴力、暗网不法交易等不良现象，在法律法规、道德约束较弱的网络环境中，极易引发网络犯罪。同时，网络中存在诸多不良信息，如不当言论、人肉搜索、色情网站等，容易使信息辨别能力较弱的大学生误入歧途，产生网络失范行为。

2. 大学生容易在网络环境中迷失自我，产生网络道德问题。大学时期是大学生身心发展的成长时期，也是他们树立正确的世界观、人生观、价值观的关键时期。在这个时期，他们心智还不成熟，意志力和自控力不强，对身边一切新鲜和未知的事物都有着极强的猎奇心理。身心发展的特殊阶段和外界认知程度的相对薄弱，容易导致他们在限制性和约束力较弱的网络环境中迷失自我，从而引发网络道德问题。

3. 大学生对网络行为和网络道德的重视程度不够。网络空间的隐蔽性和自由性，使一些极其不负责任的大学生在网络环境中毫无顾忌地畅所欲言，肆无忌惮地发挥"键盘侠"的功能。还有一些大学生为了张扬自己的个性，利用自己相对成熟的计算机能力和一定的知识储备制造网络病毒并进行传播，无论是早年陈盈豪自制的 CIH 网络病毒，还是后来李俊制造的破坏力极强的"熊猫烧香"病毒，都对网络安全造成了巨大冲击，对社会更是造成了不可估量的经济损失。

总之，网络环境的复杂性和大学生思想意识的不成熟性结合在一起，容易产生网络思想政治教育问题。如何帮助大学生在鱼龙混杂的网络环境中提高网络道德水平、规范网络言行，是我们必须努力的方向。

三、班会内核——"慎独"

"慎独"思想与大学生网络思想政治教育具有内在的契合性。大学生网络思想政治教育的标准与"慎独"思想的核心相一致，培养大学生在网络中的自律精神与儒家"慎独"

精神的要求有相通之处，网络环境的匿名性特点与慎独的核心思想"慎隐"的外在条件也有相似之处。儒家"慎独"思想对大学生具有良好的德育作用，值得我们深入研究。

1. "慎隐"促使大学生形成良好的网络自律精神

网络环境隐蔽性的特点，加之大学生自身的不足，在时空角度的各种契机下，很容易形成隐处犯罪。因而可借助"慎隐"思想教育大学生，促使其形成良好的网络自律精神。

"慎隐"思想可以帮助他们在虚拟网络环境中坚守自己的道德准则，不逾矩，自觉遵守网络道德准则。思想政治教育工作者要积极开展"慎隐"思想专题教育，并把它融入网络思想政治工作中，培养学生知行合一、表里如一的网络思想道德品质。

2. "慎微"培养大学生形成良好的网络道德意识

"慎微"即在微处自律。在网络这样一个"人所不知之地"，一个轻微的言论或者行为都有可能成为舆论的导向。大学生的心智还不健全，处于从单纯到成熟的过渡阶段，更是形成健全人格的重要时期。大学生猎奇心理较强但责任意识较低，极易在网络环境中犯一些小错误。一些大学生凭借着自己的专业知识，在同学间散播一些自己制作的小病毒，或窃取他人的一些隐私信息，从而达到取悦自己、炫耀自己的目的。这些看似影响不大的小恶作剧，却无形中改变着一个人的认知，在无形中将他们引向犯罪。如果这时候还不加以教育改正，很容易引起更大错误。因此应结合"慎微"思想来教育大学生做到微处自律，坚守"勿以恶小而为之，勿以善小而不为"信念，注重自己的细微之处，对自己的一言一行加以规范，做到防微杜渐，形成良好的网络道德意识。

3. "慎言"促使大学生养成文明规范的网络言论

在一些大学生的认知中，网络是法律法规与道德伦理的松懈之处，所以网络便成了言论自由之地，他们在此畅所欲言地发表自己的观点、宣泄内心的情感，甚至通过网络"鸣冤抱屈"。网络环境成了现实社会的缓压器，但是不负责任的言论结合"蝴蝶效应"往往会给社会带来恐慌。因此，可结合"慎言"思想来教育大学生要谨言慎行，规范自己的网络言论。力求做到不造谣、不传谣，做到诚而有信，即"君子之言，信而有征"。

七、团体心理辅导方案

互联网时代背景下，许多学生因为无法适应快速变化发展的网络世界，或缺乏相应的自控能力，出现了一系列心理和行为问题，影响其正常学习和生活。有些学生因为现实生活中存在一些适应问题，导致其沉迷虚拟网络世界，渴望在互联网世界寻求个人价值感和存在感；还有些学生过度依赖互联网的便捷性，一味地获取网络上繁杂的知识和信息，却不加个人的辨认与思索，导致缺乏个人判断能力和创新实践能力；还有些学生认为互联网是"法外之地"，每个人都披着虚拟的外衣，因此对自己的言行不加控制，随意在网络上发泄情绪，渐渐地影响着现实生活中的自己……基于此，本章主要从"环境适应""创新实践"及"情绪调控"三个主题入手，设计团体心理辅导方案，以期能够对互联网时代背景下大学生心理适应及调适起到一定作用。

适应是个体积极改变自己生存的环境或者改变自己原有的状态,以获得所需的间接满足的过程。适应能力是人类战胜自然、改造社会、改造自己的必备素质。周围的环境是不断变化的,人们必须不断调节自己的行为才能适应这种变化。"物竞天择,适者生存",这是一条不以人的意志为转移的规律。能面对现实并以积极的态度适应环境,情绪稳定、乐观,能保持良好的心境,这是大学生心理健康的一个重要指标。刚从高中升入大学的新生,他们所遇到的第一个重要问题就是要适应陌生的环境。此时,他们在心理上正处于远离原生家庭、脱离父母扶持的时期,由于环境的改变、自我学习要求的提高、自我意识的凸显及心理准备的不足,许多同学进入新的学校后在认知、情绪、行为等方面出现迷茫、困惑、痛苦等情况,出现了适应不良的表现,一些社交活动能力较差的同学甚至在入学一个月后尚不能与班里其他同学相熟。由于彼此不了解,他们在各种活动中陷入孤独无助的境地。如果教育者不能及时发现他们的问题,给予重视并正确地加以引导、纠正,帮他们尽快适应大学的生活,这将会在相当大的程度上影响学生正常的学习生活,影响其大学四年的成长乃至日后的成才,甚至影响其身心的健康发展。

本章中"环境适应"主题的几个团体心理辅导活动是针对适应环境的一个重要方面——人际交往而设计的。"有缘相识""寻人行动""个性名片"几项活动旨在培养学生主动交往的意识,刚进入大学校园,同学们都互不相识,通过参加此类活动,交换彼此的信息,能够让他们迅速彼此熟悉,形成集体意识和观念,同时有助于他们以后的人际交往;"松鼠搬家""蜈蚣翻身"两个活动让学生初步体验到竞争与合作的压力与快乐;"多元排队""寻找归属"让学生对自己和集体之间的关系有一个切身的感受;"体验放松"则让学生体验到集体松弛的坦然,学会克服交往中的紧张与羞怯。活动形式和内容都简单易行,深受学生们的喜爱,可帮助学生快速建立起良好的人际关系,有助于他们较快地融入新的集体,适应新的环境。

创新是一个民族进步的灵魂,是一个国家兴旺发达的不竭动力,一个没有创新能力的民族,难以屹立于世界先进民族之林。中国教育正在进行着以培养学生创新精神和实践能力为主的变革。所谓创新精神和实践能力,就是要大胆创新、破旧立新,并在实践活动中创造出超越自己、超越前人、超越他人的新观念、新思想、新理论、新产品等。培养学生的创新精神,不仅是社会发展的要求,也有助于学生独立人格的培养。一个具有创新能力的人,必然是一个自尊、自立、自主、自强的人,也必然是一个具有很强的独立人格的人,一个没有独立人格的人,必然会迷信权威,人云亦云,懒于独立思考,这样的人必然不会自觉进行创新活动。另外,培养创新精神也有助于培养学生的合作精神。当代社会是一个开放的社会,许多创新活动需要很多人的协作才能完成,每个从事创新活动的个体要善于利用全社会、全人类的智慧从事创新活动。因此,必须具有开放意识、合作意识和与他人沟通协作共同创新的能力。而在互联网时代背景下,许多学生只是一味地接收网络上的信息和资源,不加以辨别和思考,日积月累逐渐丧失了现实生活中的创新能力,阻碍个人的成长和发展。

要培养学生的创新精神,关键在于培养学生的创造性思维。创造性思维是指以超越常规的眼界,从特异的角度观察思考问题、提出全新的创造性解决方案问题的思维方式。本章中"创新实践"主题下的这些活动,对培养学生的创新性思维有着积极的促进作用。很多看上去不可能的事,只要开动脑筋,开拓思维,就会找到很多新的解决之道。活动"卖梳子"鼓励学生敢于挑战"不可能";"遵从指导"则让学生认识到创新要首先从打破思维定式开始;"心中的塔""传球夺秒"让学生体验到合作中集体创新智慧的威力;"比比谁高""空中飞蛋""畅想拼图""平面魔方"等激发了学生的想象力,让学生体验到了如何在探究中寻找快乐,在创造中体验成就感。

我们的生活离不开情绪的表达,如考试时的紧张、放假时的喜悦、面对疫情时的焦虑与担忧等,情绪可以表达人的内心状态,是人的心理状态的"晴雨计"。情绪具有主观体验、外部表现和生理唤醒三种成分。

主观体验是个体对不同情绪和情感状态的自我感受。每种情绪有不同的主观体验,不同人对同一刺激可能产生不同的情绪。情绪的外部表现,通常被称为表情。它是在情绪状态发生时,身体各部分的动作量化形式,包括面部表情、姿态表情和语调表情。生理唤醒是指情绪产生的生理反应。它涉及广泛的神经结构,是一种生理的激活水平。不同情绪的生理反应模式是不一样的,如满意、愉快时心跳节律正常;恐惧或暴怒时心跳加速、血压升高、呼吸频率增加,甚至出现间歇或停顿;痛苦时血管容积缩小等。

情绪状态是指在某种事件或情境的影响下,在一定时间内所产生的某种情绪,比较典型的包括心境、激情与应激。"情绪 ABC 理论"认为激发事件 A(activating event)只是引发情绪和行为后果 C(consequence)的间接原因,而引起 C 的直接原因,则是个体对激发事件 A 的认知和评价而产生的信念 B(belief)。即人的消极情绪和行为障碍结果 C,不是由于某一激发事件 A 直接引发的,而是由于经受这一事件的个体对它不正确的认知和评价所产生的错误信念 B 所直接引起,这种错误信念也称为非理性信念。

我们的感受受到我们思想的支配。换句话说,悲伤、快乐、内疚、愤怒、嫉妒、骄傲、焦虑、厌恶或沮丧等感受,并不仅仅取决于发生的事件,它们也是由我们对这些事件的思考所决定的。事实上,思考是我们对特定情境的情绪反应的主要决定因素。因此,本章"情绪调控"主题下的团体心理辅导活动从感受情绪和合理表达情绪入手,"谁是卧底""谁的表情说了谎"帮助我们体会微表情所传达的情绪信息,综合各种信息进行情绪判断;"婚礼上的宾客""我演你猜"活动以不同角色扮演体验不同场景下的情绪状态,并按照合适的方式将其展现出来;"智囊宝盒""天使与魔鬼"则帮助我们厘清情绪困扰,学会正确表达情绪,需要时寻求他人帮助。

【活动1】有缘相识

(一)活动目的
1. 通过活动让学生体验主动交往的乐趣。
2. 学生在交流中发现共同爱好,寻找志同道合的朋友。

(二)活动时间
大约需要 20 分钟。

(三)活动道具
多种颜色的小方形纸若干,每张纸分别剪成四小块彼此能相互契合的形状。
选择欢快的乐曲作背景音乐。

(四)活动场地

室内为宜。

（五）活动程序

1. 在背景音乐的欢快气氛下，主持人邀请每个参与者到场地中央的盘子里选取一张自己喜欢的纸片。

2. 根据自己所选纸片的颜色与形状，到群体中寻找能与自己图形契合的"有缘人"。

3. 找到了"有缘人"后，两人坐在一起，相互介绍自己，通过交谈找出彼此间三个以上的共同点。

4. 全班交流分享。

（六）注意事项

1. 此活动比较适合于一个相互陌生的群体。

2. 纸片设计时可以4张相互契合拼成一个正方形，就会出现一人同时可以与两人相契合的情况。主持人可以要求第一个图形契合的人为"有缘人"，也可以要求只要是图形能契合的人都为"有缘人"。

3. 有缘人可以是颜色相同形状契合，也可以是颜色不同但形状契合的人，由学生自己理解决定。

4. 活动还可以继续深入，在两个"有缘人"的基础上接着做"成双成对"，继续寻找图形契合的另两个"有缘人"。找到后，四个"有缘人"通过交谈，寻找彼此间存在的三个共同点。

（七）活动扫描

1. 活动点评

一群陌生人走在一起，如何主动介绍自己、认识他人？"有缘相识"活动利用小道具——一张不规则的纸片，让你跨出主动交往的第一步。不管他是谁，不知道他在哪里，凭着手中的小纸片，努力去寻找。相信相遇是一种缘分，所以当彼此找到图形契合的"有缘人"时就会特别高兴，开心地坐在一起交谈，挖掘着彼此间的共同点。陌生感没有了，人与人的距离拉近了。当发现彼此有这样那样的相似点时，就会特别兴奋、特别珍惜。

当主持人要求"有缘人"与大家一起分享共同点时，他们总是自告奋勇，迫不及待，在分享中受到大家的认可时更是开心不已。原本一个陌生的群体，由于找到"有缘人"，而变得融洽与温馨。

2. 活动案例

主持人准备了48张小纸片。每4张可以拼成一个正方形，共有12种颜色。

今天一共有42名学生参加活动，每人领取一张后，还剩余6张小纸片。这些纸片可能是被挑剩的，颜色不好看，如黑色的、白色的等，也可能是被人漏选的。纸片多于参加人数，是为了给参与者自由选择的余地，同时也为寻找"有缘人"设置了难度，有人会找不到契合的"有缘人"图形。

每个人凭着手中的纸片在群体中寻找自己的"有缘人"，于是一对找到了，五对找到了……三分钟后只剩下了四个人未找到纸片形状契合的"有缘人"，其他成对的"有缘人"在一起挖掘着彼此的"三个共同点"。他们四个人显得孤零零的。主持人暗示他们，想一想还有什么办法可以找到自己的"另一半"。其中一位跑到群体中，快速地与人核对着，最后他发现自己可以与一位已找到"另一半"的人相契合,在他的主动要求下,他被吸收成了"有缘人",脸上露出幸福的笑容。

见有人找到了归属,剩下的三人也有了希望和信心。其中两人不约而同地跑到圈中央,在剩余的纸片中寻找起来。不多久,他们发现有两张纸片可以相互契合,"啊,我们是有缘人!"他们兴奋地跑回座位上。

最后剩余的那个人,默默地坐在自己的座位上,静静地等待着发布新的活动指令。主持人走到他身边问:"还有办法找到自己的'有缘人'吗?"他的回答是:"我想大概命中注定我是一个人。"这是一个性格内向、人际交往有困惑的人,如果活动就此结束,将对他没有任何帮助,反而强化了他的自卑或自闭。

主持人原本想创设一个小小的情境,让人主动交往、快乐交流,没想到真有人把自己的不主动造成的结果归结为"命中注定"。对于这样的案例,需要主持人在活动中通过暗示启发或直接帮助当事人找到"有缘人",让他体验交往的快乐,从而有信心去学习交往技巧。

3. 学生感言

(1)以前交友往往凭第一印象,对有好感的人便会深入了解。这使我无形中就戴了副有色眼镜,把陌生人分门别类。这个游戏告诉我们,交友前的一个最基本的原则——一视同仁。两个陌生人因"有缘"而相识,这似乎给邂逅带来一份美感。我想以这样的心态交朋友,才能够真正交到真心朋友。用一张小纸片去寻找自己的"另一半",我们感觉活动的设计比较新颖。在一群陌生人中,寻找自己的"另一半",使彼此从不认识到相互认识,并了解彼此的姓名、爱好、特长等,这种方式使人感到很自然,很亲切。

(2)一张张小小的纸片,牵动着一颗颗充满好奇、充满期待的心。随着老师撒开色彩斑斓的纸片,大家开始寻找自己的"有缘人",随之而来的更是激动和喜悦。我们两两交谈,发掘彼此的共同点。令大家惊奇的是,我与我的"有缘人"竟然是同年同月同日出生,真是不可思议啊!通过这个活动,让我感觉到,我和身边的每个人都有可能存在着一种默契,只是我们未曾发现,本来相识就是一种缘分。让我们珍惜身边的点点滴滴吧!

(3)小小的卡片让我和一个新疆的同学坐到了一起,并有机会互相交流。认识对方,对我来说是一件很兴奋的事。我们虽然生活在一个校园里,但以前的我们仅可能是擦肩而过的陌生人,这不禁让人感叹这个游戏的神奇。主持人说,"有缘人"就是拿到纸片图形互补的两个人。这让我想到,在现实生活中,处处有着这样的"卡片"。那可能是一个微笑、一个无意的"碰撞",这些都是缘分,让陌生的人们在茫茫人海中相遇。好好把握,好好珍惜,这会是一段美丽的友谊。

【活动2】寻人行动

(一)活动目的

1. 通过"寻人行动"让学生学习主动交往。
2. 学生在交往中介绍自己、了解他人,发现共同的兴趣爱好。

(二)活动时间

大约需要25分钟。

（三）活动道具

"寻人信息卡"、笔。

（四）活动场地

室内、室外均可。

（五）活动程序

1. "寻人行动"要求学生根据"寻人信息卡"上的信息，在10分钟内找到具有该特征的人简单交流后签名。

2. 大家交流"寻人信息卡"，看看谁的签名最多。主持人邀请有代表性的学生进行全班交流，如签名最多的和某一特征签名最少的。

3. 交流完毕后，主持人在全班梳理信息，请具有同一特征的人站立一排相互介绍与交流。

寻人信息卡

序号	特征	签名	序号	特征	签名
（1）	穿39码的鞋		（17）	喜欢上网聊天	
（2）	戴眼镜		（18）	骑自行车上学	
（3）	会打乒乓球		（19）	当过志愿者	
（4）	补过牙		（20）	身高170厘米	
（5）	有白发的人		（21）	网络游戏高手	
（6）	穿黑色袜子		（22）	妈妈是教师	
（7）	喜欢听古典音乐		（23）	有住院开刀的经历	
（8）	喜欢唱周杰伦的歌		（24）	校运动会获过奖	
（9）	去过北京		（25）	体重54公斤	
（10）	读过韩寒的书		（26）	喜欢红色	
（11）	参加过爱心捐款		（27）	喜欢爬山	
（12）	未来想在互联网行业工作		（28）	不是本地人	
（13）	四月出生		（29）	爱养小动物	
（14）	色盲、色弱者		（30）	毕业后想在外地工作	
（15）	当过班干部		（31）	理科为强项	
（16）	擅长游泳		（32）	崇拜贝克汉姆	

（六）注意事项

1. 本活动可以在陌生群体中进行，通过活动学会主动交往与沟通。也可以在同班学生中进行，通过"寻人"活动，进一步增进同学之间的相互了解。

2. 在一个栏目中可以签不止一个人的名字，看看谁签的名字多。主持人要求签名人进行确认，防止假、乱信息。

3. 符合同一特征的学生相互交流后，派一名代表做全班分享。

4. "寻人信息卡"中的信息根据学生的实际特点可以增减。

（七）活动扫描

1. 活动点评

这一活动不论对陌生的群体还是已经相处一段时间的同学来说，都会有新的收获。通过游戏，不熟悉的人开始相互了解，已熟悉的人可以有进一步的交流。这对融洽人际关系、增进团体交流有很好的促进作用。

"寻人信息卡"中设计的信息，有些是通过观察就能找到当事人的，如戴眼镜、穿黑色袜子等。有的需要简单交流后确认的，如穿39码的鞋、身高170厘米、有白发的人等。更多是需要做深入交谈才能获得信息的，如喜欢听古典音乐、参加过爱心捐款、有住院开刀的经历等。主持人根据学生获得的签名情况，可以了解其交流的深度与广度。在提问签名者的同时，可以进一步确认其交流获取信息的正确性和技巧能力。

运用"寻人信息卡"去完成"签名"任务，还是比较单一的交流，即我与你。最后把具有同一特征的所有同学集中在一起进行相互交流，则是比较广泛的交流，即我与你们。共同的特征、共同的爱好把大家联系在一起，在群体的交流中让人们体验了快乐。

2. 活动案例

经过半个学期相处的大一同学，彼此之间有了一点了解，不仅能叫出对方的名字，还了解其学习、交往的状态。但如何做进一步的交流，特别是了解彼此的内心感受和曾经的经历，"寻人行动"就提供了一个很好的机会。

班上有一名男生叫小威，因为学习成绩不理想，所以平时情绪低落，缺乏自信。在"寻人"游戏中，不少同学的"寻人信息卡"上的"当过志愿者""参加过爱心捐款""校运动会获过奖"栏目中都留下了小威同学的签名。主持人根据这一情况，对小威同学做了肯定与鼓励："一个有爱心、有理想、有竞争意识和能力的人，就具备了挑战自我、应对困难、获取成功的素质，相信你一定能够进步和成功。"同学们也从签名中看到了小威同学学习成绩之外的行为和品质。

3. 学生感言

（1）刚拿到"寻人信息卡"，看看这些千奇百怪的选项，一时真的无从下手。脑子里第一个浮现的就是寻找自己认识的人，填完后才知道，这是远远不够的。腼腆的性格导致我害怕与陌生人交谈。但如果你不勇敢跨出第一步，奢望别人主动来找你是不可能的。带着害羞与胆怯，我走到了第一个不认识的人身边。经过我们相互的沟通和交换，我发觉相处并不困难，于是有了第二个、第三个……"寻人信息卡"上的空白渐渐地被五颜六色、不同笔迹的名字占领，心里有一种莫名的成就感和一种算是友情的东西在缓缓地蔓延。通过这个游戏，我认识到一个人身边的陌生人的数目远大于熟人，所以我们不应该因为害羞、胆怯而使自己局限于狭小的人际关系中。勇敢的第一步，总会给人带来意想不到的回报，主动与陌生人沟通会拥有更多的朋友。

（2）一开始我只找认识的人签名，可后来为了填满"寻人信息卡"，大家就放下了顾虑，"厚着脸皮"向人讨签名。虽然彼此都不认识，但没有关系，大家都是十分愿意帮忙的，甚至互相打闹，使用一点点"暴力"逼着他人签字，真的像老朋友一样。一个微笑、一个签名，联系着我们的友好。其实交个朋友并不难，只要肯跨出第一步。

【活动 3】个性名片

（一）活动目的

1. 把自己最想与他人交流的信息简洁明了地公布出来，学会推荐自己。

2. 通过"个性名片"的交流，让学生了解他人，尽快地彼此熟悉。

（二）活动时间

需要 20~25 分钟。

（三）活动道具

每人准备 1 个空白胸卡、彩色笔若干。

（四）活动场地

室内、室外均可以。

（五）活动程序

1. 主持人发给每位学生一个空白的胸卡，彩色笔放场地中央公用。

2. 在 5 分钟时间内，每位学生为自己设计一张"个性名片"，插入胸卡内。

3. "个性名片"要求

（1）不少于 5 条个人信息。

（2）除文字外可用图形等多种形式表示。

（3）可以使用多种颜色的笔。

4. 小组交流，集体分享。

（六）注意事项

1. 5 条个人信息可以是具体的，也可以是抽象、含蓄的，但要求是个性化的。

2. 主持人发现典型案例要进行交流并重点提问，深入挖掘个性特质，帮助当事人进一步了解自己。

这一活动安排在彼此不熟悉的群体中进行效果特别好，可以推荐自己、了解他人，让陌生人群短时间内就能相互熟悉。

（七）活动扫描

1. 活动点评

一群彼此不熟悉的学生坐在一起，如何在短时间内推荐自己、了解他人呢？设计、交流"个性名片"是一个好方法。

假如我们脖子上挂着的胸卡，除了名字这一符号，其他什么也没有，彼此了解的仅仅是一个符号、一个称呼。但假如我们为自己做一张"个性名片"，把自己的特点公布出来，介绍给大家，让别人记住自己、了解自己，同时在别人了解自己的同时，自己也很快记住了他们，这不是很好吗？我们在交流的过程中，会发现身边还有不少兴趣、爱好相同的朋友，与陌生人的交往真的不是很难。

"个性名片"上写些什么信息呢？我们不妨从以下几方面考虑：

（1）姓名、昵称、网名、外号。

（2）特长、爱好、兴趣、嗜好。

（3）崇拜的人、欣赏的人、敬重的人、厌恶的人、痛恨的人。

（4）理想、目标、经历、志向。
（5）对自己的描绘：体型、外貌、身高、体重、肤色。
（6）联系方式：家庭电话、手机号、QQ号、班级、学号。

把自己最想让别人知道并想与他人交流的信息简洁明了地公布在小小的卡片上，可以用直白的语言，也可以诗句来表达；可以用单色的线条，也可以用彩色画面来展现。总之，一张小小的"个性名片"，就是你人际交往的"通行证"。

2. 活动案例

在小小的胸卡纸上，做一张"个性名片"，的确该好好想一想。5分钟内大家在认真思考着5条信息如何反映自己的个性特征。我们可以来看看几个学生的"个性名片"：

实例一：●爱笑的女孩●永远有梦●最爱绿色●冰激凌大王●来自江南水乡
实例二：●网名——冰山一角●灌篮高手●土生土长●开朗热情●壮如牛
实例三：●大名陈东栋●大一学生● 71公斤●爱好理科●与老爸称兄道弟

他们几个人的"个性名片"虽然个性差异蛮大，但可以看出他们的兴趣特长、体征特点、人际关系等重要信息。

3. 学生感言

（1）我这个人不善于表现自己，在陌生人面前不太愿意多说话，更不会在大家面前自我介绍。这是我有生以来第一次主动向别人介绍自己的情况，所以刚开始时无从下手，不知道介绍自己的哪些方面。看到别人都能自然介绍，我也硬着头皮说了自己的情况，说完后心里很开心。我做了一件自己认为了不起的事。

（2）这个活动很有意思，因为通过"个性名片"的交流，我看到了富有个性的每个人。因为"我"是包括了"公开的我"和"隐蔽的我"，自己不说，又有谁知道呢？我们小组衡宇同学的"名片"上写着："愿听不愿说，愿想不愿动，愿写不愿唱，愿独不愿合，愿静不愿闹。"经过他本人解释，我们知道他的性格是内向的，有时虽然不愿多发表意见，其实还是蛮有自己的观点的。遇到这样的同学，我们要鼓励他把自己的想法说出来，并且对他要多尊重、多信任。

【活动4】松鼠搬家

（一）活动目的
1. 让学生在活动中体验竞争和被淘汰的残酷，感受合作的力量。
2. 开拓学生思维方式，在竞争中体验双赢的快乐。

（二）活动时间
大约需要10分钟。

（三）活动道具
无。

（四）活动场地
室内、室外均可以，需要较大活动空间。

（五）活动程序
1. 参与者每三人为一组，其中两人双手举起对撑搭成一个"小木屋"，另一个人扮演

"小松鼠",蹲在"小木屋"里。

2. 根据主持人的口令进行变化,如:

"松鼠搬家"——"小松鼠"调换到其他的"小木屋"。

"樵夫砍柴"——搭建"小木屋"的两个人分开,寻找新的"樵夫"搭建新的"小木屋"。

"森林大火"——"小松鼠"可以变成"樵夫","樵夫"可以变成"小松鼠"。

3. 主持人可以不断变化着发出口令,大家作出相应的变化。在活动一开始安排两只无家可归的"小松鼠"扮演竞争的角色,这样在变化中必然会有新的"小松鼠"或"樵夫"被淘汰出来。

4. 集体分享活动的感悟。

（六）注意事项

1. 要有足够大的活动空间,便于"小松鼠""樵夫"跑动变化。

2. 本活动是人数越多效果越好,出现无家可归的"小松鼠"和没有"小松鼠"的"小木屋"均被认为是淘汰。

3. 主持人要关注多次被淘汰的"小松鼠"和"樵夫",可以请他们表演节目或交流被淘汰的原因及心理感受。

（七）活动扫描

1. 活动点评

"松鼠搬家"活动是在快乐的笑声中进行。在激烈动荡的"森林大火"中,机灵的"小松鼠"很快找到了新的家;勤劳的"樵夫"不仅搭好了新"屋",还热情地呼唤着"小松鼠"进"屋",形成了和谐的"松鼠之家"。假如"小松鼠"和"樵夫"没有主动交往的意识,没有积极合作的态度,没有有效竞争的能力,被淘汰是必然的。活动一开始主持人就安排了两只以上无家可归的"小松鼠",所以按一间木屋一只"小松鼠"来安排,一定有"小松鼠"或"樵夫"被淘汰出来。但主持人发现,有的小木屋里住着两只"小松鼠"。是强行登陆还是友情邀请?这时就得请出两只"小松鼠"问个明白。原来一只"小松鼠"无家可归时,温馨的"松鼠之家"热情地邀请它加盟,接纳与包容使"小松鼠"感动万分。

虽然活动规则中要求是一间小木屋中只能住一只"小松鼠",但出现了一屋住双鼠的情形时,主持人对此不是否定而应该肯定,欣赏这种突破规则、开放思路的态度,提倡这种"在竞争中合作,在合作中竞争"的精神。活动一方面让大家感受到了竞争的压力和残酷,另一方面也体验了合作的温馨与快乐。

2. 活动案例

活动开始了,两只无家可归的"小松鼠"小红与小黄时刻准备寻找新的"家",但是"松鼠搬家""樵夫砍柴""森林大火"一轮下来,小红还是没有找到"家"。她呆呆地站在中央,怪可怜的。第二轮游戏开始了,小红看准一个机会刚想往里钻,但另一只"小松鼠"捷足先登把她挤了出来。小红摔倒了,她躺在地上好久没有起来……主持人以为她受伤了,赶紧跑过去将她扶起来,关心地问:"伤着了吗?"

"没有。"小红轻声地答道,眼泪流了出来。

主持人惊讶,在一片笑声的活动中,为什么看到的是小红痛苦的表情及伤心的眼泪?

主持人将小红拉到身边,有力的手搭在她肩膀上,轻轻地说:"没关系,我们可以找到

'家'的。"

活动在继续进行，主持人与小红一起快速地搭起一个小木屋，"松鼠之家"建成了，小红的脸上露出了微笑。

在集体分享时，主持人请小红谈谈自己的感受，她不好意思地说："谢谢老师，我找到了'家'的感觉。"

事后主持人了解了小红的情况，她是个性格内向、比较自卑的孩子，平时与人交往很少。刚开始她成为无家可归的"小松鼠"时，她就感到紧张和担心；激烈竞争的活动使她一时无法适应，"呆呆地站在中央"令她更加焦虑与自卑，另一只"小松鼠"把她挤出"小木屋"的时候她感到委屈和绝望，所以眼泪禁不住流了下来；主持人的帮助，不仅使她找到了"家"，更重要的是找到了一点自信和自尊。

3. 学生感言

（1）"松鼠搬家"这个游戏，通过"换房子"，让我感到既紧张又愉快。活动中人人参与，个个心情舒畅。遇到"森林大火"的"松鼠"要搬到"新屋"，当看到有一只找不到"屋"的"小松鼠"时，作为"松鼠"的我本来是可以抢到"屋子"的，但我却本能地不动，站在"屋子"外边，想把"屋子"让给那只"小松鼠"。但有的"大松鼠"却把已进屋里的"小松鼠"推了出来，两个情景形成强烈反差。我想"大松鼠"有生存能力，应该把"屋子"让给不能自理的"小松鼠"才对，现实中我做人也是这样的。

（2）虽然活动开始之前就有不少人已经商量好，互相调换"小木屋"或"小松鼠"。但是活动一开始就全乱了，很多人不知所措。这是考验一个人的适应能力和竞争意识的活动，当你处于一个陌生的环境时，就相当于是一只离开了家的"小松鼠"，必须去寻找一个新家。你必须学会在没有任何人帮助的情况下，靠自己个人的力量尽可能快地去适应新环境，找到可遮风蔽雨的家。这对任何一个人都是一个考验，要做到这一点是十分不容易的，所以我们要学会适应环境。

【活动5】蜈蚣翻身

（一）活动目的

1. 训练学生身体的灵活性、柔韧性、协调性。
2. 让学生体验竞争与合作带来的压力与快乐。

（二）活动时间

大约需要15分钟。

（三）活动道具

无。

（四）活动场地

室外为宜，需要较大活动场地。

（五）活动程序

1. 将全班学生分成两大组，推荐产生两位组长，两路纵队排好。
2. 全组学生把双手搭在前面同学的双肩上组成一条"大蜈蚣"，开始练习一下"大蜈蚣"跑动，看看彼此是否协调。

3. 接下来开始做"蜈蚣"翻身比赛，要求第一位组员依次从第二、第三人拉手处，第三、第四人拉手处一直到队伍最后两位的拉手处钻过去，第二位组员、第三位组员及后面的组员跟随第一位组员一直钻完所有的拉手孔。"翻身"过程中后面成员的手不能松开，也不能挪动地方。

4. 完成"蜈蚣"翻身用时最少的组为胜。

（六）注意事项

1. 活动要有一定的空间，使"蜈蚣"可以"蠕动"起来。
2. 要使整条"蜈蚣"顺利"翻身"，每个组员都要快速"翻身"和"蠕动"。
3. 主持人宣布活动规则后，可以让各队练习5分钟后再开始正式比赛。

（七）活动扫描

1. 活动点评

在这个活动中，涉及20个以上学生的协作，所以组长的号召力尤为重要，组长的组织能力关系到整个队能否成功。一条"大蜈蚣"要快速"蠕动""翻身"，不仅需要每个人都有灵敏转动的技巧，还要有全组成员的默契配合。

主持人宣布完活动规则后，组长带领组员练习5分钟。在练习过程中，就会形成相互理解、相互认同、相互学习的团队氛围。要有意识让组员们重视合作过程的体验，而不仅仅是比赛结果的获得。为了增强合作与竞争的体验，可以按多元分组法分组，开展组与组之间的竞赛。如男女组对抗赛、随机组对抗赛、自愿组合组对抗赛等。从对抗赛的结果中分析成员结构、合作程度、主动性与输赢的关系，找出取得游戏成功的关键因素。

2. 活动案例

主持人首先把全班学生随机分成两大组，要求每组推荐一名组长。由于组员是被动形成的，所以彼此合作的主动性不强。A组是高强同学自荐担任组长，B组在好半天推选不出的情况下，由主持人指定翁琼同学担任组长。A组和B组经过5分钟练习，"蜈蚣"翻身比赛开始了。只见两条"蜈蚣"都完成了"翻身"，但速度都不快，甚至还出现了中途卡住不动的情况。原因是前面的人钻得比较顺利，跑得很快，后面的同学来不及转身而出现跟不上的情况，在这种时候，有人无法自我解脱而抱怨，有人看到别人卡住而焦急。

前面的同学要不停钻过二十几个"孔"，最后一位只需要自己"翻身"即可。所以每个人的工作强度是不同的，但在一个团队中，积极合作的意义是相同的。A组有一位胖子，体重达100千克，平时走路就不轻松，转个身就很费力，在游戏中更是显得笨拙。开始他是排在队伍中间，所以"蜈蚣"就翻不了身，有人嫌弃他，嘲讽他，他非常难过。

第二轮活动，主持人首先在全班找出两位"领导人"小凌和小峰，由他们通过"双向选择"的机制选拔组员，建立大组。在活动开始前，组长与组员进行沟通，确立彼此的信任关系。由小凌和小峰分别到主持人处领取任务，回组进行动员和布置，训练5分钟参加比赛。小凌觉得自己一个人指挥25个人有点困难，于是他又招聘了2位助手。"三个臭皮匠顶个诸葛亮"，他们3人分别站在1号、8号、16号位置，便于控制"蜈蚣"的身体"蠕动"。体重100千克的胖子是小凌的好朋友，他自然就在小凌组，考虑到胖子灵活性差的特点，把他排在25号位，告诉他一定要主动顺着队伍快速移动。把翻身困难的矛盾转化成移动，这对胖子、对大组来说都是高招。由于小凌组长的领导有方，全组同学的通力合作，一条"大蜈蚣"轻松地完成了"翻身"过程。

最后主持人又尝试了按性别分组的操作，男生组与女生组开展了一次比赛。在吸取了前两轮经验的基础上，排除合作性因素，由于女生们身体的灵活性、柔韧性较好，"蜈蚣翻身"的速度明显比男生组要快。

3. 学生感言

（1）这个活动能培养大家的合作性，让我们为共同的目标努力，然后一起品尝胜利的欢乐。老师在这一点可谓用心良苦，而同学们也十分配合。在活动过程中，大家你一句我一句讨论得不亦乐乎。只是同学们显然太聪明了，竟把"翻身"变成了"穿墙"，继而又把"穿墙"变成了百米赛跑。在游戏中，我们都积极配合，希望自己所在团队能够获胜。

（2）活动考验团体合作性和个人的灵敏度。首先，每个人之间的距离要适中，这样可以让钻的人更快地通过。手要伸高，免得把人拦住。其次，高矮胖瘦排序也要适当。还有当一个人轮到他翻身时，怎样才能让后一个人在第一时间做好准备呢？这就是考验我们每个人的随机应变能力。

（3）活动过程中，我们还玩起了游戏。先是一排人全部一前一后站开，游戏变成了转身赛跑。过了一会儿，我们队又改进方法，一前一后都向里边转，面对面，就好像拱桥一样，一个个往前跑。我们玩得很开心。

【活动6】多元排队

（一）活动目的

1. 通过"多元排队"，让学生寻找一个客观、真实的自我。
2. 根据自己在"多元排队"中所处的不同位置，让学生明确自己的客观地位，消除对自己的过高或过低评价。

（二）活动时间

大约需要20分钟。

（三）活动道具

无。

（四）活动场地

室内、室外均可。

（五）活动程序

1. 全体学生围成一个圆圈，大家面向圆心站立。
2. 主持人宣布排队开始，大家根据某一特征要求调整自己的位置。在调整过程中，不允许用语言交流。

第一次请大家按个子高矮排队，高个子排在主持人左边，按顺时针方向从高到矮依次排列。

第二次请大家按出生月、日的顺序排队，出生日期早的排在主持人左边，按顺时针方向从月、日的小至大依次排列。

第三次请大家按体重排队，重量大的排在主持人的左边，按顺时针方向由重至轻依次排列。

每次排完后，都通过说出自己的身高或出生月、日或体重数字检查是否有人排错了队，排错者需说明理由，大家一起帮助纠正。

（六）注意事项

主持人一定要强调排队中不允许用语言交流，否则会失去游戏的意义。对排错队的学生，要耐心启发其分析自己排错队的主观原因，而不是简单的客观原因。既不要轻易放过，也不要让其感觉出丑。

主持人要敏锐地抓住"多元排队"中典型的案例进行剖析，如过矮、过胖、过大、过瘦、过高及错位严重等情况。

（七）活动扫描

1. 活动点评

这是一个每个学生都可以轻松参与的活动，不需要与人合作，也没有竞争的压力，只要你了解自己，又能与他人做简单的交流即可。"多元排队"从身高到体重，再到出生月、日，是由浅入深地逐步递进。因为面对一个陌生的群体，想要找到自己的恰当位置，可通过观察、询问、交流等方式，但活动规定不允许用语言交流，给你设置了障碍，然而努力一下完全是可以突破这些障碍的，这决定于你的交往态度与技巧。有的人很快找到了自己的准确位置，因为他知己知彼；也有的人一次次地站错了位置，被请出了队列，因为他总是以"想当然""凭感觉""我以为""大概吧"来做主观判断。活动告诉我们，要找到自己的位置，与人交往很重要。

在"多元排队"中，每个人对自己所处的位置有满意的，也有不满意的。消极心态的人总是以自己的短处与他人的长处比，越比越泄气，越比越自卑。积极心态的人是肯定自己，欣赏他人，扬长避短。

2. 活动案例

在一次学校心理协会发展会员的面试活动中，主持人安排"多元排队"的活动。50名彼此陌生的学生，在不允许用语言交流的情况下，寻找自己的位置。大部分学生以热情开朗、积极主动的态度完成了活动的要求。主持人发现一个文静的女孩子，她不是主动排入队伍，而是怯生生地站在一旁。不能用语言交流，她就没有其他的交流方式了。按身高、按体重、按出生月、日排队她都错了。当主持人问她为什么没能找到自己准确的位置时，她的回答令人吃惊："我只知道自己的身高、体重、生日，我从未问过别人，他人的个人资料与我有什么相干？"这是一个典型的人际交往方面可能存在一定障碍的学生，一次简单的游戏让她的个性暴露无遗。

3. 学生感言

按个子的高矮排队，口令一出，大家就听到一声哀叹，原来是个子最矮的林玲同学发出的。这时杨老师问林玲为什么哀叹，是不是因为个子矮而自卑。她承认了，我们大家都感觉到了她的不快。当时我心里还在想：这个游戏有点残酷。然后在心里快速地盘算：接下来可能会按胖瘦、年龄等标准来排队，还在暗自庆幸，自己应该不会当众出丑。杨老师要求我们每个人对林玲说一句从积极视角看待身高问题的话。

"个子矮小意味着你浓缩了人世间的精华。"

"做衣服可以省料子,节省开支。"

"小巧玲珑,小鸟依人。"

当时我说的是:"天塌下来有高个子顶。"但我们说这些时,林玲始终只是淡淡的表情。

直到高大、健壮的杨老师说"我真希望我就是你"时,我们一下子感觉到被打动的不只是林玲,因为每个人的表情都变得柔和了。我现在写下这些文字时依然能感受到当时那种温暖人心的感动。原来安慰别人也能给自己带来快乐。

林玲在谈感受时说:"别人在安慰我时,仅仅是安慰,让我去接受现实,但杨老师的话让我感觉到我的缺陷其实并不是糟糕到一无是处。"

从刚才的不快到现在的释然,只是因为一句话,这就是语言的力量。

在老师问我"为什么没有找到准确位置"时,我脱口就说:"我做了手势,是他们理解错了。"老师又问我前后同学,他们说:"因为我做的手势是2与4,所以他们认为是24日。"所以16日出生与28日出生的同学分别排在了我的前后。老师再一次问我:"真是他们误解你了吗?"其实我已经清楚,自己是有责任的,因为我的手势不明确。我先伸手2,再伸手4,想表示两个4,即4月4日出生,但究竟有几个人能明白呢?看来自己的表达不清楚是最主要的责任。以后我知道,遇事要首先从自己身上找原因。

【活动7】寻找归属

(一)活动目的

1. 让学生从了解自己开始,逐渐关注同伴,最后融入团体,体验归属感。
2. 在活动中自然产生"领袖人物",发现个人特长与潜质。

(二)活动时间

大约需要20分钟。

(三)活动道具

十二生肖面具各一副。

(四)活动场地

室内、室外均可。

(五)活动程序

每个人都有自己的属相。但你是否知道,在我们这个群体中,谁的属相与自己相同?我们群体中又究竟有多少种属相呢?下面我们一起来做游戏:寻找归属。

1. 不能用语言交流,通过肢体语言找到与自己属相相同的人。
2. 所有学生先都蹲下,同一属相的学生用肢体语言集体表演所属相动物的典型特征,如果大家看明白了,鼓掌表示认同,他们就可以站立起来,派一名代表到主持人处领取"生肖面具"。直到所有的人都站立起来。
3. 戴上"生肖面具"的学生排在第一位,其余同属相的学生均排在其后。通过成语(或俗语)接龙壮大自己的队伍。如龙马精神,属龙的与属马的就连成一体。
4. 最后看看,自己的归属找到了吗?是一个还是一批,是一群还是全体?
5. 全班交流分享。

（六）注意事项

1. 强调不允许用语言交流，只能用肢体语言。

2. 在表演所属相动物的典型特征时，一定要强调集体表演，在全体认同鼓掌后才可以站立起来并领取"生肖面具"。

3. 在用成语或俗语壮大队伍时，一定要按序连接，最后可以清楚地看到所有学生均连为一体，如遇到生肖不全连接困难时，主持人要引导大家通过多种方式完成连接。

4. 此活动不适合同龄人团体做（因为只有一两个属相），年龄结构越复杂效果越好。若在同龄人团体中使用，则可以事先准备写有12生肖的卡片或纸条，由参与者抽取后决定自己代表哪一生肖，拉开参与者的年龄层次。

（七）活动扫描

1. 活动点评

每个人都有自己的属相，去寻找与自己属相相同的人，这充满着好奇，所以这是一个人人愿意参与的快乐活动。

由于没有设组长，所以开始大家只知道找一个与自己属相相同的人，不知道如何集中所有同一属相的人，往往出现同一属相的人分散成几拨。这种时刻"领袖人物"会自然产生，他们会具有号召性地去召集所有同一属相的人，并带领全体成员用肢体语言表演属相动物的典型动作。这样的"领袖人物"最终会受到同伴的信任与尊重。

在集体表演时，不少小组会表现出非常有创意的群体动作，受到大家的一致好评。如舞龙、母鸡与小鸡、奔马、眼镜蛇等。通过群体表演，每个人在团体中不仅找到归属而且扮演了适当的角色。通过成语（或俗语）接龙，把小团体的归属感扩大到整个团体中。所以，最后当所有的人都在一起时，大家是非常惊讶与兴奋的。

成语、俗语参考：

龙腾虎跃、龙马精神、龙潭虎穴、龙争虎斗、兔死狗烹、鸡兔同笼、牛鬼蛇神、牛头马面、虎头蛇尾、虎踞龙盘、声色犬马、羊落虎口；挂羊头，卖狗肉；山中无老虎，猴子称大王；鸡犬不宁、马马虎虎、鸡鸣狗盗、车水马龙、犬马之劳、风马牛不相及、牧马放牛、藏龙卧虎、降龙伏虎；宁为鸡前，不为马后；杀鸡儆猴、画虎不成反类犬。

2. 活动案例

在家长沙龙上主持人安排了"寻找归属"活动，效果较好。

由于家长的年龄差别较大，所以40个家长中包括了10种生肖，可谓是"品种齐全"。由于有几位热心人的"领导"，所以很快出现了10个生肖的方阵。在进行集体表演时，由于彼此不熟悉，加之年龄的关系，家长们感到不好意思，所以表演放不开，活动出现僵局。在这种情况下，主持人耐心启发，动员小组成员商议、排练，在充分准备的基础上作集体亮相。对成功的表演以热烈的掌声表示认可与鼓励，家长们体验到了团队精神与成就感受。在一组突破的基础上，要求每一组都能积极尝试。在一阵阵的欢笑声中，家长们圆满地完成了表演任务。

由于家长的文化水平参差不齐，所以在成语（俗语）接龙壮大队伍时，他们大量选用的不是成语而是俗语。这也没有关系，最主要的是要让大家想办法把10个方阵连成一体，找到团体的归属感。

3. 学生感言

（1）"寻找归属"的游戏，让我深刻体会到了人与人之间的交流除了语言外，还可以依靠许多其他方法，比如动作、神态、眼神等。因为我们都是同龄人，所以大家的属相基本相同，主持人采取了一个办法，把12种生肖分别写在纸上，每人抽一张，我抽到的是"狗"。我们大家都保持不说话，通过肢体语言找同类。我伸出舌头，两手放在胸前，做出小狗的样子，很快便找到了同类。其他同学也有通过手指，表达在生肖中的排位，也很快找到了伙伴。主持人要求"同类"一起商量一下，通过集体造型，让其他同学认可。每个生肖的"同类"表演得都很出色。

（2）我抽到了"蛇"，但不知为什么（可能字迹不很清楚）我看成了"蚊"，因为我不知道其他同学抽的是什么，也没有想到是十二生肖，就竭力为大家表演了"蚊子"。人群中传来一片笑声，我不知道他们在笑什么，同学们也不知道我在表演什么。我又认真地表演了几遍，大家说"是蜜蜂"，我摇头否定。大家说"是蚊子"，我使劲地点头。此时同学们笑翻了。"十二生肖中，哪有蚊子的啊？"主持人问。我也傻眼了："不是蚊子，那是什么？"主持人一看我手中的纸条，也笑了："是蛇，不是蚊。"我才明白，原来是我误解了。我赶紧双手合掌，柔软地扭动身体，大家一起喊了起来："蛇！"被大家认同了，我很开心。

（3）游戏要你用心去领会别人通过肢体语言所表达的意思，猜出他所属的生肖动物——或是圆鼻大耳的猪，或是吐火戏球的龙，或是竖耳轻跳的兔……表演者尽量抓住其特征让他人猜，而猜的人也是尽量地领悟表演者的用意，并成功地将答案反馈到表演者耳中。当掌声响起来的时候，你成功了，也找到了"归属"。

【活动8】体验放松

（一）活动目的

1. 让学生学会释放紧张的情绪，懂得松弛之道。
2. 让学生集体体验放松的感觉，掌握自我放松的要领和技巧。

（二）活动时间

大约30分钟。

（三）活动道具

放松音乐磁带，音乐播放设备。

（四）活动场地

室内为宜。

（五）活动程序

1. 热身"过电"活动

全体同学呈圈形站立，伸出左手手心向下，伸出右手食指向上与相邻同学的左手手心接触。主持人随机喊一些数字，当喊尾数是7的数字（如27、37、47……107……）时，学生要设法左手抓，右手逃，以体验心理紧张的感觉，可反复几次。

2. 让学生先体验肢体紧张的感觉。体验的顺序依次为手臂部、头部、躯干部、腿部。

（1）手臂部的紧张。伸出右手，握紧拳，紧张右前臂；伸出左手，握紧拳，紧张左前臂；双臂伸直，两手同时握紧拳，紧张手和臂部。

（2）头部的紧张。皱起前额肌肉，像老人那样皱起眉头；皱起鼻子和脸颊（可咬紧牙关，使嘴角尽量向两边咧，鼓起两腮，仿佛在极痛苦状态下使劲一样）。

（3）躯干部位的紧张。耸起双肩，紧张肩部肌肉；挺起胸部，紧张胸部肌肉；拱起背部，紧张背部肌肉；屏住呼吸，紧张腹部肌肉。

（4）腿部的紧张。伸出右腿，右腿向前用力像在蹬一堵墙，紧张右腿；伸出左腿，左腿向前用力像在蹬一堵墙，紧张左腿。

3.让学生进行想象放松。

播放轻柔的音乐，根据主持人的指导语让学生进行想象放松：

我仰卧在水清沙白的海滩上，沙子细而柔软。我躺在温暖的沙滩上，能感受阳光的温暖，耳边听到海浪声音，感到温暖而舒适。微风吹来，使我有说不出的舒畅感觉。微风带走我的思想，只剩下一片金黄阳光。海浪不停地拍打海岸，思维随着节奏起伏，涌上来又退下去。温暖的海风吹来，又离去，带走了心中的思绪。我感到细沙柔软、阳光温暖、海风轻缓，只有蓝色天空和大海笼罩我的心。阳光照着我全身，身体感到暖洋洋的。

轻松暖流，流进右肩，感到温暖舒适。呼吸变慢、变深。轻松暖流，流进我右手，感到温暖舒适。呼吸变慢、变深。轻松暖流，又流回我右臂，感到温暖舒适。又流进我后背，感到温暖舒适，从后背转到脖子，脖子感到温暖舒适。

我的呼吸变慢、变深。轻松暖流，流左肩，感到温暖舒适。呼吸变慢、变深。轻松暖流，流进了左手，感到温暖舒适。呼吸变慢、变深。轻松暖流，又流回左臂，感到温暖舒适。

我呼吸变慢，变得轻松。心跳也慢，有力。轻松暖流，流进右腿，感到温暖舒适。呼吸变慢变深。轻松暖流流进右脚，感到温暖舒适。呼吸变慢变深。轻松暖流，又流回右腿，感到温暖舒适。

呼吸变慢，越来越深，越来越轻松。轻松暖流流进腹部，感到温暖轻松；流到胃部，感到温暖轻松；最后流到心脏，感到温暖轻松。整个身体变得平静。心里安静极了，已经感觉不到周围的一切，四周好像没有任何东西。我安然躺卧在大自然中，十分自在。（静默几分钟后结束）

4.学生分享体验感觉。

（六）注意事项

1.放松的环境要保持安静，光线不要太亮，尽量减少其他无关刺激。

2.学生可以找到任意一个放松的姿势，使自己处于放松、不紧张的状态，可以靠在沙发上，可以坐在椅子上，也可以躺在地板上。

3.放松时，学生闭上眼睛并配合深慢均匀呼吸。

4.放松训练不是一朝一夕能够奏效的，必须经过数周乃至几个月的练习，方能收到明显的效果。因此，要持之以恒地坚持训练。

（七）活动扫描

1.活动点评

紧张和疲劳是现代许多人的感觉，对大学生而言，他们在繁重的学业压力、陌生的环境下，情绪容易紧张焦虑。学会放松，不仅可以松弛自己紧张的神经，而且也是一个人生活所应持有的态度。放松技术有很多种，它们对调节情绪都是比较有效的。效果大小因人而异，主要取决于是否真能掌握要领。要领主要有两个：

（1）在整个放松过程中要始终保持缓慢而均匀的呼吸。

（2）要能体验随着想象有股暖流在身体内运动。显然，要掌握好两条要领必须经过多次练习和反复体会。

放松前的紧张动作是为了更好地体验放松的感觉，这种感觉越强，人的记忆就越牢固。放松训练对增强机体的能量水准、消除消极情绪、促成积极的心理状态有重要作用。考试焦虑症患者、人际交往中容易怕羞紧张的学生可以从中得到明显的收益。

这个游戏中，大多数学生都能按照主持人的提示语进入放松状态，但也有少数学生达不到松弛的状态。作为主持人不能操之过急，要有耐心。

2. 活动案例

有一位同学，刚进入大学，感觉能力不适应，很容易紧张，与人谈话时也不例外，遇到老师提问或考试时紧张得更厉害。他参加完放松训练后，感觉特别好，发现原来自己可以不用那么紧张。在主持人耐心的指导下，他大体掌握了放松的要领。他很希望通过一段时间的训练来降低自己紧张的程度，于是提出想每天放学后到心理松弛室来进行放松，一来是这里的环境比较安静，二来也是想让主持人督促他每天坚持做放松训练，因为他担心自己意志力不够，坚持不了几天就放弃了。主持人答应了他的请求。在后面的一段时间里，这位同学几乎每天坚持做放松训练，只有一次他因生病没有按时来。最初的几天，他做完了放松训练，感觉都很好，可一到教室，他又觉得比较容易紧张，他开始怀疑放松训练到底管不管用。这时主持人及时消除了他的疑虑，告诉他放松训练至少需要几个星期甚至数月的练习，这也是一个磨炼意志的过程。一旦达到了某种程度，放松就是一件很轻松的事，到那时就不用去刻意做放松训练了，因为你的心境已经平和下来，情绪已经放松了。坚持了一个多月，这位同学的容易紧张的情况得到了极大的改善。考试时不再像以前那样紧张得厉害，基本上能正常发挥了。他很高兴，他说他要把这种放松训练介绍给他的一位也容易紧张的好朋友。

3. 学生感言

（1）可能是平时学习太紧张了，我已经好久没有这种放松的感觉了，想象着自己躺在海边的沙滩上，听着海浪的声音，感觉舒服极了。看来，只要掌握了一定的操作要领，放松并不是很难的事情，关键还是平时要把放松当成一种习惯。

（2）刚开始参与活动的时候，我还没什么感觉，后来我好像进入了状态，能随着主持人的提示语进行放松。再到后来，我感觉自己整个身体都松弛了下来。真想不到，语言暗示竟然有这么神奇的力量。平时要学会经常用语言暗示自己不要紧张，时间长了就会不紧张了。紧张还是放松，"心灵"说了算，原来的紧张也都是自己搞出来的，现在的放松也是自己能实现的。

【活动9】卖梳子

（一）活动目的

1. 培养学生敢于挑战"不可能"的勇气和解决问题的智慧。

2. 培养学生的发散性思维，学会创新。

（二）活动时间

大约需要 20 分钟。

（三）活动道具

无。

（四）活动场地

室内、室外均可。

（五）活动程序

1. 分组，每个小组 6 人左右。
2. 主持人讲清楚活动情境及规则。

活动情境：

有一家效益相当好的大公司，为扩大经营规模，决定高薪招聘营销主管。广告一打出来，报名者云集。

面对众多应聘者，招聘工作的负责人说："相马不如赛马，为了选拔出高素质的人才，我们出一道实践性的试题，就是想办法把木梳尽量多地卖给和尚。"

绝大多数应聘者感到困惑不解，甚至愤怒：出家人要木梳何用？这不明摆着拿人开涮吗？于是纷纷拂袖而去，最后只剩下三个应聘者：甲、乙和丙。

负责人交代："以 10 日为限，届时向我汇报销售成果。"

假定你是那三个幸运的应聘者之一，请在规定的时间里，每个小组的同学讨论"如何把梳子卖给和尚"，看哪个小组提出的方案中能卖给和尚的梳子最多，并在实际生活中具有一定的可操作性。

3. 推销梳子成果汇报。
4. 推销梳子的感受分享。

（六）注意事项

1. 要向学生说明一定是把梳子卖给和尚。
2. 梳子的形状、样式、颜色等不要事先规定。
3. 主持人可采取"头脑风暴"的做法，要引导学生大胆说出一切可能的方法，然后在这些方法的基础上再挑出一些在实际生活中可操作的比较好的方案。

（七）学生感言

1. 我参加了"卖梳子"这一小游戏，模拟情景，我作为应聘者最后三人之一，需要进行推销，限定 10 日之内将梳子推销出去。开始时我面对此考题有些不解，但是慢慢地我对此进行了分析，并且给出相应的应对和推销方案。最后我们进行了推销梳子的成果分享和感受汇报，我认识到，这项活动不是为了刁难我们，而是培养我们面对"不可能事件"的勇气，以及解决问题的智慧。

2. 参加了"卖梳子"的小游戏，分成小组，对公司的梳子进行推销，推销的对象是和尚。刚开始在面对这一项推销活动时，我感到无比困惑，认为这个游戏就是要刁难我们，完成不可能事件。后续我冷静下来，仔细分析了现有的情况，为这项游戏做了合理的分析，进行了合理的推销规划设计和合理的推销话术，最后也成功推销出了梳子。在最后的经验分析和成果汇报过程中，参加游戏的小组成员都分析了相互的不足和优点。最终我深刻认识到，这个小游戏是为了培养我们面对"不可能"事件的勇气，在后续的学习和工作过程中，我们也需要这种勇气去迎难而上。

【活动10】遵从指导

（一）活动目的

1. 让学生懂得要打破思维定式，养成良好的阅读习惯。
2. 让学生养成做事统观全局的思维习惯。

（二）活动时间

大约需要15分钟。

（三）活动道具

"遵从指导"的材料每人一份、秒表一只。

（四）活动场地

室内为宜。

（五）活动程序

1. 分发材料，提示学生要注意阅读指导语。
2. 主持人提示本次活动需要计时，活动计时开始。
3. 活动体验分享。

附：活动材料

指导语：这是一个需要速度的活动。总共29道题，请你先看一遍题目，然后在右边的空白纸上按题目的要求做，速度越快越好。做完后请你看看自己花了多少时间，能挑战我们以前的纪录吗？

（1）在纸的正中写上你的姓名。
（2）在姓名旁边写三个"好"字。
（3）把你的性别和生日写在纸的右上角。
（4）在纸的最上方写上今天的日期。
（5）在纸的左下角画三个正方形。
（6）在这三个正方形外各画一个圆。
（7）再在这三个正方形里各画一个三角形。
（8）在你的姓名上方写上你父母的姓名。
（9）把你们三人的生肖属相分别写在姓名的旁边。
（10）把你的生日数字单个相加，把答案写在生日的下面。
（11）在纸的左上角写出你所读过的一所学校的名称。
（12）把你最喜欢的一样东西写在纸的左边。
（13）把你最讨厌的一样东西写在纸的右边。
（14）在纸的右下角画五个五角星。
（15）在你的姓名下面画一条波浪线。
（16）在父母的姓名旁边写上他们的生日。

（17）算算你父亲比你大多少岁。
（18）算算你比你母亲小多少岁。
（19）再看看你和父亲相差多少岁。
（20）在你最讨厌的东西上打一个 ×。
（21）在你最喜欢的东西旁边画一个图形。
（22）接下去的三题你不用做。
（23）将题目前面的单数题号圈出来。
（24）在题目前面的双数题目号上打√。
（25）在纸的下端写出 28 乘以 82 的答案。
（26）把第 7 题中你所画的三角形全部涂黑。
（27）看完后你只需要做第 1 题和最后两题。
（28）数一数当你"幡然醒悟"时已做了多少题。
（29）在你的姓名下面写上"遵从指导我第一"。

（六）注意事项

1. 主持人不要过分提示指导语，只说一遍就可以。
2. 活动时间一般以 3 分钟为宜，不宜过长，时间到了就停止游戏。
3. 注重活动后的交流与分享，将活动感悟延伸到生活实际。

（七）学生感言

1. 我参加了"遵从指导"这个小游戏，这是一个需要速度的小游戏，我需要以最快的速度在白纸上写下相应的答案，这里问题在平常的生活中遇到都比较简单，但是要在这么短的时间内完成这些，就会感到手忙脚乱，但是我还是努力冷静下来，完成了任务。在完成任务后，我认识到，此项游戏是为了培养我们快速阅读的能力，打破思维定式。

2. 参加了这个"遵从指导"的小游戏，刚开始看名字我无法想象到这是一种什么游戏，看到游戏规则时候，我觉得这是一项比较简单的小游戏，但是游戏开始的时候，我看到旁边秒表上的数字一点点变化，我感到无比的紧张。后来我不断告诉自己要冷静下来，认真阅读，最后也完成了这项游戏。通过此游戏，我认识到了养成良好阅读习惯的重要性，也认识到了将来要培养全局做事、处理事情的能力。

【活动 11】心中的塔

（一）活动目的

1. 让学生在团体合作中体验领导、配合、服从等角色。
2. 培养学生学会悦纳自己、欣赏他人的态度。
3. 帮助学生开拓思维，积极创新，大胆表现，追求形式与内涵的和谐。

（二）活动时间

大约需要 30 分钟。

（三）活动道具

每组需要大报纸 4 张、透明胶带纸 1 卷、剪刀 1 把。

（四）活动场地

室内为宜。

（五）活动程序

1. 将全班学生分成若干组，每组以 7~8 人为宜。每组领取材料一份：报纸 4 张、透明胶带纸 1 卷、剪刀 1 把，在 20 分钟内完成建"塔"任务，并取好"塔"名。

2. 各组推荐一名同学在全班内交流，介绍"塔"名和设计创意。

（六）注意事项

1. 选出 2 个观察员，全程观察各小组建"塔"过程，特别注意组内人员的角色确定过程。交流结束时作观察报告。

2. 在建"塔"过程中不许用语言交流，请观察员提醒督促。

3. 建议在各组完成建"塔"任务后，小组成员与作品合影留念。

4. 报纸的用量可根据时间长短、场地大小来确定，各组的用量基本相同，但要备有余量允许各组适量添加。

（七）学生感言

1. 参加"心中的塔"这一游戏，我们小组几个人分工合作，要在 20 分钟之内完成此项任务，还要完成塔的创作和塔的命名，最后要在小组之间相互交流自己的创意。从小组成员之间的不断交流中，我感到无比放松，思维的火花不断碰撞。同时我也学会了接受他人的意见，欣赏他人的优点。

2. 我们小组成员之间不断交流合作，交流想法，发表自己对塔的设计和命名的不同意见，大家集中交流，最终确定塔的设计，后续开展了手工设计，最后大家一起为塔取了一个有意义的名字。在最后的交流展示阶段，我们也欣赏了其他小组的设计和经验，在这个游戏中我们开拓了思维，学会了如何正确地和他人交流自己的意见，收获颇丰。

【活动 12】传球夺秒

（一）活动目的

1. 让学生体验到团队合作能够提高效率。

2. 在实践探索中培养学生创新意识，开发创新智慧。

（二）活动时间

大约需要 20 分钟。

（三）活动道具

彩色小球若干个、秒表 1 只、1 位计时员。

（四）活动场地

室内、室外均可。

（五）活动程序

1. 将全班分成若干个 8 人组，每组推荐 1 名组长，每个小组向主持人领取彩色小球 1 只。

2. 主持人宣布活动规则：每个组员都要接（接触）球，但前后接（接触）球的人不可以是相邻者，以每个成员均接（接触）过球时间最短的组为胜。

3. 计时员用秒表为各个组计时，完成一轮计时后，请各小组作演示。

4. 主持人要启发大家用更快、更好的方法取胜，最终请用时最少的前三个小组同学作全班分享。

（六）注意事项

1. 开始各小组均采用"传"的方法，因为配合不好，所以速度不快，因此第一步要让学生们体验合作提高效率。

2. 要启发学生分析原因、总结经验、吸取经验，在训练合作的基础上，不断开拓，尝试创新方法，体验改变方法带来的优势。

3. 及时宣布不断被刷新的用时新纪录，提示改变方法，提高速度，不断宣布产生的新方法。要注重过程而不是结果，所以主持人不要急于公布最佳方法，对新思路、新方法要质疑、验证，在探索的基础上获得成功。

（七）学生感言

1. 我们小组成员参加了"传球夺秒"，此游戏要先领取彩色气球一只，进行传球，传球者不可以是相邻的两个人，最后用时最少的小组获胜。开始时小组内的成员感到手忙脚乱，但是慢慢地我们找到了游戏的窍门，渐入佳境。通过此游戏，培养了团队内成员的创新协作意识。

2. 在这个小游戏中，我体会到了前所未有的快乐，能够从焦虑的学习生活中放松出来，真正进入这个游戏的情境中，我们小组的人很快就找到了游戏的"通关秘籍"，最后以最快的速度完成了比赛。在最后的分享过程中，我作为小组的代表上台分享了经验。这个游戏放松了我们的身心，增强了团队协作的意识，提高了综合素质，开发了创新智慧。

【活动 13】比比谁高

（一）活动目的

1. 通过活动训练学生思维，发挥集体智慧，激发个人的想象力、创造力。
2. 让学生体验在合作中竞争，在竞争中合作。
3. 倡导学生的个性发展，认同美、佳、绝多元化的评价标准。

（二）活动时间

大约需要 20 分钟。

（三）活动道具

扑克牌、吸管、回形针若干。

（四）活动场地

以室内为宜。

（五）活动程序

1. 6 个人为一组，领取材料：一副扑克牌、100 根吸管（其中 20 根带弯头的）、20 只回形针。

2. 要求在 10 分钟内利用现有材料搭建有高度的作品，并且命名。

3. 各组派一个学生讲解搭建原理，根据最后的高度及综合结果（外形的美观、结构的稳固、用材的科学、创意的新奇等），评选出如"最高""最美观""最省材""最稳固""最新奇"等最佳作品。

4. 全班交流分享。

（六）注意事项

1. 三种材料均要用上，不可以只使用其中的部分材料。

2. 比最高是指直立高度，不可以倚靠墙面、钉在地面、人手扶立等。

3. 各组派出一个学生组成"评委组"，分别到各组征求意见并评定最佳作品。

（七）学生感言

参加这一有趣的小游戏，用扑克牌、吸管、回形针等材料搭建有高度的作品，最后比拼谁的作品更高，这个游戏让我想到了小时候搭积木的感觉。我们6人为一组，通过不断地尝试和交流讨论，不断让我们作品的高度增加。这个活动发挥了团队内成员的想象力和创造力，让我学会了在竞争中合作、在合作中竞争。

【活动14】空中飞蛋

（一）活动目的

1. 体现小组成员的团队合作精神。

2. 帮助学生克服思维定式，在探究中寻找快乐，创造中体验成就感。

（二）活动时间

大约需要25分钟。

（三）活动道具

每组准备鲜鸡蛋2只、报纸2张，塑料袋、胶带纸、细绳子若干。

（四）活动场地

在室外，且有三层楼以上高处的活动场地。

（五）活动程序

1. 以4~5人一组为宜。

2. 主持人把上述材料发给每组，让同学们在15分钟之内用所给的材料设计完成保护装置，每组留一位学生在3层楼高的地方进行放鸡蛋，其他学生可以在楼下空地上观赏并检查落下的鸡蛋是否完好。

3. 鸡蛋完好的小组是优胜组，可以进入决赛。决赛可以提高难度，如从4楼或5楼放下鸡蛋。

4. 集体交流成功与失败的经验、教训。

（六）注意事项

1. 两只鸡蛋，一只用于试验，一只用于比赛。强调用材的统一，以示竞争的公平性。

2. 强调探索的过程，在实践中不断改进、创新和突破。

3. 鼓励学生总结成功的经验和失败的教训。

【活动15】畅想拼图

（一）活动目的

1. 让学生体验集体智慧和合作带来的快乐。

2. 通过畅想拼图，开拓同学们的思维，丰富想象力，提高创造力。

（二）活动时间

大约需要 25 分钟。

（三）活动道具

不同颜色、不同形状的纸片若干。

（四）活动场地

以室内为宜。

（五）活动程序

1. 每位参与者到场地中央领取一张彩色纸片，根据纸片提供的信息（如颜色、形状）寻找拼图伙伴，以最快拼出者为胜。开始大家会根据颜色形成拼图小组，经过共同努力，可以拼出不同颜色的长方形图案。

2. 主持人两次确定各小组的拼图顺序后，要求大家把纸片交还到场地中央。

3. 主持人要求每位参与者再到场地中央领取一张彩色纸片，根据纸片提供的信息（如颜色、形状）寻找拼图伙伴，以最快拼出者为胜。此时会出现两种情况：一种是参与者仍然根据纸片颜色寻找拼图伙伴，另一种是参与者根据相同图形组成拼图小组。

4. 当大家认同了以相同图案为分组依据后，立即拼出了各种形状不同的图案。主持人发出指令：2 分钟拼图，比一比哪个组拼出的图形最多，并对每个图形命名。

5. 各组派代表演示拼出的图形及命名，全班分享交流。

（六）注意事项

1. 根据参加活动的人数，确定纸片的裁法，一般把一张 16 开大小的彩色纸片按照规则与不规则图形裁剪成 6~7 份，假如有 8 种不同颜色的纸，就可以获得 48~56 张不同颜色和形状的纸片供参与者领取。

2. 假如出现第二轮拼图还是以颜色为拼图依据，主持人不妨对比两次拼图所用的时间，点评时让大家体验：目标明确、任务明确，效率就会成倍提高。继续重复交回纸片，做第三次拼图。

3. 游戏的重点是畅想拼图部分，所以要鼓励学生克服思维定式，积极开动脑筋，多拼、快拼，通过集体交流，开阔视野，达到相互启发、相互学习的目的。

【活动 16】平面魔方

（一）活动目的

1. 让学生学会打破思维定式，体验合作创新。

2. 学会理性分析与寻找规律的探究方法。

（二）活动时间

大约需要 15 分钟。

（三）活动道具

八张尺寸一样大小的正方形纸片（分别写上 1~8 的序号），别针若干，地面上用粉笔画出九个大小适中的正方形（同学能站在里面），或者用九张大小适中的不同的颜色纸。

（四）活动场地

室内、室外均可。

（五）活动程序

1. 分组，每组 8 人。

2. 8 位同学手持纸片按顺序分别站在由九个方框组成的正方形内（最后一个方框为机动位置），经过一番移动，每次只能移动一个格，将最初序号和最末空白序号颠倒过来。

3. 方法不限，方法多者获胜。

初始位置			最终位置		
1	2	3		8	7
6	5	4	4	5	6
7	8	*	3	2	1

4. 全班交流分享。

（六）注意事项

1. 在活动中主持人观察"领导者"的产生过程和"领导者"的管理水平、组员间的合作态度与效率。

2. 做好各小组之间的平衡，对误入"绝境"的小组给予适度的指点。

【活动 17】谁是卧底

（一）活动目的

1. 通过活动让学生体验和发现微表情所传达的情绪信息。

2. 体验综合各种信息进行情绪判断。

（二）活动时间

大约需要 30 分钟。

（三）活动道具

根据参与人数不同准备约 5 组词语卡片，每组卡片中有 1 张或 2 张上面显示的词语与其他卡片不同，其余卡片上的词语均相同。

（四）活动场地

室内为宜。

（五）活动程序

1. 主持人邀请每个参与者到场地中央的盘子里抽取一张卡片，每轮中有两个人拿到相同的一个词语，作为"卧底"，其余参与者拿到与之相关的另一个词语。

2. 每人每轮只能说一句话描述自己拿到的词语（不能直接说出来那个词语），既不能让"卧底"发现，也要给队员以暗示。

3. 每轮描述完毕，所有参与者投票选出怀疑是卧底的两个人，得票数最多的人出局，若票数一样多的话，待定（就是保留）。若有一个卧底撑到剩下最后三人，则卧底获胜，反之，则大部队获胜。

4. 全班交流分享。

（六）注意事项

1. 每轮词语的选择要进行设计，"卧底"的词语不能与其他人的词语相差太大，也不能非常相似，否则卧底难以发现自己的身份或其他人很容易辨认出卧底身份。

2. 引导学生注意观察每轮活动过程中参与者的语言与表情，通过微表情辅助判断参与者中的"卧底"身份。

【活动 18】谁的表情说了谎

（一）活动目的

通过活动让学生体验和发现微表情所传达的情绪信息，以此为依据进行情绪判断。

（二）活动时间

大约需要 20 分钟。

（三）活动道具

眼罩 1~3 个。

（四）活动场地

室内为宜。

（五）活动程序

1. 主持人介绍指导语：大家知道微表情吗？那你会看微表情吗？你的一个挑眉或者嘴角微微扬起又代表什么意思呢？你的微表情可以传达你的真实感受吗？不妨我们今天现场感受一下微表情的神秘，看看谁的微表情在说谎。

2. 随机抽一人蒙上眼睛扮演"盲人"，坐在"盲人"左侧的人开始不断地指在座的每一个人。当他指向其中的一个人，就问"盲人"："这个行不行？""盲人"如果说不行，就继续指下一个人。直到"盲人"同意的时候，被指的那个人就是被游戏选中的人。"盲人"摘下眼罩，根据每个人的表情来猜测谁被选中了，而参与者不能告诉盲人谁是被选中的人。

3. 全班交流分享。

（六）注意事项

1. 注意维持活动现场秩序，避免有参与者发出语言或者肢体动作的提示。

2. 注重交流和分享，引导学生通过微表情辅助判断。

【活动 19】婚礼上的宾客

（一）活动目的

1. 通过角色扮演活动，体验不同场景下不同角色传达的情绪信息。

2. 合理表达情绪。

（二）活动时间

大约需要 50 分钟。

（三）活动道具

婚礼请柬，上标有不同的角色背景、性格、情绪关键词和剧情提示等；笔若干。

剧本

旁白：在马尔代夫的小岛上，天气晴朗，微风和煦。婚礼即将开始，各位宾客请就位。

身份：新郎萝卜头

职业：健身教练

情绪关键词：喜悦、紧张、惊讶、尴尬等

剧情提示：介绍相识、相知、相恋的爱情故事

身份：新娘大青菜

职业：空姐

情绪关键词：喜悦、紧张、惊讶、冷漠、感动、生气等

剧情提示：配合新郎介绍相识、相知、相恋的爱情故事

场景一：配合前男友，表示冷漠

场景二：安慰单身闺密小草莓女士

旁白：恭喜有情人终成眷属！有请男方父亲大萝卜先生和母亲油菜花女士入场。

身份：男方父亲大萝卜先生

职业：农民

情绪关键词：欣慰

剧情提示：用方言表达对儿子与儿媳新婚的祝福；配合女方母亲榛子女士共同演绎（故事情节：榛子女士与你是下乡时的初恋情人）。

身份：男方母亲油菜花女士

职业：工人

情绪关键词：欣喜若狂

剧情提示：用方言致辞

旁白：请新郎父母站在新郎身后稍作休息。下面请新娘父亲西瓜太郎入场。

身份：新娘父亲西瓜太郎先生

职业：干部

情绪关键词：激动、担忧

剧情提示：表达对女儿出嫁的不舍，解释母亲为何迟迟不到。

旁白：这时有个人面无表情地走来，仔细一看，是新娘的母亲榛子女士到场。

身份：新娘母亲榛子女士

职业：教师

情绪关键词：无奈

剧情提示：

场景一：（在新娘的父亲入场后根据旁白提示准备入场）母亲一直反对女儿的婚事，从未与亲家见面，此时参加婚礼也是无奈之举，但最终还是来到了现场。

旁白：这时榛子女士忽然注意到男方父亲大萝卜先生是自己下乡时的初恋情人。

场景二：需要表演，现场发挥。

旁白：此时一位高大帅气的男子走来，原来是新娘的亲哥哥白菜先生入场。

身份：新娘哥哥白菜先生

职业：银行行长

情绪关键词：开心、不舍、惊讶

剧情提示：

场景一：嘱咐新郎照顾好自己的妹妹。

旁白：忽然传来汽车的急刹车声音，大家看向身后，一辆玛莎拉蒂停在了婚礼的现场，车上下来两位保镖，护送一位白富肥冬瓜女士，踩着10厘米的高跟鞋，气势汹汹地冲入现场。新娘哥哥跑去阻拦。

场景二：发现冬瓜女士是自己的客户，前几天发生过纠纷。配合冬瓜表演。

场景三：冬瓜女士掩面而逃，哥哥追出去。

身份：男方追求者白富肥冬瓜女士

职业：富二代

情绪关键词：嫉妒、轻蔑

剧情提示：

场景一：新郎哥哥阻拦。冬瓜女士认出白菜先生是与自己前几天发生纠纷的银行行长。自行对戏。

场景二：挣脱白菜先生的阻拦，对新郎表达爱意。（被拒）掩面而逃。

旁白：萝卜头的好哥们儿火龙果先生与大青菜的前男友蘑菇先生在现场相遇，认出彼此是多年未见的初中同学。

身份：新郎萝卜头的好哥们儿火龙果先生

职业：律师

情绪关键词：惊喜、意外

剧情提示：

场景一：与蘑菇先生久别后的寒暄（与蘑菇对戏）。

场景二：（与蘑菇一起走到新人面前）表达对新郎的祝福。

场景三：得知蘑菇是新娘的前男友后，拉走蘑菇。

身份：新娘前男友蘑菇先生

职业：猎头

情绪关键词：高兴、愤怒

剧情提示：

场景一：与火龙果先生久别后的寒暄（与火龙果对戏）。

场景二：（与火龙果一起走到新人面前）新娘与前男友在一起很久，最终却成为别人的新娘，以示愤怒。场面尴尬，火龙果喊你去喝酒。

旁白：新娘闺密小草莓女士盛装出席。

身份：新娘的唯一单身闺密小草莓女士

职业：护士

情绪关键词：兴高采烈、心酸、害羞

剧情提示：

场景一：对新娘表达新婚祝贺的喜悦和自己仍旧单身的心酸。

场景二：退场时手链遗落，被擦肩而过的新郎好友橘子先生捡到，并一见钟情。

身份：新郎的好友橘子先生

职业：骨科大夫

情绪关键词：喜悦、心动的感觉

场景一：（新娘单身闺密小草莓退场）橘子先生入场，捡到手链并还给小草莓女士，一见钟情。

场景二：祝福新人，转身去追小草莓。

旁白：新娘男闺密香菜先生带着女朋友话梅女士入场。

身份：新娘男闺密香菜先生

职业：野生动物保护人员（家境殷实）

情绪关键词：开心、惊讶

剧情提示：

场景一：带着女友话梅女士一起入场，表达祝福。

场景二：发现自己女友话梅女士竟然是新郎的前女友，非常惊讶，难以置信。转身离场。

身份：新郎的前女友话梅女士/新娘男闺密的现任女友

职位：理发店小妹

情绪关键词：炫耀

剧情提示：

场景一：对新郎炫耀自己的现任男朋友。

场景二：看到男朋友的反应，赶忙去追。

身份：新郎的妹妹小汤圆

职业：大学学生

情绪关键词：羡慕、郁闷

剧情提示：羡慕新娘的美貌，感觉新娘抢走了自己的哥哥。

（四）活动场地

室内为宜，需要较大活动场地。

（五）活动程序

1. 大家随机抽取预先准备好的婚礼请柬，抽取新郎、新娘扮演者，所有人的请柬上包含所扮演的角色、情绪关键词和剧情提示。请大家不要拘泥于提示的关键词，可根据现场情况尽情发挥。

2. 新郎新娘外，每个人需要在请柬上写：送给新郎、新娘的礼物，可以是最古怪的或者最俗气的，但一定要符合所扮演的人的身份；对新郎新娘的致辞。

3. 准备时间：5分钟。

4. 随着婚礼进行曲，宣布婚礼接待开始，主持人宣布各角色依次入场，请大家尽情表演。

5. 全班交流分享。

（六）注意事项

1. 主持人注意控场，不要让故事过于失控，重点应放在不同背景下角色情绪的演绎。

2. 引导学生充分演绎所扮演角色不同场景下的情绪状态。

【活动20】我演你猜

（一）活动目的

1. 通过情绪表演，体验和感受不同的情绪。
2. 通过观看他人情绪的表达，思索自己在日常生活中是如何表达情绪的，而这种表达又会给别人带来什么感受。

（二）活动时间

大约需要30分钟。

（三）活动道具

情绪形容词卡片、情绪情景。

（四）活动场地

室内为宜。

（五）活动程序

1. 分组，每组选出一位"领导者"。每一个成员随机抽取一张情绪形容词卡片，并且表现出来，由其他组员猜这种情绪是什么，扮演者不能说话，由"领导者"判断是否正确。
2. 让成员用面部表情和肢体语言表演事先准备的情绪情景，大家逐个观看并进行评论。
3. 小组讨论：情绪有好坏之分吗？为什么？我们表达的情绪与他人识别的情绪一致吗？为什么？
4. 全班交流分享。

（六）注意事项

1. 准备好的情绪形容词卡片和情绪情景应该是便于演示和表演的。
2. 注重分享和思考。

【活动21】智囊宝盒

（一）活动目的

1. 通过活动帮助学生厘清情绪困扰。
2. 学会正确表达情绪，需要时寻求他人帮助。

（二）活动时间

大约需要30分钟。

（三）活动道具

卡片、笔若干。

（四）活动场地

室内为宜。

（五）活动程序

1. 回想自己最近遇到的情绪问题，匿名写在卡片上，尽量将其描述清楚。
2. 主持人将收取写好的卡片打乱，全体成员随机抽取一张。
3. 抽到卡片后，按照某一顺序，依次念出卡片上提出的问题，并提出有效的解决方法，他人可以进行补充。

4. 全班交流分享。

（六）注意事项

1. 注意卡片上描述的情绪问题应该清晰和具有现实性。

2. 提出的解决办法应该是能够落实的，当抽到的人暂时没有思路时，他人可以帮助补充。

【活动 22】天使与魔鬼

（一）活动目的

1. 通过活动帮助学生厘清情绪困扰。

2. 通过天使与魔鬼的讨论，学会从不同的角度看待问题，正确对待事件和由我们对事件的认知而产生的情绪。

（二）活动时间

大约需要 40 分钟。

（三）活动道具

纸、笔若干。

（四）活动场地

室内为宜。

（五）活动程序

1. 先让大家每一个人在小纸条上写好自己不开心的一件事，然后折叠起来与其他人的纸条混合在一起。

2. 接下来大家随机抽取一张纸条（是不是自己的没有关系），并针对纸条上提出的问题展开讨论。

3. 从第一个人开始，首先由他读出所面临的问题，然后让他左边的三个天使和他右边的三个魔鬼交替发言，天使必须给予这个事件正面的评价，而魔鬼则相反。

4. 天使和魔鬼争辩结束之后，"当事人"需要总结出自己解决的办法并判定天使和魔鬼哪一方胜利。以此类推，直到将所有小组成员提交的问题都一一讨论完毕，最后我们看看天使和魔鬼哪一方胜利的次数多。

5. 全班交流分享。

（六）注意事项

1. 分享：对待同样的事物，不同人会有不同的看法，从而引发不同的情绪反应。例如，当我们迷失沙漠找到半杯水时，有人因它能够解渴而高兴，有人因它不足解渴而懊恼。根据美国心理学家艾利斯的观点，一件事情的好坏并不能决定引起怎样的情绪反应，关键在于我们对事件所持有的信念、看法和解释。如果我们保持一种乐观的信念，那么坏事也是好事，而一旦采取一种悲观的态度，那么就必然会面临很多的情绪困扰，这当然不是我们所希望的，所以面对问题时我们应尽量从那种积极正向的角度去看待，从而保持良好的心境。

2. 从情绪 ABC 理论出发，引导学生在活动中正确认识事件，学会多角度看待问题。

第七章　大学生的就业心理

一、大学生的就业心理案例与分析

网络上传播热度较高的李开复写给大学生的信中有这样一段话："大学是人生的关键阶段。这是你一生中最后一次有机会系统性地接受教育,也是你最后一次能够全身心地建立你的知识基础。这可能是你最后一次可以将大段时间用于学习的人生阶段,也可能是最后一次可以拥有较高的可塑性、集中精力充实自我的成长历程。这也许是你最后一次能在相对宽容的、可以置身其中学习为人处世之道的理想环境。"

由此可以看出,大学生汲取知识的学生生涯是非常重要的,因此,一定要在有限的时间里,确立自己的目标,规划自己的生活,调整心态,充实自己,为未来的择业做准备。

案例1:某知名用人单位到学校来招聘毕业生时小李去面试,可没有几分钟就因紧张、缺乏自信被淘汰下来了。据了解,小李毕业于大专院校,因为得知与其一起来应聘的有名校的"高才生",自己学校的名气、资源都不如别人,一时间信心全无,结果很快就因发挥失常没能进入第二轮面试。

案例分析:小李自信心不足,认为自己比不上名校的毕业生。很多大学生在这种消极心态的影响下像小李一样不战而败。事实上,一定程度的自卑感能使人知耻而后勇、奋发努力、不断前进,但过度的自卑会使人在机会面前畏缩退让、精神不振,让本该属于自己的工作白白丢掉。同时,"名校"与"高才生"没有必然的联系,只要自己在大学期间合理规划,增强学识,提高综合素质,非名校也能走出高才生。

案例2:小萍学的是计算机科学专业,已经大三,性格相对外向,喜欢新闻专业,在学校电视台担任主播。高考时,小萍想学新闻专业,但父亲认为计算机科学专业好就业。到学校以后,小萍才发现她一点也不喜欢自己的专业,听不懂老师讲的课程,成绩也不好,又错过了在学校调换专业的时机。现在还有一年多就毕业了,父亲希望她毕业后直接进入家乡的事业单位,但小萍自己想考研,选择和从事自己喜欢的新闻专业,可是又怕考研落败,不知道自己未来的路在哪里。

案例分析:大学生考研的原因主要有以下几方面:一是本专业工作不好找,想通过继续深造提升个人实力,这种原因是比较常见的;二是随波逐流,其他同学都在考,所以自己也跟着考;三是很早的时候脑海中就有了一个蓝图,读研究生,在自己喜爱的领域多学知识,多做研究;四是不想过早走入社会,还想继续留在人际关系相对简单、环境较单纯的校园;五是通过跨专业考研学习自己喜欢的专业和领域。小萍考虑考研的原因似乎属于第五个。

对于大学生来说，是否选择考研需要综合分析个人兴趣、专业特点、就业前景、个人学习实力、职业生涯规划方向等多方面因素。案例中的小萍应结合自己的实际情况，为自己的未来做一个合理的规划：如果选择考研，可以和父亲进行沟通，争取父亲的理解与支持，然后专心做好考研准备。但也要做好考研失利的心理准备，毕竟考研是精英教育的人才培养模式。如果选择就业，就要勇敢地面对就业市场，逃避不是办法。"是金子总会发光"，大学生在今后的职业生涯中完全有机会发挥自己的特长和才干。

案例3：小马是某高校汽车工程专业大三的学生，曾担任过班长、学生助理、网络心理辅导员，学习努力，获得过奖学金，并先后加入多种学生社团，受到老师和同学的好评。但小马一直对本专业不感兴趣，一度对前程陷入苦恼和迷茫之中。后来，小马在心理老师的帮助下，分析了自己的特长、爱好，既然自己喜欢销售和擅长计算机，那为什么不把自己的兴趣和专业结合在一起呢？后来，小马调整了心态，坚定了信心，有针对性地准备求职简历，勇敢面向就业市场，很快就收到几家知名企业的邀请。最后，小马选择了深圳某大型汽车企业从事汽车保险理赔工作。在工作中，小马虚心学习，发挥专业知识、技能及计算机等特长，很快就独当一面，业绩出色，待遇也随之提高，还被评为优秀企业员工。

案例分析：在大学里，对自己专业不感兴趣的大学生不在少数。有人自怨自艾、得过且过；有人努力培养兴趣，学好专业知识；有人选择转专业去学习自己喜欢的专业；也有人面对现实，做出适宜的选择，就像小马一样。虽然小马经历了择业的迷茫，但最终根据自己所学专业的特点和自己的兴趣确立了明确的目标，最终有了自己想要的结果。清楚自己的不足和目标，并清楚地知道什么阶段要做什么事情，这正是有目标、有方向、有规划的职业生涯规划的重要步骤。需要注意的是，大学生的专业兴趣有时并不稳定，会受到来自环境因素的影响；同时，个体心理发展的成熟程度也会使择业发生变化。努力培养专业兴趣，从不感兴趣到有了兴趣，并努力做好专业知识储备，发挥自己的特长是可取的、可赞的。

二、大学生择业心理与影响因素

（一）择业心理的含义

择业心理是指大学毕业生在步入社会之前，进行职业选择时所表现出来的各种心理特征的总和，即大学生在实现角色转换的过程中遇到各种择业问题和准备择业过程中所表现出来的各种心理状态。它与大学生的性格气质、发展需求、核心价值观等多方面因素紧密相关。

（二）大学生择业心理的特征

1. 自主竞争意识增强

当前，大学生已经从传统择业观念的束缚中挣脱出来，抛弃"等""靠""要"等陈旧的就业思想，在择业过程中的自主竞争意识明显增强，就业态度越来越积极。大多大学生在毕业前一年就开始做就业方面的准备；有的大学生甚至在高考填报志愿时，就已经开始考虑将来的就业问题；还有部分大学生在校学习期间就时刻关注市场需求，积极考取各种资格证书，为将来的就业竞争准备筹码。

2. 择业趋于理性

共青团中央与北京大学联合对全国大学生就业所做的调查显示，当代大学生在就业形势不甚乐观的情况下，高达76%的学生认为"找工作的过程是一次必要的人生历练，可以丰富人生经验并使自己更加成熟"，还有不少大学生认为"找工作的过程使自己的个人生活态度变得比较积极"，而他们对学习、社会的负面评价都不超过15%。这一调查结果充分反映了今天的大学生能面对择业现实，支持现行的"双向选择、自主择业"就业政策，表现出了成熟、健康的个体心理和对社会稳定而积极的心态。

3. 价值取向多元化，务实主义明显

当前，大学生在择业过程中的价值取向也日益多元化。更多大学生将个人发展前景、个人兴趣作为选择工作的首要因素，这表明大学生越来越注重提高自身及个人价值的实现；次要考虑的因素是薪酬福利，这表明大学生从以往单纯地注重社会地位向注重实际经济收益倾斜，功利性增强；最后要考虑的因素是工作选择区域，这表明大学生的城乡观念意识依然比较严重。由此可见，大学生选择工作时优先考虑的是个人需要与兴趣的满足，追求自我发展与自我价值的实现，但也反映出大学生在择业问题上社会责任感淡化的倾向，由以往抽象的理想主义变为明显增强的务实主义。

4. 期望值过高，定位不切实际

由于对自我及社会的就业形势、就业环境、就业政策等缺乏全面、正确的了解，一些大学生在求职择业时易盲目攀高，对自己未来职业的期望值较高，把经济收入因素放在重要的位置，希望在环境好、条件好、效益好、发展空间大的单位就业。一些毕业生认为自己读的是名牌大学或热门专业，将求职目标定得很高，他们在择业时，非外企不去，非知名大公司不去。还有的大学生希望找到一份工作后，职务马上就能得到提升，立刻就能拥有丰厚的经济待遇。一些毕业生认为自己在学校的学习成绩不错，能力很强，因此对择业抱有过高的期望，一旦被用人单位拒绝，就会在心理上产生挫折感。

5. 重稳定职业，选择与冒风险意识并存

当前，仍有一部分大学生在择业时缺乏创新意识，追求"铁饭碗"，每年的公务员报考热便可见一斑，这明显是受到传统观念的影响。同时，还有相当一部分大学生个性突出，通过自主创业，依靠自身发展，积极适应社会，表现出很强的风险意识和自立精神。

（三）大学生择业心理的影响因素

1. 客观因素

（1）社会环境因素。社会因素是影响大学生择业心理的重要因素。社会环境因素是指社会的政治体制、经济环境、人事政策、职业制度、社会习俗、职业的社会评价等。这些社会环境因素决定了社会职业的数量、结构和层次，同时也决定了人们对不同职业的接受、赞誉或贬低的程度。过去，毕业生受到传统文化观念的熏陶，以国家、民族利益为重，自愿到祖国最需要的地方。改革开放以后，经济发达国家和我国发达地区消费水平刺激了人们的消费欲求，强化了青年学生把经济利益、物质待遇放到显著的位置。

（2）学校教育因素。当前，我国实行的高校毕业生"双向选择"制度较好地解决了人才的合理使用问题，从而调动了大学生自主择业、自我发展的积极性。但"双向选择"就业制度目前还没能够很好地解决人才资源的合理配置问题。在经济利益的驱动下，大学毕业生将朝着有利于自身的方向选择，而较少考虑其他因素。因此，当前高校应加强毕业生择业心理的辅导和教育，帮助大学生树立正确的劳动观、职业观和价值观，理解自己的能力倾向、专业和职业兴趣、职业价值观，了解就业政策和择业的技巧，正确处理职业兴趣与社会需要之间的关系，提高大学生的择业决策能力。同时，面对就业市场，如何增强大学生就业竞争力、合理设置专业，提高办学质量，培养实用的、符合社会需要的应用型人才也是高校教育改革的主要课题。

（3）家庭因素。家庭是个人接受社会化教育的第一所学校，因此家庭的经济条件、父母对子女受教育程度的重视，以及父母亲友的职业对大学生的职业理想和职业目标都会产生直接影响。中国自古就具有浓厚的家庭观念，许多毕业生认为择业应该尊重父母的意愿，以报答父母的养育之恩。所以，很多毕业生在择业时会考虑地域、职业类型等，这在很大程度上取决于父母的态度。

2.主观因素

主观因素是指个体自身的特征对择业行为的影响。一般来说有以下几种。

（1）认知方式。认知方式是个人在认知过程中表现出的固定认知模式，包括感知、记忆、思维、想象等方面的特征。认知方式对于大学生择业时的扬长避短很有参考价值。

（2）气质。气质是个人典型的、稳定的心理活动的动力特征，是个性特征中的重要因素之一。一般来说，具有不同气质的人对不同职业有不同的适应性。同时，不同职业对人的气质要求也不同。每个人的气质都不同，大学生在择业时要考虑使自身的气质特征适应所从事的职业活动。气质类型与职业匹配见表7-1。

表7-1 气质类型与职业匹配

气质类型	基本特点	适合职业
胆汁质	精力旺盛，热情直率，激动暴躁，情绪体验强烈，神经活动强但抑制力差，反应速度快但不灵活。能以极大的工作热情去克服困难，但若对工作失去信心，情绪会低沉下来	适于竞争激烈、冒险性及风险意识强的职业，如探险、地质勘探、登山、体育运动等
多血质	活泼好动，性情活跃，反应敏捷，易适应环境，善于交际。这类人的工作能力较强，情绪丰富且易兴奋，但注意力不稳定，兴趣易转移，在意志力方面缺乏忍耐性、毅力不强	适合从事要求迅速、灵活反应的工作，如导游、外交、公安、军官等，但不适宜从事单调机械和细致的工作
黏液质	情绪兴奋性低，安静沉稳；内倾明显，外部表现少，反应速度慢，但稳定性强，偏固执、冷漠。比较刻板，有较强的自我克制能力，能埋头苦干，态度稳重，不易分心，不易习惯新的工作，善于忍耐	适合从事要求稳定、细致、持久性的活动，如会计、法官、管理人员、外科医生等，但不适宜从事具有冒险性的工作
抑郁质	敏感，行动缓慢，情感体验深刻，隐晦而不外露，易多愁善感；观察力敏锐，易感觉到别人不易觉察的细小事物，易疲倦、孤僻，工作耐受性差，胆小怕事、优柔寡断	适合做要求精细、敏锐的工作，如哲学、理论研究、应用科学、机关秘书等

（3）性格。性格是指个人对现实稳定的态度和与之相适应的习惯化了的行为方式中所表现出来的心理特征。性格的态度、理智、情感和意志四方面的特征紧密相连，相互影响。性格广泛地影响着人们对职业的适应性，不同职业对从业者的性格也有不同的要求。实践证明，性格通过促进能力的形成和发展而间接影响职业活动。例如，"笨鸟先飞""勤能补拙"，均表明了良好的性格特征可以补偿某种能力的缺陷。

（4）兴趣。"萝卜青菜，各有所爱"，说的就是生活中每个人都有自己的兴趣爱好。稳定的兴趣对职业选择与职业成就有重要的影响。兴趣是最好的老师，如果按自己的兴趣选择了某种职业，兴趣就会成为巨大的行为推动力，促使自己在工作中做出成就；如果对所从事的职业不感兴趣，就会影响积极性的发挥，难以从职业生活中得到心理上的满足，不利于工作成就的获得。

（5）身体因素与其他。以貌取人固然不好，但身体相貌的确是形成人的第一印象不可忽视的因素。在求职市场上，性别、年龄、身高、容貌、身体健康状况都是不可回避的影响因素。虽然国家制定了相关政策与法规，不是特定行业，招聘时不能对应聘人的自然属性进行限制。但是，因身材不高大、容貌不漂亮及性别因素等而被拒收简历的歧视现象并不少见。另外，求职者的表达能力、写作能力、获奖情况、工作经验、社会实践活动情况和毕业学校情况等反映个人素质的"证据"，都会影响用人单位对毕业生的选择。

三、职业兴趣理论

美国职业心理学家霍兰德提出了职业兴趣理论，他认为人的人格特征、兴趣与职业的选择密切相关。六种人格类型及其特点、适合的职业如下。

（1）现实型。这类人喜欢有规则的具体劳动和需要基本技能的工作，但缺乏社交能力。这类人适应的工作主要是熟练的手工工作和技术工作，如制图员、司机、电工、机械工、运输工、产业工人及木工、瓦工、铁匠、修理工等。

（2）研究型。这类人喜欢智力的、抽象的、分析的、推理的和独立的定向任务，但缺乏领导能力。这类人所适合的工作主要是科学研究和实验工作，包括各类科学研究人员，如气象学者、天文学者、地质学者及物理学、生物学、化学、数学等学科的科学工作者。

（3）艺术型。这类人喜欢通过艺术作品来达到自我表现的目的。他们感情丰富、善于想象，对艺术创作充满兴趣，但缺乏办事能力。这类人适合从事的工作包括室内装饰、图书管理、诗人、作家、演员、记者及音乐、书画、雕塑、舞蹈、摄影等各类文学艺术工作。

（4）社会型。这类人对社会交往感兴趣，愿意出入社交场所，关心社会问题，愿为社会服务，但缺乏机械能力。这类人所从事的职业主要是与人打交道和为人办事的工作，即教育人、医治人、帮助人、服务于人的工作，如教师、医生、护士、律师、服务员、公关人员及社团工作者和社会活动家等。

（5）管理型。这类人性格外向，对冒险活动、领导角色感兴趣，具有支配、劝说和使用语言的技能，喜欢管理和控制别人。这类人缺乏的是科学研究能力；适合的工作主要是管理、决策方面的工作，如国家机关及机构负责人、党团干部、经理、厂长、推销员及宣传、推广等工作。

（6）常规型。这类人对系统的、有条理的工作感兴趣，讲究实际，喜欢有秩序的生活，习惯按照固定的规程、计划办事。他们习惯选择与组织机构、文件档案和日程表之类的东西打交道的工作，如办公室办事员、图书管理员、税务员、统计员、出纳员、秘书及打字、校对等工作。

四、大学生择业心理障碍及调适

择业是大学生走向社会大舞台实现自己人生梦想的第一步，对大学生来说，其重要性不言而喻，但就业矛盾日益尖锐、社会竞争日益加剧，受到社会、家庭、大学生自身心理与生理素质等诸多因素的限制与影响，使大学生在择业的过程中不可避免地会出现一些心理障碍。

（一）自我认知失调

1. 自负心理

有部分毕业生自我感觉良好，认为自己应该有个好的归宿，因而傲气十足。一旦产生自负心理，很容易脱离实际，以幻想代替现实，使自己的择业目标和现实产生很大反差，如果未能如愿，他们的情绪就会一落千丈，从而产生孤独、失落、烦躁、抑郁的心理。过高地自我肯定，好高骛远，缺乏自知之明，会影响自己顺利择业和成功择业。其实，高自我价值感是优秀生中一种较为普遍的心理，但是在求职期间，人才众多，用人单位对这种缺乏自知之明、自视清高的毕业生是最有戒心的。因而毕业生要正确地看待自己，权衡利弊，保持一种谦虚平和的心态，多与周围的同学交流，多听听别人的想法和意见，这样可以有效防止想法的极端性。在与用人单位交流的时候，要尊重对方，客观评价自己的实力，正确处理双方关系。必要时，还应该向家人和老师征求意见，以便理智地作出决定。

2. 自卑心理

某些毕业生因自己不是名牌学校毕业，或专业不热门，或长相平常，并且既没有权势关系可利用，又没有金钱做支持，总之别人具有的先天优势自己都没有，导致自卑感油然而生。在择业过程中，他们往往缺乏自信和勇气，自惭形秽，看不到自己的优势，不敢主动大胆地向用人单位推销自己，参与就业竞争。过度自卑使这些毕业生产生精神不振、沮丧、失望、孤寂，阻碍其聪明才智的正常发挥，从而影响了就业与择业。过度自卑还会使人萎靡不振、自我封闭。其实，适度的自卑感能使人进步，但过度的自卑则使人在有限的机会面前，畏缩退让、精神不振，让本该属于自己的机会白白丢掉。面对自卑，大学生须客观认识自我，发掘自我优势，并在求职前进行积极的自我暗示，持着"你行，我也行"的信念，努力克服自卑心态。在与用人单位交谈时，尽量表现出自己擅长的一面，充分显示自己的一技之长，从而体验"我能胜任"的愉悦感。

3. 攀比心理

有这种心理的大学生在求职活动中往往显得缺乏主见，极易受别人干扰。他们把注意力过多地集中到别人的就业取向中，即使有的单位非常适合自身发展，但因为某个方面比不上同学选择的就业单位，就放弃了。这时可以通过积极的自我暗示，提升自己的心理承受能力，当看到别人找到的工作比自己好时，在心中默念"其实我也很好"之类的语句，久而久之，盲目攀比的习惯就会有所改善。另外，要学会纵向比较，和自己的以往表现比较，以进步的心态鼓励自己，从而建立希望体系，树立坚定的信心，不断增强自身的就业实力，克服负性攀比，实现自我。

4. 从众心理

从众心理是指在群体压力的影响下，放弃个人意愿，采取顺从行为的心理倾向。在择业中表现为缺乏主见和竞争意识，择业观被他人左右，为舆论左右，不顾自己的主观条件和客观现实，随波逐流。有人看到别人报考公务员，即使自己不喜欢体制内的工作环境也要跟风去试一试；有人看到别人报考研究生，担心自己如果不报考会显得没有追求，即使自己对研究和深入学习没有兴趣，也装模作样地准备功课。尽管一定程度的从众心理可帮助大学生尽快适应新环境，融入集体，但过度的从众行为令大学生缺乏自我判断。虽然大学生择业在一定程度上受到传统的价值观念和社会心理的支配，但大学生切不可盲从，更不能以别人的选择作为自己的最佳选择，而应该综合各方面因素，培养果断抉择的能力，选择适合自己的工作岗位和环境。

学者阿希曾进行过从众心理实验，结果在测试人群中仅有 1/4 ~ 1/3 的被试没有发生过从众行为，保持了独立性。从众性与独立性是相对立的一组意志品质；从众性强的人缺乏主见，易受暗示，容易不加分析地接受别人的意见并付诸行动。从众心理忽略了一个重要事实，即如何根据自己的实际情况来选择方向。通常情况下，多数人的意见往往是对的，但缺乏分析，不做独立思考，不顾是非曲直地一概服从多数、随大溜，则是不可取的，是消极的"盲目从众"。

一个人只有根据自己的实际情况，明确树立自己的奋斗目标，并在实施过程中不断根据环境的变化调整自己的目标，才可能发挥自身所蕴藏的巨大能量。

（二）情绪困扰

1. 焦虑心理

"能否选择一个自己理想的工作岗位？能否在双向选择时正常发挥，恰当地表现自己的能力？""用人单位会不会因为自己的学习成绩平平，或在校期间没有担任过学生干部，或自己没有特长，或因为自己是女生而不被录取？""选择单位失误，造成'千古恨'怎么办？"这些是绝大多数毕业生担心的问题。应该说，这种担心是正常的，但一些大学生为此负担过重，产生了心理焦虑甚至到了严重焦虑的状况。例如，精神紧张、烦躁不安；意志消沉、长吁短叹；生活中食不甘味、坐卧不安；学习上注意力不集中，穷于应付。有些大学生在屡遭挫折后产生了恐惧感，一提到就业就心理紧张不安，这些就不是正常的表现了。面对这种情况，大学生可通过适当的倾诉、运动来宣泄和放松自己；也可尝试理性情绪法，对绝对化、糟糕至极、以偏概全的不合理思维模式进行辩驳，如将"择业应当是顺利的""找不到工作人生就完了"等用"择业过程中不可避免会遇到一定的困扰""不是找不到工作，而是暂时找不到各方面都满意的工作""现在没有找到工作不代表以后也找不到"替换，抽取出非理性观念并以理性观念取而代之,从而走出焦虑情绪的困扰。严重焦虑情绪者应该求助心理咨询。

2. 挫折心理

大学生在就业问题上受到挫折,主要是因为他们的去向和抱负不能为社会和亲友所理解和接受,或者自我期望得不到实现,从而产生了怀才不遇、失落悲观的感觉。还有的毕业生之所以产生强烈挫败感,是因为把找工作不顺利和"失败"画等号,进而否定自己,感到苦闷、失望和无奈。如果在挫折中不认真反思,失去理智,盲目地一意孤行,就有可能发展为心理疾病。首先,毕业生要学会积极的思维方式,学会将思维中的负性词语改为正性词语。例如,将"我觉得很无奈,又失败了"改为"现在,我还有什么更有价值的事情可以做""怎样才能有新的突破""面试不合格或暂时找不到合适工作不等于人生失败"等;其次,需要注意的是,毕业生的工作与人生的求职目标应保持一定的灵活性。例如,在正确了解职业要求和自己特长的基础上,制定一个分为高、中、低三个档次的求职目标,适时调整求职目标,然后有针对性地投放简历和参加招聘会。

(三)人际交往不良

1. 依赖心理

健康的、平等的人际关系是具有选择性的,这种选择性能使人得到友爱及独立性,而只要存在着心理上的过度依赖,就必然不会有这种选择。有的大学生不能自主地选择就业单位,把希望寄托在社会关系、父母或亲属、学校或老师;或需要做出选择时,自己不能决断,优柔寡断,依赖他人,从而失去了职业选择的机会。一旦受挫,又会怨天尤人,情绪低落。大学生应善于利用社会资源,但同时要克服择业依赖心理,一方面,要充分认识到依赖心理的危害。依赖心理的代价往往使人丧失自我的独立性,并且屈从会引起内心的矛盾、不安和痛苦,这对大学生的自我发展是不利的。大学生应积极克服依赖心理,提高自己的独立能力和动手能力,学会面对就业市场,自己了解就业信息和技巧,遇到问题要学会沟通交流,做出属于自己的选择和判断。另一方面,大学生要在生活中树立行动的勇气,主动参加招聘会,积极创造面试,展现自我。自己能做的事一定要自己做,自己没做过的事也要锻炼做,通过行动上不断累积的成功来强化自己自主择业的习惯。

2. 羞怯心理

羞怯是指有的大学生在求职面试中常常出现面红耳赤、张口结舌、语无伦次,把面试前辛辛苦苦准备的"台词"、腹稿忘得一干二净,有的谨小慎微,生怕一句话说错、一个问题回答不好影响自己的形象,以致不敢放开说话,没有把自己的特点和优势表现出来。这些大学生渴望公平竞争,但在机遇到来时却手忙脚乱,未能充分发挥出自己的才能。

如何改变择业羞怯心理呢?第一,平时要多参加社会实践活动或专业实习,接触社会,积极参加、观摩本校或他校组织的招聘会,了解用人单位关心什么问题,与经验丰富的同学交流、请教。第二,学习和把握应试技巧,做好临场前的充分准备,有意识地进行模拟面试,试着多讲几次,以便语言流畅和临场时情绪的稳定。第三,采用自我暗示法。当临场产生胆怯、紧张情绪时,可以进行自我暗示,如"放松下来,我已经准备好了,我能应付的"等,临阵做几个深呼吸,都可以有效缓解羞怯心理。

(四) 择业动机冲突

大学生在选择工作时，由于前途的不明确与未来的不确定性，尤其是面临的选择太多时更是犹豫不决，经常产生动机冲突，引发心理困扰和行动上的迟疑。

(1) 留在大城市还是小地方？选择大企业还是小公司？选择留学、考研还是直接就业？这是很多毕业生都会思考和纠结的问题。大城市自我发展机会多，小地方人际资源丰富且环境熟悉；大企业薪酬福利高、培训深造条件成熟，小公司挑战大、发展空间宽松；留学考研可增长见识、提升学历，直接就业可积累社会经验，实现经济自由。如果两个都想要，但只能选一个，鱼与熊掌不可兼得，就会形成双趋动机冲突，产生心理压力。

(2) 有些大学生因就业形势严峻、就业压力过大不想就业而决定考研，又担心考研辛苦或考研失败，徘徊在就业与考研之间无法抉择。还有一种情况是面临两个职业选择时，一个待遇不高，另一个发展空间不大，两个都不满意，但受条件限制，只能避开一种，接受一种，故在做抉择时内心产生矛盾和痛苦，犹如前有狼后有虎的两难境地，形成双重趋避动机冲突。

(3) 在大四毕业实习期间，有的大学生既想认真实习，使自己得到实际锻炼，又怕花费精力太多，错失其他面试机会；还有的学生面对所应聘的工作，只想享受待遇好的优势，却不满环境差、工作累，因而形成了"想摘玫瑰又怕刺扎手"的趋避动机冲突，引发了心理困扰，止步不前。

(4) 有的择业目标可以满足人的某些需求，但同时又会构成某些威胁，既有吸引力又有排斥力，使人陷入进退两难的心理困境。例如，选择企业工作，有利于专业的发挥与个人发展，但工作辛苦，离家远；如果选择学校任教，工作稳定，环境安逸，但待遇不高，又不符合个人兴趣，形成了所谓"想吃鱼又怕鱼刺，不吃鱼又馋嘴"的双重趋避动机冲突，引发心理困扰。

难道工作真的那么难找吗？实践告诉我们，大学生择业时如果固守在自己的思维模式中，不会审时度势地变通，缺乏远见，那么找工作确实会成为难题。那么，上述心理冲突应如何解决呢？最重要的是进行科学的职业生涯规划和正确的分析抉择。一是综合考虑自己的需求、专业特点、能力、兴趣与性格特征等因素；二是综合分析就业市场和社会环境资源等因素；三是理想工作很难一下子找到，此时应树立良好的就业心态，摆正位置、放远目光、抛弃偏见，化解动机冲突，实现顺利就业。

(五) 女大学生择业认知偏差

女大学生作为大学生群体中的特殊群体，经济、文化等外部原因和自身生理心理等内部原因的复杂性和特殊性，使她们在择业过程中表现出一些特殊的认知偏差。

1. 对职业的认知偏差

由于传统文化观念的熏陶和学校教育模式的欠缺，女大学生对职业特性和要求等方面的认识不足，择业观存在认知偏差，表现在以下两个方面。

(1) 择业观念单一。目前，女大学生择业普遍存在求稳思安的心态。对那些开拓性甚至具有前导性的职业，或不予考虑，或持观望态度，或处于矛盾状态。有关调查表明，文化、教育等社会科学领域的职业仍是女大学生择业的首选,而对理工等自然科学领域的工作,女大学生选择较少。

(2)择业期望的附加性高。女大学生职业期望值普遍偏高,希望"一选定终身",对工作地点、工资收入、社会地位等方面存在高期待。还有少数女大学生贪图享乐,缺乏吃苦耐劳、艰苦奋斗的精神,择业时"高不成,低不就",个别学生因受到物质利益的诱惑,甚至误入歧途,迷失自我。

2. 对自我的认知偏差

部分女大学生角色意识模糊,对自身的优势和不足缺乏清醒和理智的认识,体现为性别角色意识自主性和依赖性交织存在。一方面,她们对性别角色的自主意识较强。有关调查显示,认为"现代女性的经济独立相当重要"的占98%;反对"相夫教子应该是女人最重要的工作"的占73%;坚信"在以后的职业生涯中,女性能与男性平分秋色"的占78%。另一方面,在求职择业过程中,由于工作性质和社会偏见等,有些用人单位确实存在性别歧视现象,一些女大学生就此产生了自我怀疑。

五、大学生择业能力的培养

大学生在求职择业中遇到困难、挫折和冲突是不可避免的,关键是应懂得如何培养择业能力,调适心态,提高求职技巧,减轻或消除心理障碍,用健康的心态、得体的表现去求职择业。

(一)树立正确的择业观

职业是人生的重要组成部分,选择职业就是选择自己的未来,因而大学生树立正确的择业观是十分必要的。树立正确的择业观必须认识社会、了解国情,充分认识当前的就业形势,正确处理好国家利益和个人利益的关系。大学生要树立远大的理想,树立报效祖国、献身社会的责任意识,树立竞争和拼搏意识,自觉地服从社会的需要,到基层去实现最大的人生价值,明确"自我实现"是一个为社会和他人作贡献、履行社会责任的过程。

(二)进行科学的职业生涯规划

与中学阶段相比,大学生活更加丰富多彩,但许多青年学生对生涯及职业发展方向缺乏清晰明确的认识,甚至对未来职业的选择也感到陌生。职业生涯不确定的状态不但会影响大学生的学习兴趣和对学习角色的投入,还不利于其适应大学学习,而且会导致其出现焦虑、迷茫、无所适从、兴趣模糊不定、求学动机下降、学业成绩偏低等现象和困扰。

那么,我们怎样进行职业生涯规划呢?概括起来有以下三个步骤,即职业生涯规划三要素。

1. 知己——自我评估

全面、科学地了解自己是进行职业生涯规划的基础。对个人的专业特长、兴趣爱好、性格特征、职业倾向等做充分的、全面的分析,从而明确自己今后的职业发展方向、确定自己的发展目标,即要弄清我是谁、我想成为谁、我想干什么、我能干什么、在不同的职业面前我会选择什么等问题。

2. 知彼——环境评估

职业生涯规划要对所处的环境及未来的职业情况进行充分的熟悉与了解,评估环境因素对自己职业生涯发展的影响,分析环境条件的特点、发展变化情况,把握环境因素的优势与限制。环境主要包括家庭环境,如家庭的经济文化水平、家庭对自己的职业期望等;学校环境,如学校特色排名、专业课程设置、学校可利用的资源等;社会环境,如就业的形势、政策、职业、行业环境及地域环境等。在环境评估中需要着重探索学校与周围可利用的资源,以及国家、社会、地方区域等大环境中的相关政策法规、经济形势,探索其对个人职业发展的意义和价值。

3. 抉择——确立目标

确立目标是职业生涯规划的关键,目标通常有短期目标、中期目标、长期目标和人生终极目标。长期目标需要个人经过长期艰苦努力、不懈奋斗才有可能实现,确立长期目标时要立足现实、慎重选择、全面考虑,使之既有现实性又有前瞻性。短期目标则更具体,对人的影响也更直接,也是长远目标的组成部分。大凡成功的人多数都是一开始就树立了长期目标,并将其细化为中期、短期目标,并坚持不懈。

目标对人生影响的跟踪调查:哈佛大学曾进行一项非常著名的关于目标对人生影响的跟踪调查。该项调查的对象是一群智力、学历、环境等条件都差不多的年轻人,25年的跟踪调查发现,他们的生活状况十分有意思(见表7-2)。

表7-2 目标对人生影响的跟踪调查

比例	目标状况	结局
27%的人	没有目标	他们几乎都生活在社会的最底层,生活都过得很不如意,常常失业,靠社会救济,且常常抱怨他人、抱怨社会
60%的人	目标模糊	他们几乎都生活在社会的中下层,能安稳地生活与工作,但都没有什么特别的成绩
10%的人	有比较清晰的短期目标	他们都生活在社会的中上层,其共同特点是,那些短期目标不断地达到,生活质量稳步上升。他们成为各行各业不可缺少的专业人士,如医生、律师、工程师、高级主管等
3%的人	有十分清晰的长期目标	5年来几乎都不曾更改过自己的人生目标,他们始终朝着同一个方向不懈地努力。25年后,他们几乎都成了社会各界顶尖成功人士,他们中不乏白手创业者、行业领袖、社会精英

调查者因此得出这样的结论:目标对人生有巨大的导向性作用。成功在一开始仅仅是一个选择,你选择什么样的目标,就会有什么样的成就,就会有什么样的人生。

(三)大学生职业规划的注意事项

1. 职业定位

职业定位就是要将自己的能力及主客观条件与职业目标进行最佳匹配,要考虑性格、兴趣、特长、专业、环境信息等。

(1)根据客观现实条件,考虑个人与社会、单位、部门的关系,最大限度地满足社会需要，提供更全面的服务。

（2）尽量使自己的个性特质与职业特性协调一致。评估个人与职业要求、性质等的匹配情况，选择更适合自己特长、兴趣、能够提供发展平台的职业。

（3）了解自己的优势所在，扬长避短，不苛求一步到位、十全十美。

2. 实施策略

在确定职业生涯的终极目标并选定职业发展的路线后，行动便成了关键环节，实施策略就是要制定实现职业生涯目标的行动方案。这里的行动指的是落实目标的具体措施。可以说，没有行动，职业目标只能是一种梦想。

（1）试探性策略。该策略是指通过一段时间的社会实践，看这种职业是否适合自己，然后决定是否选择这项职业作为自己未来从事的工作。试探性策略只是帮助大学生在多种备选职业中选择一份较为理想的工作。大学生可以利用假期或空闲时间打工或做兼职，或在某一段时间里临时从事某项工作。学校也可组织大学生去见习或参加某些社会活动。通过试探，可以看看自己在某一领域或某些方面的适应情况和能取得的功效。然后，根据自己的体验，做出更有远见、更切实可靠的决定。

（2）弹性策略。大学生在进行职业定向时，应有相对灵活的余地，职业匹配不可能是绝对的。职业定向过程中，会有各种各样的变化因素，不能僵死地进行职业定向。如果抱着"一棵树上吊死"的心态，最终只会贻误良机，可能失去更多更好的职业匹配机会。因此，实施弹性策略，做到立足实际，审时度势，及时调整，不妄自菲薄，也不好高骛远。根据情况的变化及时调整，避免固执己见、一成不变。

（3）过程性策略。个人和社会是一个发展的过程，大学生对自己应有一个开发认识自己、再开发、再认识自己，不断地调适自己适应工作和社会要求的过程。可以把目前匹配的职业作为进一步发展的桥梁和更好发展的根基。广义地说，我们一生的职业生涯就是一个不断匹配的过程。

（4）恒定性策略。职业定向是需要相对恒定的过程，总体目标和方向应保持相对的一致性。职业定向具有相对的稳定性，一旦经过恰当的评估、认真合理的匹配，就要坚持实践、调适，以实现自己的人职匹配，展示自己的才能，实现人生抱负，最终发挥个人潜力。

3. 评估与反馈

从权变理论来看，影响生涯规划的因素很多。有的变数可预测，有的变数难以预测。职业规划也需要做好个体与外部环境相适应的调整和修订。

（1）在环境的动态变化与个体的内在状态不断波动起伏的过程中，个体需要时时审视自己的职业目标、路线是否适合自身的发展。因为有时正确的选择会因外部环境的变化而显得不合时宜，因此，要使生涯规划行之有效，就须不断对规划进行评估与修订。

（2）个体对自我的认知是不断变化、日趋成熟的。随着年龄的增长，个人的兴趣、能力、经验等在不断变化，对职业的倾向性和判断也在不断地发生变化。因此，职业生涯路线、人生目标是伴随着个体的成长而不断评估、修正，并进行反馈的，从而更加符合个人的长期发展，更加有利于个人聚集智慧、发挥优势，取得职场的成功。

以上评估和反馈贯穿职业生涯实施的整个过程。

(四)增强自身的就业力

所谓就业力,简单概括就是就业竞争力,包括工作能力、适应能力和求职能力。大学生就业困难,与就业力的缺失不无关系。大学生就业力的高低直接影响他们就业质量的高低。

1. 工作能力

工作能力是顺利、有效地完成某种工作任务时必须具备的心理条件。对大学生来说,工作能力实际就是对专业能力的要求。例如,在校大学生所涉及的能力有学习认知能力、技能操作能力和社会交往能力。大学生需认识到职业能力是择业、就业的必要手段,因此在读期间,大学生应该认真钻研专业课程,进行自主、广泛的学习,并积极参加专业实践。在掌握真才实学的同时,通过参与学生活动、社会实践和人际交往等多种形式,不断提升工作能力及自身综合素质,以适应社会需要。

2. 适应能力

适应能力指大学生应具备适应环境和适应社会的能力。当前"双向选择、自主择业"的就业制度为毕业生提供了契机,同时也给毕业生带来了前所未有的挑战。大学生纷纷加入竞争的行列中去,在竞争中寻找自己的位置,在竞争中实现自己的抱负。但是竞争遵循的是优胜劣汰的原则,成功与失败俱存。大学校园与社会毕竟有差距,甘于从基层做起,吸取经验,勇于面对挫折,关键就是依靠适应能力。大学生应避免过分挑拣工作,适当放低对工作环境、待遇的要求,勇于实践,做好艰苦奋斗的心理准备,尽快适应新的就业环境。

3. 求职能力

大学生的求职能力包括个人面试素养、前期准备等,这些只能靠平时的锻炼与积累。

(1)个人简历撰写技巧。个人简历主要叙述求职者的客观情况,浓缩大学生活的精华部分,将相关的经验、业绩、能力、性格等简要地列举出来,以达到推销自己的目的。简历的制作应尽可能简短,而且编排要醒目,准确定位,强调成功的经验时要注意量化,对业绩的描述要专业、可度量、真实,可运用图表将具体的数字突出。

(2)前期准备。一是广泛收集信息。面试前,应尽可能多地了解一些应聘单位的情况,做到心中有数、有的放矢。面试前准备一个简短的自我介绍稿是必要的,以免在主试者面前答非所问、紧张无措。面试之前,还要仔细想清楚该带什么去,让主试者觉得你处事周到有条理,凡是与求职无关的东西,一律不应该带。二是进行恰当的心理训练。采用"心理剧"或"角色扮演法",和同学一对一地扮演求职者与招聘者,也可以由五六人同时组成求职者或招聘者。根据假定的情节进行训练,这种方法既可以克服求职者自卑、胆怯、焦虑、紧张等方面的心理问题,又可以纠正求职者在求职过程中容易出现的诸如仪表、礼节、姿势及表达方式等方面存在的问题。

(3)面试技巧。面试环节可以反映一个人的内在修养。面试技巧主要包括以下内容。

①自身形象。在求职过程中,求职者的着装修饰要遵循社会规范的要求,符合社会大众的审美观,不穿奇装异服,关键是要整洁、大方、朴素,给人干练、睿智之感。要避免揉衣角、抖腿等一些习惯性的不雅小动作。

②表现自信。面试过程中要自信、有礼貌，不要怕与面试官对视，眼神要透露出自己的自信与气质等。面对面试官提出的各种不期而至的难题，不仅要有备而来，更要沉着冷静，不卑不亢，表现出应有的自信，真实地展现自己最优秀的一面。

③语言得当。回答问题时要真诚、言简意赅，切忌夸夸其谈，信口开河，更不要把话说过头、说死，那样会将自己引入理屈词穷的窘境。在善于表达的同时，还要善于倾听，要用心听，集中精力，在回答之前，仔细考虑一下面试官问的究竟是什么，再给出合适的答案，以免答非所问。要掌握必要的礼仪和谈话技巧，面谈时，避免先谈待遇。如果能就应聘单位的情况谈些有深度的看法或建议，是最好不过的了。

总之，大学毕业生应将人生看成一个不断尝试、不断学习的过程，也是对环境不断适应的过程，择业是这个过程中非常重要的一环。大学生应做好科学的职业生涯规划，夯实专业学习基础，充分地认识和调整自己，了解求职和社会现实，提升求职技巧，调整良好心态，做出最佳职业选择并尽快适应社会职业活动。

六、高校辅导员心理健康教育与引导案例

案例一：树立正确的就业心态

辅导员通过此案例引导、帮助学生认清就业形势，正视就业现状，转变就业观念，适时调整就业心态，从而把握就业机会。

大学生常见的就业心理误区如下。

1. "我觉得我还没有准备好，我还没有达到企业的用人标准，所以我找不到工作。"

一些同学对自己本科阶段的学习成绩、实习经历、学生活动经历等不满意，在不断拿自己与身边同学进行比较的过程中强化自卑心理，认为自己哪儿哪儿都不行，妄自菲薄，盲目打击自信心。有这种心理的同学往往没有信心和勇气迈出求职的第一步，纵使有无数求才若渴的用人单位，往往也无法向用人单位展示自身所长，甚至把自身的长处也变成了短处，从而严重影响了就业与择业。大学生刚刚到企业工作，达不到企业用人标准很正常。企业录用大学生是看重其可塑性比较强、学习新知识新事物快、能够踏实肯干吃苦耐劳的特点。而这些特点其实也可以通过其他的一些事情去展现和证明，绩点也好，实习经历也好，这些只是一些量化的标准，而人的性格和能力之中绝大部分是无法量化的，需要在不断反思自身、发掘潜能、展示自我的过程中去总结和呈现。并不是你不够好，而是你不肯认可自己，承认自己，继而亲手阻断自己的求职路。

2. "我读的是法律专业，所以我只能找法律相关的工作，不然我做什么呢，别的工作我没做过，我不会做呀。"

一些同学对"专业对口"有较为偏执的态度。上述法律专业的同学在选择工作单位的时候过分追求法学专业对口，不顾社会需要，无视专业的伸缩性、适应性，只要是与法学专业有一定出入的工作就不问津，人为地减少了自己就业的机会。大家在学校中的确在法学专业进行了为期四年的学习，想找一个与法学专业十分对口的工作去发挥自身所学，是完全可以

理解的。但事实上专业对口并不等于最佳选择，一味追求完全专业对口是不切实际的。专业对不对口并没有那么重要，因为大学里学的东西和实际工作中需要运用到的东西是有一定差距的。实际上，只有很少一部分与专业技术岗位要求对应的专业，如老师、医生、专业技术工程师等，基本上集中在师范、医学、工科类专业。而大量的工作其实属于非技术类工作，如运营、管理、销售、业务、拓展、行政、人事、后勤、总务、公关、传播、创意、品牌等，这种岗位基本上没有对应的专业，更看重个人综合能力和学校层次，所以对于我们法学专业的同学基本上也就不存在"找工作的时候会不会别人只看你的专业"这类的问题。

3. "我不知道我该投哪里呀，万一我进错行，这辈子就毁了！"

在当前社会条件下，职业流动日益频繁，过去那种一次就业定终身的现象已经不复存在。选择一份职业未必就会永远从事这份职业，只不过是增加了一份职业经历。还有不少同学认为选了一份职业就会干一辈子，所以在找工作的时候瞻前顾后，迟迟不敢做选择，最终导致不少学生与适合自己的用人单位失之交臂。不要希望一次择业就能抢占到生活的制高点，一劳永逸，其实在现代社会中每个人都有多次择业的机会，那种从一而终的传统择业观念违背了社会发展潮流，应该摒弃。

4. "如果我要备考考研，那么所有和考研不相关的信息我都要屏蔽。"

考研如果考上了当然皆大欢喜，但我们面临的现实是，我们的学生在考研这件事情上的竞争力并没有特别明显的优势。因为我们的学生虽然聪明，但是多元化的选择导致了同学们往往在考研前的准备期是比较短的。并不是说不能考研，而是说在这个过程当中希望大家去做一些就业的尝试，要先有这个意识。除了法考和考研，希望大家去做一些就业的尝试。如何做呢？比如在复习的闲暇之余发发邮件，投投简历，招聘信息的推送点进去扫一眼，看一看就业市场的需求，不要只埋头拉车，更要抬头看路。不然很容易出现的结果就是，等法考、考研结束了，这个时候这一年已经过去了，秋招季、找工作的黄金期也过去了。即便决定了要先考研，这些信息也都是有用的，因为来年春招阶段，考研、考公不理想的人大量涌入春招大军，这个时候如果你早做准备，也是会拿到非常棒的 offer 的。因此并不建议备考考研的同学把自己封闭起来，但可能有同学要说，我就是要"两耳不闻工作事，一心只读考研书"，可不可以呢？当然可以，每个人都有选择自己生活的权利。

5. "我投了 5 家单位了，全都没有回音，我找不到工作。"

有的同学在找工作的时候害怕失败，对一些自觉无法胜任的工作不敢问津，害怕求职失败遭受打击。而一旦遭受挫折就会像泄了气的皮球，一蹶不振，陷入苦闷、焦虑、失望的情绪之中不能自拔。5 家太少了，实在是过于少。校招阶段要投 60 家以上企业。即使是学历、实习都非常不错的同学，他们投递 100 家企业、最终也就能收到 20~30 家企业的面试通知，这已经是很高的比例了，在这二三十家面试过程中，大多数会通不过，最终，能够拿到 2~5 个让自己满意的 offer 已经是超过平均水平了。上一次投递和下一次投递之间没有必然联系，在面试开始之前，你永远都不知道自己的成功率是高于平均值还是低于平均值。统计学概率对个体没有太多绝对的意义，要做的就是不断修改、完善自己的简历和面试表现，不断投递，不断尝试。

6. "起薪低于预期的我不考虑。"

部分同学在找工作的过程中对"起薪"的期望相当高，在这种高期望下，要求在职业发展的起点就要拥有高薪水、高职位、高物质回报率，将物质利益作为衡量个人价值的唯一标准，倾向于选择能迅速使自己的投入转化为金钱的单位。我们承认，工作条件、收入是择业标准中较为重要的因素，但择业标准不仅仅包括这些眼前的利益，要从职业发展的长远角度出发，考虑国家和社会的需要，考虑自己的职业兴趣，要看单位的长远发展，看行业的长远发展。

辅导员关于走出就业心理误区树立正确就业心态的建议分析如下。

（一）树立先就业、再择业的观念，切不可盲目追求一步到位

当去工作的时候，才能帮助我们正视真正的自己，只有进入工作当中，才能有机会发现自己喜欢做什么，适合做什么。青春宝贵，如果没有非慢不可的理由，更早进入工作岗位中也许会更加有利。对于绝大多数同学来说，迟早都是要走入职场的。实践证明，如果只是因为害怕、恐惧而逃避就业，时间越长，恐惧不仅不会消退，还会日益增长。人都是在实践中不断成长起来的，在各种探索中日渐明晰自己前进和努力的方向。只有脚踏实地、努力奋斗，才有可能收获属于自己的星辰大海。任何单位对招聘的员工，总是让他从最基本的工作做起，在工作中考察他的品德、能力、素质，根据他的表现和工作需要，逐步安排晋升。

（二）有意识地提高和增强"逆商"

"费斯汀格法则"告诉我们，生活中的10%是由发生在你身上的事情组成，而另外的90%则是由你对所发生的事情如何反应决定的。人们面对逆境时的反应模式被称为"逆商"。面对相同的逆境，低逆商表现为消极沮丧、逃避痛苦、容易放弃、满足现状、反对变化等方面；而高逆商表现为积极乐观、坚韧、对未知充满信心和掌控感、勇于接受变化、坚持终身学习等方面。一个人的心态和行为是互相影响、互为循环的，面对求职中的挫折，既要有估计能力，也要有承受能力，积极调节自己的心态，通过总结求职中的经验教训来获得下一次的成功。不要想着我做什么就一定要有回报，而且回报要立竿见影——上午播种，下午摘果。因为现实是，今天的我们无法将今天的经历与未来联系起来。任何经历，只要善加利用，都是有价值的。

（三）行动起来，主动拓宽信息来源的渠道，主动思考

要行动起来，不了解的就去了解，不清楚的就去搞清楚。大学生已经是成年人了，但在很多事情上还是缺乏一个成年人应有的分析和解决问题的决策能力。在就业择业中对一个单位、一个行业是否适合自己，一个机会是否要去争取，不会凭自身思考来决断，只会坐着说"我不知道"，等着别人告诉自己答案。除此之外，对父母师长之意和师兄师姐之言表现出了极强的依赖心理。征求建议和意见、获取各方面的信息，是很重要的能力。焦虑往往源自对未知的恐惧，所以获取的信息越丰富，就更有利于做出合理的选择和判断。但前提是，一定要保有自我思考和取舍的能力，不要听风就是雨，更不要毫无主见地一切全听他人意见。

同学们要主动、勇敢地投入竞争中。在这场竞争最好职位的比赛中，胜利往往并不属于那些强有力的人，而是属于那些积极主动、坚持不懈并懂得如何求职的人。走出狭小的交际圈，做好经受挫折的心理准备和承受力。正确对待和调节抱负水平和期望值，在座的每一个人都有机会、有能力成为竞争中的强者。希望同学们在志存高远的同时，更注重脚踏实地，不去渴望轻而易举的成功，不去为找捷径浪费时间，而是把脚下的每一步走稳走踏实。

案例二："职"引人生，奔赴未来

就业是学生走入社会的第一步。为全力推进毕业生就业工作，为学生就业提供高质量服务，帮助学生树立正确的就业观和择业观，辅导员要结合学生的专业特色和实际情况进行分析与引导。

1. 就业经验分享

辅导员主要以成才观、职业观、就业观三方面展开介绍，着重围绕网络职业环境现状进行分析，通过正确引导消除同学们的心理障碍和疑虑困惑，同时强调在校期间应当进行科学职业生涯规划的重要性。

通过结合自身实际和工作案例为同学们讲述了就业经历，从如何正确认识就业、就业与事业之间的关系出发，引导同学们"认清形势、主动出击、顺势而为"，尤其善于把握就业"机遇"。同时，对如何确定就业目标、如何抓住毕业季提升就业能力，提出了深入的解决方法与建议。

（1）树立积极观念，主动就业择业。
（2）立鸿鹄之志，做青春奋斗者。
（3）分析就业形势，了解就业政策，明确目标方向。
（4）调整就业心态，客观分析自我与现实。

2. 简历和面试技巧分析

辅导员讲述了求职过程中简历和面试的重要性后给学生提出相应的建议。

简历常常是面对面试官的第一道门，如何让简历迅速通过第一道关口呢？

（1）简历的格式必须正确，可以在网上下载一些简历范文模板，确保表达的方式正确。

（2）简历中涉及的模块比如说姓名、年纪、学历、毕业之后的就业经历等等都需要详细说明，面试官可以通过多方面标准去评估，你与所应聘的工作岗位之间是否适合，两者之间是否能够达到一定的契合度。

（3）应该将自我的优势和不足按照7∶3的比例也做一下论述，通过7∶3比例的把控，面试官会知道你是一个优势比不足多很多的人，同时还会因此而判断你是一个对自我认知很清晰的人，而这样的人才刚好是大多数企业迫切需要的。

而面试是成功就业的第二道门，如何在面试中脱颖而出呢？

（1）简明扼要地介绍自己

自我介绍是面试中的必备环节，好的自我介绍能够大大增加求职成功率。自我介绍时间控制在2~3分钟，简明地说清楚姓名、毕业院校、个人经历等，让面试官更加直观地了解面试者。

（2）展现与众不同的个人经历

人生阅历是宝贵的财富，面试官可以从面试者的过往经历中了解其能力，从而考虑是否聘用。同时，介绍经历的过程也能体现面试者的逻辑与表述能力、简历的真实性等。

（3）强化自己与岗位适配度

讲述自己为什么适合这份工作，自己的优势体现在哪里，即以一种更直接的方式向面试官强调自己与岗位的匹配度。在此基础上，也可以向面试官清晰阐述自己对这份工作的预期和职业规划，让面试官了解面试者是否真正和公司的发展方向相匹配，从而可以进行更为全面的衡量。

本次案例引导有效增强了学生积极就业的意识，有效激发了毕业生就业的内在动力，并推动了学生们主动择业和精准就业的工作意识。能够有效帮助同学们缓解就业压力，调整就业心态，积极从容地面对接下来的就业问题，早日实现顺利就业。

3. 学生职业规划分享

在这个毕业季，同学们都面临着一个重要的问题，如何找到一份满意的工作？因此，邀请了几位同学，为大家分享自己的经验和建议。

同学1：在求职时，应该注重实习和兼职机会。通过实习和兼职，我们可以积累更多的工作经验和技能，同时在求职过程中，我们应该保持积极乐观的心态，遇到困难和挫折，只要保持积极乐观的心态，相信自己能够成功，就一定能够取得成功。

同学2：在求职时，应该注重自己的专业技能和知识。我们需要不断地学习和提升自己的专业技能，这样才能更好地适应市场需求；并实时关注市场岗位需求，把握就业机会。

七、团体心理辅导方案

在求职过程中，大学生通常会体验到较大的竞争压力，从而可能产生焦虑、迷茫、退缩等反应和行为；许多学生没有树立正确的竞争意识，在求职面试过程中也缺乏小组合作能力，导致在就业过程中受挫。本章主要围绕"竞争与合作"主题进行团体辅导方案设计，旨在培养学生正确的竞争意识和合作能力，从而提升个体就业能力，缓解紧张、焦虑的就业心理。

竞争是个体或团体建立的一种压倒对方的心理状态和行为活动。在这种活动中，个人或团体为了取得好成绩而与别人展开竞争。通过竞争来提高热情、激发潜能、增强实现目标的内驱力。竞争获胜会使人产生成就感和满足感，进一步增强信心。在就业过程中，每个大学生都不可避免地会面对竞争的场景。如何树立正确的竞争意识，提高个人竞争能力，是在大学阶段应该学习和训练的课程。

合作，是为共同目的且有两个及以上个体或团体共同完成的一种心理状态和行为活动。在这种活动中，人与人之间相互协作，以期达到某个共同的目标。通过合作互助能使人人体验到团队精神的心理效应，能使合作双方得到更多好处。竞争与合作，历来被认为是人类生存和发展必不可少的两大基础，也是个人成长与发展所必备的基本素质，更是大学生在就业过程中面临的重要挑战。我们往往会通过就业的途径，加入新的团队，与新的集体形成联结，这个过程中少不了与人合作。联合国教科文组织指出："教育的目的在于使人学会生存，学会发展，具有竞争意识是对现代人的基本要求。"世界的未来将是一个竞争与挑战的时代，本着教育要面向现代化、面向世界、面向未来的原则，我们必须树立正确的竞争意识，有目的地培养竞争能力。但在竞争的压力下，常会产生一些不健康的心理意识和消极的、不正当的竞争行为，为克服这些不良心理和消极行为，恰当引导人与人之间的合作，将有利于增强个人与团体的竞争力。因此，培养学生的竞争与合作意识的重要性不言而喻。

活动"啄木鸟行动"强化了"团队合作可以提高效率，改变思维方式可以产生质的飞跃"的道理；"校园广告设计"则给予展示个人才能的机会，满足个性的表现力，让学生体验到了群策群力和团队合作精神；"圈之魅力"让学生体验到探索与创新的快乐；游戏"解开'手链'"则让学生在游戏中感受到了个人与集体的关系，体验个人对团队的信任与责任；"同舟共济""造房子""巧渡小河""穿越沼泽地"等则都让学生感悟到团队中的合作性和竞争力，二者相辅相成，形成良性的促进关系。竞争，是前进的动力；合作，是成功的保障。通过这些活动的体验与感悟，相信竞争意识和合作精神会深入学生的心中。

【活动1】啄木鸟行动

（一）活动目的

1. 通过分析造成输赢的原因，调整个体归因方式，激发学生"再做一次，会做得更好"的主动性。

2. 让学生在合作中体验竞争，在竞争中学会合作。

3. 让学生体验强化团队合作可以提高效率，改变思维方式可以产生质的飞跃的道理。

（二）活动时间

大约需要20分钟。

（三）活动道具

每人一根20cm左右长的塑料吸管，每组3根橡皮筋。

（四）活动场地

室外场地为宜，比赛时迎面距离大于20米。

（五）活动程序

1. 全班分组，每组12人（根据实际情况可以调整），推荐产生1名组长。

2. 每人领取吸管1根，把吸管衔在嘴里，把双手放在背后，扮成"啄木鸟"，口衔吸管传递"虫子"（用三根橡皮筋替代）。

3. 各组在组长带领下练习5分钟，尝试探索是否存在更快捷的传递的方式。

4. 每组12人分为6人对6人，相距15米迎面接力传递，只能在吸管间传递，不能用手，用时最少的组获胜。

5. 全班交流，分享活动感受。分享创意传递方式。

（六）注意事项

1. 每组人数以12~16人为宜，需要考虑参与者性别因素，男女学生混合编组不太适宜。

2. 强调不能用手帮忙，如出现橡皮筋掉落的情况，一定在原地由本人捡起后重新开始。注意对于多次失败的队伍给予及时的鼓励和肯定。

3. 提供的吸管可以有多种规格，不同长度、不同粗细等，但各组之间的规格、数量相同，以保证竞争中的公平性。

4. 在不违背游戏规则的基础上，默认具有创造性的方法。

5. 注重活动后的分享和引导，关注活动过程中出现的创意传递方法，引导同学们总结活动过程中的不足，思索如何提高小组合作的效率。

（七）学生感言

我们今天进行了"啄木鸟行动"，每组每个人都有一根吸管，每个组有三个橡皮筋，我们需要口衔吸管传递"虫子"，即三个橡皮筋。最开始在练习的过程中，我们进行得十分困难，橡皮筋经常在传递过程中掉落。但是在我们不断练习下，有同学发现了"窍门"。在不破坏规则的前提下，我们可以头朝上把橡皮筋送给对方，在传递过程中可以先让下一个的吸管挨着上一个，这样可以保证橡皮筋不会掉落。在比赛过程中，我们组用自己的独特方法，成功取得了第一名。同时，也有部分组的组员仍然掉落橡皮筋，主持人也对他们进行了鼓励，他们也重新拾起信心，坚持完成了比赛。本次活动教会了我不要盲目地练习，而要考虑有没有较为便捷的方法，这样可以做到事半功倍。

【活动2】校园广告设计

（一）活动目的

1. 运用心理学的原理设计公益广告，提高广告的吸引力和效力。
2. 通过活动让学生展示个人才能，满足学生个性的表现力。
3. 学生在活动中体验群策群力和团队合作精神。

（二）活动时间

大约需要25分钟。

（三）活动道具

每组一张50cm×60cm大小的白纸、一盒12色彩色水笔（粗头）、透明胶带纸、剪刀。

（四）活动场地

以室内为宜。

（五）活动程序

1. 分成若干个小组，每组4~5人为宜，推荐出1名组长。
2. 每组领取50cm×60cm大白纸一张，12色水彩笔（粗头）一套。
3. 主持人讲解校园公益广告设计的要求

（1）主题内容：应与校园生活、社会公益相关，构思合理，体现互联网时代大学生的精神风貌。

（2）主题形式：题材不限，作品可以是电脑动画、静态广告宣传画、漫画、数码影像。由于时间、材料的限制，要求大家现场完成的是静态平面宣传画，其他类型的广告可以后续完成，并找时间分享讨论。

（3）内容要求：主题突出，形式鲜明；画面优美，震撼力强；有创新、有力度、有特写；时代气息强、印象深刻。

（4）版面要求：画面细腻、美感强；色彩搭配和谐；规格符合要求。

4. 20分钟集体完成1张静态"校园公益广告"作品，各组派1位同学讲解广告创意。
5. 全班交流，分享活动感受，可以评选出"最具创意奖"等奖项。

（六）注意事项

1. 主持人在讲完创作要求后，可以拿一些经典的"校园公益广告"实样进行启发和引导，便于同学们能在短时间内完成高质量的创意构思。

2. 可以提示学生运用小组表演的形式，宣传本组创作的"校园公益广告"，这样可以大大提高广告效应。

3. 在各组展示的基础上，主持人（或要求专业教师）需要根据广告设计要求，就内容、形式、效果作点评，引导学生们学习、借鉴他组经验。

（七）学生感言

1. 我们今天当了一次"小设计师"，主持人让我们分组进行"校园广告设计"。我们组设计了一个关于"校园共享单车摆放"主题的广告，我们用水彩笔表现出了校园中的违规停车事件。在讲解过程中，我们先讲述了校园中的违规实例，并讲述了不良影响，最后介绍我们的绘画。在活动结束之后，我们认为自己的主题非常有意义，小组决定回去之后制作电子版广告并发表。

2. 我们组今天设计了一条校园垃圾分类的广告，在绘画过程中，我们画了不同种类的垃圾，将其与相对应的垃圾桶放在一起，进行了垃圾分类。我们组认为在现代化的社会中，仍缺少垃圾分类的意识。于是我们组以此为核心展开制作。在讲解过程中，主持人也对我们组的作品进行了表扬，这更加让我们组坚定了自己的观点，并会继续做下去，不会止步于这次活动。

【活动3】圈之魅力

（一）活动目的

1. 让学生体验合作与竞争的魅力。
2. 让学生体验探索与创新的快乐。
3. 让学生体验坚持与责任的充实。

（二）活动时间

大约需要25分钟。

（三）活动道具

呼啦圈若干个，需要一定空间可以跑动。

（四）活动场地

以室外为宜。

（五）活动程序

1. 将全班学生分成几组，一般每组10人以上，每组推荐1名组长。

2. 分别进行套圈、钻圈、转圈的竞赛。

3. 套圈：每组派一名学生做其他组的"套圈轴"，任务是站在20米远处，双脚并列，双手伸直（与肩同高），脚不可离地，但可以扭动身体不让对方同学把圈套入，以小组成员每人都套圈一次用时最少为胜。

4. 钻圈：活动分两次完成，第一次是同伴拉圈（合作的）全组通过，用时最少为胜；第二次是对手拉圈（设阻的）全组通过，用时最少为胜。

5. 转圈：各小组成员手拉手围成一个圆圈，呼啦圈挂在两个同学拉手处。所有人不松手的情况下，让呼啦圈按顺时针方向转动，从第一个人处出发，转回到第一个人处为结束，用时最少的组为胜。

6. 全班交流，分享活动感受。

（六）注意事项

1. 套圈、钻圈、转圈三者的关系既独立又有联系，可以在一次活动中全做，也可以根据时间做其中一个或几个。

2. 套圈、钻圈跑动的距离最好大于 20 米，这样便于拉开组与组之间的成绩，从而确定优胜组。

3. 钻圈活动中，圈的高度要适当，过高、过低都会影响游戏效果。钻圈可以是一人通过，也可以是双人通过，可以同性伙伴合作也可以异性同伴合作。

4. 套圈、钻圈活动竞争激烈，学生为了达到目的，往往不顾一切地强行压、挤、拉、推呼啦圈，而出现呼啦圈损坏情况。所以一定要有备用呼啦圈，以保证活动顺利进行。同时也要在活动开始前讲明安全要求，做好安全预案，避免学生在激烈的竞争活动中受伤。

【活动 4】解开"手链"

（一）活动目的

1. 让学生体验团队合作的力量与快乐。
2. 在活动中学生感受个人与集体的关系，体验个人对团队的信任与责任。

（二）活动时间

大约需要 20 分钟。

（三）活动道具

节奏感较强的背景音乐和节奏舒缓的背景音乐。

（四）活动场地

室内、室外均可，需要较大活动空间。

（五）活动程序

1. 将全班学生分成若干个小组，每组 10~12 人，让每组成员手拉手围站成一个圆圈，记住自己左右手各相握的人。

2. 在节奏感较强的背景音乐声中，大家放开手，随意走动，音乐一停，脚步即停。找到原来左右手相握的人分别握住，注意不能挪动自己现在的位置。

3. 小组中所有参与者的手都彼此相握，形成了一个错综复杂的"手链"。节奏舒缓的背景音乐中，主持人要求大家在手不松开的情况下，无论用什么方法，将交错的"手链"解开并形成一个大圆圈。

4. 第二轮用两个小组的成员合并，形成一个大圈，按第一轮的操作重复进行一次。

5. 第三轮将第二轮中两个圈的成员合并成一个特大的圈，也就是全班成员围成一个大大的圆圈。按第一轮的操作重复进行一次。

6. 全班交流，分享感受。

（六）注意事项

1. 根据人数要有足够的空间，而且要有清晰的背景音乐烘托气氛，产生静动分明的效果。

2. 强调记住自己左手、右手相握着，不要搞错。

3. 当出现"手链"非常复杂，有人想放弃时，主持人要暗示和鼓励他一定可以解开"手链"。解"手链"过程中，可以采用各种方法，如跨、钻、套、转等，但就是不能放开手。
4. 活动过程中主持人要注意监督，防止有学生采用松手等方式解开"手链"。

【活动5】同舟共济

（一）活动目的
1. 培养学生团队成员之间的相互信任，相互鼓励与支持。
2. 培养学生协作解决问题的能力，强化对团队精神的理解与感悟。

（二）活动时间
大约需要20分钟。

（三）活动道具
汽车备用轮胎若干只（内外胎均可）。

（四）活动场地
室内、室外均可，室外更合适。

（五）活动程序
1. 根据现场有的轮胎数把全体学生分成若干个竞争小组，每组人数要多于16人。
2. 将一只汽车备用轮胎放在空地的中央，看哪个组站到汽车轮胎上的人最多，坚持的时间最长。
3. 给每个组10分钟的练习时间，等练习结束后，进行各组依次展示，根据站上轮胎的人数和坚持的时间进行评比。
4. 交流：小组成员是怎样达到动作一致、出色完成任务的？好主意是怎样产生的？小组中如何通过训练最终完成任务？

（六）注意事项
1. 主持人事先要估计出一只汽车轮胎上能站上去的极限人数，小组人数不要少于这个数。
2. 游戏过程要注意安全，防止学生从轮胎上滑落摔倒。
3. 合理的做法是先选出两个人作为重心，其余的人上去时要注意保持轮胎的平衡，当轮胎表面站不下时，通过背、挂、拉等保持平衡的手段，增加上轮胎的人数。
4. 主持人需要注意观察每组完成任务的方法，及时总结和讨论。

【活动6】造房子

（一）活动目的
1. 让学生学会根据自己的能力，在团队中找到最合适的角色位置，培养合作意识。
2. 在团队活动中培养学生遇事冷静、理智，寻找规律，克服盲目与盲从。

（二）活动时间
大约需要25分钟。

（三）活动道具
眼罩15只，10米、15米、18米绳子各一根。

（四）活动场地

以室外为宜。

（五）活动程序

1.请15名学生参加游戏，发给每人一只眼罩，戴好眼罩后自主分组，每组5人共三组。其余学生作为观察员参与。

2.主持人交给每组一根绳子，要明确要求完成正方形、圆、三角形中的一种平面造型。

3.三个小组成员在戴上眼罩、不用语言沟通的情况下，用绳子分别拉出一个正方形（18米绳）、圆（15米绳）、三角形（10米绳），通过场外学生的鼓掌来确定已完成。

4.最后要求三个组将自己的图形与其他组的图形拼出房子的造型，此时学生仍戴着眼罩，但可以用语言交流完成。

5.参加游戏的学生与场外学生交流感受。

（六）注意事项

1.三个组在完成正方形、圆、三角形时的速度是不一样的，主持人要控制好时间，不然最后的"造房子"无法完成。

2.完成小组图形时强调不能用语言交流，看看是否自发产生"指挥者"，三组合作时允许语言交流，看看是否出现"七嘴八舌"，最后又是如何统一的。

3.在全体交流时，除了让学生谈谈活动感受外，要启发学生谈谈拉出三个图形的不同规律，以及"房子"构型的确定。

【活动7】巧渡小河

（一）活动目的

1.通过游戏，让学生认识合作的重要性，从而培养合作精神。

2.在游戏中考验学生的冷静、机智和勇敢。

（二）活动时间

需要20~25分钟。

（三）活动道具

2米长、0.15米宽木板四块。

（四）活动场地

室外为宜，应设有模拟小河的地形。

（五）活动程序

1.每组8人，推荐产生1名组长，游戏可以两组同时开始进行比赛，主持人请助手负责计时。

2.所谓的"小河"是宽约3米的路或沟，两块木板各长约2米。8名游戏者要巧妙地运用这两块木板来渡过这条"小河"，以用时最少的队为胜。

3.如果有队员掉到"小河"里，全体队员需要重新开始。

4.全班交流，分享感受。

（六）注意事项

1.为了产生逼真的效果，可以在水不深的人工小河上进行，但切记注意安全，以免落水后出现受伤的情况。

2. 道具一定要结实，因为 2 米长的木头上需要站立 6~7 个队员。

3. 在开始渡"河"前，组长负责进行全面讨论，确定队员分工和行动方案，中途出现困难或"落水"情况时要及时商定新方案。

4. 主持人需要注意观察每组完成任务的方法，及时总结和讨论。

【活动 8】穿越沼泽地

（一）活动目的

1. 让学生体验团队的合作性与竞争力。

2. 帮助学生学会对失误者、弱者的关爱与帮助，树立互助意识。

（二）活动时间

大约需要 20 分钟。

（三）活动道具

6 只呼啦圈、30 块 15mm×30mm 小木块（厚度不限）、秒表。

（四）活动场地

室外为宜。

（五）活动程序

1. 每队 14 人，共 4 队，每次两队同时比赛。招募 6 名同学作为观察员，同时负责在靠近起点、中点、终点处设置呼啦圈。

2. 需要穿越的"沼泽地"长度为 30 米，在靠近起点、中点、终点处分别立一个呼啦圈，需要队员钻过去。

3. 队员在穿越"沼泽地"时，不能直接站在地上，需要垫上 15mm×30mm 小木块后前进。一组 14 个队员，只有 15 块小木块。

4. 只要有队员从木块上掉入"沼泽地"，全组成员都需要从头开始。

5. 集体交流活动感想。

（六）注意事项

1. 呼啦圈需要有学生固定，高度以立在地面上为宜。

2. 主持人要记录每队穿越"沼泽地"的时间，评出优胜组。

3. 集体交流时要请典型队队员总结成功与失败的经验教训。

4. 分设红、黄、蓝、绿 4 个队，最好通过服装或帽子或绑带加以区别。

5. 主持人需要注意观察活动过程中特殊的方法，关注学生的参与状况，及时引导与鼓励，活动结束后进行总结和讨论。

第八章　大学生的社交心理

一、大学生的社交心理案例与分析

人是社会性动物，有了人类就有了人际交往。良好的人际关系对每个人来说不仅是必需的，也是非常重要的。如果拥有良好的社会关系，我们就会更健康、更快乐、更成功；反之，如果没有良好的社会关系，我们就会感到孤独、寂寞、无助，进而影响身心健康和幸福感。建立良好的人际关系是最让人感到快乐和振奋的正向生活事件，而失去人际交往关系则是最糟糕、最让人难过的事件之一。从心理健康的角度讲，几乎所有的心理问题都与人际问题有关。

对于大学生而言，人际交往更是他们生活中的一个重要方面，尤其是大学新生，初到一个陌生的环境，开始过集体生活，这时候他们的人际交往比中学时代要广阔得多。如何适应新的生活环境，建立新的人际关系，恰当处理各种人际交往，是每一个大学生面临的首要问题，也是保证大学生心理健康的重要因素。

美国心理学家赫尔洛克指出，和谐的人际关系对青年成长有八个优点。

（1）给青年稳定感和归属感。
（2）给青年健康的娱乐场所。
（3）使青年获得社交经验。
（4）使青年提高宽容和理解的能力。
（5）给青年提高社交能力的机会。
（6）给青年培养社会洞察力的机会。
（7）发展对集体的忠诚心。
（8）使青年体验求爱行为。

所以，对于大学生来说，学习并掌握人际交往的本质，了解人际交往中常见的心理问题与调适方法，建立和谐的人际关系，不仅有益于心理健康，而且对自我完善、社会化发展、学业进步乃至今后的成功都意义重大。

案例1：小强，一名刚入校的大学新生。他来访的原因是与人交往时有一种恐惧感，尤其是与陌生人在一起时，便会莫名其妙地紧张，脸红心跳。当与别人并肩而坐的时候，心里总是想要看别人，且这种欲望很强，但又因为害羞而不敢转过脸去看。如有事必须与他人接触时，不论对方是男是女，他一走近对方，便感到心慌、精神紧张、面部发热，不敢抬头正视对方。而与陌生人相距两米左右时，他就开始感到焦虑不安、手心出汗，神情也极不自然。因此，他很害怕与别人接触，进而害怕参加班级的集体活动，这影响了他的学习和正常生活，他感到非常痛苦。

案例分析：小强是人际羞怯的典型例子。羞怯心理每个人都有，只是轻重程度不同而已。羞怯会使人消极保守，沉溺在自我的小圈子里，不利于个人成功，甚至可能引发心理障碍。

要摆脱羞怯心理，我们建议小强学习一些自我克服害羞的方法，如微笑、坐姿开放、腿脚自然放松、深呼吸等；也可以试着把自己的紧张不安向好朋友倾诉；另外，在有条件的情况下，还可参加人际交往团体心理辅导班。

案例2：小保，来自农村，某知名高校大一新生。对大学校园生活无限憧憬的他，在头一个月的住校生活中就遇到了一些微妙的交际问题。在同宿舍的四个人中，另外三人都来自大城市，彼此的兴趣也有着惊人的相似之处：喜欢打游戏、爱看NBA比赛、爱好吉他。但对小保来说，他对计算机的认识还仅限于基本的系统操作；虽然对NBA这个词还略有印象，可对基本的篮球规则却一无所知；至于吉他，在宿舍里欣赏三把吉他的现场演出更是他平生头一遭。虽说四个人平时在宿舍里的关系还不错，但小保总觉得，自己和另外三个人之间有一道无形的屏障，他无论如何努力都无法融入另外三人组成的"联盟"之中，尤其是当三位室友晚上在宿舍里练吉他时，小保就觉得浑身不舒服。

一开始，小保尝试在旁边坐着静静地听他们练习。但由于他对吉他一窍不通，又并非音乐爱好者，因此很快就厌倦了。于是，他选择在三人练习吉他的时候躺在床上听广播，但这样做给小保带来的只是更为强烈的孤独感；同时，小保也担心其他三人会认为自己很难相处。出于无奈，小保选择了眼不见心不烦的策略，在图书馆和自习教室里度过自己的空余时间，或者宁愿在校园里游荡，直到快要熄灯才回宿舍。选择"自我放逐"的小保苦笑着说："现在我在宿舍里'树立'起了刻苦读书的'高大形象'，其实我更想和他们一起在宿舍里聊聊天，可是我实在不知道怎么能融入他们的圈子。为了避免尴尬，我选择成为宿舍里的'游魂'。"

同是知名大学一年级新生的小斌则遇到了另外一种微妙的交际问题。小斌是某理科奥赛的金牌得主，其他学生认为十分晦涩难懂的专业课对于小斌而言易如反掌。开学第一个月，和小斌同一个宿舍的三位室友有近水楼台先得月的机会，时常就专业课问题来请教小斌，而小斌也乐此不疲地扮演起了课外辅导老师的角色。但是小斌这位义务老师有个缺点，就是喜欢在给别人讲题时加上一句口头禅："哈，这道题目简单！"对室友所犯错误的评价也是"一针见血"："你这个地方犯的错误太低级了。"这样过了没几周小斌就发现，三位室友渐渐地不再向他请教问题，对他的态度也是冷冰冰的。期中考试复习的那段日子，小斌主动问室友们有什么可以帮忙，结果接连碰了三个软钉子。更糟糕的是，小斌还听到关于自己的传闻，说自己"眼高手低，好为人师"。沮丧的小斌在电话里向父母抱怨自己好人没好报，父母则告诉小斌要当心"树大招风"，平时做人要懂得低调。这一席话让苦恼的小斌更为摸不着头脑，自己怎么就"树大招风"了呢？不愿在宿舍里受冷遇的小斌只好选择把图书馆和自习教室当作自己的"避难所"。

案例分析：一位英国诗人曾将人比喻成一座座孤岛。对于集体主义文化占优势的中国人来说，人际关系被放在一个极为重要的位置上，但中国大学校园里的"孤岛"却日趋壮大。目前，校园里出现了一种"新孤岛主义"现象，即同学之间和平共处，但互不干涉。

从表面看来，这也不失为一种不错的选择，毕竟独立自主，凭自己喜好行事，不受人际关系束缚，也是不少人梦寐以求的状态。但事实上，事情并非那么简单。案例中的小保和小斌在"和平共处、互不干涉"的背后仍有着想和同伴建立起亲密关系的渴望。"孤岛"们也并非真的都能对周围的人和事采取一种置身事外的超然态度，相反，绝大多数"孤岛"们对他人的一举一动及他人对自己的评价反而更为敏感。

著名心理学家爱利克·埃里克森把人的毕生发展分为八个阶段，他认为青年面临的发展危机是建立亲密关系和孤立于他人之外这一矛盾。一方面，青年人渴望和他人建立良好的同伴关系或爱情关系；另一方面，害怕被拒绝而离群索居。

初入大学的新生没有了原来朝夕相处的同学，同一个宿舍的人都来自不同的地方，地域文化差异使一些大学新生无所适从。要改善这种状况，打破人际堡垒，就应在人际交往中采取积极态度，降低自我防御，寻找交流契机，主动融入大学群体生活之中。

二、大学生人际关系概述

每个成长的大学生都希望自己拥有良好的人际关系。积极的人际交往、和谐的人际关系、良好的人际合作，会把他们引向成功之路。那么，什么是人际关系？怎样理解人际关系的构成？什么是人际需求？

(一) 人际关系概述

1. 什么是人际关系

人际关系是指人们在相互交往过程中彼此间相互影响而形成的一种心理上和社会上的联系。人际关系反映了人或群体满足其社会需要的心理状态，它的发展变化取决于双方社会需要满足的程度。

大学生人际交往是彼此（或群体）的心理需要，这种需要可以是知识和经验的分享，也可以是情感、想法及感受的分享和交流，转化在现实中的信息交流就变成了人际交往。在人际交往中，双方都必须有这种心理的沟通和融合才可以和谐。进入大学，人际交往的空间发生了变化，大学生的精神生活更丰富，一个大学生能否融入群体是其是否具有健康精神生活的主要标志。

2. 什么是人际需求

在大学生的社会实践活动中，每个人都有与别人交往以建立一定关系的倾向，我们把这种倾向称为人际需求。美国学者舒茨将人的人际需求分为三类：包容需求、支配需求和感情需求。

（1）包容需求。包容需求是指个体希望与人接触、交往、隶属于某个群体，与他人建立并维持一种满意的关系的需要。包容需求是人际关系最基本的要求，存在于个体的任何一个年龄阶段、任何一种职业中。

（2）支配需求。支配需求是指个体控制别人或被别人控制的需要，是个体在权力关系上与他人建立或维持满意的人际关系的需要。实际上，并非只有位高权重的人才有支配需求。社会上每一个成员都存在这种需求，无论是儿童游戏、家庭生活，还是经济、政治活动。

（3）感情需求。感情需求是指个体爱别人或被别人爱的需要，是个体在人际交往中建立并维持与他人亲密的情感联系的需要。感情需求贯穿于人的一生，但其强度依年龄阶段而异，有的阶段强些，有的阶段弱些。一般来说，婴幼儿期、青春期和老年期的感情需求比较强烈。

在这三种需求的驱动下，个体渴望与人交往，同时也决定了个体与其社会情境的联系。如果个体的人际需求得不到满足，则可能导致心理障碍及其他严重问题。

（二）人际需求与个体早期经验

个体当前的人际需求与人际反应由其童年期的人际需求是否得到满足及由此形成的行为方式决定。如果个体在其成长的过程中缺少必要的社会交往经历，如孩子与父母之间缺少正常的交往，与同龄伙伴也缺少适量的交往，那么个体的包容需求就没有得到满足，他们就会与他人形成否定的相互关系，出现低社会行为，如倾向内部言语、与他人保持距离、不愿意参加群体活动等。如果个体在早期的成长经历中社会交往过多，包容需求得到了过分的满足，就会出现超社会行为，如总是寻求接触、表现忙乱、要求给予注意等。如果个体在早期能够与父母或他人进行适宜的交往，就会形成理想的社会行为，无论群居或独处都会有满足感，并能根据情境选择自己的行为方式。

如果个体早期处于既民主又对其有所要求的环境中，那么他们就容易形成既乐于顺从又可以支配的行为倾向，能够顺利解决人际关系中有关控制的问题，能够根据实际情况适当地确定自己的地位和权力范围。如果个体早期生活在高度控制或控制不充分的情境里，那么他们就倾向于形成专制型或服从型的行为方式，要么独断独行，要么顺从、不愿负责。

当个体在早期经验中没有获得足够的爱时，他们就会形成低个人行为，表面上对人友好，内心深处却与人保持距离，总是避免亲密的人际关系。如果个体在早期被溺爱，那么他们就会形成超个人行为，既不会受宠若惊，也没有爱的缺失感，能恰当对待自己。

（三）什么是人际构成

大学生人际关系由认知、情感和行为三种心理成分构成。

（1）认知成分。认知成分反映了大学生个体对人际关系状况的认识，是人际知觉的结果，是人际关系形成、发展和改变的基础。大学生互相交往是双方作为信息对象的相互作用，并引起相互间的感知、理解、判断和评价，形成一定的认知结果，情感因素则在这种认知结果的基础上发生。在人际关系中，认知起到了唤起、控制和改变情感的作用，对人际关系起着调节作用。

（2）情感成分。它是交往双方在情感上的满意程度和亲疏关系，是与人的交往需要相联系的一种体验，反映了对交往现状的满意程度。大学生人际关系极富有情感色彩，双方交往讲究情投意合，尤其是女同学，特别重感情。

（3）行为成分。它是指大学生交往双方外显的行为表现，如手势、举止、风度、表情等表现个性和传达信息的行为，是建立和发展人际关系的交往手段与形式。

任何人际关系的发生、发展和改变，都是这三种成分相互作用的结果。在不同的社会群体里，这三种因素所起的作用有所不同。例如，在班集体（正式团体）中行为因素起到主导作用，调节着人际关系；而在某些沙龙（非正式团体）中，则情感因素起主导作用，制约人际关系的亲疏及稳定持久的程度。

（四）大学生人际关系的发展与影响因素

1. 大学生人际关系的发展

人际关系尽管复杂多变，但还是有规律可循的，把握这些规律，可以帮助我们提高预测、控制和改变人际关系的能力。阿特曼等提出了社会渗透理论来解释人际关系发展的过程。他们认为人际交往主要有两个维度：一是交往的广度，即交往或交换的范围；二是交往的深度，即交往的亲密水平。人际关系发展的过程是由较窄范围内的表层交往向较广范围内的密切交往发展。人们根据对交换成本和回报的计算来决定是否增加对关系的投入。阿特曼等认为，良好的人际关系的发展一般经过四个阶段：认知定向、情感探索、情感交流、稳定交往。

（1）认知定向阶段。认知定向阶段包含对交往对象的注意、抉择和初步沟通等方面的心理活动。在人际交往中，人们对交往的对象具有很高的选择性。进入一个交往场合时，人们往往会选择性地注意某些人，而对另外一些人视而不见，或者礼貌地打个招呼。对于注意到的对象，他们会进行初步的沟通，谈谈无关紧要的话题，这些活动就是定向阶段的任务。在这个阶段，大家只有很表层的自我表露，如谈谈自己的班级、学习专业、对最近发生的新闻事件的看法等；同时，进行印象管理，以期给对方留下好印象。

（2）情感探索阶段。如果在定向阶段双方有好感，产生了继续交往的兴趣，那人们就可能有进一步的自我表露，如学习或工作中的体验、感受等，并开始探索在此方面进行更深的交往。这时双方有一定程度的情感卷入，但是还不会涉及私密性的领域。双方的交往还会受到角色规范、社会礼仪等方面的制约，具有正式交往的特征。

（3）情感交流阶段。如果在情感探索阶段双方能够谈得来，建立了基本的信任感，就可能发展到情感交流的阶段，彼此有比较深的情感卷入，谈论一些相对私人性的问题。如相互诉说工作、生活中的烦恼，讨论家庭中的情况等。这时，双方的关系已经超越了正式规范的限制，比较放松，比较自由自在，如果有不同意见也能够坦率相告，没有多少拘束。值得注意的是，如果关系在这一阶段破裂，将会给人们带来相当大的心理压力。

（4）稳定交往阶段。情感交流如果能够在一段时间内顺利进行，大家就有可能进入更加密切的阶段，双方成为亲密朋友，可以分享各自的生活空间、情感、财物等，自我表露更深更广，相互关心也更多。一般来说，能够达到这种境界的关系相当少，这也就是人们常说的"千古知音最难觅"。

还有一些研究讨论了关系退化的原因。综合起来，导致关系亲密程度减弱的原因主要有：①空间上的分离，如交往的一方迁徙到别的地方，虽然分离的双方可以通过书信、电话、电子邮件等形式保持联系，但是最现代的通信工具也取代不了面对面的交往；②新朋友代替了老朋友；③逐渐不喜欢对方行为上或人格上的某些特点，一方面，个人的"喜好标准"可能发生变化，另一方面，交往中可能发现对方的一些新的特点，而这些特点恰恰是另一方不喜欢的；④交换回报水平的变化，即一方没有按照另一方所期望的水平给予回报；⑤妒忌或批评；⑥对与第三方的关系不能容忍，在亲密关系中，这一点比较突出，因为亲密关系，尤其是异性之间的亲密关系，往往有一定程度的排他性；⑦没表现出信任、积极肯定、情感支持等行为。

2. 大学生人际关系的影响因素

影响大学生人际关系和良好人际关系建立的因素较多，主要有以下几种。

（1）认知因素。大学生人际关系过程中的认知因素，包括对他人的认知、对自己的认知和对交往本身的认知。对自己的认知关键是自我评价是否恰当。过高地评价自己，在人际交往中往往会盛气凌人；过低地评价自己，往往会引起自卑，不愿或害怕与人交往。对交往本身的认知也会影响交往行为，因为交往的过程是双方彼此满足需求的过程，对他人的认知偏差则会影响人际交往的顺利进行。社会心理学研究发现，在人际交往的过程中，如果只考虑满足自己的需要，忽视他人的需要，就会引发交往障碍。对他人的认知偏差则会影响人际交往的顺利进行。社会心理学研究发现，在人际交往的认知过程中主要存在着以下几种心理效应。

①第一印象。人们初次见面时产生的印象称为第一印象，又称为首因效应。它往往会影响对日后一系列行为的解释，有先入为主的作用。"一见钟情"就是典型的首因效应。我们在人际交往过程中，应该努力给人留下良好的第一印象。美国学者伦纳德·曾宁博士在他所著的《接触：头四分钟》一书中指出，结交新认识的人时，头四分钟至关重要。为了给对方留下好的第一印象，他认为结交新朋友时，起码要高度集中精神四分钟，而不应一边与对方交谈，一边东张西望，或另有所思，或匆匆改变话题，从而使对方不悦。

②近因效应。近因效应是指最近的信息对人的认识具有强烈的影响，最后留下的印象比较深刻。近因效应和首因效应是一个问题的两个方面。一般来说，在对陌生人的认知过程中首因效应比较明显，在对熟人的认知中近因效应所起的作用则更为明显。近因效应在大学生的人际交往中是常见的。比如，一位大学生平时表现很好，可一旦做错了一件事，就容易给别人留下很深的负面影响。大学生在人际交往中应注意克服近因效应带来的认识偏差，要用动态的、发展的眼光看待他人、看待人际交往的同时，大学生也要注意利用"近因效应"在人际交往中的积极作用。比如，有的人过去与他人交往时留下了不好的印象，但只要认真改正，发扬优点，重新树立良好的形象，就会改变他人对你的看法。

③晕轮效应。晕轮效应又称为光环效应，是指在人际交往时，人们仅仅依据某个人的一种或几种特征来概括他在其他方面一些未被了解的人格特征，从局部信息形成完整印象的心理倾向。"情人眼里出西施""一白遮百丑""爱屋及乌"就是晕轮效应的表现。

晕轮效应对认知的影响表现在很多方面。首先，是心理定式。它表现在一个人已有的态度会直接影响对他人的认识和评价。其次，是中心性质的扩张化。所谓中心性质，是指对形成印象有决定意义的特殊信息。晕轮效应是一种明显的从已知推及未知，由片面概括全面的人际认识现象。它往往会扭曲一个人的印象，导致不正确的评价。使人容易犯以点带面、以偏概全的毛病，影响正常的人际关系。大学生在人际关系中要克服晕轮效应，力求全面地看待他人。

④刻板印象。刻板印象是指在人际交往中，人们往往习惯于机械地将交往对象归于某

一类群体中，对于某个人或某一类人产生一种比较固定的看法，也叫定型化效应。一般来说，定型的产生是以过去有限的经验为基础，源于对人的群体归类。比如，在人们脑子里，知识分子书生气十足，工人粗犷豪放，会计师精打细算，教授必然白发苍苍，青年人认为老年人会墨守成规，而老年人往往认为青年人"嘴上没毛，办事不牢"等。刻板效应在人际交往中有利有弊。一方面，它会简化对交往对象的认识过程，有助于对交往对象做概括的了解；另一方面，倘若在非本质方面做出概括而忽视了交往对象的个别差异，就会形成偏见，做出错误的判断。所以，大学生要懂得不能刻板地认识他人，而要具体观察，在人际交往中对他人时刻保持一份好奇与新鲜感。

⑤投射效应。投射效应是指内在心理的外在化，即以己度人、由己推人，对自己的情感、意向做出错误评价，造成人际交往障碍。投射效应的表现很多，如有的大学生对别人有意见，总认为别人对他也不怀好意；有的大学生背后议论他人，也认为那人背后在议论自己；有的男生或女生喜欢某个异性，希望对方也喜欢自己，进而把对方的一个眼神、一个笑脸、一个友好的表示都看成对自己的示爱等。投射效应的实质就在于从主观出发，简单地去认知他人，自我与非我不分，结果导致认知的主观性、随意性增大，也容易产生猜疑心理。大学生在人际交往中应客观看待交往对象，克服和摒弃主观臆断、妄想猜测，尽量减少人际交往中的矛盾和误区。

（2）情绪因素。在人际交往中，情绪因素也是重要的。一个人如果情绪反应过于强烈，不分场合、不分对象地冲动，会给人形成感情用事、不成熟、轻浮的感觉。而情绪反应过于冷漠，则被视为不友好，对人没感情、有架子、瞧不起人。因此，人际交往中，健康的情绪是适时和适度的。大学生感情丰富，情绪变化较快，有时把握不住自己的情绪，会产生一些冲动，这对建立良好的人际关系不利。

（3）时间和空间因素。时间因素是指交往的机会、频率。一般来说，交往的频率越高，越容易相互了解；而交往次数少，缺乏相互了解和沟通，则较难建立良好的人际关系。空间因素指交往双方距离的远近。俗语说，"近水楼台先得月""远亲不如近邻"，这就说明时空距离是形成密切人际关系的一个重要条件。比如，大学生由于同住一个宿舍，或经常在一起学习，或是同乡等原因经常接触，相互交往的次数多，容易形成共同的经验、共同的话题，从而建立起较密切的人际关系。

（4）态度相似性因素。俗话说："物以类聚，人以群分。"态度相似性因素是指交往双方在理想、信念、价值观、兴趣、爱好等方面有相似的态度。具有相同的理想、信念和价值观，具有共同或相似的生活、学习习惯，感情上就容易产生共鸣，形成良好的人际关系。

（5）人格因素。人格因素是指性格特征等对人际交往的影响。心理学研究发现，那些具有使人喜爱、仰慕并渴望接近的性格特征的人具有持久的吸引力。人们一般都喜欢真诚、热情、正直、开朗的人，讨厌自私、虚伪、庸俗的人。

影响人际关系的主要人格品质有以下几种。

美国学者安德森研究了影响人际关系的人格品质。排在序列最前面、受人喜爱程度最高的十种人格品质分别是真诚、诚实、理解、忠诚、真实、可信、聪慧、可信赖、有头脑、体贴。

排在序列最后，受人喜爱程度最低的十种人格品质分别是不善良、不可信、恶毒、虚假、令人讨厌、不老实、冷酷、邪恶、装假、说谎。

安德森认为，真诚的人受人欢迎，不真诚的人则令人讨厌。

三、大学生人际关系的特点和作用

（一）大学生人际关系的特点

大学是一个特殊的社会，存在着各种各样的关系，对于学习和生活在其中的大学生来说，其人际关系有如下特点。

1. 大学生人际交往愿望迫切

大学生思想比较单纯，精力充沛，兴趣广泛，活泼好动，对人际交往的需求强烈。每一位大学生都希望自己有良好的人际关系和人际环境。他们希望通过交往获得同学的认可、接受、尊重、信任，希望拓宽视野，满足自己多方面的需求。

2. 大学生的人际关系比较注重情感需求

大学生的人际关系比较注重情感需求的满足，他们的交往动机中功利因素少，情感因素多。他们崇尚高雅、真诚、纯洁的友谊，注重情感的沟通和交流，不是或主要不是从交往对象的家庭背景、经济条件、学习成绩等方面考虑，交往的主要目的是获得情感需要的满足。这种满足既表现为消除孤独，寻求友谊，在同辈中找到情感交流的对象，也表现为通过与异性同辈的交往来满足友谊和爱情的需求。

3. 大学生人际关系注重平等

很多大学生认为人与人的交往应该是平等的、互助的。大学生交往中的平等特点是由他们彼此关系的非利益冲突和较强烈的平等交往意识决定的。大学生之间不存在较大的利益冲突，且具有共同的学习任务和比较一致的学习目的，加之学校和老师对他们提出的要求、给予的机会都是平等的，这就使每个大学生在学校或班级中都是平等的一员，因而他们的人际关系比较稳定，友谊比较长久，遇到矛盾和问题也比较容易解决。

4. 大学生人际关系交往的内容比较丰富

由于大学生兴趣广泛、情感丰富、精力充沛、求知欲强，所以他们对各种自然的、社会的现象都很关注，希望自己见多识广。其结果是他们交往的内容比较丰富，特别是随着社会生活节奏的加快，他们人际交往的内容更加丰富和多样，不仅对专业及感兴趣的知识和信息（如衣、食、住、行、工作等）方面进行交流，而且还会敞开心扉，无所顾忌地进行情感的交流与宣泄，发生思想的碰撞和融汇。

（二）大学生人际关系的作用

对于正处在学习和成长中的大学生来说，良好的人际交往、融洽的人际关系对他们的成长具有重要作用。

1. 良好的人际关系有利于大学生之间的信息交流

人际交往的过程是彼此交流信息、知识、经验、思想和情感的过程。大学生通过建立良好的人际关系，能以各种方式迅速获得信息，并且人际交往比书本获得的信息更广泛，渠道更直接，速度更快。大学生随着交际范围的扩大和友谊的加深，能认识更多的人，听到更多的事，交换更多的思想，获得更多的信息。

2. 良好的人际关系有助于大学生提高学习效率

在一个人际关系健康和谐、有向心力和凝聚力的群体中，大家互相关心、互相帮助，会感到心情舒畅，学习效率也会提高。因为良好的人际关系使同学之间能相互仿效、相互帮助、相互启发，使师生之间情感相融、教学相长，从而使大家的视野不断开阔，思想上不断受到启迪，知识上互相补充和促进，学习积极性不断提高。

3. 良好的人际关系是大学生全面发展和完善的重要条件

一个人的个性除了受先天遗传因素影响外，更主要的是受后天环境的影响。大学生如果长期生活在友好和睦的人际关系中，其个性就会变得乐观、开朗、积极、主动。同时，这样的人际关系也有助于提高大学生的自我认知和评价能力。一方面，大学生能通过他人对自己形象的评价，了解自己行为表现的恰当性和能力高低，从而不断调整自己的行为，努力进取，完善自己的个性，使自己的潜能得到进一步发挥，以达到自我意识与社会意识的统一；另一方面，大学生可以把他人的优点作为自己追求的目标，通过交流，学习他人的良好行为方式、积极态度、正向价值观念、优良品质等，从而形成良好的品质。

4. 良好的人际关系能促进大学生的社会化进程

每个人的社会化进程都是在人际交往中进行的，人际交往是社会化的起点。大学阶段是大学生加速社会化的关键时期，随着他们人际交往范围的不断扩大，交往内容逐步深化，交往形式日趋多样，他们在从交往中不断积累深化社会的经验，学到社会生活所必需的知识、技能、态度、伦理道德规范，明确了自我的社会责任，促进了自我成熟。

5. 良好的人际关系有利于促进大学生的心理健康

人际交往的时间和空间越大，人的精神生活越丰富，得到支持和帮助的机会越多，就越能保持心理平衡。

美国心理学家沙赫特曾做过一个交往剥夺实验：他以每小时15美元酬金招募被试者到一个小房间去住。这个小房间与外界完全隔绝，没有报纸，没有电话，不准写信，也不让其他人进入，只有必需的饮食等生活用品。有5人参加实验。实验结果：1个人在小房间里只待了2小时就出来了；3个人待了2天；另1个人待了8天，这个待了8天的人出来以后说："如果再让我在里面待1分钟，我就要发疯了。"

良好的人际关系能使大学生归属于特定的集体，交到志同道合的朋友，能在帮助他人的过程中获得心理上的幸福和满足，也能从与他人的友好相处中获得友谊和爱。但是，如果人际交往的需要得不到满足，处于一种不良的人际关系中，就会增加大学生的挫折感，引发内心矛盾和冲突，情感上的孤寂、惆怅、空虚就会经常出现，从而带来一系列不良的情绪反应。而不良的情绪作用于生理活动，将成为各种疾病的催化剂，削弱人的抗病能力，使正常机能减退，并且会削弱神经系统的工作能力，导致心理障碍。

四、大学生人际交往中的不良心理及调适

（一）自卑心理及调适

自卑是由于对自己缺乏正确的认知，认为自己不如别人而产生的一种自我体验。自卑表现为过低地评价自己的能力和品质，总觉得自己不足的地方太多、优势太少，担心失去他人尊重的心理状态。通俗地说，自卑就是自己看不起自己，且认为也被别人看不起的一种心理状态。自卑严重地影响了大学生的人际交往。

1. 大学生自卑心理产生的原因

（1）缺乏正确的自我认识。自卑的人往往看不到自己的优势和长处，低估自己，夸大自己的不足。习惯用自己的短处去比别人的长处，其结果是越比越泄气，越比越自卑。

（2）消极的自我暗示。有自卑心理的大学生，常对自己进行"我不行""我很难成功"等消极的自我暗示，这样往往使他们不相信自己的力量，抑制了自己能力的正常发挥，造成活动受挫或失败。而受挫或失败似乎又证明了他们早先过低的自我评价与自我期望，从而强化了片面的自我认识，结果又进一步增加了他们的自卑感。

（3）经历过一些挫折和失败。在学习和交往等方面受过失败或接连受挫的大学生，不能积极应对生活、学习及交往中的困难，容易在心理上出现自卑情绪。

（4）生理缺陷或经济条件较差。一些大学生由于生理条件和经济状况不好而心生自卑感。比如，有的大学生口吃，有的身材矮小，有的认为自己穿着寒酸等，他们觉得别人难以接纳自己，怀有自卑心理，不敢和其他同学主动交往，与他人交往缺乏信心。

2. 大学生自卑心理的调适

严重的自卑心理影响了一部分大学生正常的人际交往，给他们的学习和生活带来了精神负担，大学生应努力克服自卑心理。

（1）正确认识自己，客观评价自己。自卑的大学生要善于发现自己的长处，肯定自己的成绩；要学会客观地与别人比较，正确看待自己的优点和长处，不要盲目否定自己。

（2）进行积极的自我暗示。在平时参加一些活动之前，不能消极地暗示自己，而要多分析自己的有利方面，进行积极的心理暗示，如"我行""我能成功""我能超过他人"等，增强自信心。

（3）正确对待挫折和失败。俗话说："胜败乃兵家常事。"一个人在成长和前进的道路上不可能一帆风顺，总会遇到曲折和困难，因此要正确对待学习、生活中遇到的一些挫折和失败，要及时从挫折和失败的阴影中解脱出来。

（4）树立自信心。因自卑而妨碍交往的大学生，在交往中应树立自信心。比如，锻炼自己径直向对方走去；讲话时敢于盯住对方的眼睛；讲话时声音洪亮，不吞吞吐吐，当对方声音超过自己时，要故意将声音调高，让对方听自己的，以掌握主动权。

（二）嫉妒心理及调适

嫉妒是对他人的成就、名望、品德、优越地位及既得利益而怀有的一种不友好的敌视和憎恨。就大学生人际交往来说，有这种心理的大学生在交往中会表现出强烈的排他性，对他人的成绩和进步心怀不满，不服气，总希望他人比自己差，甚至会产生诸如中伤、怨恨、诋毁等嫉妒行为；对他人的失败和不幸则表现为幸灾乐祸，不给对方同情和安慰。嫉妒心理不仅会严重影响大学生良好人际关系的建立，而且对嫉妒者本身也会带来痛苦，严重者会影响其身心健康。

因此，大学生必须努力摆脱和克服这种有害心理：一是要纠正自己的认识偏差，别人的成就来自他的努力，应该实事求是地予以承认，嫉妒者不应把他人的成功等同于自己的失败和对自己的威胁，而要向他人学习，努力赶上他人。二是进行恰当的对比，遏制嫉妒心理的产生，即不仅要看到别人的优点和自己的缺点，而且要看到自己在有些方面优于对方，使原先失衡的心理获得新的平衡。三是要保持良好的心态，努力使思想升华。嫉妒者在别人比自己强时，应当把不服气的心理引导到积极的方面上去，要看到在任何一个群体中，总会有人走在前头，也总有人相对落后一点，而自己可以去努力追赶。实在赶不上，也不必强求，要化嫉妒为上进的力量。

总之，当代大学生应端正学习目的，做到心胸宽广，志向宏远，只有这样，才能不患得患失，做到宠辱不惊，才能为同学和朋友的成功感到高兴。

（三）猜疑心理及调适

猜疑心理是一种由主观推测产生不信任的复杂情感体验，具有这种心理的人整天疑神疑鬼，对别人的言行敏感、猜疑和不信任。猜疑是大学生之间进行正常交往的障碍，它不仅使大学生之间关系松散，产生裂痕，甚至会发展到对立。多疑的人会使更多的人离他而去，会陷入自我封闭和自卑的境地，导致身心发展不健康。因此，大学生必须注意克服猜疑的毛病。

克服猜疑心理可从三方面着手：一是在交往中正确认识他人，避免乱猜疑；二是要主动与你所怀疑的对象多接触、多交流，弄清情况，消除疑虑；三是善于分析信息，对信息和信息源进行认真、冷静的鉴别，不可偏信，要做到"兼听则明，偏信则暗"。

（四）自傲心理及调适

人际交往是双方的，在交往过程中双方都获得一定的满足后，才可能继续维持和发展交往，所以双方在交往中应相互尊重，相互谅解，以诚相待。有些大学生自傲心理严重，过高地估计自己，总觉得自己优于别人，盛气凌人，自以为是；还有些大学生在为人处世中都以自己的需要和兴趣为中心，只关心自己的利益得失，不考虑别人的需要和兴趣，喜欢自吹自擂，固执己见，总是维护自己的强烈自尊，固守自己的态度，坚持自己的意见，寸步不让他人，甚至在明知别人正确时，也不肯接受别人的意见。

自傲心理是不良交往者的个性特征之一，严重影响了其正常的人际交往。首先，大学生要克服自傲心理，应当平等待人，善待别人，不苛求他人；其次，不要唯我独尊，固执己见，要虚心听取和接受别人的意见，正确认识和对待自己和他人。

大学生在人际交往中还存在一些诸如封闭心理、刻板心理、恐惧心理、逆反心理、随意心理、自私心理、虚假心理、敌视心理等不良心理。这些不良心理并非彼此孤立，而是相互交错地存在于交往过程中的，会对大学生的人际交往带来重大影响，严重地影响他们的身心健康和个性发展，也给学校教育、教学和管理工作带来诸多困难。

因此，对于大学生人际交往中存在的不良心理和行为，学校要予以高度重视，采取正确措施，积极引导大学生克服不良的交往心理。

五、大学生人际交往中的不良行为及克服办法

（一）大学生人际交往中的不良行为

（1）注意力不集中。
（2）谈论其他人。
（3）打断对方。
（4）生气，带有攻击性。
（5）假装有兴趣、友好、真诚等。
（6）制止别人谈话。
（7）谈话中眼神不交流。
（8）嘲弄或讽刺对方。
（9）不用心倾听。
（10）放下意见，置之不理。
（11）思维分散。

（二）大学生人际交往中不良行为的克服办法

（1）微笑。
（2）引导小范围谈话。
（3）良好的眼神沟通。
（4）分享你的体验或感受。
（5）公开、坦诚。
（6）请求反馈。
（7）努力理解他人的感受。
（8）表示赞同。
（9）避免不交谈。
（10）不要忽视他人。
（11）避免生气或愤怒地离开。
（12）不要攻击他人。

（13）避免高人一等的行为或心态。
（14）不对他人指手画脚。
（15）给他人机会来表达他们的观点。
（16）鼓励对方告诉你他们的感觉。

六、掌握人际交往技巧，建立健康的人际交往模式

（一）掌握人际交往的技巧

人际交往中主要的问题是沟通问题。每个人的内心深处都有被别人理解和尊重的渴望，沟通在人与人之间架起了一座桥梁，由此，人们才可能建立起各种各样的关系，满足被别人尊重、建立归属感的需要。

沟通，从心开始。学会理解别人的情感、表达自己的情感、表达支持是沟通中的三个重要方面。学会这些可以让人们之间进行更好的沟通、更满意的交往。

1.学会理解别人的情感

（1）学会倾听。西方有句名言："上帝分配给我们两只耳朵，而只给我们一张嘴巴。"这意味着我们要多倾听他人意见。倾听可以让人们彼此之间增进理解，开启信任之门。

从繁体"聽"（听）字的结构来看，倾听不仅仅是耳朵的事情，更需要眼睛和心灵。心理学研究发现，在人们的交往中，语言所占的比例只有7%，肢体语言（手势、动作和表情等）占53%，说话的语调和情感占40%。也就是说，其中93%的部分仅仅依靠耳朵是不够的。在交往中，倾听意味着对别人的尊重和理解，倾听可以告诉对方：现在你可以自由地、完全地表达自己的观点，我是理解你的。这种真诚可以使双方的沟通变得更加愉快和顺畅。

（2）学会同感。同感是理解他人情感的有效方式，同感是为了更好地理解他人。倾听和同感不是截然对立的两种方式，学会倾听可以更好地促进同感，对他人的同感也可以促进更好地倾听他。当我们能够表达出自己同感的时候，与我们沟通的人就会感到我们是理解他的，会得到一种安全感，也会更加开放自己，使双方沟通得以提升，问题得以解决。同感与对他人的关心和关注有很大关系。心理学研究表明，当人们专心观察时，他们能看出别人高兴、悲伤、愤怒、痛苦等情感状态的准确率在90%以上。

2.学会表达自己的情感

在与人沟通的过程中，表达自己的情感就是让别人"看见"自己内心活动的过程。表达情感的方式可以分为压抑情感、流露情感和描述情感三种。

（1）压抑情感。压抑情感是一种消极的情感表达方式，明明是自己内心有表达的需求，却由于各种原因不表达出来。如果压抑自己的积极情感，就可能失去和他人加深情感交流的机会；如果压抑自己的消极情感，个体内心里可能会留下伤痕，影响自身的心理健康。

（2）流露情感。流露情感不仅可以通过语言进行，还可以通过面部表情、肢体语言或者语调、语气等反应来实现。面无表情的"谢谢"和脸上写满感激的"谢谢"所起到的作

用是不同的。流露情感多是在不经意间进行的。比如，舍友在你生病时主动帮你打饭，你却因为接电话而没有对他说声"谢谢"，舍友可能会认为你是冷漠的；如果你在打电话的同时微笑着向他点点头，舍友可能就不会有这种误会了。但是，有时候不加任何掩饰地流露自己的负面情感（如嘲笑别人）也会给他人带来伤害，无法顺利地进一步沟通。

（3）描述情感。描述情感是最好的表达情感方式。描述情感是以平静的而不是批判的方式叙述自己的情感，描述的时候不带有任何攻击。首先，要确认自己的情感是愤怒、烦躁、担忧还是不舒服，这要求我们在描述之前必须先放松下来，尽量理解出现这种情感的原因。其次，寻找合适的语言来表达自己的情感，尽量使用具体的语言，不要泛泛而谈。最后，尽可能用平静的语气和腔调把情感表达出来。

以下是一个关于情感表达的例子。

小琴和小美是好朋友，但是在平时，小美总喜欢在小琴的头上调皮地打一下。这让小琴很恼火，她不知道小美是喜欢她还是耍弄她。如果她直接就把心中的怒气吼出来："你为什么打我？"这样可能会把大家吓坏。但是如果小琴选择另一种方式表达自己的情感，结果可能会更好。

小琴："小美，你是我最好的朋友，我有一件事要和你说，你想听吗？"

小美："哦，你说说看？"

小琴："每次你在我头上打一下的时候，我很难受。"

小美："啊？是吗？"

小琴："嗯，但是我们是好朋友，所以我想把我的感受说出来。"

小美："对不起！其实我只是想跟你开个玩笑，大家都开心一下。"

这样，小琴把自己的愤怒表达出来了，小美也知道自己行为的不妥，两个好朋友之间的矛盾也化解了。

3. 学会表达支持

在沟通中，当我们理解了他人的情感，也合适地表达了自己的情感时，我们还需要对他人的情感表示支持。因为每个人都需要他人的支持。也就是说，人们在表达情感的时候，通常都希望他人给一些支持性回应。支持性回应指的是说一些安慰对方、赞同对方、减轻对方痛苦或让对方平静的话语，表示我们很关心对方，并且能理解对方的感受。

当对方表达出正确的情感时，我们通常会比较容易表达出自己对对方的理解，对方往往会感到我们是一起高兴、开心和快乐的；但是当对方表达出负面的情感时，我们通常不容易表达支持。其中一个原因是，处于负面情感中的人比较敏感，我们必须小心地表达自己的看法，以免伤害到他——尽管有时候伤害可能是无心的；另一个原因是，当我们感到别人的情绪糟糕时，自己也会有压力，有时候甚至会感觉到不知所措而想离开。但是，处于消极情感中的人更需要理解和支持，表达支持会让对方觉得这样的情感是可以理解的，有助于恢复情绪而不是更难过。

（1）直接表达支持。当朋友或者亲人不开心的时候，我们可以用直接的方式表达支持。

（2）解释。当人们处于负面情感中时，不仅会变得敏感，还会变得狭隘。每个人可能都会有切身体验，在心情差的时候，会固执地坚持极端、负面的消极情绪，下面就是一个很好的例子。

"我想他一定不喜欢我。昨天在图书馆借书时碰见他,他连个招呼都没有打就走了。"

"我知道你很在意他的一举一动。不过,他可能是正在想什么事情,太集中注意力了。"

(3)感恩。当别人为你做了令你感激的事情,或者是做了有意义的事情时,你要称赞别人,并向他表达感谢。我们在生活中每天都会接受他人的大量帮助,但是我们往往会忽略这些细节。面对他人的每一次帮助,我们要真诚地向他人表达我们的感谢。

(4)建设性批评。当别人要求批评或者看到别人犯错误时,你可以帮助别人改正错误并给予批评。然而,倘若批评不当,就会带来负面的后果。给予批评一定要有建设性,同时遵循以下原则。

第一,确定对方真心愿意接受批评。如果你认为应该给予批评,要先问对方是否真心要听;即使对方真心要求批评,也要观察其是否口是心非。

第二,尽可能先赞扬后批评。赞扬要切题、适当,即值得赞扬的事情才赞扬,而非生硬地应用该原则。只要是那件事没有糟糕到一无是处,你就要先寻找它的积极意义,再批评其不妥之处。

第三,批评要对事不对人,描述其行为而不是只做评价。比如,"你觉得我今天的歌唱得怎么样?"不要回答说:"我感觉不是很好。"而恰当的表达是:"你在唱歌的时候,眼神有时候在飘,缺少和听众的目光交流。"

(二)建立健康的人际交往模式

美国著名心理学家爱利克·伯奈提出了人际交往的四种基本模式。

1. 我不行,你行

人在生命的初始是依赖周围的人而生存的,与周围的成人相比,儿童常常感到自己的无能,因而从小就有自卑感,潜意识中也形成了"我不行,你行"的心理模式。人的成长过程也就是逐渐克服这种心态的过程。有的大学生由于在个体社会化过程中,尚未完全摆脱儿时的这种心理行为模式,因而在人际交往中常常表现出不同程度的自卑和恐慌,最为极端的表现是社交恐惧症。

2. 我不行,你也不行

有人不喜欢自己也不喜欢别人,既看不起自己也看不起别人,既不会去爱他人也不能体验和接受他人。这就是典型的"我不行,你也不行"的交往模式。

3. 我行,你不行

持有"我行,你不行"这种交往模式的人,常常表现为充满优越感,骄傲自大、自以为是;总以为自己是对的,别人是错的;总觉得自己对别人好而别人对自己不好,并为此感到愤愤不平;把人际交往失败的原因都归咎于他人。

以上三种交往模式都会阻碍人际交往,不利于大学生的心理发展和心理健康。

4. 我行,你也行

成熟的、健康的人际交往模式应该是"我行,你也行""我好,你也好"。具有这种心态的人相信自己,也相信他人;爱自己也爱他人。这种人不是十全十美的人,却能客观地悦纳自己和他人，正视现实并努力去改变自己能改变的事物，善于发现自己、别人和外部世界的光明面，从而使自己保持一种积极、乐观、进取、和谐的精神状态。

七、大学生与亲子关系

（一）认识亲子关系

1. 什么是亲子关系

亲子关系通常指父母与其亲生子女、养子女或继子女之间的相互关系。一般认为，亲子关系即父母子女关系，它是以血统关系和共同生活为基础，以抚养、教养和赡养为基本内容的自然关系和社会关系的统一。

亲子关系包含以下三方面内容：第一，自然的血缘关系；第二，人伦道德关系；第三，法定的养育、监护关系和法定的赡养关系。亲子关系的本质属性，乃是亲情、道德和法理浑然一体的关系，但随着子女的成长和父母年龄的变化，在亲子之间的互动过程中，情、德、法在亲子关系中所占的地位是不相同的。因此，亲子关系便明显地表现出年龄阶段性质。

2. 亲子关系的重要性

家庭是我们人生的第一个驿站，父母是孩子的第一任老师。亲子关系是人生中形成的第一种人际关系，也是家庭中最基本、最重要的一种关系。一个人的基本态度、行为模式、人格结构、应对方式等在家庭关系互动中逐渐形成和固化下来，成为个人的独特色彩。亲子关系对儿童和青少年的认知、情感和健全人格的形成都具有极其重要的影响，特别是对大学生来说，大学生正处于认识自我、融入社会、就业择业、恋爱婚姻等关键的转折时期，与父母之间的互动关系对大学生的个人发展和人生选择尤为重要。

这里讲个哲学家叔本华的家庭故事。德国著名哲学家叔本华出生在富裕之家，父亲是非常成功的商人，但性情暴躁，后因发疯投水自杀身亡。母亲约翰娜·叔本华是当时颇有名气的作家，爱好文艺，与歌德等文豪有所交往，但对家庭关心较少，父母性格极度不合。叔本华和母亲的关系一直不好，隔阂非常深，最后关系破裂。叔本华性情孤僻、缺乏耐心、无妻无子、离群索居，对女人极尽诋毁。母亲在给他的信中这样写道："你的怪脾气，你的怨言，你不高兴时的脸色，你对于愚蠢世界、人类痛苦的悲伤，带给我不快乐的晚上和不舒服的梦境。"叔本华继承了父亲的财产，这使他一直着富裕的生活，但是不得不说的是，家庭关系的不和谐是导致他性情孤僻的原因之一，以致叔本华在人生观上一直持悲观主义的观点。

3. 亲子关系对大学生心理健康的影响

（1）亲子关系与大学生的情绪。

身边的同学发现原本快乐的小树越来越沉默，经常呆呆的，爱笑的脸上也没有了笑容，似乎有什么心事，经常一个人在学校的湖边徘徊。有一天凌晨小树还没有回宿舍，在老师和同学们的不懈寻找下，终于在图书馆的楼顶找到了憔悴的小树。原来，小树的爸妈正在闹离婚，因为财产分割意见不统一而对簿公堂，已经很久没有关心过小树，生活费也没有按时寄来，还经常在小树面前大骂对方，小树感觉非常痛苦，感觉人生失去了意义，万念俱灰……

家庭是心灵的港湾，家庭的温暖是大学生的重要支持系统，亲子关系的和谐与大学生的情绪关系密切。亲子关系和谐、家庭融洽，大学生无后顾之忧，可积极投入大学生活中。但如果像案例中的小树一样，父母失和、亲子关系失衡和破裂，就可能会导致大学生情绪低落、内心压抑，甚至会有轻生的想法。

家庭可以从不同方面对青少年的抑郁产生影响：父母的遗传影响青少年的抑郁倾向；父母的生育年龄过高或过低都会对青少年的情绪有着负性的影响；家庭的应激事件和青少年抑郁有着密切的关系；父母抑郁，特别是母亲抑郁，会使青少年抑郁的风险大幅提高；父母以负性教养方式为主，缺乏正性的情感支持，则青少年抑郁发生的可能性会增加。

结论：家庭可以从许多方面对青少年抑郁产生影响。针对家庭的干预可能有助于减少青少年抑郁的发生。

（2）亲子关系对大学生人格塑造的影响。

小影是一名大一新生，但却在军训结束的两周后提出了退学。原来她入学后不敢与人交往，舍友们叫她一起吃饭时她总是拒绝，经常一个人独来独往。在同学眼中小影性格内向、胆小、腼腆，很少与人交流。经了解，小影的爸爸对她非常严厉，做错事时经常非打即骂。

研究发现，青少年人格的形成和发展与亲子关系有着密切的关系，不协调的亲子关系在子女不良性格和不良行为的形成中有着重要的作用。良好和谐的亲子互动有利于大学生形成较完善和健全的人格，缺乏沟通和温暖的亲子关系容易导致大学生产生人格缺陷。正是小影爸爸粗暴、严苛的教育方式，导致小影性格孤僻、敏感、不相信任何人。

（3）亲子关系与大学生的人际关系。

小水出生在一个温馨的家庭，虽然家境并不富裕，但家庭关系非常和睦。父母感情很好，经常与小水谈心，教育他要真诚、善良，并且非常尊重小水的个人意见，交什么朋友、上什么学校基本上都由小水自己做主，父母只从旁做指导。在父母的关心下，小水非常真诚、自信、乐于助人，身边总有一群好朋友，在同学中也很有威信。大三时，小水与一个女孩恋爱了，感情稳定，父母也很尊重小水的选择。

对于个体来说，与父母关系的和谐程度决定着个体能否与他人建立良好的人际关系。良好亲子关系中感受到的被爱、被尊重、被接纳、被欣赏，是孩子与他人之间良好关系的基础。

冷暴力、争吵、无爱家庭的孩子长大后不易相信别人，不善建立良好的人际关系。上述案例中，小水在与父母交往中学会了沟通和表达爱，他与同学、老师、朋友、恋人等的关系也得到了良好的发展。

（4）亲子关系与大学生的心理障碍。

小清走进心理咨询室的时候非常紧张，手不停地发抖，坐立难安。小清说："我也不知道自己怎么了，整个暑假都是在痛苦中度过的，无论自己说什么做什么，父亲总是认为不好、不对，母亲爱自己怕自己受伤受苦，总是这也不让碰、那也不让做，父母经常说的话是'你不行''你做不好',其实,从小父母就是这样对我的。"返校后,小清焦虑情绪很严重,上课不能集中注意力,身体都变得硬邦邦的。经心理医生诊断,小清已经患上了"焦虑症"。

早年经历、家庭环境、亲子互动关系等因素常常会对个体的心理发展产生一定的影响。若父母教养方式健康、积极,亲子关系良好,子女往往采用积极的应对方式处理问题。但如果父母教养方式过分干涉子女、一味否定子女,就会使子女产生心理问题,甚至像上述案例中的小清一样患上心理障碍。另外,有关青少年网络成瘾的调查研究指出,网络成瘾与亲子关系具有显著负相关,亲子关系越好,子女越不容易出现网络成瘾行为。

(5)亲子关系与大学生的学习状态。

小浅入学后对机器人研发非常感兴趣,因此加入了学校的"机器人实验室",努力备战即将到来的全国机器人大赛。作为实验室中的学生技术骨干人员,小浅假期一直留在学校和队友们日夜奋战。每当遇到技术难题百思不得其解的时候,小浅都会打电话回家和父母聊天缓解压力,父母就像小浅的朋友一样和小浅聊天,为他加油打气。每次放下电话,小浅都觉得内心非常轻松,又精神抖擞地投入紧张的备战中。

最终,小浅团队的作品在全国比赛中获得了很好的成绩。

一般来讲,大学生的学习受到智力因素、知识结构、学习习惯、教师水平、校风学风等因素的综合影响。亲子关系、家庭环境对学习也有一定的影响。有调查结果显示,在"和睦""平常""紧张"三种不同的家庭气氛条件下,学生的学习成绩和品德等都存在着显著的差异。在本案例中,"和睦"的家庭气氛使学生的学习成绩和品德均优于"平常"的家庭气氛;"平常"家庭的学生成绩又优于"紧张"的家庭气氛。温馨、和谐的亲子关系使孩子积极乐观、充满自信,同时将父母的期望合理地内化为学习的动力,遇到学习困难也不会退缩,而是采用积极的应对方式突破难关。

我国专家李锦韬等在"初中学习困难学生教育的研究"中,曾对1024名初中学生进行问卷调查。对"家长对你教育的主要方式"一题的回答中,答"耐心帮助、平等教育"的优等生是51.4%,而学习困难学生是6%;答"简单粗暴、打骂训斥"的优等生无,而学习困难学生是10.8%。这说明家长对子女不民主、教育方法简单粗暴,是出现学习困难学生的原因之一。

(二)亲子关系与个体心理发展关系的理论

近年来,儿童与青少年问题行为的产生与发展及其相关父母教育因素的研究是儿童个性、社会性发展研究中的一个重要领域,国外学者对这个领域进行了大量的研究工作,其中较为著名的有精神分析理论、行为主义理论、认知发展理论等心理学流派。

精神学派创始人弗洛伊德认为:"儿童的心理发展具有阶段性,每一个阶段都有自我意识形成发展的社会化任务,将为成人后的人格模式奠定基础。"瑞士著名心理学家荣格认为:"父母的家庭教育及其心理状况对儿童的心理产生着直接而深刻的影响。"阿德勒(奥地利精神病学家)认为:"'溺爱'和'忽视'是两类最普遍的父母行为,并能肯定导致儿童后来的人格问题。"凯伦·霍妮直接从文化中探寻个体人格的成长和神经症产生的根源:"幼儿出生后具有两种基本的需要,即满足和安全。如果子女缺乏真正的温暖和爱,会失去安全感，从而埋下产生神经症人格的隐患。"

行为主义学派摒弃了本能力量在儿童早期亲子关系中的绝对支配地位，而注重在观察、实验的基础上突出亲子双方社会经验的相互作用。如早期的行为主义理论代表人物华生认为："后天的环境和教育是行为发展的唯一条件，幼年时期训练的差异可以出现不同的成人行为差异。"斯金纳从白鼠的"按压杠杆试验"到儿童抚养的"育婴学习笔记箱"试验得出结论："教养者若能良好运用操作性强化技术，通过控制行为反应，即可随意控制儿童出现教养者所希望的行为。"社会学习理论认为："儿童的社会认知和个性的发展甚至亲子关系的互动主要是通过社会学习而来。孩子发展的差异主要反映的是孩子所暴露的学习环境的差异。"

认知发展理论学者指出："依恋的出现、发展与婴儿认知发展水平有关。"以上理论在许多方面尽管有所不同，但让我们有机会从不同角度看待亲子依恋关系。实践证明，每种理论就它所强调的方面都发挥了重要作用。

（三）亲子关系的类型

亲子关系的类型根据依恋类型和父母的教养方式可以做如下分类。

1. 按依恋类型分类

依恋是指婴儿与主要抚养者（通常是母亲）之间的情感联结，是一种特殊的感情关系，也是婴儿情感社会化的重要标志。美国心理学家玛丽·安斯沃斯（Mary Ainsworth）等曾经设计了陌生情境测验（strange situation test），将依恋分为以下三种类型。

（1）安全型依恋（secure）。母亲的陪伴给了儿童足够的安全感，对母亲离开和陌生人进来都没有强烈的不安全反应。多数婴儿都属于安全型依恋。

安全型成人依恋特征为：我发现与别人亲密并不难，并能安心地依赖别人和让别人依赖我。我不担心被别人抛弃，也不担心别人与我关系太亲密。

（2）回避型依恋（avoidant）。以无所谓的态度对待母亲在场或离开。实际上这类婴儿与母亲之间并未形成特别亲密的情感联结，被称为无依恋婴儿。这类婴儿占少数。

回避型成人依恋特征为：我发现自己很难完全相信和依靠其他人。当别人与我太亲密时我会紧张，如果别人想让我更加亲密一点，我会感到不自在。

（3）反抗型依恋（ambivalent）。这类婴儿缺乏安全感，对于母亲离开非常警惕和反抗。但母亲回来时，一方面既寻求与母亲接触，另一方面又反抗母亲的安抚，非常矛盾，这种类型又叫矛盾型依恋，也是典型的焦虑型依恋。少数婴儿属于这种依恋类型。

反抗型成人依恋特征为：我发现别人不乐意像我希望的那样与我亲密。我经常担心自己的伴侣并不真爱我或不想与我在一起。我想与伴侣关系非常亲密，而这有时会吓跑别人。

2. 按父母的教养方式分类

父母的教养方式是指父母在教育抚养子女过程中表现出的一种行为倾向，它是对父母各种教养行为的特征概括，是一种具有相对稳定的行为风格。父母教养方式比较集中地反映了父母对待子女的态度，是其教育观念的反映，对子女多方面的发展具有重要影响作用。

一般认为，典型的父母教养方式有如下几种情形。

（1）过分干涉——严厉型。这类父母对子女各方面的管教特别严厉，经常用命令、指责的方式强迫孩子完成某种任务。"不准""禁止""必须"是他们教育的口头禅，一旦孩子未听从或未完成父母交代的学习任务就会遭到严厉的批评或惩罚。父母也常拒绝子女的合理要求，缺乏情感温暖，缺乏与子女之间的有效沟通。在这种父母教养方式下成长的青少年往往表现出懦弱、自卑、没主见、独立性差、唯唯诺诺、生活情趣少、难以适应社会竞争的缺点。

（2）过度保护——溺爱型。这类父母对子女百依百顺，溺爱，对孩子本来可以自己完成的事情，对孩子自己可以回答和决定的问题总是包办代替；当孩子遇到某些困难时，父母总是设法帮助他绕过去或替其受过，担心子女受到挫折。即使错误在孩子，父母也把责任归咎于其他兄弟姐妹。在这种教养方式下成长起来的青少年人格幼稚，对父母的依赖性极强而且自信心不足，遇到困难和挫折便不知所措，与人交往时缺乏共情能力。

（3）放任不管——撒手型。这类父母或因离婚，或因忙于生意和工作，或很少回家，或夜不归宿，对子女的学习和生活漠不关心。对孩子的行为很少有约束和干预。在这种教养方式下成长的青少年常有以自我为中心、不懂得尊重他人、任性易冲动、脾气暴躁、逆反心理和自卑心理强等心理问题。

（4）情感温暖——理解型。这类父母常向孩子表达自己的爱，允许孩子在某些方面有独到之处，当孩子遇到不顺心的事时，常鼓励和安慰他们，父母信任和尊重孩子的意见，父母能理解孩子的不同意见，父母能让孩子顺其自然地发展；当孩子取得某些成功时，父母会以孩子而自豪。在这种教养方式下成长起来的青少年心理健康、人格健全、人际关系良好。

有学者认为，不良的教养态度和行为与青少年反社会行为有着因果关系，家长不良的教养态度和行为是孩子发生问题行为的决定性因素。

在民主的家庭中，家长更多地会倾向与子女进行面对面的交流，将子女摆在平等的位置上，把自己的思想传达给子女。当子女有不同意见的时候，不是急于否定，而是通过讨论或者说服讲理的方式共同探讨。在这种和谐的家庭环境中，青少年往往会形成正确的世界观、价值观，有着强烈的求知欲望，能够更好更快地适应社会化的过程；而在专制家庭中，父母更多的是将自己的思想观念强加给子女，当子女提出不同意见的时候，就急于树立家长的权威，给予批评或者直接否定，这往往会让青少年处于极大程度的情绪紧张状态，青少年受到这种氛围的影响，容易形成孤僻、自我认同感低、焦虑等负性情绪。

（四）大学生亲子关系的影响因素

1. 社会因素

对当代大学生来讲，由于社会的变革，必然会与父辈在思想、习惯等方面存在差异，影响亲子的交流与关系。另外，随着经济的发展、生活观念的改变，产生了"农村留守儿童"等现象，导致留守子女与父母关系冷淡。同时"赏识教育"代替"棍棒底下出孝子"等教育观念，亲子观念的更迭，必然会影响亲子关系的互动和质量。

2. 家庭因素

（1）父母个体因素。父母的受教育水平、教育观念、心理健康水平是影响父母教养方式的重要因素。文化水平较高的父母，会主动获取有关家庭教育方面的知识，教育观念更加开放和科学,营造和谐家庭氛围,对子女采用较为民主的态度、情绪稳定、处理方式成熟,给予子女较多的尊重和理解,双方沟通融洽,亲子关系较好。研究表明,文化水平较低的父母也往往在家庭教育上是"撒手型"父母。

(2)父母婚姻状况。稳定、健康的婚姻关系容易促成和谐的亲子关系。夫妻与孩子之间是一个动态平衡的互动系统,夫妻关系是系统的基础和保障。如果夫妻关系出现问题,就会直接影响亲子关系,单亲家庭和再婚家庭是典型代表。在不和谐的婚姻家庭中,父母因精力、经济、心理等资源不足难以顾及子女的生活和感受,同时因为父母关系所带来的紧张感,都会影响亲子关系的和谐。

(3)家庭经济状况。经济状况好的家庭,孩子接触新事物的机会、与人交往的机会和表现自己的机会都相对较多,这些有助于培养孩子外向乐观的人格。相反,有些家庭经济困难的孩子在生活重负的压力下变得自卑、孤独、内向和紧张,从而影响家庭和人际关系发展。有研究表明,家庭收入的高低与父母的文化水平有显著关系,也与父母的职业水平有显著关系。

3.子女因素

(1)年龄特点。亲子关系具有一定的年龄阶段性,当孩子处于婴儿期和儿童期时,父母处于亲子关系的主导地位,亲子关系矛盾不明显。但是到了青春期,处于"心理断乳期"的孩子自我意识成熟,追求自我独立,与父母冲突增多,亲子关系容易受到影响。

(2)气质性格特征。在亲子关系的互动中,子女特定的行为模式会影响父母所采用的教育方式,孩子的性格特点、沟通方式、情感表达模式等同样会影响父母的反馈。因此,当子女乐于沟通、善于分享、愿意表达内心情感时,父母同样也会受到感染,从而形成良性互动,促进亲子关系的和谐;反之,则会使亲子关系紧张。

(五)大学生如何调适亲子关系

和谐的亲子关系是父母对孩子施以正向教育的基础,也是孩子幸福一生的奠基石。然而,在现实生活中,不和谐的亲子关系比比皆是。不少大学生感到父母不尊重和理解自己,甚至因身体或精神上的伤害产生心理阴影。豆瓣网上就有一个"父母皆祸害"的网络讨论小组,网友的案例展示了备受折磨的两代人的心灵之痛。大学生常常是家庭中受父母器重的佼佼者,同时也对亲子关系有更高的要求和一定的反思,根据心理咨询中"谁痛苦谁改变"的原则,大学生可以成为调整和完善亲子关系的主动方。这里提出大学生在亲子关系中常见的困扰和调适方法,以供参考。

1.如何改善与父母的关系

(1)理解父母爱的语言。父母对自己的关心主要体现在生活和学习小事上,可能你会感觉唠叨,但这是父母表达爱的方式,要主动让父母了解我们的变化,理解我们的想法。

(2)客观看待差异。认识到自己和父母在知识、能力和追求等方面的差异,从内心尊重和理解父母的想法和不足,愉快地接受父母正确的意见、建议。

(3)换位思考了解父母。了解父母的辛苦,体验父母的情绪和需要,关心父母的身体和心理状况,给予父母更多的精神安慰。当我们在抱怨父母不关心自己的时候,你可曾反思自己是否理解和关爱父母。你是否知道父母的生日,是否了解他们的饮食喜好,是否有面对面的爱的表达，是否愿意和父母分享生活，有多久没有拥抱过父母，当我们能够主动去关心父母时，亲子关系才会出现良性互动。

（4）主动与父母沟通。多和父母聊聊天，缓解他们生活和工作中的压力。主动提议开展一些有利于感情交流、心灵沟通的活动，多和父母讨论一些新观念、新思想。

（5）寻找父母的优点。将父母看成独立的个体，用全新的方式和积极的态度观察父母，寻找父母的优点，哪怕是回忆童年的温馨瞬间，用真诚的态度赞赏父母。

2. 与父母有了冲突怎么办

在长期争吵的家庭中，家长和学生往往有种观念，一旦发生冲突，就是对感情的严重伤害，就是"不爱父母了""父母不爱我了"。其实，亲子之间有不同的意见，发生冲突是正常现象，冲突本身未必不好，重要的是要学会面对。一般情况下，与父母之间的冲突，往往来源于父母对我们的高标准、严要求及家庭矛盾和生活观念上的冲突。大学生们应该学习处理不良情绪，主动与双亲沟通，表现出妥善解决的诚意，说明双方产生意见的原因和背景。同时，大学生也要注意在与父母的沟通过程中传递的语言和非语言信息。

（1）人无完人。理解父母并非完人，也有情绪不佳的时候，不要苛求他们。

（2）学会"冷处理"。面对冲突要学会控制情绪，哪怕父母当时指责和冤枉了自己，不急于抢白、不急于辩解，避免情绪冲动的"离家出走""断绝关系"等硬伤行为。

（3）学会有效的表达。主动正面与父母交流，当与父母意见发生分歧时，不采取回避、疏远、顶撞的态度。长时间争吵或冷战的方式是不明智的，也是最伤害感情的。

（4）培养良好的态度与沟通能力。找到父母能接受的沟通方式，如书信、微信、漫画、中间人等，促进事实陈述和情感表达。

（5）克服逆反心理。控制自己的情绪、态度，克服逆反心理。

3. 不想与父母和解可以吗

也许父母带给你的伤痛实在太深，到现在都难以释怀，但似乎又割舍不下血缘之情，甚至背负着沉重的道德枷锁。也许，你可以试试这样做。

（1）理解父母对待自己的方式。心理学认为，亲子互动模式具有一定的历史延续性，父母从原生家庭中习得，便自然展示在新家庭中，从这个角度讲，父母在一定程度上也是受害者，也需要不断成长和学习。

（2）接纳内心真实感受。如果你"憎恨"父母对你的伤害行为甚至父母本身，就接受自己的真实感受吧，这并不是你的错。你可以做的是，不要将这种伤害延续到自己的孩子身上，避免使他或她受到相同的伤害。

（3）你有选择是否和解的自由。有的父母也许非常偏执、固化，没有办法沟通甚至相处，也无法改变他们、改善和他们的关系，那就尊重自己的感受，设置出和他们相处的"安全距离"。

（4）学会为自己负责。父母和家庭无法选择，但我们可以选择自己成为一个什么样的人。我们的过去无法改变，但从现在开始，我们的人生可以由自己掌控，原生家庭不是自己不努力、不爱自己甚至伤害别人的借口。

（5）学会给自己减压。在一些家庭里，父母是控制不住情绪、随心所欲的"孩子"，而子女则成为善于为父母考虑、照顾父母情绪的"父母"。在这种家庭关系中，卷入过多的子女，需要适当地从父母矛盾中抽离出来。学会了解家庭成员各自的权利、义务、角色，把父母之间的问题交给他们自己去处理，只有这样才能减轻子女因过度承担父母关系之间的责任而产生的焦虑、抑郁、痛苦等负面情绪。

（6）学会心理求助。对于尚不知道如何妥善处理与父母或其他家庭成员关系的大学生，建议找专业的心理咨询师进行心理咨询或邀请家人共同进行家庭治疗。

八、高校辅导员心理健康教育与引导案例

案例一：宿舍班级是我家，团结友爱靠大家

大学是人生中非常重要的一段时光，在这段时间里，我们经历了从学生逐渐到社会人的转变。在大学期间，我们不仅要学会专业知识，为找工作而积极准备，更重要的是要学会如何和他人相处，在学生群体中获得归属感和认同感，提高责任感，从而更好地融入社会并适应社会。

然而，现在越来越多的新闻事件揭示出的大学生人际关系紧张现象不容小觑。自2004年"马加爵事件"之后，又爆出复旦大学研究生宿舍投毒案、清华大学铊中毒事件、广西某高校亚硝酸盐中毒事件……每个事件都触目惊心，而引发投毒案的导火索却往往都是一些鸡毛蒜皮的小事，真是令人感到不解和惋惜。

虽然这样极端的现象只是少数，但大学生宿舍矛盾问题、学生集体感缺乏导致班级整体气氛不融洽的现象仍然比比皆是，在学生宿舍里经常可见到为了一点小事发生争吵或者矛盾，不能体谅包容他人的情况，在班级里班干部和同学之间的相互不理解、埋怨的现象也是时有发生。

有学生经常向辅导员反映寝室里矛盾很多，想调换宿舍；有班干部反映工作太累，做了很多事，同学们又不体谅，还不配合，埋怨很多，不想干了。希望通过案例分析引导能让学生认识到融洽、和谐的宿舍关系、班级氛围的重要性，增进学生人际沟通的技巧与能力，提高他们理解和包容别人的"心理宽度"，构建一个友爱的宿舍和班集体。

班级是大家，宿舍是小家，所以案例分析思路是先从宿舍人际关系入手，再引发构建和谐班集体的思考。整个流程如下：播放宿舍投毒案视频，引发学生的关注和思考→播放在学生宿舍实拍的宿舍矛盾视频，正视宿舍矛盾问题→"缺点轰炸"集体"吐槽"：宿舍里怎样的人和事会引起你的不满→"头脑风暴"：活动讨论与分享→心理专家解读造成宿舍矛盾的原因和如何构建和谐友爱人际关系→宿舍是小家，班级是大家，班级里也一样，大家相互体谅，良好沟通，矛盾就能迎刃而解→小组游戏"齐眉棍"，在游戏中体会集体的力量，学习和体会包容他人。

（一）"投毒案"新闻导入

播放一段关于大学投毒案的视频，引发学生思考和讨论：虽然这样的案件我们已不再陌生，但依然很令人震惊，大家看后是什么感受？为什么他们要这么做？

（二）情景剧展示

播放在学生宿舍拍摄的宿舍矛盾的情景剧视频。学生观看后，提问：虽然我们的同学中没有出现新闻中那样极端的事件，但情景剧中的场景是不是你们日常生活中常见的一幕？最近，班级出现的状况很多，有同学反映寝室里矛盾很多，想调换宿舍；有班干部反映，工作很累，同学们又不体谅，埋怨很多，不想干。那我们首先来说说宿舍问题：有多少同学认为自己的宿舍关系相处得非常好的？还有很多同学对宿舍人际关系不太满意的，又是因为什么？在此引发学生讨论。

（三）"缺点轰炸"

逆向思维，不同于平时进行的"优点轰炸"，给学生们匿名投诉的机会：把你认为宿舍里你不满意的人和事写出来，但是不用写具体名字。这样给大家一个真实的吐苦水的机会，有利于发现问题所在，下一步集中处理。写好后以宿舍为单位互换纸条，然后派代表读出纸条上所"吐槽"的内容。

（四）"头脑风暴"：活动讨论与分享

1. 引发讨论：为什么我们会对他人有这么多怨言？大家有没有发现，其实都是一些非常小的生活上的问题？

2. 对于上面大家投诉的宿舍问题我们平时有及时沟通处理吗？如何处理的？有没有更好的办法？

3. 讨论：用五个词形容你们希望拥有的寝室是怎样的。以寝室为单位，讨论并发言。

4. 想要拥有心目中希望的寝室，我们又该怎么做呢？即宿舍人际问题我们应该如何去正确处理？

（五）邀请心理中心老师作为嘉宾，解读宿舍问题的原因

这个环节我们邀请了学校心理中心老师，老师从心理学的角度深入浅出地给学生们分析了宿舍矛盾的成因、常见的人际交往困惑以及人际交往小技巧。

（六）"优点轰炸"

我们不仅要改掉自己不好的生活习惯，多站在别人的角度考虑问题，改变沟通的方式与方法，还要有一双发现别人优点的眼睛。

以宿舍为单位，大家相互说说舍友做过的最令你感动的事情，她（他）都有哪些优点是值得大家肯定和学习的。

（七）由宿舍人际关系引申到班级管理

班级这个大家庭一样需要所有同学的共同努力来构建一个团结友爱的氛围。这一环节主要开展了两个方面活动。

1. "心里话大爆炸"。班干部和同学都来说说自己心里想要对大家说的话，把心里的委屈、困惑、希望都说出来。

2. "共筑未来"。大家讨论：如何构建良好的"干群关系"和班级氛围？

（八）素质拓展游戏——齐眉棍

游戏方法：以宿舍为单位以及自由组合小组开展游戏。每次8名同学侧身站成一排，抬平右手臂，伸出食指放平，教师把长棍平放在8名同学的食指上，放稳后指令学生让棍往下走，整个过程中棍子不能离开任何一个人的手指，否则游戏失败。

游戏看似简单，但其实很难完成。通过几次试验，学生们会体验到要想游戏成功，不仅需要一个好的领导者，更需要大家齐心协力共同努力；遇到问题要多从自己身上找原因，而不是一味埋怨和指责别人。

（九）总结与延伸

温馨和谐的宿舍需要我们用爱和包容来维护，处理好宿舍的人际关系不仅能让我们收获一段温暖、让人留恋的大学时光，收获真挚的朋友，更重要的是，能教会大家拥有一颗感恩和包容的心，运用换位思考和正确的沟通方式来面对以后的工作和人生。宿舍又是班级的组成单位，我们还要把这份爱和包容渗透到我们的班级生活中去，在班干部和同学之间形成相互体谅和帮助的互动模式，珍惜身边的同学和朋友，从而构建一个温暖友爱的班集体。

雷锋同志曾说："一滴水只有放进大海里才永远不会干涸，一个人只有当他把自己和集体事业融合在一起的时候才能最有力量。"班级和宿舍犹如一堆沙，用爱心、感动、宽容汇聚后，它比花岗岩还坚韧。

案例二：沟通——从"心"开始，从"新"出发

"一个人的成功，15%靠专业知识，85%靠人际关系和处世技巧。"心理学家研究发现，如果一个人长期缺乏与别人的积极交往，缺乏稳定而良好的人际关系，这个人往往就有明显的性格缺陷。对于刚进班的学生，学会处理人际沟通显得非常必要，所以，要迈好大学第一步，首先就要懂得如何与人交往和沟通。

（一）高校悲剧事件频发

事件一：中国政法大学2010年应届毕业生黄某，错买火车票到了南昌，因不善与人沟通，没找到工作，成了流浪汉，最终晕倒在街头，被警察解救。

事件二：2013年，复旦大学上海医学院2010级硕士研究生黄洋中毒身亡，而涉嫌投毒的犯罪嫌疑人恰恰是被害人宿舍的同学林森浩。11月27日，法院开庭审理此案，林森浩称自己看不惯黄洋，决定投毒。

事件三：南京航空航天大学学生袁某在宿舍玩电脑游戏，遇同宿舍蒋某因未带钥匙敲门，袁某未及时开门，双方发生口角，并发生肢体冲突。在冲突过程中，袁某拿起书架上的一把水果刀捅到蒋某胸部，蒋某送医院抢救无效死亡。

（二）大学生人际沟通能力的现状不容乐观

沟通知识技能相对匮乏，沟通动机存在差异，沟通认知偏激，沟通范围较为局限。培养良好的沟通能力不仅是大学生活的需要，更是适应社会的需要。

（三）加强大学生沟通能力培养刻不容缓

进入信息时代以来，新通信技术已经帮助我们实现了任何时间、任何地点、任何方式、全天候的交流。高科技手段使人们之间的交流缩短了时间，缩小了空间，但另一方面在无限缩短人与人之间的物理距离时，也无限拉开了人与人之间的心理距离，出现了一系列交际失衡状况。现代科技的迅猛发展带来了现代人精神家园的失落，人与人之间的凝聚力接受着严峻的挑战。

在大学生的交往中常有因语言误解或不善于表达或表达缺乏真诚而铸成遗憾之事。本

次案例分析与引导旨在通过游戏、角色扮演、讨论、分享感受、互助互动的方式帮助学生认识自我、了解自我、关注他人、减轻社交焦虑、突破社交障碍，学会表达，学会沟通，学会合作。

第一环节：导入主题（新闻视频引入）

近年来，高校各种恶性事件给大学生人际关系亮出了红灯。从马加爵案到复旦投毒案，一点点小事，引发身边曾经亲近的朋友变成要人命的凶手，不得不让人反思，是什么导致了今天的悲剧？请同学根据事件来谈看法。引出主题——沟通。

交流分享：作为社会人，我们任何一个人都不能脱离人际关系；作为大学生，我们每一天都离不开与同学、老师、家长的沟通，但我们中相当多的同学却恰恰因为不敢沟通、不愿沟通、不善沟通、不易沟通而与同学摩擦不断、与老师矛盾升级、与父母关系紧张，严重影响心情，影响生活。我们就以"沟通"为主题一起来诊断一下我们的问题，对症下药，让青春因沟通而绚丽多彩，让生活因沟通而精彩无限！

第二环节：诊断问题，寻找不会沟通、不善沟通的根源

活动目的：让学生清晰表述，准确回应，体验有效的人际沟通要素，包括准确表达、用心聆听、思考问题、澄清确定等。

1. 我说你画（热身活动，了解人际关系中沟通的重要性）

活动步骤：准备两张风格相似的简单图画，每人两张A4大小的白纸和笔。第一轮先邀请一名志愿者上台担任"传达者"，其余人为"倾听者"。传达者背对大家，描述画面一的内容，"倾听者"根据其语言描述在纸上根据自己的理解画出图画，其间不允许提问和交流，所画的图尽可能地贴近原始画面。

第二轮再邀请另外一位"传达者"上台，面对"倾听者"，描述画面二的内容，允许"倾听者"边提问边作画，作出尽量贴近画面二的图画。比较前后两次作画的效果，请"传达者"和"倾听者"谈自己的感受。

交流分享：我们进行的时候心里都有什么想法？为什么一句话传来传去就变味了呢？为什么同一样东西、同一件事情，不同的人会有不同的理解呢？为什么不同的沟通会有不同的结果呢？（从过程角度，我们的表达和倾听是：紧张、不自信、怀疑、可千万别听错了、他能行吗等；从结果角度，我们的思想是：习惯找理由，推责任，这事儿可不怨我，是他没说明白，这事要是换我准出不了错等）

2. 齐眉棍（培养学生团队沟通能力）

活动步骤：

（1）准备一根齐眉棍。

（2）让小组成员站成相对的两列，小组成员全部将双手水平伸出食指，统到胸口的高度。

（3）将齐眉棍放在每个人的食指上，必须保证每个人食指都接触到齐眉棍，并且手都在齐眉棍的下面。

（4）要求小组成员将齐眉棍保持水平，小组的任务是：在保证每个人的手都在齐眉棍下面的情况下，将齐眉棍完全水平往下移动。一旦有人的手离开齐眉棍或齐眉棍没有水平往下移动，任务就算失败。

交流分享：沟通会让我们更了解彼此，更容易理解我们内心的感受。当然沟通不仅在单个人与人之间，更多的是一个团队的沟通。俗话说："一根筷子易折断，十根筷子抱成团。"所以团队的力量更强大，而凝聚这股力量的源泉就是沟通。

3. 珠行千里（寻沟通方式与技巧）活动步骤

（1）选出一名同学站到起点线上放球，其余同学手拿PVC管一个一个连接并且排成一条直线，PVC管不允许重叠，双手拿住PVC管两端1/3处。

（2）手指不允许阻挡球前进或后退；手指不允许伸到PVC管上方；每名同学在球经过之后迅速跑到排尾继续按要求接球，直到把球运送到终点的桶中。

（3）球只允许前进，不允许后退或停止。

交流分享：虽然有个性、习惯、思维方式、知识经验、家庭背景等方面的差异，但最主要的却是在为人处世时习惯"自我为中心"，往往从自己的利益、兴趣、面子等角度出发，忽视了对方的个性、需要心态等。出事根源：自信不足、自我封闭、不善表达、不善倾听、被动等待等。

人际沟通是一个双向的过程。有时候你所表达的并不一定就是别人所理解的，你所听到的未必就是别人想表达的。沟通并不是一件简单的事情，需要双方不断反馈、调节沟通方式，这样才能达到沟通的最佳效果。

第三环节：解决问题，掌握人际沟通的基本方法和技巧

沟通是相互的，你要别人怎么对待你，你就先怎样对待别人。人际沟通中，我们首先要主动敞开心扉，接纳、肯定别人，保持人际关系的主动性，这样别人才会接纳、肯定、支持我们。学会真诚表达自己的感受并能够及时表达是沟通中不可或缺的重要技巧。

技巧一：沟通需要真诚主动，需要及时表达。

技巧二：良好的沟通需要学会尊重，需要换位思考。

技巧三：沟通需要理解包容，更需要用心倾听。

技巧四：克服自己的偏见，敞开心扉、积极主动。

第四环节：顿悟升华，付诸实践

交流分享：沟通的方式有很多，但你羞于表达的时候也可以采用其他方式来沟通。班会尾声：请同学们坐下来闭上眼睛，静静地回顾一下，相处接近两年的时光，是否你与身边的同学发生过争执或者矛盾，有没有令你难过或者感动、温暖的瞬间，在那时你有没有向他说声对不起或者谢谢你？如果有，请你将想对对方说的话写在纸条上，让沟通温暖我们身边的每一个人。

沟通从"新"出发，让心与心相连。我们应当接受别人，学会依靠，不是因为软弱，而是要变得更加坚强。沟通可以拉近人与人之间的距离，靠近我，温暖你；靠近你，也温暖了我。借助沟通，弥补自己的不足，让个人变得更完美，更强大，让他人也变得更强大。这就是人生的规则，也是智慧的处世之道！

案例三：黑色的星期天

（一）案例综述

一个星期天的上午，2009级学生小浩给我打电话说他被舍友打伤了头部，该舍友小佳

因学习成绩差，挂科高达 7 科，早在半年前其学籍就已经异动降至 2010 级。打架的起因是小浩在宿舍里用手机登录 QQ 音乐软件播放音乐《黑色星期天》，小佳不同意，小浩就关闭了手机播放器，但小佳趁小浩不注意的时候突然从背后袭击了小浩的头部。经医院检查，小浩面部擦伤，被攻击部位些许红肿，无内伤。

（二）案例分析

仅仅是因为播放一首歌就导致对朝夕相处的舍友大打出手，这不太合常理，应该还有更深层的原因，而《黑色星期天》这首歌只是一个导火索。经过仔细分析可能有以下两种情况：一是两人积怨已久；二是网络上有关《黑色星期天》这首歌的传言很多，这首歌是匈牙利作曲家赖热·谢赖什谱写于 1933 年的一支歌曲。据说，《黑色星期天》是作者和他的女友分手后在极度悲恸的心情下创作出来的。由于歌曲中流露出摄人心魄的绝望情绪，数以百计的人在听了它后结束了自己的生命。这支歌遂被冠以"匈牙利自杀歌"的称号，甚至一度遭到了 BBC 等国际知名电台的禁播。但是，并没有实质法律文献、期刊和出版物能证实该自杀数字。正因为这首歌有一定的特殊性，所以推测小佳有可能对这首歌极度敏感，甚至患有心理疾病。

经过详细了解之后，小浩和小佳二人事发前无任何积怨且精神状态良好，所以此次打架事件属突发性偶然事件。小佳对他人播放《黑色星期天》的反应过激，超出了常人的反应，因此，小佳患有心理疾病的可能性较大。

（三）解决方案

1. 理论依据

心理疾病，是指一个人由于精神上的紧张和干扰而使自己在思维上、情感上和行为上发生了偏离社会生活规范轨道的现象。心理和行为上偏离社会生活规范程度越厉害，心理疾病就越严重。歌曲《黑色星期天》的播放对小佳形成了刺激，这首歌的故事背景对小佳产生了心理暗示，进而诱发了他的过激行为，这已经偏离了社会常人生活的轨道，因此判断小佳患有一定程度的心理疾病。

2. 过程方法

回顾整个事件的处理过程，大致分为四个阶段：调查阶段、分析阶段、协调赔偿阶段和后续处理阶段。

首先，调查阶段：我在接到学生的电话后，第一时间赶到了事发地点，将两位当事人隔离，带被打伤的学生到医院检查伤势，并电话告知其家长，另派 2 名学生在医院陪同小浩等待进一步的检查结果。然后和舍友、同学、班委了解小佳和小浩平时的为人，与小佳的辅导员老师取得联系，并告知调查结果。

其次，分析阶段：在经过详细的调查之后，我们将收集的资料做了整理和分析。我和小佳的辅导员老师将小佳的情况向学校的心理咨询老师做了详细的说明，大家一致认为小佳的心理患有一定程度的疾病，所以我们做出了以下处理——避免小佳与小浩的再次接触，叮嘱小佳的舍友 24 小时观察其情绪变化，通知小佳的父母速来学校，安抚小浩避免发生报复行为。

再次，主要针对小浩的医疗费用与小佳的家长协调赔偿问题。在我院学生工作办公室的协调下，双方家长在经济赔偿问题上的意见达成了一致。我与小佳的辅导员老师和小浩及其家人解释了小佳可能患有心理疾病，最终博得了小浩父亲的同情与谅解。

最后，确定赔偿金额是否如数到账，应小浩家长的要求给小浩调离了原来的宿舍，同时请小佳的父亲带领他去专科医院进行精神鉴定，针对具体病情进行专业治疗。

在处理整个事件的过程中，我主要运用了以下两种方法。

（1）调查法。事发之后，我第一时间到达现场，对双方当事人分别进行了谈话。了解了造成冲突的原因和经过，并安排受伤同学前去医院检查。整体的调查动作包括多个方面：和当事人的谈话、询问目击证人、向舍友及同学了解相关情况、和参与事件的学生家长取得联系并告知具体事情等。

（2）历史分析法。在展开一系列的调查之后我了解到两个情况：其一，小佳在半年多以前也因为同宿舍的小周播放了这首歌曲而情绪激动，但此事小浩并不知情；其二，小佳的父亲不认为自己的孩子心理有疾病，但却承认小佳在高考前因为学习压力大服用过抗抑郁的精神治疗药物。将这两个历史事件与本次事件联系起来观察，其中的内在联系显而易见。

3.结果评价

经过专业医生的诊断，小佳确实患有癔症（一种常见的精神障碍），已经办理了休学手续，小浩搬到新的宿舍并恢复了平日的生活状态。

（四）经验与启示

1.学籍异动学生群体要倍加关注

学籍异动学生群体是一个特殊的群体。每一位学籍异动过的学生背后都有着一段故事，有因为身体原因休学的，有当兵休学的，有沉溺游戏挂科太多的，有经济困难无法继续学业的，还有……

学籍一旦发生变化，学生的归属就会改变，这样的学生往往会脱离班集体，两头够不着，极容易成为学生管理的盲区。所以，对于该群体的学生要给予更多的关注。

2.学生心理健康教育至关重要

世界卫生组织近年来对许多国家的调查研究证明，在全世界的人口中，每时每刻都有1/3左右的人有这样或那样的心理问题。

中国正处在社会转型时期，社会变革必然冲击家庭、学校和社会的方方面面，而种种矛盾必然突出地从高校学生的心理状态中反映出来。高校学生心理健康教育的意义在于能够使学生不断正确认识自我，提升承受挫折、适应环境的能力，培养高校学生健全的人格和良好的心理素质，对少数有心理行为问题和心理障碍的学生给予科学的心理咨询和辅导，使他们尽快摆脱障碍，提高心理健康水平。高校学生的心理健康教育是素质教育的重要组成部分，是培养跨世纪高质量人才的重要环节。

3.处理高校学生突发性事件的要点

首先要控制事态，防止事件进一步恶化，其次要明确找到突发事件的症结所在，再次要果断解决问题，不拖沓，不含糊其词，最后还要总结经验教训。

九、团体心理辅导方案

愉快、广泛和深刻的心理交往有助于个性发展与健康。心理学家研究发现，如果一个人长期缺乏与别人的积极交往，缺乏稳定而良好的人际关系，这个人往往就有明显的性格缺陷。如在青少年心理咨询中发现，绝大多数青少年的心理危机都与缺乏正常的人际交往和良好的人际关系相联系。

怎样才能建立良好的人际关系呢？沟通是第一步。按照通俗的讲法，好的沟通能力代表着良好的人缘。只有与其他人进行有效的沟通，你才能了解周围人的性格品德，才能了解对方的内心世界，使自己在日常生活中不至于经常碰壁，从而能与他人建立起良好的关系。曾看过这样的一篇文章：有一对父子闹矛盾，多年来互不往来。儿子在其妻子的劝说下去和父亲沟通并对他说了一句"我爱你"，使多年的隔阂瞬间消除。第二天父亲心脏病发而亡，临死前他的嘴角缀着笑容，而儿子也庆幸未让父亲带着遗憾去世。沟通，让多年的隔阂瞬间消除，让父亲含笑离去，让儿子了却了遗憾。可见良好的沟通有多么重要。

沟通除了需要真诚、尊重、宽容等品质外，还很讲究沟通技巧。这些技巧仅仅用语言是很难让人记住的，而团体心理辅导的活动却能弥补这个不足，让同学们在活动过程中感悟和践行。在高等学校中，许多同学的社交困扰来源于无法与他人建立健康、良性的关系，在与人交往的过程中缺乏倾听与尊重，通常只会站在自己的立场上思索问题，导致人际关系中的矛盾不断积累，最终表现为人际交往障碍或者社交心理困扰，进一步阻止了其参与社交活动，形成恶性循环。本章主要从"沟通""交流""信任""尊重""理解"等主题入手设计团体心理辅导方案，帮助同学们在活动中体验和感受人际交往中的诸多要素，并以此为契机调整自己的人际交往技巧，获得良好的社交体验。

本章中的活动"变形虫"，旨在让学生感悟到人际交往中理解、合作、认同的重要性；"我说你剪""我说大家画"则能让人体验到单向沟通和双向沟通等有效的信息沟通要素，使人明白在沟通中信息表达是否清楚与是否有及时反馈是影响我们沟通效果的重要因素；"最佳配图"让人体会了每个人的生活阅历不同，每个人对同一信息的理解也就不同；"盲人之旅"则让人理解了人际交往中自助与他助是同等重要，感受到了信任与被信任的幸福；"风雨同行"让人体验到团队合作中如何扬长避短，在团队中如何与人建立合作共赢关系；"找'领袖'"则让人体验到不同的角色要求，学会换位思考；"人体'拷贝'"活动中则能够体会沟通的重要性，感受到了在日常沟通中，除了出声的言语可以传递信息，肢体语言和表情等信息也可以使我们进行交流。

【活动1】变形虫

（一）活动目的

1. 通过团体心理活动"变形虫"，让学生体验沟通的必要性。
2. 通过小组交流，让学生感悟人际交往中理解、合作、认同的重要性。

3. 在体验和分享中学习人际交往技巧，提高人际交往的能力。

（二）活动时间

大约需要 20 分钟。

（三）活动道具

13 米的长绳 2~3 根、5 个眼罩为一套，需要若干套。

（四）活动场地

以室外场地为宜。

（五）活动程序

1. 主持人先把 13 米长的绳子两头相结结成一个大绳圈，这样的大绳圈准备 2~3 个。
2. 全班学生分成若干个组，每组 5 人。2~3 组同时进行游戏比赛。
3. 5 名同学分别戴上眼罩，主持人把事先准备好的大绳圈分别交给他们。
4. 根据主持人发出变形指令，如正三角形、正四边形、正五边形……5 名参与者通过合作完成，用时最少的组为胜。在合作变形的过程中，不允许用语言交流。
5. 活动结束后进行分享和交流。

（六）注意事项

1. 长绳的长度以比 5 个人伸直双臂的总长度多 5 米为宜，不要太短，也不能太长，否则都会影响游戏的进行。
2. 一般以 2~3 个小组同时开展竞赛为宜，这样可以节省时间。
3. 在"变形"过程中，要求绳子充分展开，不可以收缩部分绳子，减短边长，降低难度。
4. 主持人应该注意观察活动过程中各组的表现，对出现的特殊情况及时进行引导。

（七）活动扫描

1. 活动点评

当五个人之间的角色关系确定后，主持人可提出变形要求，参与者根据口令做出规律性的变化。明确一个人可以是一个点，一只手也可以是一个点，一个人也可以代表两个点。两个点可以形成一条线，所以一个人也可以成为一条边。假如要变出一个正三角形，五个人中只需要三个点，必然出现两组两人重叠的情况。假如要变出一个六边形，需要四个人每人一个点，一人出两个点，共六个点构成，调整六条边为等长即可。应启发参与者的发散性思维，不局限于一个人只能代表图形的一个点。

由于整个游戏要求参与者不用语言交流，所以一个组要顺利完成变形过程，需要产生"领导者"。通过自发产生的"领导者"进行统一管理，才能从无序逐步到有序。在游戏中存在"领导"与"服从"两种角色，学生之间需要有一个协调、服从、合作的过程，主持人需要有充分的耐心等待"变形"过程的完成。周边同学也要保持安静，不要大声提醒和暗示，当"变形"成功时，集体鼓掌给予肯定。

2. 活动案例

五个学生蒙上眼睛开始了艰难的"变形虫"活动，但在旁观者中常常会听到议论声，有暗示的，有提醒的，有指责的，也有嘲笑的，现场比较热闹。主持人应如何控制好场面？听听"当事人"与"旁观者"的心里话就明白了。

A 学生：蒙上眼睛什么也看不见，对要完成任务心中无底——很茫然。

B 学生：我一直在等待有人告诉我们该怎么办？但乱糟糟的，缺乏有效沟通，我真不知怎么办——很着急。

C 学生：我很想说话，就首先发问，得到了回应——很高兴。

D 学生：我做了两遍，发现沟通很重要，所以我就不停地与大家用肢体"交流"。虽然眼看不到，但彼此的合作使我们很快成功。听到大家给出肯定的掌声——很兴奋。

E 学生：我在旁边看这些"蒙眼人"瞎走瞎编，个个都在按自己的意图行事，缺乏中心"指挥员"，不知道何时才能成功——干着急。

F 学生：我看他们真笨，不动脑筋，正三角形、正四边形、正五边形只是几个点几条边也不找找规律，全乱套——真无奈。

主持人点评：看来真是"当局者迷，旁观者清"。但我们不妨试想一下，当你蒙上眼睛，又不能讲话交流，小组成员是谁、他在哪里、他想干什么都不清楚时，如何才能完成一个集体的任务呢？一个再聪明的人也难以完成啊！所以组员之间需要沟通，学会主动；需要交流，学会真诚；需要合作，学会配合；需要理解，学会宽容；需要认同，学会赞美；需要思考，学会机智。相信在探索中可以找到默契和信任，在信任中获得合作和成功。

3. 学生感言

（1）我们在室外做了一个活动——"变形虫"。在活动当中，每位同学必须戴上眼罩，听主持人的口令，把手中的绳子变成一个个不同的形状。大家被蒙上了眼睛，首先要辨别自己的准确位置，然后将自己的位置告诉同伴，最后通过大家的默契配合完成任务。活动告诉我们，在与人的交流时需要正确、清晰、明确的语言。语言表达是否清晰不仅关系到活动的胜负，而且在日常生活中也很重要。同时活动也增进了同学之间的交流，让大家明白彼此交流需要信任。我们在欢笑之余学到了很多。

（2）我们戴上眼罩，5 个人一组，在主持人的指令下变化出各种各样的形状。其间我们没有了视觉，只能依靠听觉和触觉来完成每一个任务。失去了视觉真是感到"心有余而力不足"，这是以前从未有过的感觉。但小组成员还是在组长的指挥下，齐心协力，有条不紊地完成了任务。默契、团队精神是完成这个游戏最好的方法。别小看这活动，只有真正亲身体验之后，才会有真切的体会——团体是如此的重要。

【活动2】我说你剪

（一）活动目的

1. 让学生体会沟通过程中单向与双向、封闭与开放、盲目与探索的区别。

2. 通过活动使学生明确有效沟通的基础是双向沟通。

（二）活动时间

大约需要 20 分钟。

（三）活动道具

16 开大小的彩纸若干张、剪刀若干把。

（四）活动场地

室内、室外均可以。

（五）活动程序

1. 活动参与者，每人向主持人领取彩纸一张，剪刀一把，背朝圆心面朝外围成一个圆圈坐好。

2. 按照主持人指令：

（1）把纸向上折、向下折，剪去一个等腰三角形。

（2）向左折、向右折，剪去一个等腰三角形。

（3）展开剪剩的纸，互相交流。

3. 剪纸过程中不允许提问、不允许讨论，独立完成。

4. 第二批参与者，每人向主持人领取彩纸一张，剪刀一把，面朝圆心背朝外围成一个圆圈坐好。

5. 按照主持人指令：

（1）将长方形纸横向拿好，如由左向右折 1/3，再由右向左折 1/4，在左下角剪去一个腰长为 2cm 的等腰三角形。

（2）将剪剩的纸上下对折，由左向右折 1/4，再由右向左折 1/3，在右下角剪去一个腰长为 1cm 的等腰三角形。

（3）展开剪剩的纸，互相交流。

6. 剪纸过程允许提问和讨论。

7. 讨论交流：两次剪纸过程最大的区别是什么，从中得到的启示是什么？

（六）注意事项

1. 主持人准备的长方形彩纸，长与宽的差距不宜过长，以接近正方形为好。

2. 第一轮结束，可以让参与者谈感受后再进行第二轮。两轮的参与者可以相同，也可以不同。

3. 第一轮一定强调不讨论、不提问，第二轮启发参与者互相参考、讨论及向主持人提问。

4. 在比较各人的"作品"时，注意捕捉与众不同、有创新意识的作品和做法。

（七）活动扫描

1. 活动点评

第一轮结束时学生们惊讶，同样的材料、同样的指令，彼此的作品怎么会如此的"千差万别"？有人对自己的"作品"满意，但不是主观控制下的成果。有人对自己的"作品"不满意，但也不是自己主观的愿望。总之，自己是盲目地"跟着感觉走"，因为没有提问、没有交流、没有比较。

第二轮结束时，学生看到大家的"作品"如此接近，仿佛是预料之中的事。因为讨论、交流和提问让大家形成共识，是集体的智慧与成果。

比较两轮过程本质区别不是"作品"的异同，而是态度与理念的差异。前者单一、封闭、盲目，后者多元、开放、探索。活动带来的启示：在学习、工作、交往、生活中，都需要后者的态度与精神。

2. 活动案例

第一轮有 10 位学生主动参与活动，主持人发给每人一张颜色不同、16 开大小的纸。

大家背朝圆心面朝外围坐一圈。当主持人发出"把纸向上折、向下折，剪去一个等腰三角形后"，有人把纸横向拿，对边折，也可折部分。有人把纸纵向拿，对边折，也可折部分。剪去的等腰三角形有大有小，因为指令中没有大小的规定。其实做完第一步，已经差异很大了。在此基础上，再继续完成"把纸向左折、向右折，剪去一个等腰三角形"，那就"千差万别"了。每个人都认为自己是跟着主持人的指令行动，但在指令不明确的情况下，其实是跟着自己的感觉走。由于各人的理解不同，表达不同，结果就完全不同。

第二轮活动中，大家面对面地坐好，这样便于相互观察与交流。虽然主持人的指令更加复杂，但允许商议、允许提问，大家可以不断修正自己的理解，不断改进自己的行动，始终保持与主持人的指令意图一致，最后的结果自然完美。但也发现有个别学生放弃与他人交流和学习的机会，独立完成"作品"，结果当然是富有个性而"与众不同"。

"你说我剪"这种单向交流方式不能获得满意的结果，因此在人际交往中，真正的有效沟通必然是双向的交流。

3. 学生感言

（1）"我说你剪"是一个非常有趣的活动，给我留下了深刻的印象。10位同学背对背围成一圈席地而坐。然后每人按统一指令折纸剪纸。结果打开一看，有的同学把纸剪成正方形中间夹花，有的纸剪成散花形，更有的把纸剪成一堆碎纸片。同样的指令，同样的剪纸动作，为什么会得出不同的结果呢？这说明各人的习惯、思维、个性的不同，得出的结果就不一样。要想形成共识，沟通很重要。

（2）我一直觉得自己是根据主持人的口令在剪，根本没有自己的思考与理解，所以最终的结果会怎样心里一点也没底。当我看到最后的图形时，我第一想法就是：自己怎么会剪出这样一个图案？图形还算规则对称，是比较满意的，看到其他同学剪出的图形与我完全不同，而且差异很大，我一直在思考其中的原因。其中有老师要求不明确的原因，也有自己盲目理解、擅自操作造成的原因。如果要达到一致的结果，需要的是双向的沟通。

【活动3】我说大家画

（一）活动目的

1. 培育学生的全局思维，锻炼清晰表述、准确回应的能力。
2. 培育学生多角度归因能力，培养主动承担责任的担当与勇气。
3. 体验有效的信息沟通要素，包括准确表达、用心聆听、思考质疑、澄清确定等。

（二）活动时间

需要10~15分钟。

（三）活动道具

两张样图，每人一张16开白纸和笔。

（四）活动场地

室内为宜。

（五）活动程序

1. 第一轮请一名自愿者上台担任"传达者"，其余人员都作为"倾听者"。"传达者"看样图一两分钟，背对全体"倾听者"，下达画图指令。

2. "倾听者"根据"传达者"的指令画出样图上的图形,"倾听者"不许提问。

3. 根据"倾听者"的图,"传达者"和"倾听者"谈自己的感受。

4. 第二轮再请一位自愿者上台,看着样图二,面对"倾听者"们传达画图指令,其中允许"倾听者"不断提问,看看这一轮的结果如何。

5. 请"传达者"和"倾听者"谈自己的感受,并比较两轮过程与结果的差异。

(六)注意事项

1. 第一轮与第二轮两张样图构成基本图形一致,但位置关系有所区别。

2. 两轮中的"传达者"可以为同一人,也可以为不同人。

3. 邀请"倾听者"谈感受时要选择有代表性的,如画得较准确的和特别不一样的,这样便于分析出造成不同结果的多种因素,从而找到改进的主要原因。

(七)活动扫描

1. 活动点评

主持人把活动的大致过程与要求解说完后,就有不少的自愿者要求担任"传达者",特别是当"传达者"2分钟看完样图一后,都觉得比较简单。主持人问:"你能够准确地把信息传达给全体'倾听者'吗?""没问题!""传达者"总是自信地回答。

当"传达者"一个个指令发出后,教室里渐渐地开始不安起来,可以听到越来越多的议论声、抱怨声、责备声。甚至有人说:"自己都搞不清楚,还说什么,越说越糊涂了。"有的人干脆放下笔拒绝接受指令了。

"传达者"自己也明白表达不清楚,导致很少有人能够画出与样图一完全相同的图形。

通过"传达者"与"倾听者"的交流,发现理解、表述、质疑、回应都是有效沟通的基本要素。

第二轮中"传达者"与"倾听者"尝试和体验了有效沟通,"倾听者"们画出的图形与样图二基本相同,结果令双方满意。

2. 活动案例

钱同学,上学期自荐要求当班干部,结果当了班长。他积极性很高,想了不少点子,想在班上一展身手,但不知为什么工作没有实效,同学们对他也有意见。前段时间班级改选班长,他落选了。

在"我说你画"活动中,他主动要求担任"传达者",结果表达不清,"倾听者"无法理解其指令的意图,没有完成"传达者"的工作。在与"倾听者"的交流中,钱同学也发现了自己的问题。第一,传达意图不明确,对样图一中几个几何图形的比例关系、位置关系没有搞清楚,表述时语言不精练,指令不明确。由于背对"倾听者"无法进行对话沟通,所以自以为说清楚了,其实却是一塌糊涂。第二,过于自信,听不进别人的批评意见,所以不但工作没有成效,而且同学关系也不理想。

在第二轮推选自愿者时,钱同学又主动要求当"传达者",在主持人的同意下,他努力地思考和积极尝试着有效沟通的要素,看到"倾听者"在自己的引导下准确地画出与样图二相同的图形时,高兴地说:"谢谢同学们,我找到我落选的原因了,我还会竞选班长的。"

3. 学生感言

(1)作为"传达者",看到大家都画得"离题万里",我很惊讶。感觉自己已经说得很清楚了,为什么他们都不明白呢?原因究竟在哪里?在不允许交流和沟通的情况下,对我发出的指令,每个人都根据自己的理解画图,当然就"千差万别"了。看来,除了自己表述不够清楚,没有进行沟通才是关键。

（2）我是做第二轮"传达者"的,因为主持人允许我与大家沟通,所以我一边讲一边示范,不时询问:"大家听清楚了吗?有问题要澄清吗?"在大家的一次次提问中,我发现自己讲得不够准确,于是不断改进自己的表述。由于我与大家及时沟通,他们自然明白了我的意图,画得越来越准确。我除了用语言交流外,还运用眼神交流,发现他们有疑惑时及时解答。我还不停地在他们中间巡视,观察指导,及时纠正。当我把所有指令宣布完毕,大家交出的"画图"准确无误,"倾听者"与"传达者"都开心地笑了。

【活动4】最佳配图

（一）活动目的

1. 通过活动使学生学会"不妨听听别人的意见",在认真听取别人意见的同时完善自己。

2. 学会逐渐明确许多事情的答案是多元的,只是理解的角度不同而已。

（二）活动时间

大约需要20分钟。

（三）活动道具

印发"最佳配图",每人一组（十幅图,两行,上下两两相对）。

（四）活动场地

以室内为宜。

（五）活动程序

1. 主持人将"最佳配图"资料发给大家,每人一张。

2. 请学生根据自己的理解,在2分钟内把10个图案做两两配对。

3. 全班交流"最佳配图",说出各自的理由。

（六）注意事项

1. 要求学生之间先不讨论,独立完成"最佳配图"。

2. 在全班交流中,充分听取学生的不同意见,并将所有不同答案用不同颜色的线条汇总在一张图上,点评时一目了然。

（七）活动扫描

1. 活动点评

面对10个小图案,每个人心里都有较为肯定的答案。所以大家很快做好了"最佳搭配"等待交流,这种主动性的气氛很好。每个人根据自己的理解,说出自己的答案。通过不断地补充,发现每个图案几乎可以与任何一个图案搭配,并且还都有道理。开始认为只有自己的答案才是最佳的学生,慢慢地感觉到,别人的说法也很有道理啊!其实是没有最佳答案的。

在搭配中主持人发现,有的人习惯按类别形状搭配,如1与7、4与9;有的人按功能搭配,如2与8、4与5;有的人按联想搭配,如2与6、9与10。这就是每个人根据自己的思维方式、行为习惯、文化修养进行理解与分析。交流的过程不是强调自己而是学习他人,交流的目的不是找出最佳答案而是丰富和完善最佳答案。

2. 活动案例

今天我们做"最佳配图"活动的是学生干部。当主持人把"最佳配图"资料发给大家,说明要求后,大家非常肯定地写出了自己的答案。最先交流的是一位男班长,他十分自信地说:"我认为最佳的搭配应该是这样的,1与7配,形状相似;2与8、4与9配,类别相似;3与5配,因为信中包含着未知;6与10配,中世纪的人与建筑。"他的话刚讲完,许多同学都要求交流。第二位女班长站起来就说:"我的答案与他完全不同,我认为最佳的配图应该是1与10配、2与6配、7与9配、4与5配、3与8配。理由嘛,1是10房子围栏上的部分,6是历史人物,我们只能在影片中看到;9中的儿童亲近大自然,4中的人打电话询问信中的问题,电脑可以帮助我们记住许多为什么。"主持人及时问了大家一个问题:他们两位的答案完全不同,都说自己的是最佳答案,大家认为究竟谁的配法是最佳呢?大家的意见比较一致:没有最佳答案。因为每个人的理解不同,思维方式、行为习惯不同,作出的答案也就不同。

主持人请所有想发表意见的同学交流了自己的答案,并把两两相连的线绘制在一张图上。密密麻麻不同颜色的连线中,大家发现同一个图案几乎可以与其他所有图案连接。如小孩子与1连是玩具,与2连是成长中录像记录,与3连是孩子心中的十万个为什么,与4连是他爸爸找儿子回家,与5连是孩子滑着滑板为邻居送信,与6连是阅读伟人传记,与7连是在公园玩耍,与8连电脑游戏是孩子的最爱,与10连这是孩子的家。这仅仅是一种说法,怎么说都是有道理的。

活动结束时,第一位发言的男同学说:"兜了一大圈,原来想让我们知道,其实没有正确答案。作为一个班干部,常常会以为只有自己的说法是最佳的,其实不妨听听同学们的意见,有许多问题从他们的角度去理解。答案虽与我完全不同,但是也没错。"

主持人归纳说:"多角度看问题,会得到多元化的结果;多角度欣赏身边的同学,能促进班集体多元化的发展,这才是教育的正确理念。"

3. 学生感言

(1)主持人发了一张纸给我们,上面有几个不同的图案,让我们按自己的想法将它们两两搭配。结果,没有两个学生的搭配是相同的,而每个学生的搭配都有自己的理由。正如老师说的:自己心里有最佳答案,别人心里也有奇妙想法,不妨听他人把话讲完。听听别人的意见,反思一下,对自己很有启发。"最佳配图"游戏让我学会了去理解他人。

(2)看到十个图案,主持人说:"将它们两两配对。"我心想太简单了,所以不出2分钟就配好了。主持人要我们说出自己的配法,我立刻自告奋勇要求第一个讲。讲完了自己的想法,我还比较得意,因为我觉得自己的答案是最佳配对。没想到的是,同学们也纷纷举手,要求谈自己的配法。我静静地听着他们的配法,发现都很有道理。越来越多的配法产生了,老师问:"大家想一想,究竟谁的配法是最佳呢?"这时大家才明白,其实没有正确答案。每个人从不同的角度解释这样搭配的理由都很精彩。我也明白了一个道理:不妨多听听别人的意见,这对自己绝对是有利无弊的。

【活动 5】盲人之旅

（一）活动目的

1. 通过"盲人"与"拐棍"角色的体验，让学生理解自助与他助同等重要。
2. 让学生感受信任与被信任、爱与被爱的幸福与快乐。

（二）活动时间

大约需要 40 分钟。

（三）活动道具

眼罩每人一只，复杂的盲道设计。

（四）活动场地

室内与室外结合。

（五）活动程序

指导语：大千世界充满着精彩，诱惑着每个人去探索、去享受、去追求……

大千世界也充满着艰难，迫使着每个人去面对、去承受、去改变……

在茫茫人海之中，有谁能与你同行、与你分担忧愁、与你快乐？不妨去找一找，不妨去试一试，体验一下自助与他助、信任与被信任、爱与被爱的幸福与快乐。

1. 在背景音乐声中，每个人戴上眼罩扮演一个盲人，全程不能用语言交流。先在室内独自一人穿越障碍旅程，体验盲人的无助、艰辛，甚至恐惧。
2. 所有学生中一半人继续扮演盲人，另一半人扮演帮助盲人的"拐棍"，由"拐棍"帮助盲人完成室外有障碍的旅行。完成后交换角色重新体验。
3. 所有学生均扮演盲人，并由两个盲人相互帮助到室外走过一段障碍旅程。
4. 学生们交流：在不同情况下扮演不同角色的感受。

（六）注意事项

1. 本方案设计了三种情况的"盲人"之旅，根据实际情况可以只做其中的一种或两种结合。
2. 障碍旅程的设计，应该有跨越、钻圈、下蹲、上攀、独木桥、上下楼等多种障碍。
3. "盲人"旅行过程中不允许用语言交流，最好配置适当的背景音乐。也可以根据现场情况，设计某一段过程中可以用语言交流，对比活动效果。
4. 在角色互换的旅行中，"盲人"与"拐棍"最好不要选择同一人，以陌生的对象为好。

（七）活动扫描

1. 活动点评

这是一次前所未有的角色体验，许多人掀开眼罩的第一句话是："谢谢！"他们体会到了作为一个盲人在障碍面前的无助、无奈，甚至恐惧，内心特别希望得到帮助与支持。"拐棍"的出现是"盲人"期待的。但做好"拐棍"也不是简单的事，因为许多"拐棍"自己能看到前面的障碍，就以为"没什么，我肯定可以顺利通过"，带着一份自信和勇气，领着"盲人"快速前进，无法体会"盲人"为什么如此犹豫不前。仔细想想，还不是没有从他人的角度出发考虑问题吗？"盲人"对眼前的一切一无所知，心存戒备，对"拐棍"的引导还不是十分信任，所以步履不可能轻松，心底无法坦然。

通过"盲人"与"拐棍"角色互换的体验，反思自己在帮助他人与信任他人中的不足，在活动中，进一步提升了信任与被信任的欣慰与快乐，所以"谢谢你"是由衷的表达。

2. 活动案例

"盲人之旅"开始了，燕子与阿云成了一对，燕子是"盲人"，阿云做"拐棍"。一路上，阿云非常精心地帮助着燕子，前面要下楼梯了，阿云走在燕子的前面，让燕子的一只手搭在自己的肩上，另一只手放在楼梯的扶手上，慢慢地，但也非常顺利地前进着。当走到楼梯拐弯处，难度突然加大了，楼梯中央挡着一个呼啦圈，圈后又横着一根木棍。阿云好不容易让燕子钻过了呼啦圈，但那根不高不低的木棍怎么办？跨过去太高、钻过去又太低，阿云一咬牙，把燕子抱了起来，当燕子的双脚再一次落地时，已经越过了木棍。燕子心里非常感激阿云，虽然不能用语言交流，但彼此的信任感深深地建立起来。阿云与燕子是穿越障碍最快的一对。

在分享时，燕子拉着阿云的手说："当你把我抱起来的时候，我真的很感动。多少年了，没人这样抱过我，何况是一个与我年龄、体力相仿的女孩，我真不知道是什么力量让你把我抱了起来。"阿云笑着说："我也不知道自己哪来这么大的劲。但当时眼看着挡在前面的木棍，我想一定要帮助你通过，也许是责任心吧。"

主持人问阿云一个问题："我看你一路上对燕子照顾得特别好，不是扶着她的胳膊前进，就是走在她的前方引路，凡是有扶手的地方，你总是让燕子的手自己去感受和把握。你是怎样学会这一点的？"阿云说："是妈妈教给我的。记得在小学二年级，我的眼睛出了问题，在治疗期间，医生把我的眼睛包了起来，我做了十天的'盲人'，当时情绪低落，烦躁不安，是妈妈精心的照顾使我感受到了温暖与信心。妈妈不仅细心照顾我、安慰我，而且尽可能让我独立、自信。所以今天做这个活动时，我就想到了妈妈，也想到曾是'盲人'的我。"

3. 学生感言

（1）当我看到一个同学被蒙住了双眼，看她措手不及、一副很无助的样子的时候，我觉得她好可怜，十分同情她，想着平日里能睁着眼睛走路是多么的幸福。于是，我就毫不犹豫地搀扶她，告诉自己一定要尽可能地帮助她走路，做好她的"拐杖"。随后遇到了很多突如其来的阻碍，我就想：如何让她安全度过？看她胆小害怕的样子，我简直就想抱着她走，心想我能替她完成多好。

（2）我扮演的是"盲人"的角色，当时心想不就是走楼梯吗，不要人扶我自己也能走得很好。但真的走起来，心里还是充满了恐惧，每下一节台阶都颤颤巍巍。旁边的"拐杖"不是很用力地拉着我，而是轻轻捏捏我的右手暗示我右转，或轻轻拍拍我的头让我低下头，或揽着我的腰让我转弯。在慌乱无助的旅途中，同伴点滴的指点，让我感到无比温暖。当眼罩摘下时，我深情地拥抱了我的"拐杖"，感慨万千，内心充满难以言表的感激之情。

（3）蒙上眼睛后，眼前是一片黑暗，仿佛世界成了浮影，一切都是空白。脑海中即刻掠过一个念头：假如我真是一位盲人，是否有勇气在这黑暗的世界中生存。就在彷徨的时候，一双温暖的手搀扶住我。顿时，我感到一种说不出的激动和勇气在心中涌动，鼓励自己去尝试做盲人。

（4）第一轮的游戏我作为"拐杖"，还是进行得比较顺利的，每过一个障碍物，我都会提醒我的同伴。看到别组的"拐杖"有好的引导方法，我也会进行模仿。在第一轮的游戏中，我自认为我完成得很好。然而，在第二轮中，当我做"盲人"以后，我才真正意识到原来这个游戏并不是那么简单的。特别是作为一个"盲人"，当你不知道你的"拐杖"究竟是谁的情况下，在两者间没有丝毫交流的情况下，要做到百分之百地相信他（她），并按照他（她）的指引前进真的是一件非常困难的事情。回过头来再想想当时被我牵引的"盲人"，发现原来她也非常不容易，如果没有她十分的信任，我们的任务是绝对不可能完成得这么好的。

【活动6】风雨同行

（一）活动目的

1. 通过游戏，让学生学会接纳他人的长处，取长补短。
2. 培养学生在体验团队合作中的扬长避短能力。

（二）活动时间

大约需要25分钟。

（三）活动道具

眼罩、口罩、短绳、篮球、雨伞、椅子、书包、水桶、抱枕等物品若干。

（四）活动场地

室内或室外均可，但需要有一定的活动空间。

（五）活动程序

1. 按7人一组分组，在7人中规定有2个"盲人"、2个"无脚人"、2个"无手人"、1个"聋哑人"。
2. 在角色分配完成后，按要求"盲人"戴上眼罩、"聋哑人"戴上口罩、"无脚人"捆绑双脚、"无手人"捆绑双手。
3. 主持人把他们带到比赛起点，让小组成员把所有物品搬运到终点，以用时最少的组为胜。
4. 全班交流，分享感受。

（六）注意事项

1. 比赛计时从主持人宣布完活动规则开始，即包括角色分配、扮演、合作等全过程。
2. 设计的起点与终点间的距离应该大于20米，并且设置障碍提高难度。
3. 每个组的所有物品，要求集体配合、共同承担、一次搬运完毕。

（七）活动扫描

1. 活动点评

这是一个非常有趣的活动，但有的同学会感到有点残忍，因为要扮演残疾人，所以有人会说：这是残疾人运动会。但游戏确实让人感受到了每个人其实都有不完美、不健全的一面，即所谓的长处与短处。人与人之间不正需要彼此的关心、照顾与协助吗？我们不仅需要独立与竞争，更需要依赖与合作。帮助他人与接受帮助同样是快乐的事，假如我们能够利用彼此的优势，取长补短地合作，不是更快乐的事吗？

游戏"风雨同行"寓意着我们在人生的过程中,会遇到各种各样的"风雨"挫折,但同伴的支持与合作,可以令我们"风雨兼程、勇往直前"。

2. 活动案例

当主持人宣布完活动规则,小组成员就热闹了。谁都不想当"盲人"和"聋哑人",因为看不到和说不了——难受。但也没人愿意做"无脚人""无手人",因为只说不做——无奈。所以一开始就为确定角色而费尽了周折。望着一大堆要搬运的物品,究竟怎么办呢?合作啊!要合作首先从合理的角色分配开始。

大家形成一种共识:无嘴的人用其腿;无腿的人用其嘴;无眼的人用其手;无手的人用其头。只要是对集体有利的,应该乐于承担,哪怕是牺牲个人的利益。小明和小强身强力壮,搬运物品是高手,就做"盲人";秀秀与兰兰体重轻盈,口齿伶俐,指挥是行家,就做"无脚人";小峰与小亮沉着冷静、理智幽默,擅长协调联络,做"无手人";还剩下一个琼月,就做"聋哑人"。

大家快速地扮演好自己的角色,跑步来到比赛起点,见一大堆物品要搬运,小明和小强分别背上秀秀与兰兰。秀秀与兰兰把轻便的物品一起带上,不时地指挥全组成员。小峰与小亮一边联络指挥,一边把主要的物品往自己身上装。"聋哑人"琼月,看在眼里、记在心里,跟着大家的感觉走。不一会儿,7个人顺利地完成了"风雨同行",成为最快到达终点的小组,大家的感言是:"1 + 1 > 2。"

3. 学生感言

(1)我们觉得活动有难度,因为小组成员都是女生,"无腿人"由谁来扮演呢?最终由谁来背她呢?大家讨论结果,体重最轻的小玲做"无腿人",小雯自告奋勇地背小玲。我们6个人相互协作"风雨同行"。一路上好几次负重的物品撒落一地,但大家没有怨言,捡起来重新开始。让小雯背着的小玲觉得不好意思,一路上总是说:"小雯,对不起啊,我是不是太重了啊!"虽然我们组不是第一个到达终点,但大家觉得很不容易。

(2)2个盲人、1个聋哑人、2个无手人、1个无腿人,为了一个共同的目标,组成了一个行动小组。眼看着一堆物品要搬运,真有点难啊!"风雨同行",寓意着我们要面对困难相互合作。虽然我们彼此都有"缺陷",但我们要看到彼此的强项。只要我们相互欣赏、相互弥补、相互配合,一定能够克服困难。在组长的带领下,我们合理分配"角色",6个"残疾人"经过合理搭配:无手与无脚为一组,盲人与聋哑人为一组,无手与盲人为一组,变成了3对"正常人",也就顺利完成了任务。

【活动7】找"领袖"

(一)活动目的

1. 让学生体验不同的角色的定位。
2. 让学生学会换位思考,学会站在别人的立场看问题、解决问题。

(二)活动时间

大约需要20分钟。

(三)活动道具

无。

（四）活动场地

室内或室外均可。

（五）活动程序

1. 选出两个同学作为猜谜的志愿者，让他们远离活动现场，不能让他们看到和听到主持人和同学之间的小声说话。

2. 接着找一名同学作为"镜子"，其功能是反射"领袖"的动作给其他同学，即"领袖"做什么动作，"镜子"要完全复制。

3. 剩下的全体同学按方形队列站立。可以由主持人指定一名同学做"领袖"，也可以由同学自愿担任"领袖"。"领袖"的任务是连续地发出动作，如刷牙状、洗脸状、挠耳状等。

4. "领袖"开始发出连续的动作，"镜子"复制"领袖"的动作，其他同学则复制"镜子"的动作，这样看起来，所有的同学都在模仿"镜子"做动作。此时主持人可让猜谜的两个志愿者进来，告诉他们在这些同学里面，有一个"领袖"是动作的发出者，给他们一分钟或两分钟的时间，让他们猜猜谁是真正的"领袖"。

5. 让猜谜的志愿者、"镜子""领袖"和其他同学分别谈谈对这个活动的感想。

（六）注意事项

1. "领袖"发出的动作要连贯，每个动作最好持续6~10秒，中间不能有停顿，动作变化的幅度不宜过大，如一个刷牙动作突然变成甩手的动作，这样很容易被猜谜者看出谁是"领袖"。

2. "镜子"反应速度要快，否则"领袖"在换动作的时候，若"镜子"反应慢半拍，也很容易暴露"领袖"。所以主持人在选"镜子"的时候，最好找反应灵敏、视力好、个子高的同学，为及时、准确复制"领袖"的动作奠定基础。

3. 模仿"镜子"的所有同学都要一致，认真复制"镜子"的动作。若有同学动作随意快或慢，会给猜谜的同学造成错觉，会对游戏造成一定的干扰，降低活动的意义。

4. 若猜谜的同学很长时间猜不出正确答案，主持人可随时终止游戏。

（七）活动扫描

1. 活动点评

这个活动并不复杂，很多同学小时候都做过类似的游戏。在做这个活动的时候，有许多细节还是需要好好把握的。主持人一定要把活动的规则向同学们讲清楚，让他们都明白这个活动是怎么回事，否则就会发生很多混乱或误会。

做这个活动的时候，对那些猜谜的同学，由于所有的同学都在做着同样的动作，要发现"领袖"还是比较困难的。有的同学就比较聪明，明白任务后，先大体观察一下就直接站到"镜子"后侧面，观察哪一位同学的手势最先发生变化，由此判断出谁是"领袖"。而很多猜谜的同学往往花很多时间还猜不出"领袖"是谁，他们要么在同学中间走来走去，看谁更像"领袖"，要么站在一旁仔细观察，还有的同学凭借其对同学的了解盲目乱猜。他们有一个共同的特点，就是站在他们自己的角度寻找"领袖"，虽然个别同学也能碰巧找对"领袖"，但远没有直接站在"镜子"后面观察来得快。镜子复制的是"领袖"的动作，如果想猜测出"领袖"是谁，最好的办法就是直接问"镜子"，但游戏规定只能猜，不能问。所以此时能快速解决问题的方式就是站在"镜子"的角度去寻找，观看"镜子"的眼睛，这样就比较容易发现线索，找出真正的"领袖"。

从人际沟通的角度来讲，这就是要学会换位思考。在平时的学习生活中，如果能经常站在对方的角度来思考问题，多一些理解，多一分宽容，那同学之间的矛盾摩擦或是误会就会大大减少，有些悬而未决的问题也会迎刃而解。

2. 活动案例

在活动分享的时候，做"领袖"的同学大都感觉自己的责任重大，压力比较大。可能由于太紧张的缘故，有一个扮演"领袖"的同学在活动过程中表情一直很严肃，而其他同学在做活动的时候，因看到猜谜者着急的样子都哈哈大笑，结果很快被猜谜的同学识别出来。有一个扮演"镜子"的同学做完活动后竟然满头大汗，因为害怕自己的动作不到位或某些动作做不好会影响整个活动的效果。他们纷纷感叹，被众人瞩目（因"领袖"和"镜子"是游戏的焦点人物）虽然看起来很风光，但会面临很大的压力，并不像自己想象的那么简单。

活动过程中有的同学也会有些小小的变通与创新。一位扮演"镜子"的同学为了不让猜谜的同学快速猜测出答案，他在复制"领袖"的动作时，眼睛并不是一直盯着"领袖"，而是忽东忽西的，让猜谜的同学摸不清"领袖"的具体的方位。还有一个"镜子"与"领袖"配合默契，有五个动作轮流出现，每个动作基本上都是重复五六次，这样，"领袖"与"镜子"几乎是在同时完成一个动作的转换，使两个猜谜的同学半天没有看出来谁是"领袖"。这些小小的细节都需要主持人用心去观察，在活动分享时主持人不要忘了表扬活动中的精彩之处。

3. 学生感言

（1）没想到自己在大家面前猜"领袖"竟然显得那么笨。我刚开始很自信地认为，凭借我的观察，看看他们脸部的表情就可以猜出谁是"领袖"，所以，我刚开始在他们中间走来走去，观察了半天也没有发现真正的"领袖"。直到后来的时候，我才想到要站在"镜子"后面，观察"镜子"眼睛的方向，这才容易很快找出"领袖"是谁。我可能是对自己的想法太自信了，如果我能早点站在"镜子"的位置上，问题也许就迎刃而解了。以后我跟别人交往时，也要学会站在别人的立场上考虑问题，那样可能就会减少交往中一些不必要的误会和摩擦。

（2）这个活动的名称叫"找领袖"，游戏中有一个"领袖"、一个"镜子"、一个猜谜的和其他所有的同学。看着主持人对"领袖"和"镜子"提了那么多的要求，心里觉得想出风头也不是件容易的事情。本以为自己就是普通群众的一员，应该不会有什么要求，结果主持人特别强调下面的同学要步调一致，每个同学不能快也不能慢，否则就降低了游戏的难度。虽然每个人的角色不一样，但每个人都承担一定的责任和压力。我想，不论自己是在承担什么角色，有一点是重要的，那就是要做好自己角色应该做的。

【活动8】人体"拷贝"

（一）活动目的

1. 通过活动让学生学会仔细观察、准确理解、清晰表达。

2. 让学生体验彼此信任、融洽沟通、团体合作带来的成功与快乐。

（二）活动时间

大约需要 20 分钟。

（三）活动道具

无。

（四）活动场地

室内、室外均可以。

（五）活动程序

1. 全班分为若干个组，要求每组 10 人以上。

2. 每组一路纵队站好，主持人将写有一个数字的纸条让每组的第一个人看一眼，然后请他通过身体扭动把信息传给后面一个，依次"拷贝"传动，不允许直接用手比画出数字，只允许用肢体动作来表现需要传递的数字；最后一位同学跑到主持人处，写出"拷贝"的数字。

3. 一般各组"拷贝"三位数，主持人宣布各组的"拷贝"结果。

4. 小组合作集体造型，完成一组 6 位数表演。

5. 全班交流，分享感受。

（六）注意事项

1. 避免各组之间的影响，各组"拷贝"的数字不要相同。

2. 在"拷贝"传递时，只允许两个人之间发生联系，不能集体参谋、交流。

3. "拷贝"的三位数，如 0.18、8.69、578、328、542、235 等，身体扭动幅度较大为宜。

4. 要强调不准发出声音，否则游戏没有意义了。要求只在两个人之间传递信息，已传递完信息的和还未传递信息的学生都是背对两个正在传递信息的学生。

5. 除了考虑立体数字表达，还可以提示学生做平面的表达。可以是阿拉伯数字表达，也可以是中文数字的表达。

（七）活动扫描

1. 活动点评

"拷贝"即复制，学生们非常熟悉，但要通过身体的扭动来"拷贝"数字，大家感到新鲜、有趣。主持人宣布完活动规则，大家都是跃跃欲试，每个人对自己还都充满了信心。那结果会怎么样呢？自己能够理解"上家"传达的意思并且准确"拷贝"传达给"下家"吗？整个小组成员都能默契协作做到"拷贝"不变形吗？有的学生心里知道需要"拷贝"什么数，但无法表达或表达不准确，结果出现了"拷贝"变形，最后回到主持人手里的数字则是"面目全非""离题万里"。所以第一轮结束后，一定要让小组成员进行一次讨论，分析"拷贝"变形的原因，统一改进措施，再努力尝试，相信"拷贝"可以不变形。事实证明，第二次、第三次的"拷贝"准确率大大提高了。

在活动中学生既要正确理解他人意图，又要准确表达自己的意图，这种理解与表达的技巧在人际交往中是十分重要的。生活中常常会出现"误解"与"误传"，活动给你带来怎样的思考与启示呢？

2. 活动案例

活动分组没有按性别分，所以每个组都有男生与女生。平时男女生之间有一些交往，但大多是通过语言交流，今天要运用肢体语言，特别是通过身体的扭动来表达数字含义，能做好吗？主持人先采访了几位同学，不少男生对自己有信心，认为"肯定行"；部分女生感觉，"可以吧，应该没问题"；但男女生之间如何传递，他们"没想过，也没试过"。所以一开始，主持人就请大家注意考虑，要做到顺利完成"拷贝"，难点在哪里？突破重点在哪里？

活动开始了，第一小组首先要"拷贝"的数字是5.96。第一位同学信心十足地向第二位同学传递信息，见他将身体搞得左晃右转的，但不理解他究竟想表达什么。第二位同学在疑惑中接收了信息，他凭着自己的理解"拷贝"了一份传递了出去。第三位同学看到的是不自信的前者的传递，所以感觉已经"变形"了，但尽可能地理解"上家"的意图……终于完成了10次"拷贝"，回到主持人手里的数字是"2.00"。当主持人把先后两个数字公布时，大家感到惊讶。是谁出了问题？是哪里出了问题？带着疑问大家立刻进入了小组讨论。

这时出现了埋怨与指责："你应该怎么做""如果怎样做，你就不会失误""没有×××的误传，结果就不会如此"。也出现了"高明者"："应该怎样做才不会出错""'上家'与'下家'一定要默契，表达方式要一致！"

主持人暗示大家要形成共识，改进方法，才会有效。在组长的领导下，小组分析失败的原因有：

（1）每个人对如何用身体表达数字不统一。

（2）"上家"心里知道数字，但"拷贝"时不准确，特别是遇到男女生之间传递时更是"严重变形"。

（3）"下家"对"上家"的信息不理解时，没有要求澄清或重做，含糊的信息就"拷贝"出错误的新信息，导致严重失误。

（4）"下家"与"上家"的沟通，不仅仅是"下家"对"上家"的理解，也应该有"上家"对"下家"理解的确定。这样就能用双向沟通替代单向沟通，而成为有效沟通，避免"误解"和"误传"。

小组讨论后，他们首先进行了一个练习，统一了数字和小数点如何用身体"书写"。

第二轮"拷贝"时，该小组传得又快又准确，自然取得了成功。

3. 学生感言

（1）我们组的成员经过细致的讨论，在行动上达成共识，因此在第二轮"拷贝"中既快速又准确地完成了任务。活动的收获是：不仅锻炼和提高了我们的语言表达能力，也开发了我们的思维。一个数字在不同的人心中有不同的表达方式，在猜数字的同时，也是一个学习过程。好比解一道数学题，你有一种解法，在听别人的另一种解法时，从中可以学到很多。多角度观察、考虑问题，才能把事情做得更好。

（2）总共三组，先由主持人将两个阿拉伯数字告诉每组的第一个人，然后由该同学用肢体语言将所看到的数字表达出来。头一次尝试问题很快出现了。经过10个同学的"拷贝"，原来的数字已基本被新数字代替。在欢笑之余，我们思考、讨论了主持人给的数字到底怎样去表达？怎样的表达才能让看的人最容易接受？这种种的问题都可以归结为两个字——沟通。通过活动我切身体会到沟通的重要性，在往后的学习生活中，更应该注重和身边朋友甚至陌生人的沟通，一定会有意外的收获。

（3）起初，与陌生人之间会有一种隔阂，很容易发生误会，甚至引起矛盾。敞开心扉进行深入交谈后，才发现自己的担心是多余的。作为排头的我，以为是自己表达得不好，才使整个组出错。可与大家沟通以后，他们都说我做得不错。所以沟通能让人与人之间的关系融洽与默契。

第九章　网络环境下的大学生心理健康教育

目前，网络信息技术在大学生心理健康教育中的应用越来越广泛，主要表现在心理健康信息采集、心理健康档案生成和个性化心理健康教育中的应用。传统的大学生心理健康信息采集存在着维度不全、次数较少、规范化程度有待提高等问题。基于移动端进行心理健康信息采集可以拓展维度，确保心理健康信息的多样性；可以增加次数，确保心理健康信息的动态性；可以提高规范化程度，确保心理健康信息的准确性。传统的大学生心理健康档案存在着内容缺乏系统性、评价缺乏科学性、管理缺乏动态性等问题。大数据思维具有整体性、多样性、平等性、相关性、开放性、生长性等特征，利用大数据分析生成心理健康档案可以提升其系统性、科学性和动态性。传统的大学生心理健康教育工作主要依赖心理健康教育者的知识和经验，可能存在主观化偏差，或遗漏一些影响评估和诊断真实性的细节，而利用一些人工智能技术，如大数据挖掘、情绪识别、机器学习和自然语言处理等可以弥补这些缺陷。鉴于网络信息技术的以上优势，目前大学生心理健康教育工作的趋势是基于网络信息技术形成一个集心理健康信息采集、心理健康档案管理、个性化心理健康教育于一体的整合服务系统。

一、以移动终端为基点采集心理健康信息

心理健康信息采集是指通过一定的信息采集方式从信息提供者处获得各种心理信息。大学生心理健康信息采集是了解大学生心理现象，探索其发展规律，维护大学生心理健康，提高学校心理健康教育水平的基础工作。以往的大学生心理健康信息采集主要是指在大学新生入学后通过纸质问卷或PC端登录相关网站进行心理健康状况普查。大学生心理健康信息采集实施十几年来，对促进大学生身心健康和全面发展起到了很大的推动作用，但是就现状而言此项工作在以下方面仍有待改进。

其一，大学生心理健康信息采集的维度有待拓展。自2020年起，由教育部思想政治工作司指导、普通高等学校学生心理健康教育专家指导委员会组织研制的"中国大学生心理健康测评系统"开始在全国高校中使用，系统为试点高校提供免费的网络测试环境，包括个人电脑、平板电脑、手机等不同接入方式。为了保障心理测评工作顺利进行，综合大学生心理健康测评应该用系统最低软硬件环境配置要求。

其二，大学生心理健康信息采集的次数有待增加。由于大学生的心理健康状况是一个动态变化的过程，在不同阶段大学生面对的主要心理问题也不同，如大一阶段主要面临适应问题，大二阶段主要面临学业问题，大三阶段主要面临人际关系和恋爱问题，大四阶段主要面临择业问题和挫折应对问题等，仅大一入学时的一次心理普查显然不能监控到大学

生心理健康状况的动态变化。应当根据大学生心理一般变化增加心理健康信息采集的次数，适时选用恰当的量表、问卷评估学生心理发展水平。此外，在重大校园事件如公共卫生事件之后，也应当对相关群体进行心理健康信息采集，确保心理健康监控的实时性。

其三，大学生心理健康信息采集的规范化程度有待提高。对大学生心理信息采集者的要求：心理信息采集教师应当具备专业素养，具有心理学、教育学方面的专业知识背景，熟悉大学阶段大学生心理发展的特点，熟悉心理信息采集的法律伦理原则、工作流程和技术规范等。对大学生心理信息采集量表的要求：一方面，尽量使用国际或国内通行的成熟量表，如果要根据调查目标自行设计量表则需要遵循量表制定的规范流程，即查阅文献并设计量表—小范围试测—修正量表并标准化—完善量表并统一施测；另一方面，心理信息采集量表中的信息应当完整，除了正式量表外，还应包括信息采集用途告知说明，一般人口学信息如性别、年龄、家庭结构等，知情同意书，流行病学信息如吸烟、饮酒、家族病史等。对大学生心理信息采集过程的要求：第一，信息采集过程必须符合法律要求，尊重和保护学生的隐私，告知其信息采集的目的、用途和法律后果。第二，信息采集过程必须符合伦理要求，让学生明确采集信息的相关内容并征得其同意，尊重学生参与信息采集的自主权，对学生的信息保密等。第三，信息采集过程必须符合团体施测要求，学生进行统一施测，对噪声、灯光、温度等有可能影响到测量结果的环境因素进行严格控制，施测者的整个操作流程要规范。对采集到的大学生心理信息使用的要求：一方面，采集者要在信息采集的基础上依法建立和管理心理健康档案；另一方面，要确保学校负责大学生心理健康教育的辅导员、心理咨询老师、院系领导、学校领导都能看到心理信息采集的统计情况及存在心理危机的学生的具体信息，如此才能真正将心理健康采集信息利用起来，建立学校、院系、班级、宿舍四位一体的心理健康协同管理机制。移动端即移动互联网终端，是指通过无线网络技术上网接入互联网的终端设备，主要包括智能手机和部分平板电脑。近几年来，随着移动端在生活中的普遍应用，大学生心理健康普查越来越多地采用移动端完成，在很大程度上提高了工作效率。

利用移动互联网技术开发学校心理健康教育移动终端服务系统，可以在很大程度上解决目前心理健康信息采集工作中存在的问题。

其一，可以拓展大学生心理健康信息采集的维度，确保信息的多样性。移动端服务系统可以存储大量的标准化量表，也可以由专业人员设计量表。可以实现测评量表的在线选用、设计、发放和数据采集，便于心理信息采集者根据不同的调查目的使用合适的量表采集信息。

其二，可以增加大学生心理健康信息采集的次数，确保信息的动态性。移动互联网技术可以突破空间和时间的限制，不必要求学生在固定的时间统一进行纸质测试或到机房施测，只要有网络的地方就可以使用移动端进行信息采集，同时也能极大地节省成本。

其三，可以提高大学生心理健康信息采集的规范化程度，确保信息的准确性。由专业心理咨询教师科学选用量表，设计采集流程，规范收集工作。系统对采集到的信息进行专业分析，给出指导意见。值得注意的是，采用移动端服务系统采集心理健康信息提高了便利性，但也不要因此简化流程，一定要按照团体施测的规范流程进行。

二、以大数据分析生成心理健康电子档案

大学生心理健康档案是全面反映大学生个性特征和心理健康状况及心理成长轨迹的材料总和。大学生心理健康档案一般包括以下几方面的内容。

其一，个人基本信息，包括姓名、性别、出生年月、籍贯、民族、政治面貌、家庭住址等。

其二，身体基本情况，包括健康状况、是否吸烟、是否饮酒、家族病史和个人病史等。

其三，家庭基本情况，包括家庭组织结构、家庭成员基本情况、家庭成员文化程度和工作性质、家庭经济情况、家庭氛围、亲子关系、是否独生子女、家庭排行等。

其四，学习基本情况，包括学业成绩、学习动机、学习能力、学业负担感知、思想品德、体育运动水平、师生关系、同伴关系、担任班干部情况等。

其五，重大社会生活事件，包括家庭成员的离世、父母离异、人际关系紧张、考试失利和失恋等重大挫折。

其六，认知水平和学习心理状况，认知状况主要是指大学生的智力水平，如言语能力、数学能力、推理能力、问题解决能力、创造力等，学习心理主要包括学习方法策略、学习压力、考试焦虑等情况。

其七，人格特征，包括气质类型及特征、性格类型及特征、个性特征方面存在哪些问题等。

其八，心理健康状况总体评估，包括生活适应、情绪调控、人际交往、挫折应对等方面存在哪些问题，有无心理问题或心理障碍，程度如何。

大学生心理健康档案的建立是大学生心理健康教育工作的基础，通过建立档案，可以更全面地了解学生的个性特征和心理健康状况，更加有的放矢地开展高校心理健康教育工作，更有效地对学生的心理危机进行预防和干预。大学生心理健康档案的建立可以为高校科学开展学生工作提供决策依据，通过建立档案，可以全面把握所有学生的整体心理发展特点和现状，为合理制定学生管理规章制度提供依据。大学生心理健康档案的建立可以增强学生的自我意识，为学生悦纳自我和完善自我创造前提条件。通过建立档案，学生可以全面、正确地进行自我评价，发现自己的优点和不足，完善自己的人格。大学生心理健康档案的建立可以为大学生职业选择提供参考依据，通过建立档案，用人单位可以选择具有相应职业心理素养的学生，学生也可以根据自己的人格特点、需求动机、职业价值观等特点选择合适的职业。大学生心理健康档案的建立始于20世纪末，1990年北京航空航天大学首次使用《症状自评量表》和大学生人格问卷等对大一新生进行心理健康普查，建立大学生心理健康档案。近年来，随着信息技术的发展，大学生心理健康档案建立已经在各高校普及并趋于完善，但是仍然存在以下方面的问题。

其一，大学生心理健康档案的内容缺乏系统性。如前所述，大学生心理健康档案的内

容应当包括个人基本信息、身体基本情况、家庭基本情况、学习基本情况、重大社会生活事件、认知水平和学习心理状况、人格特征、心理健康状况总体评估等信息。然而在实际操作中，很多高校的心理健康档案建立偏重于形式化，没有针对本校的具体情况做出科学规划，也没有投入足够的人力和物力开展此项工作，简化了档案资料收集工作。例如，由于学生群体庞大而专业人员不足，心理测试往往出现流程不规范现象，对施测场地、环境、时间、指导语标准化、组织秩序等都没有严格要求，从而导致信息的错漏。另外，还有部分高校仅将心理普查的量表结果收入心理健康档案，信息不完整。这些都会造成大学生心理健康档案内容不全。

其二，大学生心理健康档案的评价缺乏科学性。大学生心理健康评价的整体流程包括测评量表的选择、测评工作的实施和测评结果的解释，这些都应当由专业人员操作。一般高校专业心理健康教育老师较少，仅能保证测评量表的选择是由专业人员完成，测评过程和测评结果的解释往往是由学生管理人员完成。由于学生管理人员的心理健康专业知识参差不齐，测评过程可能存在对测评工具不熟悉、施测前没有标准指导语、施测过程不规范等问题，影响测评结果的信度。测评结果的解释可能存在仅以分数为依据得出结论的问题，影响测评结果的效度。即使是专业的心理健康教育工作者，在对学生心理健康状况进行评价时也可能存在经验主义和刻板印象，认为单亲家庭学生、贫困生比其他学生更容易产生心理障碍从而给予特别关注，这些都会影响评价结果的客观性和科学性。

其三，大学生心理健康档案的管理缺乏动态性。学生的心理健康档案相关信息和资料会随着年级的增长和个人的发展而不断发展变化，但很多高校的一般大学生心理健康档案仅包含新生入学时的心理普查资料，很少对学生心理健康资料进行补充和更新，变成一个无人问津的"死库"。部分高校为了心理健康教育工作能够顺利开展，会另外建立一个"重点关注"学生的心理健康档案库，但这些档案库也不是实时更新记录的。这样的方式一方面增加了心理健康档案管理工作的难度和复杂度，也增加了人力物力成本；另一方面由于调阅起来比较麻烦，心理健康档案的利用率也很低，往往只能作为学生心理危机产生之后的溯源性分析，不能起到帮助学校心理健康教育和预防心理危机的作用。为了解决大学生心理健康档案的系统性、科学性和动态性的问题，通过大数据分析生成的心理健康电子档案应运而生。大数据，又被称为"海量数据"，具有容量大、类型繁多、处理速度快和价值密度低的特点。我们一般所说的大数据指的是大数据技术。以网络信息技术为支撑的大数据样本正在成为研究者观察和预测个体和群体心理行为特征的数据资源。大数据技术的应用产生了大数据思维，大数据思维指的是整体性、多样性、平等性、相关性、开放性、生长性等思维方式。

以大数据思维应用大数据技术能够更为有效地建立和管理大学生心理健康档案。

其一，以整体性和多样性的大数据思维收集大学生心理健康信息能提升其心理健康档案的系统性。整体性即数据"非部分""非抽样"，多样性即承认所有存在数据的合理性。以移动端为基点的信息采集技术和以互联网为媒介的大数据技术打破了传统心理健康信息采集和管理的时空限制，可以对心理健康涉及数据信息实现更全面的采集和更有效的管理。一方面，移动端让信息采集变得更便利，可以通过移动端采集影响学生心理健康的多元因素如身体健康、人格特性、人际交往、学业学习等信息；另一方面，大数据技术让海量数据能够纳入学生心理健康状况的分析，除了常规收集到的信息之外，还可以对接智慧校园、校园"一卡通"、学生社交媒体使用情况等，通过相关技术分析学生的生活、学习的轨迹和规律、社会生活事件和情绪变化等，全方位精准把控学生的心理健康状况。

其二，以平等性和相关性的大数据思维分析大学生心理健康信息能提升其心理健康档案的科学性。平等性即各种数据具有同等的重要性，不以主观判断突出某些数据的关键作用。相关性即关注数据间的关联关系而不是因果关系。大数据技术可以基于收集到的海量学生心理健康信息进行综合分析，全面分析各影响因素的相关关系，克服主观主义和经验主义的影响，将学生置于成长背景和教育环境中进行整体评价，保证对学生心理评价的客观性。大数据技术可以基于收集到的海量学生心理健康信息进行深入挖掘和信息重组，运用先进的数据分析技术和严谨的统计分析方法，充分挖掘学生心理健康信息，进行较为严密的逻辑推理，实现对信息的多元化、立体化分析和研判，保证对学生心理评价的准确性。

其三，以开放性和生长性的大数据思维分析大学生心理健康信息能提升其心理健康档案的动态性。开放性即通过互联网、云技术等信息手段实现数据的共享，生长性即数据可以实时在线采集，随着时间而不断动态变化，一方面，大学生的心理变化易受环境影响，传统的心理健康档案是静态的、封闭的，在数据的完善、更新方面具有明显的滞后性，大数据技术能够高效收集和分析各种影响心理变化的数据，有效预防和干预大学生心理问题；另一方面，来自心理委员、辅导员、心理咨询教师和其他教育管理者四位一体对大学生心理健康状况的观察和评估充实了心理信息的动态资料。心理委员需要观察和记录本班学生心理动态变化并上报，辅导员通过观察、会谈等方式了解年级学生的心理动态变化并上报，专业心理咨询教师通过心理测评、心理咨询记录、统计分析等方式了解全校学生的心理动态变化，其他教育管理者通过学校各部门（如教务处、学生处等）了解影响学生心理健康的信息。基于大数据技术开发学校心理健康教育移动终端服务系统，进行大学生心理健康电子档案管理，可以实现心理健康数据的海量保存和实时更新、数据之间的互联共享、数据结果的高效分析和利用等，更高效地助力大学生心理健康教育工作。

三、实施人工智能辅助的个性化心理健康教育方案

人工智能是研究、开发用于模拟、延伸和扩展人的智能的理论、方法、技术及应用系统的一门新的技术科学。人工智能是计算机科学的一个分支，它试图使计算机模拟人的某些思维过程和智能行为，从而使系统的控制和决策过程变得更智能。人工智能的研究领域包括机器人、大数据挖掘、语言识别、指纹识别、图像识别、自然语言处理、机器学习、专家系统、自动规划、智能控制等。随着技术的发展，人工智能已经应用到生活中的方方面面，在心理健康领域，应用的人工智能技术主要包括大数据挖掘、情绪识别、机器学习和自然语言处理等。

（一）大数据挖掘

大数据分析技术不仅可以通过对基于移动端采集到的心理健康信息进行分析而生成心

理健康档案，还可以通过大数据挖掘实施个性化的心理健康管理。首先，实现心理健康状况的智能预测。人工智能技术可以在全数据采样的基础上通过一些人工智能算法对大学生个人历史信息进行发展性评估，利用交叉对比分析和数据挖掘得到大学生个体心理健康水平和群体数据间的差异，智能预测大学生心理健康状态阈值，如果心理健康水平超出阈值则提出心理健康预警，心理健康教育工作者可根据预警级别采取相应措施。其次，实现心理健康状况的个性化分析和建议。人工智能技术可以借助大数据平台建立个性化、差异性的心理数据模型对个体心理健康水平进行分析，为其提供所需的心理健康管理建议。最后，实现心理健康数据的分类化处理。人工智能技术能够分类化处理不同类别的心理健康数据信息，对具有不同心理特征的人群进行群体差异性的心理健康分析和管理建议，提高群体心理健康教育的质量。

（二）情绪识别

判断心理健康教育对象的情绪状态是进行心理健康障碍识别和诊断的前提，传统的面对面咨询方式时间和金钱成本高，便利性不足，而且心理健康教育对象有可能会掩饰自己的真实情绪。人工智能技术的发展使情绪识别变得更加精准、便捷。情绪识别可以基于文本分析、面部表情分析和语音语调分析进行。文本类情绪识别主要包括词汇分析技术和语义分析技术。词汇分析技术主要通过感性词汇和关键字进行情绪的识别，后来发展出识别准确率更高的词汇关联技术。语义分析技术主要是通过语义网络对相应文本进行情绪识别分析，这一技术的准确性主要依赖语义知识库。面部表情是情绪最主要的表达方式，人在不同情绪下五官的位置、形状、大小都有所差异。美国情绪识别公司 Affectiva 通过对大量不同种族、年龄、性别的个体面部表情图片进行大数据分析，总结不同情绪下面部重要特征变化，准确识别七种基本情绪。语言也是表达情绪的重要方式，心情愉悦时人的语音轻快、语调上扬，心情抑郁时人的语音低沉、语调下降。通过声音频率变化、语速快慢和表达流畅性可以识别人的情绪状态。语音情绪识别公司 Beyond Verbal 可以通过算法识别音域变化，辨别出 400 种不同的复杂情绪。此外，还可以通过生理数据的收集识别个体早期异常情绪。

（三）机器学习

机器学习是人工智能的核心，它可以模拟人类的学习行为，不断更新知识和技能，调整已有知识结构，使之更符合系统的需求。机器学习利用动态修正、自适应和优化迭代等技术特点，基于大数据在心理健康评估与预测、心理健康障碍识别与诊断方面建立智能模型，提高工作效率。例如，通过多种机器学习算法（包括支持向量机、决策树、朴素贝叶斯分类器等）可以显著提升心理健康预测的准确性；通过机器学习对临床访谈记录进行自动语音语义分析可以准确预测精神疾病高危因素；通过自杀预警机器学习模型可以分析个体社交媒体记录、访谈音频记录、电子病历等，从而识别其自杀倾向；利用机器学习和深度学习技术对磁共振影像进行建模分析，可以更准确地了解个体脑部功能异常情况等。

（四）自然语言处理

自然语言处理是指人与计算机之间用自然语言进行有效沟通的各种方法和技术。美国 Cogito 公司与美国退伍军人事务部联合开发了一款名为 Companion 的 App，主要用户为退伍军人。这款 App 能随时收听用户的声音，计算手机使用频率等行为指标，通过分析这些指标对退伍军人的心理健康状况做出评估。IBM 公司开发了人工智能系统，使用神经语言处理技术，寻找心理健康高危个体和普通人话语习惯的不同之处，从而预测心理障碍的发生。Facebook 公司开发了聊天机器人 Woebot，Woebot 能够模拟受过训练的专业人员，通过对话解决人们的心理健康问题。Woebot 可以实现即时对话，有很好的倾听和共情品质，且不会对用户做出价值判断，能够消除人们对心理治疗的抵触和消极情绪，充分进行自我表达。

传统的大学生心理健康教育工作主要依赖心理健康教育者的知识和经验，一方面可能存在主观化的偏差，另一方面可能遗漏一些影响评估和诊断真实性的细节，使用人工智能技术进行辅助可以部分弥补这些缺陷。首先，在心理健康评估和预测阶段可以利用大数据挖掘技术和机器学习技术进行辅助，通过实时动态的全样本心理健康信息采集和构建深度学习算法模型，将已有数据结果和新获取数据进行整合，解决大学生心理健康评估和预测过程中以偏概全的问题。其次，在心理健康识别和诊断阶段可以利用情绪识别技术和机器学习技术进行辅助，通过大数据对学生的社交媒体等文本信息进行分析，通过面部识别系统对学生的表情信息进行分析，通过语音识别系统对学生的语音语义信息进行分析，从而可以对学生的情绪状态有更加立体和精准的判断。最后，在心理障碍治疗和康复阶段可以利用自然语言处理、机器学习及其他技术进行辅助，如可以通过互联网技术和云计算技术构建"互联网+心理康复"的模式，线上整合各方面的（包括心理健康知识、心理训练技能、心理治疗音乐等）资源，同时也可以通过在线咨询解决心理健康问题。南京审计大学心理健康指导中心蔡智勇老师提出设想并参与研发的全国首个基于 CBT（认知行为治疗）的大学生心理健康自助 App，该平台通过"你问我答、ACBT（积极认知行为治疗）、自助课程"三大板块，为学生提供心理服务。既有温暖治愈的互动话题、生动丰富的情景案例，也有妙趣横生的心理课程。人工智能辅助的大学生心理健康教育是一个整合的服务系统，该服务系统应当具备以下特点。（1）个性化的心理健康管理。该服务系统应当能帮助大学生监测自己的情绪和压力等心理状态变化，并帮助其找出心理健康问题产生的原因。（2）预警功能。该服务系统应当能对大学生心理健康信息进行大数据分析和深度学习，向心理健康教育工作者给出相应的预警和预警等级，以便其采取相应的措施。（3）信息分享和上报功能。一方面，该服务系统应当能实现学生与心理健康教育工作者之间的信息分享，从而使教师能够动态掌握学生的心理健康状态；另一方面，心理健康教育工作者之间也应当能信息共享，逐级上报。（4）咨询匹配功能。该服务系统应当能实现学生个性化的心理咨询需求，为其匹配相应的心理咨询教师，提高心理健康问题诊断和治疗的准确性和有效性。（5）学习功能。该服务系统应当是一个学习平台，学生可通过该平台学习心理健康的一般知识和心理健康自我调适的相关技能，教师可以通过该平台学习心理咨询与治疗的专业知识和技术。

四、高校网络心理健康教育平台优秀案例

★案例名称:"三助四创"网络育心体系——"树洞君"云倾诉创新案例

★案例背景:心理健康教育作为大学生思想政治教育工作中的重要环节,随着互联网时代的到来,如何充分发挥网络媒体的作用,利用网络新媒体开办网上心理健康栏目,开发心理健康教育的新途径,构建大学生心理自助互助网络支持系统,是新时期高校心理健康教育工作的重要课题。

"树洞君"云倾诉创新案例以新媒体宣传平台为依托,为高校学生打造多元化心理"自助+互助"空间,从而有针对性地处理好人际关系、学业焦虑、丧失等方面的问题,打通学生学习、生活、就业与心理育人相结合的通道,形成以"创新运营思维、创新数据交互模式、创新育人合力、创新文本咨询技能"为特征的育人一体化新模式。"树洞君"云倾诉网络育心案例创新"双螺旋"上升模式,学生心理信息主动流出构建心理自助、心理互助、心理援助三部分有机结合的育心体系,同时"树洞君"将心理咨询信息交互文本进行数据清洗,反向指导心理健康教育走向。"双螺旋"数据交互通道相辅相成,推挽发力,实现心理数据流量的集约统筹,为心理情感分析注入澎湃动能。自 2016 年"树洞君"云倾诉平台推出起,累计超 30000 名大学生关注使用,留言 5000 余条,平均月使用人数超 1000 人,推送文章阅读转化率 88.34%,投稿内容线上平台与线下活动双线展示,教育成效被河北新闻网报道。

★案例主题和思路

(一)坚实理论基础构建云倾诉平台

教育部、卫生部、共青团中央《关于进一步加强和改进大学生心理健康教育的意见》指出:"高校要充分发挥校园网络的作用,努力开办网上心理健康栏目……发挥大学生在心理健康教育中互助和自助的重要作用。"大学生心理问题具有相似性,大学生群体也具有较为接近的价值观、社会经验、生活经历、心理特征;且人本主义心理学认为,人人都有从心理上希望别人帮助的本性,同时也有帮助他人的心理倾向。基于上述文件要求与理论基础,本项目提出"心理自助、心理互助"的心理健康教育理念,以云倾诉平台为抓手,着力构建大学生心理自助互助网络支持系统。

(二)"三助四创"打造心理信息"双螺旋"上升通道

"树洞君"云倾诉案例以微信企业号内嵌新媒体应用为依托,为高校学生打造多元化心理"自助+互助"空间,学生心理信息主动流出构建完成心理自助、心理互助、心理援助三部分有机结合的育心体系。

★案例内容

"树洞君"云倾诉创新案例的存在源于学生个体情绪情感宣泄的需要,在社会转型和高速发展期间,矛盾也在不断滋生,个体与个体之间、群体与群体之间都隐藏着多种矛盾,当情绪情感不断积累,便成了不知何时会爆发的定时炸弹。个人通过"树洞君"倾诉"秘

密"从而达到宣泄的目的，因而"树洞君"云倾诉平台发挥着校园安全阀的重要功能，自 2016 年至今，"树洞君"共预警校园心理危机事件 5 起，疏解较严重不良情绪 89 起，转接线下心理咨询服务 13 人次，接收学生树洞投稿信息 6 万余条，特别在疫情期间校园闭环管理情况下，为学生树立了校园安全稳定的心理健康屏障。

心理自助平台主要包括心理测试常模、心理知识科普、心理放松与调适（音乐、阅读、电影等）和情绪自我管理教育。在心理测试方面，平台提供《90 项症状清单（SCL-90）》《归因方式问卷（ASQ）》等自测量表及成人常模、量表各因子及其意义，注明使用注意事项。量表结果仅具有参考价值，不能作为评判或诊断依据，方便学生对照量表结果进行初步自我了解，对于有疑问的地方可预约心理服务团队进行线上线下咨询；把握学生心理需求，推送心理问题症状识别、抑郁症治疗绘本、情绪了解、性格与看待世界等推文，帮助同学们掌握相关知识，增进自我了解，促进个人成长。

心理互助平台包括秘密树洞、表白墙，打通学生心理倾诉、心理疏导的互助通道，缓解心理压力。将学生来稿分类别、分专题、匿名化进行定期推送，将每个人的所见所闻所感通过故事片段的形式展现，让读者重新进入事件发生时的场景，重新体会、重新领悟，以新的观点或态度来对待旧的事物，从而在过去的场景中宣泄与完形、在现在的场景中重新扮演与领悟、在未来的场景中预演及获得希望。目前已推送表白墙 58 期、树洞君悄悄话 109 期、暖心故事特辑 24 期、清明节特辑 7 期，开通"留声机"功能，举办"线上文本心理剧"3 期，活动取得了良好成效。

心理援助平台包括文本心理咨询与心理疗吧。学生根据自己的实际需要，可选择"树洞君"平台在线咨询或心语邮件咨询，心理服务团队中具有心理学教育背景和心理咨询师证书的成员轮流值班，为学生进行"云端"文本心理咨询。一方面为学生进行心理疏导，根据情况确定下一步干预措施或反馈对象；另一方面进行数据的整合与分析，分析不同时间节点心理问题的个性与共性，形成《心语简报》，为心理健康教育的开展提供有力数据参考支持。

★案例创新点

（一）创新运营思维提升传播成效

紧紧围绕高校学生新媒体阵地"四微一端一抖"，以学生喜闻乐见的方式开展网络教育，紧跟形势，"学生在哪里，心理健康教育阵地就在哪里"。"树洞君"云倾诉平台注重高校网络心理健康教育素养，从新媒体运营思维出发，结合学生现实需求，提升新媒体传播新成效，增强大学生用户体验。

其一，交互形式简便，具体流程为：高校企业号后台导入学生信息，学生关注微信企业号，学生可通过平台接收图文信息和发起两种形式的投稿，即通过对话窗口留言文字或语音，达到释放情绪目的；其二，传播内容接地气，将心理健康教育内容与学生学习、生活、就业相结合，踩节日庆"点"、踩网络热点、踩成长点滴；其三，传播图文在排版、推广等方面尊重传播规律，把握受众心理，充分利用校园信息服务、多元化的校园活动推广心理育人平台，增强学生用户黏性。

（二）创新环形作用模式打破信息孤岛

"树洞君"云倾诉网络育心创新案例将心理咨询信息交互文本进行数据清洗，形成

《心语简报》，利用平台单向隐匿性特征直接定位到学生身份信息，最大限度地缩短心理危机事件处理时差，最大限度减少网络隐匿性带来的学生定位误差，"树洞君"网络心理健康育人平台的"单向透光"既能保证学生倾诉的主观能动性，又能令平台背后的管理者数据透明。

"树洞君"的心理咨询信息还可反向指导平台建设及心理健康教育走向，形成环形作用模式，"双螺旋"数据交互通道相辅相成，推挽发力，打破学生心理文本信息孤岛，实现心理数据流量的集约统筹，为心理情感分析注入澎湃动能。

（三）创新育人合力促全员全方位育人育心

将开展高校学生网络心理健康教育的三大力量，即心理健康教育咨询中心（专业助人者）、高校辅导员和思政教师（半专业助人者）、朋辈队伍（非专业助人者）等形成教育合力，各自发挥所长形成合力。专业助人者完成科学有效的心理专业咨询服务和心理建模，半专业助人者维护运营心理自助与心理互助功能、发挥新媒体育人特长，非专业助人者依托平台积极网络互动、达成朋辈育人成效。三大高校学生网络心理健康教育力量在科学有效的顶层设计之下各自在育心体系中找准定位、找到价值、找好抓手，促进全员育人育心、全方位育人育心局面的形成。

（四）创新文本咨询技能支持咨询服务

打破线上预约、线下咨询的传统网络心理健康教育模式，充分利用网络媒介的隐匿性开展线上网络心理倾诉谈话服务，减轻大学生群体对于心理问题的面谈负担，也使高校心理健康教育可以拓展心理信息来源。"树洞君"云倾诉平台服务团队共8人，其中心理学硕士3人次，拥有心理咨询师证书5人次，就业指导师3人次，新媒体运营经验丰富教师8人次，具有心理咨询"写作咨询"能力教师8人次。

心理咨询的文本信息作为心理咨询及分析中鲜活的"一手"资料，为高校学生心理问题、心理概念的描述、解释和预测研究提供了新的视角。随着自然语言处理的发展，语言探索和词频统计被广泛用于探索语言使用的心理意义，情感倾向分析能够自动化挖掘文本的情感态度。"树洞君"服务团队运用百度情感倾向分析、基于依存句法和情感词典的情感倾向分析，两种算法自动化计算分析咨询服务教师和咨询学生的语言风格匹配及情感相似性与咨询过程之间的关系，从另外一个角度探索咨询过程中的重要因素，有利于咨询服务教师根据学生的言语特点，更直观地理解学生个体及两人的互动关系，同时促进咨询服务教师的自我反省，自我检查，提升咨询服务水准。

★案例实施方法和过程

（一）准备阶段：确定主题、实施方案

确立"三助四创"育心体系的育人形式，制定网络心理健康教育实施方案，打造云倾诉平台"树洞君"，构建心理健康教育咨询中心（专业助人者）、高校辅导员和思政教师（半专业助人者）、朋辈队伍（非专业助人者）育人队伍，进行全方位宣传，发动大学生群体关注并注册使用。

（二）实践阶段：热力发动、深入开展

利用云倾诉平台"树洞君"为高校学生打造多元化心理"自助+互助"空间，可以倾诉心声、释放压力、收容烦恼、绿化心情。心理自助平台主要包括心理测试常模、心理知识科普、心理放松与调适（音乐、阅读、电影等）和情绪自我管理教育，学生可以选择相应模块，自主获得相关服务；心理互助平台包括秘密树洞、表白墙，一方面全天候接收同学们后台私信投稿与倾诉并及时进行回复，为同学们提供倾诉与发泄的合理渠道，形成"常有人倾听、总有人支持"的良好心理健康教育氛围，另一方面在特殊事件节点开展征集投稿活动，如情人节表白墙、清明节特辑、525校园暖心故事、就业心理调适策略、毕业季留言等，将后台来信来稿进行筛选推送，拓宽受众群体，打通学生互助通道，缓解心理压力；心理援助平台包括文本心理咨询、心理疗吧，及时关注学生留言情况与投稿数量变化，记录相关运营信息，进行内容分析，定期形成《心语简报》反馈相关部门，最大限度地减少心理危机事件发生概率，对特殊情况及时上报、协助处理。

（三）推广阶段：热播热议、入脑立心

通过有温度的新媒体教育形式，为学生提供全天候心理支持，使用积极正向的表达方式将学生所见所闻所感转化为专题故事推文，持续更新、广泛传播，发挥心理健康教育的自助与互助功能，使教育效果入脑、立心、见行。这些或倾诉、或求助、或纪念、或遗憾的真实事件与故事，均来自学生日常生活点滴，极易在大学生群体中形成共鸣、传播力量，继而使其通过文字的力量获得支持，重新思考生活中的得与失、情与感，舒缓负性情绪，传播积极乐观的生活态度，形成携手育心、聚力前行的良好效果。

（四）环形作用阶段：情感分析、数据统筹

树洞君依据学生咨询文本信息的情感分析结果环形作用促进咨询服务教师的自我反省和自我提升，提升咨询服务水准。

学生咨询的文本信息数据经过词云展示、数据清洗，呈现出实时学生思想状况，高校学生的"一手"思想动态变化和心理状态反哺高校心理健康教育团队和高校思想政治育人团队，实现"一线咨询信息"和"导航育人方向"的"双螺旋"数据环形作用模式，"双螺旋"相辅相成，推挽发力，打破学生心理文本信息孤岛，实现心理数据流量的集约统筹，为心理情感分析注入源源不断的持续动能。

★案例成效和经验

通过"树洞君"网络工具载体构建的"三助四创"育心体系对进一步加强和改进大学生心理健康教育有着重要意义，主要具备六大功能：自助互助、信息反馈、预防预警、咨询服务、心理测评、心理调适，实现线上线下相联动，形成舆情应急处置机制共同体；立足隐性宣传和显性教育相结合，注重引导非教导、多用软文非教条、加强后台管理形成单向匿名化网络社群。

本案例创新性强，与国内63所高校网络心理育人平台对比，其"单向透光""环形作用""文本情感分析"等特点十分突出；本案例实效性强，自2016年运营至今形成丰富的高校网络心理育人平台实践，在实践和岁月中打磨成长，伴随学生心理成长变化精准育人，让心理服务持续化、易得化、可视化，针对不同年级、不同时间节点、不同心理需求进行推文推送，更易引起共鸣、产生朋辈育人合力，将理论结合实践，对高校心理健康教育的新媒体教育阵地进行有效探寻，并形成行之有效的育人经验；本案例育人成效显著，"树洞君"共预警校园心理危机事件5起，疏解较严重不良情绪89起，转接线下心理咨询服务13人次，接收学生树洞投稿信息6万余条，具有极强的推广价值。

★案例下一步改进计划

其一，与社会心理咨询专业团队、医院精神卫生科、临床心理科专业医师形成合力，建立咨询—就医—治疗—回归的帮扶全过程；其二，发挥运营团队优势，创新网络心理教育形式，开拓网络心理教育短视频领域，形成短视频系列育心作品，如网络心理小剧场、网络心理接力剧等；其三，发挥案例特色，设立就业心理专栏、党员心理专栏、校友心理专栏等，为培养全面发展人才助力。

五、网络环境下高校大学生心理健康教育创新路径调研报告

随着互联网的迅速普及，网络成为"00后"进行学习、娱乐的主要途径，在开拓了网络心理健康教育新阵地的同时，也成为高校学生心理健康教育的新媒介，是开展高校学生思想政治教育的重要手段和载体。2023年教育部等十七个部门联合印发的《全面加强和改进新时代学生心理健康工作专项行动计划（2023—2025年）》，要求将学生心理健康教育贯穿德育思政工作全过程，融入教育教学、管理服务和学生成长各环节，提升学生心理健康素养；党的二十大报告号召全党要把青年工作作为战略性工作来抓；高校学生是国家建设的动力和希望，心理健康不仅关系到每一位大学生未来发展的切身利益，更是关系到一个国家、一个民族的稳定和长远的发展。

"互联网+"视域下的心理健康教育与传统心理健康教育相比，是一种全新的教育方式和教育概念，是对传统教育模式的补充，有着其独特的构建模式和实践路径。为更好地开展高校网络心理健康教育，课题组对河北省17所高校的网络心理健康教育现状进行充分调研，通过问卷调查、面对面访谈等方式，从现状入手深入分析其问题并有针对性地提出对策，力图形成兼具可行性和创新性的高校网络心理健康教育实践路径。

（一）高校心理健康教育现状调研及分析

高校学生心理健康教育的理论依据是马克思主义人学思想中人的全面发展理论，促进人的全面发展是马克思主义的最高价值目标，人的全面发展思想在马克思主义思想体系中占有重要地位，为培育大学生积极心理提供了理论指导。

在马克思看来，人的全面发展主要包括人的需要、人的活动和能力、人的社会关系及人的个性的全面发展。人的需要是人的全面发展的前提，人的活动和能力是人的全面发展的核心，它们都是通过直接或间接社会交往实现的，人的全面发展的最高成果是人的个性的全面发展。在大学生成长过程中，以人的全面发展理论为指导，能够使大学生清楚地了解自己的成长需要，正确认识到个人与社会、集体的关系及个人与周围他人的关系，理性地认识和衡量自我发展与社会发展需要的关系，充分发挥自身的自律性、自主性，以积极乐观的心理促进个人健康发展。

为了更好地研究高校网络心理健康教育的创新路径，本项目自编高校网络心理健康教育情况调查问卷，并在此次调查中随机抽取高校在校生作为研究对象，对高校网络心理健康教育的开展情况展开了深入的调查分析。

1. 调查方法

本次调查研究主要通过发放调查问卷、资料查询等方式进行。在调查的准备阶段,课题组成员充分利用自身工作一线优势,向相关学校的辅导员老师以及被调查者说明调查目的,取得其信任、理解和支持,并把调查问卷的填写方法及注意事项向被调查者进行了详细介绍,以保证所得资料的真实性、准确性。在调查过程中,本次问卷调查采用匿名线上方式进行,采用广泛投放、自愿提交的方式,保证调查回馈的真实性和可靠性,整个过程中没有受到他人影响和干扰。

采用抽样调查法,随机抽取河北省 17 所高校的在校生为研究对象。共发放调查问卷 4375 份,回收有效问卷 4375 份,有效率 100%。其中,男性 2829 人(64.66%),女性 1546 人(35.34%);大学一年级学生 1403 人(32.07%),大学二年级学生 1215 人(27.77%),大学三年级学生 1111 人(25.39%),大学四年级学生 372 人(8.5%),大学五年级学生 5 人(0.11%),研究生一年级学生 154 人(3.52%),研究生二年级学生 84 人(1.92%),研究生三年级学生 31 人(0.71%),见表 9-1。调查对象涵盖本科生、研究生所有年级,且均能较好地理解调查题目,保证了调查结果的有效性和可靠性。

表 9-1 调查对象所在年级分布

选项	小计	比例
大一	1403	32.07%
大二	1215	27.77%
大三	1111	25.39%
大四	372	8.5%
大五	5	0.11%
研一	154	3.52%
研二	84	1.92%
研三	31	0.71%
本题有效填写人次	4375	

2. 调研分析

在研究高校网络心理健康教育相关问题时,首先要对大学生的心理动态、网络使用情况等进行深入调研,对高校学生网络心理健康教育的基本概念和现实情况进行深入了解,有针对性地对大学生心理状态和形成这些状态的原因展开高校毕业生心理健康教育。大学生心理困扰的体现在不同的时期体现出不同的特点,并具有动态变化的特征,因此在实际的研究过程中要结合高校学生的思想政治教育相关问题进行深入的探讨。

(1)上网时长

调查结果表明,多数学生每天上网时间为 3~5 小时(41.92%),16.11% 的学生每天上网时间高达 9 小时及以上,见表 9-2。互联网的普及给大学生学习和生活带来便利的同时,也大量占用着他们的时间,一方面是因为网络世界内容丰富、获取信息便利,另一方面也是新媒体新技术在教育教学和生活工作领域广泛应用的必然结果,智能手机及设备已经成为大学生活中的必需品。因此,如何将传统心理健康教育、思想政治教育和新媒体新技术相结合,占领网络心理健康教育阵地,亟待研究与实践。

表 9-2 调查对象平均每天上网时间

选项	小计	比例
小于 2 小时	635	14.51%
3~5 小时	1834	41.92%
6~8 小时	1201	27.45%
9 小时及以上	705	16.11%
本题有效填写人次	4375	

（2）生活中常见心理困扰

综合调查总体结果来看,大学生常见心理困扰主要为职业规划问题、压力问题、学业问题,8.27% 的被调查者表示总是遇到学业问题,9.76% 的被调查者表示总是遇到职业规划问题,8.43% 的被调查者表示总是遇到压力问题,见图 9-1。在工作实际中,应将思想政治教育、职业生涯教育等和心理健康教育有机结合起来,促进学生健康成长。

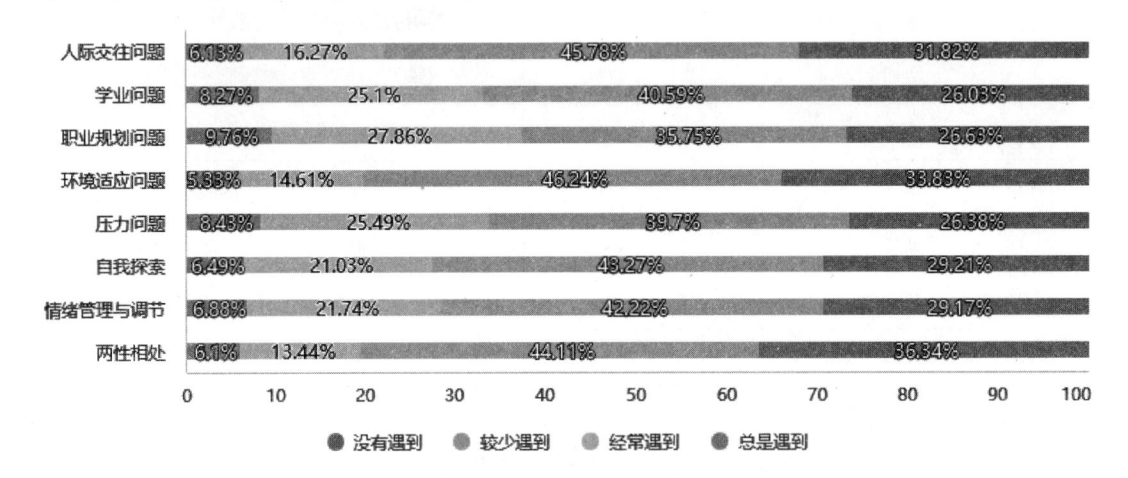

图 9-1 调查对象生活中经常遇到的心理困扰

从年级变量来看,不同年级学生所遇心理困扰的频度和程度不同。考虑到高校实际工作情况及本次抽样样本数量,在此仅对大学一年级至大学四年级不同年级所遇心理困扰情况进行分析,具体见图 9-1。

对于心理困扰中的人际交往问题,整体出现频率随年级上升而有所增加,见图 9-2。这可能是由于年龄增长和社交面不断扩大等客观因素所导致的,也可能是随着个人人际交往遇到的问题逐步累积，更容易表现为"困扰"和"问题"。大一和大四的学生"总是遇到"人际交往问题的比例相较大二和大三的学生更高，提示我们在新生入学和毕业生毕业的关键节点，学生会因为环境的变化等因素在人际交往方面产生一定的困难，需要有针对性地开展好心理健康教育工作。

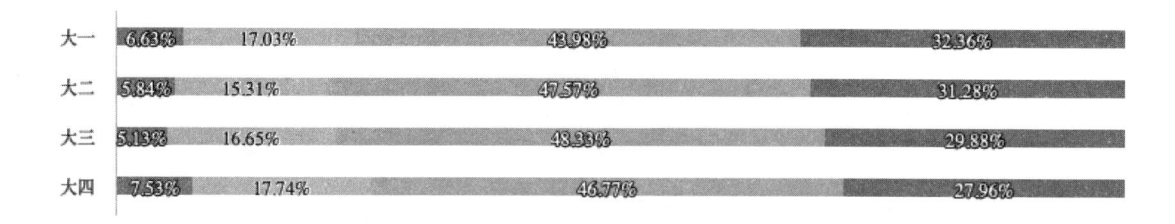

年级	没有遇到	较少遇到	经常遇到	总是遇到
大一	6.63%	17.03%	43.98%	32.36%
大二	5.84%	15.31%	47.57%	31.28%
大三	5.13%	16.65%	48.33%	29.88%
大四	7.53%	17.74%	46.77%	27.96%

图 9-2　调查对象遇到人际交往方面心理困扰的情况

对于心理困扰中的学业问题，整体出现频率随年级上升而有所增加，且比例相差较为明显，见图 9-3。大三和大四的学生"总是遇到"学业问题的比例及整体遇到学业问题的频度都相较大一和大二的学生更高，随着专业课程内容的增多和难度的加大，高年级学生更容易在学业方面产生心理困扰，若不及时干预调整，可能会由学业问题引发其他方面的心理困扰和问题，从而形成恶性循环。

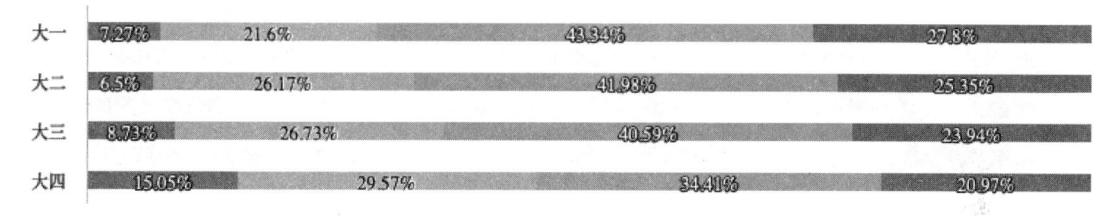

年级	没有遇到	较少遇到	经常遇到	总是遇到
大一	7.27%	21.6%	43.34%	27.8%
大二	6.5%	26.17%	41.98%	25.35%
大三	8.73%	26.73%	40.59%	23.94%
大四	15.05%	29.57%	34.41%	20.97%

图 9-3　调查对象遇到学业方面心理困扰的情况

对于心理困扰中的职业规划问题，整体出现频率随年级上升而有所增加，且比例相差较为明显，见图 9-4。大三和大四的学生"总是遇到"职业规划问题的比例及整体遇到职业规划问题的频度都相较大一和大二的学生更高，这可能是因为随着年级上升，大学生群体越发需要直面考研或就业的现实压力，由此对个人未来的发展方向产生一定的迷茫感和紧迫性，当这种需求无法很好地得到回应时，更容易产生相关的问题和困扰。

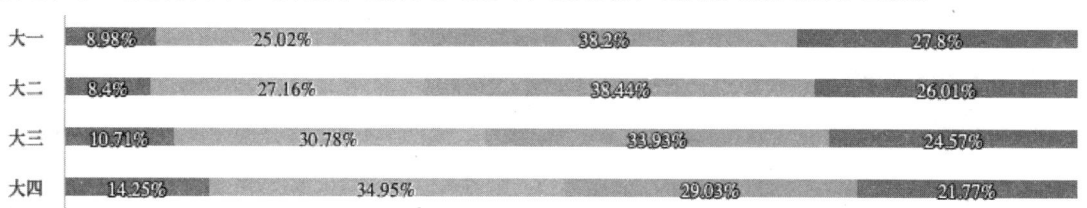

年级	没有遇到	较少遇到	经常遇到	总是遇到
大一	8.98%	25.02%	38.2%	27.8%
大二	8.4%	27.16%	38.44%	26.01%
大三	10.71%	30.78%	33.93%	24.57%
大四	14.25%	34.95%	29.03%	21.77%

图 9-4　调查对象遇到职业规划方面心理困扰的情况

对于心理困扰中的环境适应问题，整体出现频率随年级上升而有所增加，但大一、大二、大三相差不大，大一和大四的学生"总是遇到"人际交往问题的比例相较大二和大三的学生更高，见图9-5。环境适应方面的心理困扰和人际交往方面的心理困扰有一定相关性，大一的学生从高中走入大学，大四的学生在实习过程中从学校步入社会，环境的变化也带来了人际关系的变化，可能会由此产生一定的困扰，且存在多种心理困扰交互影响的情况。

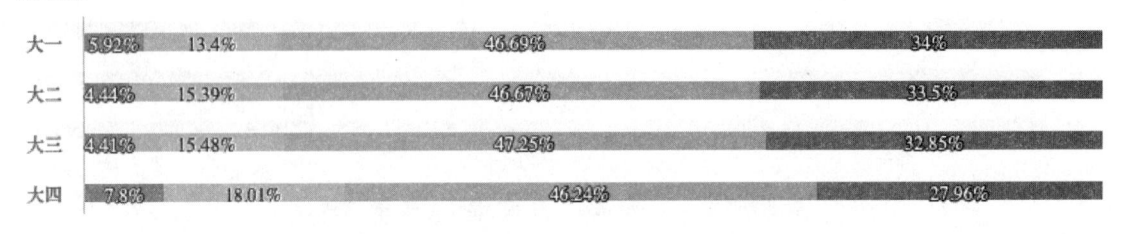

年级	没有遇到	较少遇到	经常遇到	总是遇到
大一	5.92%	13.4%	46.69%	34%
大二	4.44%	15.39%	46.67%	33.5%
大三	4.41%	15.48%	47.25%	32.85%
大四	7.8%	18.01%	46.24%	27.96%

图 9-5 调查对象遇到环境适应方面心理困扰的情况

对于心理困扰中的压力问题，整体出现频率随年级上升而有所增加，大四的学生"总是遇到"压力问题的比例及整体遇到压力问题的频度都相较大一和大二、大三的学生更高，见图9-6。大四学生面临着考研或就业的现实压力，同时还夹杂着毕业设计、毕业论文的学业压力，还有实习、考证等个人成长压力，因此在压力方面的心理困扰表现得更为突出。

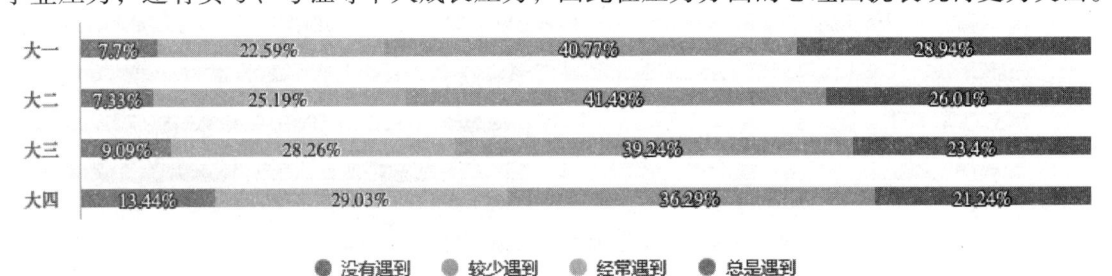

年级	没有遇到	较少遇到	经常遇到	总是遇到
大一	7.7%	22.59%	40.77%	28.94%
大二	7.33%	25.19%	41.48%	26.01%
大三	9.09%	28.26%	39.24%	23.4%
大四	13.44%	29.03%	36.29%	21.24%

图 9-6 调查对象遇到压力方面心理困扰的情况

对于心理困扰中的自我探索问题，整体出现频率随年级上升而有所增加，但相差不大，见图9-7。随着个体年龄和社会经历等的增加，对自我仍处在不断认识和完善的过程中，会有新的因素不断激发其对个人成长、发展方向等方面问题的思索，若不能及时获取相关信息或帮助，可能会累积成为困扰。

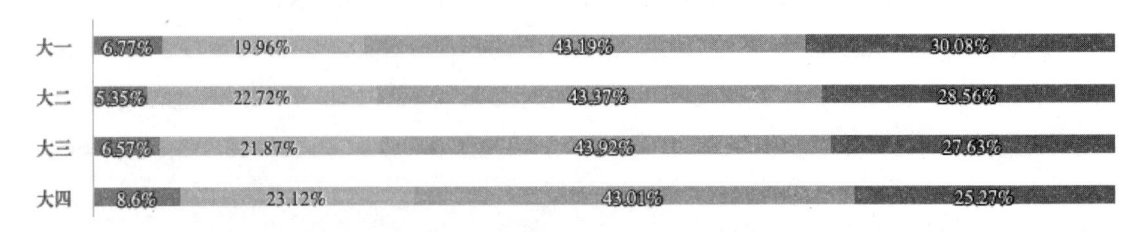

年级	没有遇到	较少遇到	经常遇到	总是遇到
大一	6.77%	19.96%	43.19%	30.08%
大二	5.35%	22.72%	43.37%	28.56%
大三	6.57%	21.87%	43.92%	27.63%
大四	8.6%	23.12%	43.01%	25.27%

图 9-7 调查对象遇到自我探索方面心理困扰的情况

对于心理困扰中的情绪管理与调节问题，整体出现频率随年级上升而有所增加，但相差不大，见图 9-8。随着年级的升高，社会交往范围不断扩大，一方面生活和学习中的诸多因素均会对个体情绪产生影响，另一方面若个体自身情绪调适能力较差，长期不良的处理方式可能会将问题逐渐累积，在高年级凸显出来。

年级	没有遇到	较少遇到	经常遇到	总是遇到
大一	6.7%	21.24%	41.77%	30.29%
大二	6.09%	21.65%	43.62%	28.64%
大三	7.02%	23.67%	41.4%	27.9%
大四	9.14%	23.39%	44.09%	23.39%

图 9-8　调查对象遇到情绪管理与调节方面心理困扰的情况

对于心理困扰中的两性相处问题，整体出现频率年级差异不大，大一和大四的学生"总是遇到"两性相处问题的比例相较大二和大三的学生更高，见图 9-9。大一的学生进入大学校园，青春期的特点使其对两性交往具有更多的好奇心，但其交往能力往往和需要不匹配，长此以往容易产生困扰；大四的学生面对毕业的节点，校园恋情能否继续受到情侣双方发展规划的影响，同时进入适婚年龄后可能会面临家人对其成家的期望与要求，若无法较好地自身调适，也有可能会产生心理困扰。

年级	没有遇到	较少遇到	经常遇到	总是遇到
大一	6.2%	14.18%	42.91%	36.71%
大二	5.84%	14.24%	45.84%	34.07%
大三	5.85%	12.15%	45.72%	36.27%
大四	6.18%	13.98%	44.09%	35.75%

图 9-9　调查对象遇到两性相处方面心理困扰的情况

整体来看，大学二年级学生心理困扰发生的程度和频度都较低，大学四年级学生心理困扰发生的程度和频度都较高。多数情况下，心理困扰的发生并不是单一的，可能受到多种因素的交互影响，这也表明心理健康教育不是单一的、独立的，应该根据学生不同阶段发展特点，结合多方教育资源和力量，达到全员、全过程、全方位育人效果。

（3）心理困扰的解决方式

面对自身的心理困扰，高校学生们倾向选择自我调节、寻找要好的同学或朋友帮助、寻找网络资源帮助，较少选择寻找辅导员、专业课老师、校内心理咨询师帮助，见图 9-10。产生这种调查结果可能的原因有三：一是当前社会中普遍对心理困扰和心理问题存在"羞耻感"，患有心理疾病的人常常被"污名化"，一旦产生心理困扰或问题，人们不希望除了亲人之外的人了解自己的真实状况；二是学校心理健康中心、辅导员、专业课教师等高校育人主体管理不同源，无法发挥育人合力；三是大学生群体朋辈互助特点明显，在大学阶段自我认知不断发展，当心理问题程度不深时，更倾向于寻求个体和朋辈力量解决问题，而不是寻求老师、家长的帮助。

值得注意的是，"寻找网络资源帮助"是高校学生寻求解决心理困扰的主要途径之一，整合网络心理健康教育资源、拓宽网络心理健康教育有效路径，对学生的健康成长具有重要意义。

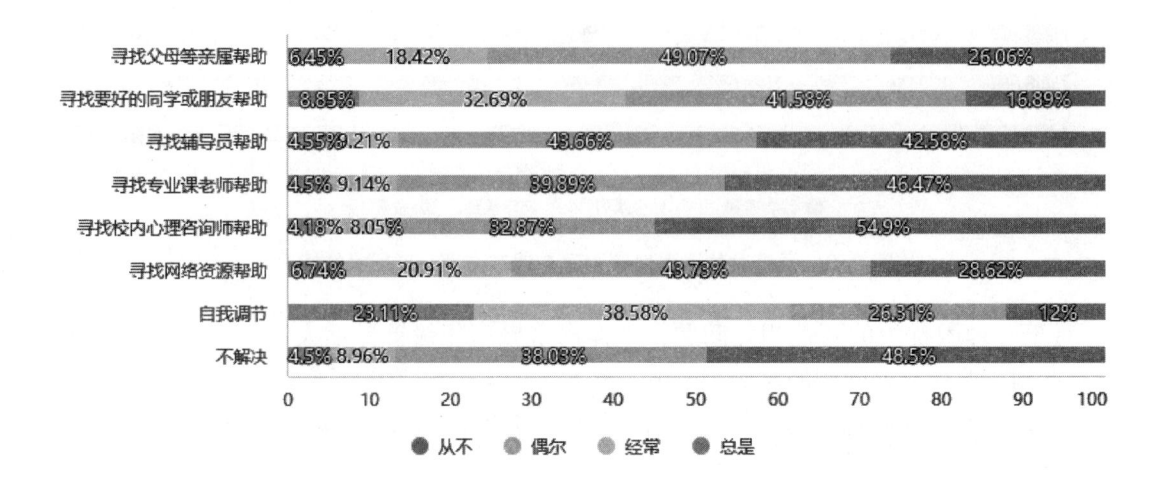

寻找途径	从不	偶尔	经常	总是
寻找父母等亲属帮助	6.45%	18.42%	49.07%	26.06%
寻找要好的同学或朋友帮助	8.85%	32.69%	41.58%	16.89%
寻找辅导员帮助	4.55% / 9.21%	43.66%	42.58%	
寻找专业课老师帮助	4.5% / 9.14%	39.89%	46.47%	
寻找校内心理咨询师帮助	4.18% / 8.05%	32.87%	54.9%	
寻找网络资源帮助	6.74%	20.91%	43.73%	28.62%
自我调节	23.11%	38.58%	26.31%	12%
不解决	4.5% / 8.96%	38.03%	48.5%	

图 9-10　调查对象遇到心理困扰选择的解决途径情况

（4）学校提供的心理健康教育内容

超过半数的被调查者表明，除了心理健康教育必修课程外，所在高校均提供了个体心理咨询、团体心理辅导、心理活动、讲座和工作坊、网络心理健康教育服务，见表9-3。一些被调查者还提到了"辅导员心理辅导""心理家访""心理委员培训"，表明除了学校心理健康教育中心外，辅导员和学生心理骨干也是高校开展心理健康教育的重要力量。

表 9-3　调查对象所在学校提供的心理健康教育内容

选项	小计	比例
个体心理咨询	3235	73.94%
团体心理辅导	2546	58.19%
心理活动	2706	61.85%
讲座和工作坊	2405	54.97%
网络心理健康教育服务	2421	55.34%
其他	99	2.26%
本题有效填写人次	4375	

（5）网络心理健康教育的内容及提供情况

多数被调查者认为，网络心理健康教育主要应包含心理咨询与辅导（74.79%）、心理健康教育课程或讲座（62.31%）、心理知识科普（65.17%），见表9-4。关于所在学校提供的网络心理健康教育是否充足，11.06%的被调查者认为"不充足"，35.27%认为"一般"，34.79%认为"比较充足"，18.88%认为"充足"，即当前高校的网络心理健康教育仍有很大提升空间。

综合调查结果显示，网络心理健康教育作为"互联网+"背景下的有效教育手段与途径，应更加突出资源的便利性和整合性，将传统线下心理咨询和新媒体新技术相结合，使来访者更加便利地在网络上获取专业咨询服务，增强专业助人者的认可度；同时课程与讲座不再局限于本校教学内容，应将网络平台资源进行整合，能够便捷地获取课程资源，进行系统性的个人提升，而不只是接受片面知识；关注心理知识科普，加大科普力度，使学生能够根据个人的需要，提高心理问题的辨识能力，从而提高心理问题的预防能力，真正实现"早预防、早发现、早干预"。

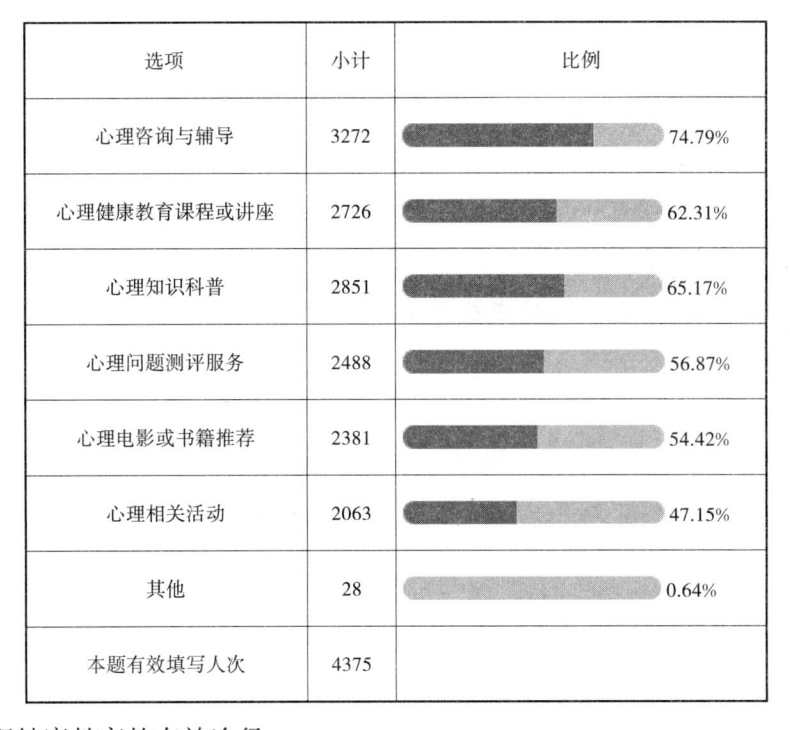

表9-4 调查对象认为网络心理健康教育包含的内容

选项	小计	比例
心理咨询与辅导	3272	74.79%
心理健康教育课程或讲座	2726	62.31%
心理知识科普	2851	65.17%
心理问题测评服务	2488	56.87%
心理电影或书籍推荐	2381	54.42%
心理相关活动	2063	47.15%
其他	28	0.64%
本题有效填写人次	4375	

（6）心理健康教育的有效途径

在对高校学生希望获得心理健康教育的途径的调研中发现，超过半数学生希望从心理健康教育课程或讲座（63.93%）、传播心理知识等媒体（59.45%）、自主学习（56.50%）等方面获得心理健康教育，见表9-5。"00后"大学生学习的自主性高，同样体现在心理健康教育资源的获取方面。"互联网+"背景下的心理健康教育，不再只是单一的开展形式，而应是集"搜集—整合—应用—回馈"于一体的互动网络，用网络媒体做好正面宣传、网络课程提供专业支持、网络平台进行互动交流、网络数据反馈育人实效，整合职业生涯教育、党建育人等多方资源，使心理健康教育资源达到"1+1＞2"的良好效果。

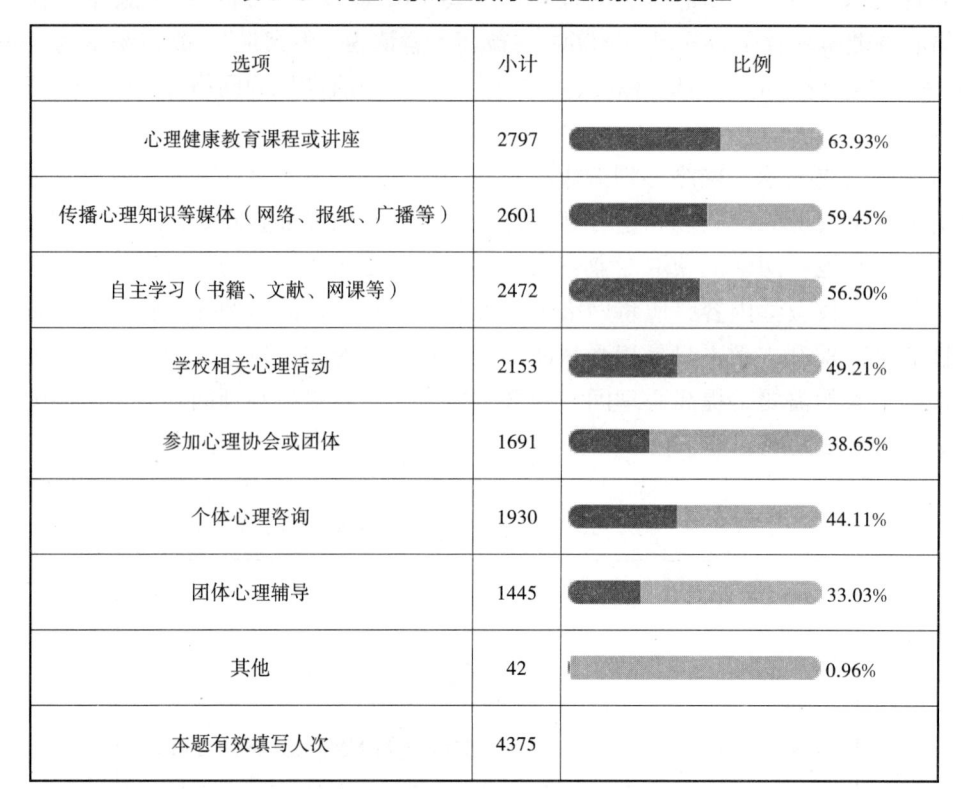

表 9-5　调查对象希望获得心理健康教育的途径

选项	小计	比例
心理健康教育课程或讲座	2797	63.93%
传播心理知识等媒体（网络、报纸、广播等）	2601	59.45%
自主学习（书籍、文献、网课等）	2472	56.50%
学校相关心理活动	2153	49.21%
参加心理协会或团体	1691	38.65%
个体心理咨询	1930	44.11%
团体心理辅导	1445	33.03%
其他	42	0.96%
本题有效填写人次	4375	

（二）高校新媒体平台心理健康教育现状分析

在对河北省主要17所高校进行的调研中发现，仅有5所高校设有专题心理健康教育网络平台——河北师范大学"向阳花心理健康指导服务中心"（2021年注册）、河北工业大学"Hebut心理中心"（2021年认证）、河北医科大学"河北医大心理"（2016年注册）、石家庄铁道大学"铁大心理在线"（2020年注册）、华北理工大学"华北理工大学心理咨询中心"（2017年注册）。2023年1月至5月，5个平台分别推送文章130篇、58篇、53篇、69篇、63篇，主要包括心理放松技术、抗疫心理知识、心理影片及书籍推荐、心理效应科普、心理健康教育讲座及培训信息推送、525心理健康月活动等内容。根据调研情况，发现目前高校网络心理健康教育存在以下主要问题。

1. 网络心理健康教育重视程度欠佳

当前高校网络心理健康教育重视程度欠佳，教育效果参差不齐。一方面，各高校网络心理健康教育大多依托学生工作系统推送平台或二级学院新媒体平台，未建立进行网络心理健康教育的专门新媒体平台；另一方面，网络心理健康教育内容多集中在活动的推送和心理书籍、电影的推荐，更新频率有限且未将网络心理健康教育资源进行有效整合，学生很难依托这些平台获得系统化、专业化的心理健康教育知识，使网络心理健康教育效果大打折扣。

2. 网络心理健康教育缺乏合力

高校辅导员、高校心理健康咨询中心作为高校学生心理健康教育的两大掌舵手，从管理上不同源，缺乏全员育人合力；心理健康与咨询中心作为专业助人者，主要工作内容多集中在线下心理咨询与心理健康课程授课，即使建立网络心理健康教育平台也多用作活动信息的推送和宣传平台，无法将线下资源与线上资源进行整合，难以形成网络心理健康教育合力。

3. 高校心理健康教育师资力量不均衡

通过网页端数据搜索，运用搜狗搜索引擎在微信网络资源进行关键词搜索，以及在手机客户端搜索关键词，梳理出河北省17所高校心理健康教育师资力量及社会借力情况，见表9-6。

根据2021年教育部办公厅发布《关于加强学生心理健康管理工作的通知》，高校按师生比不低于1∶4000比例配备心理健康教育专职教师且每校至少配备2名。因此，虽然在调研范围内，河北师范大学、华北理工大学、河北医科大学心理健康教育师资数据较为客观，但按照上述文件中关于"专职教师"的师生配比要求，各高校心理健康教育师资配备均不理想，且较少形成系统化的科研成果，多数教育成果以创新案例、测评系统等形式转化，成果之间无法达到共通共享的效果。

4. 高校心理健康教育社会借力情况较差

高校与校外专业医疗机构建立联系少、合作程度浅，本项目调研的河北省17所高校中仅有4所高校建立院校合作关系，院校合作不畅。院校合作不畅的原因有三：其一，院校合作的基础是双方各取所需、双方共赢，高校借助精神卫生专业机构为学生及时转诊、诊断病症、治疗、病愈后返校评估等，精神卫生专业机构借助高校优质数据样本进行精神卫生学科学研究工作，而在实际洽谈中，高校担心学生隐私泄露问题，且个别高校对精神卫生专业机构进行的科研成果去向存在疑虑；其二，院校合作缺乏"红娘"，可以由教育厅或者其他教育部门组织大型院校合作峰会，"拉媒牵线"，做区域内整体布局，做到资源互补的科学分配；其三，缺乏激励措施，社会精神卫生专业机构分为公办（如石家庄市第八医院）和民办（如石家庄长江心理精神医院），不论是事业单位还是民间资本注入的精神卫生医疗机构都缺乏院校合作动力，高校能够提供的资源和资本都十分有限，双方需求很难达到平衡，区域内整体布局和资源互补的科学分配亟待提升。

表9-6 河北省17所高校心理健康教育资源及社会借力情况调查

院校名称	心理学本科专业	心理学硕士点	心理健康教育中心师资力量及社会借力情况
河北科技大学	无	无	专职3名心理咨询师，兼职5人
河北师范大学	有	有	专兼职心理咨询师50名，心理咨询专家7名，其中督导专家2名
燕山大学	无	无	主任1名，专职教师9名，其中2名博士，1名在读博士，7名硕士。秦皇岛市精神卫生中心（秦皇岛市九龙山医院）与燕山大学合作签约
燕山里仁学院	无	无	—

续 表

院校名称	心理学本科专业	心理学硕士点	心理健康教育中心师资力量及社会借力情况
河北大学	有	有	专兼职心理咨询师、河北省精神卫生中心专家，包括20余名心理学专业和精神医学专业老师。与河北省精神卫生中心合作建立心理援助热线（挂靠在河北省第六人民医院，是国家卫生健康委和全国心理援助热线项目办指定的全国29家重点建设热线之一，由12位经过专业培训的精神科医师、心理咨询师等负责接听）
河北工业大学	有	有	—
河北地质大学	无	无	—
河北经贸大学	无	无	6名专职心理咨询师
石家庄铁道大学	无	无	与河北医科大学附属第一医院（河北省精神卫生研究所）达成合作协议，将该机构作为学校师生心理预防合作单位，为学校师生提供心理疾病咨询、转介、诊断、治疗、医学鉴定等支持
河北外国语学院	无	无	—
河北中医学院	有	无	—
河北医科大学	有	有	专兼职10人
河北农业大学	无	无	—
华北理工大学	有	有	挂靠在心理学院，专职4人，兼职19人，与大兴区心康医院合作教学实践基地
河北工程大学	无	无	专职心理教师2名
河北科技师范学院	有	无	—
唐山师范学院	有	无	—

（三）高校网络心理健康教育实践路径

1. 高校网络心理健康教育的"三原则"

高校学生网络心理健康教育缺乏专题性、持续性、专业性、系统性，因此，高校网络心理健康教育应具有"三原则"。

其一，个性化教育原则。心理健康教育工作者要从实际出发，基于积极心理学的理念，运用思想政治教育、社会学、心理学、职业生涯规划等知识进行交叉学科研究，分析总结大学生当前不良的心理表现，全面了解大学生心理状态。提出培育大学生积极心理的重要意义，根据学生个体发展目标和心理特点指定个性化教育方案。

其二，动态教育原则。根据大学四年中学生的成长变化精准施教，根据不同年级制定具有针对性的心理健康指导内容，如大学一年级时，以完成专业认知为目标，进行适应性教育，帮助学生努力适应大学的学习氛围和生活环境；大学二年级时，进行人际关系专题教育，帮助学生掌握交往的原则，提升交往能力，树立正确恋爱心理；大学三年级时，关注个人成长，进行未来发展定位；大学四年级时，充分激发学生潜能，帮助学生体验自我价值实现的成就感，同时关注可能产生的焦虑等负性情绪，帮助学生做好调适。

其三，埋线教育原则。高校学生的心理问题和其在校期间学业压力、就业观念、大学期间职业生涯规划有着密切关系。由此，高校网络心理健康教育应分为焦点解决短期心理辅导和长期埋线心理健康教育。对于学生常见的心理问题，应在易产生的关键节点前进行预防性教育，有针对性地开展专题教育，利用网络新媒体平台提供整合性资源，提升学生自助能力，预防性与发展性相结合；对于学生突发性心理问题，则要根据应急预案，完善预警体系，畅通学生求助渠道，提升心理问题干预时效性。

2.高校毕业生就业心理健康教育可行性发展路径

（1）心理自助、心理互助、心理援助

充分利用互联网优势，打造集心理自助、心理互助、心理援助于一体的网络心理健康教育平台。心理自助平台主要包括心理测试常模、心理知识科普、心理放松与调适和情绪自我管理教育，把握学生心理需求，帮助学生掌握相关知识，增进自我了解，促进个人成长。

（2）"双螺旋"数据交互通道

"互联网+"视域下的心理健康教育，贯彻干预和发展有效结合的理念，可多方收集学生各类信息，完善"学生画像"，利用平台单向隐匿性特征直接定位到学生身份信息，最大限度地缩短心理危机事件处理时差，减少网络隐匿性带来的学生定位误差。心理咨询信息还可反向指导平台建设及心理健康教育走向，心理咨询的文本信息作为心理咨询及分析中鲜活的"一手"资料，为高校学生各类心理问题的描述、发现、解释和预测研究提供了新的视角。学生咨询的文本信息数据经过词云展示、数据清洗，呈现出实时学生思想状况，高校学生的"一手"思想动态变化和心理状态反哺高校心理健康教育团队和高校思想政治育人团队，实现"一线咨询信息"和"导航育人方向"的"双螺旋"数据环形作用模式，"双螺旋"相辅相成，推挽发力，打破学生心理文本信息孤岛，实现心理数据流量的集约统筹，为心理情感分析注入源源不断的持续动能。

（3）创新运营思维提升传播成效

紧紧围绕高校学生新媒体阵地"四微一端一抖"开展网络心理健康教育，学生在哪里，心理健康教育阵地就在哪里。充分发挥"互联网+"优势，将互联网技术和互联网思维合力运用于心理健康教育之中，结合"心理+党建""心理+就业"等模式，将心理健康教育内容与学生学习、生活、就业相结合，踩节日庆"点"、踩网络热点、踩成长点滴；从新媒体运营思维出发，结合学生现实需求，提升新媒体传播新成效，增强大学生用户体验；传播内容接地气、懂心声，传播图文在排版、推广等方面尊重传播规律，把握受众心理，充分利用校园信息服务、多元化的校园活动推广心理育人平台，增强学生用户黏性。

（4）科研成果转化形成特色路径

加快心理健康教育育人成效与科研成果相互转化，形成可参考、可借鉴的高校特色网络心理育人路径。河北医科大学学生处自主研发了"学生幸福指数测评软件"，在全国率先启动了大学生幸福指数动态监测，《中国教育报》、新华社、《河北日报》等各家媒体进行了深入报道，同时，《大学生幸福指数监测体系的建立》也于2014年得到了省教育厅创新人才拔尖项目的立项资助，有望进一步深入研发，积极推广，取得更好的应用效果。

河北大学教育学院以大众情绪识别和一般情绪干预为出发点，以点对点（针对公众个体）的设计理念，制作了我国公众情绪识别与积极情绪干预系统，力求为共同抗疫活动提供力所能及的心理援助。该系统为公众在当前即时状态下的个人或多人情绪识别、积极情绪干预提供一般性的心理支持。河北大学疫情心理援助服务团队由河北大学教育学院心理学专业教师、其他保定高校心理教师、河北省第六人民医院专家及其他心理学专业心理援助志愿者组成，包括十余名心理学专业和精神医学专业教师，接受过系统的心理基础知识、伦理或临床实践的培训，拥有较为丰富的心理咨询经验。

河北师范大学早在1992年就组织教育学院专业教师指导心理学专业学生成立心理咨询小组，开始面向全校学生进行义务咨询；1993年开始每年进行心理健康状况调查；2000年10月，河北师范大学成立"心理健康中心"，先后挂靠在校医院和宣传部开展工作，2006年3月更名为"河北师范大学大学生心理健康指导服务中心"，挂靠在学生处开展工作。经过多年的实践和探索，逐渐摸索出了"12345"（"一个目标""两个机制""三支队伍""四级网络""五个结合"）心理健康教育工作模式，即以"培养学生优良心理品质，促进大学生成长成才和全面发展"为目标，建立健全心理健康工作的"行政管理领导和专家业务指导"的工作机制，2003年，河北师范大学荣获"河北省大学生心理健康教育工作先进单位"称号，2007年、2010年荣获"全国大学生心理健康教育工作先进集体"称号，2015年、2018年两次荣获"全国大学生心理健康教育工作优秀机构"称号。

（5）校内校外合力育人

2018年颁布实施的《中华人民共和国精神卫生法》中第二十三条提出，"心理咨询人员不得从事心理治疗或者精神障碍的诊断、治疗""心理咨询人员发现接受咨询的人员可能患有精神障碍的，应当建议其到符合本法规定的医疗机构就诊"，这就要求高校心理咨询老师在咨询过程中发现的精神障碍可疑咨询者需要转介到校外医疗机构就诊，因此高校心理健康教育中心进行院校合作，借助社会医疗力量是刚需，并非优化。本项目调研的河北省17所高校（见表9-6）中仅有4所高校建立院校合作关系，其他13所高校还需要进一步走出学校、走向社会，建立院校合作、院校共赢的合作关系。

此外，各高校还可以进一步加强校校合作平台。如2022年湖南省高校心理健康教育示范中心启动了对口协作工作，通过申报与遴选，中南大学等20所示范中心与湖南信息职业技术学院等53个对口协作心理健康教育机构结对。下一步高校也应在心理健康教育工作体系、制度规范、教育教学、活动开展、队伍建设、质量监管、危机防控等领域开展全方位协作，打造高校心理健康教育工作共同体。

第十章 大学生心理自助能力提升

一、心理自助概述

(一) 自助与心理自助

"自助"一词在《现代汉语新词语词典》里为动词，基本意思是"自己动手或自我配置（资源）为自己服务"。在英语中，"自助"对应的词汇主要有self-help及self-service，基本意思也是"为自己提供帮助行为"，也指具有为自己提供帮助的能力，是一种无须专家直接指导，为了某个目标而通过自己独立行动或主动加入某个组织联盟，或者自愿结成一个组织联盟而获取信息以解决问题的心理和行为过程。

广义来讲，任何通过自我有意识地进行调节和训练以获得心理提升的活动，都可以称为心理自助。而狭义的心理自助主要指借助心理书籍、影视作品、网络资源、互助活动或非系统性的专家指导以提升自我、缓解压力、调节情绪及解决心理问题的过程。心理自助往往与心理咨询相对应，前者是由自我所主导，但可以有专业的支持与指导；而后者主要由专业的咨询师主导，通过外在的干预以解决心理问题，是一种基于传统西方医学模式的"医患治疗观"。从现象学的角度来看，心理自助是指个体根据自身心理发展的需要，通过自我意识来进行心理调节，优化心理机制、开发心理潜能，培养积极品质和积极力量，以维护心理健康、实现心理和谐、促进心理成长的活动。心理自助者能充分发挥自我意识的能动性，发现自己的心理问题或者成长问题并及时加以调节和应对，从而维护心理平衡、保持良好的心理状态、促进积极人格的发展。从这一意义上说，本研究所指的"心理自助"是一种基于积极心理学框架下的"心理成长论"观点，它不仅有助于增进个体心理健康，更有助于促进个体的生存与适应，有助于大学生的成长与发展。

(二) 自我调节与心理自助

自我调节（self-regulation）被认为是人类最重要的能力特征之一，使人类能在变化莫测的环境中得以生存和发展。广义地讲，自我调节指个体系统地对其思维、情感、认知、行为进行自我计划、自我引导、自我调节以达到个人目标的过程。在自我调节的研究中，不同研究者对自我调节概念的理解侧重点有所不同。有的研究者强调自我调节中"自我"的主体能动性，有些研究者强调自我调节中的"调控感"。如一些研究学者在研究过程中比较强调"自我"的重要性，尤其是强调自我调节策略在行为调节中的作用，自我调节在某种程度上意味着一个人能够自主选择并且能够有效地运用已有的技能、工具和其他资源，达到自己的目标。除此之外，也有一些研究者把自我调节看作一个人控制或改变反应的能力，认为它是产生社会期望行为与适应性行为的重要机制。还有一些研究者把自我调节看作一种随外界变化而引导自己目标定向的内部处理机制，当规律性的活动或目标方向受到阻碍和影响时，自我调节机制就会得以启动。

可以说，自我调节是心理自助最主要、最本质的表现形式，是心理自助的主要执行过程。与自我调节概念相比而言，心理自助有着更为丰富的内涵与外延。心理自助是自我的"主宰者"，是人生的"规划者"。它既存在于自我调节之前，负责对自我身心状态的自我觉知、自我评估，以便决定是采取自我调节的自助措施还是需要外界帮助的他助形式。同时心理自助也在自我调节的过程之中负责心理自我调节机制的启动、监督与执行。它还存在于自我调节后，负责自我调节后的自我反思与总结。

（三）情绪管理与心理自助

1979年，Hochschild(1979)在"情绪工作"概念的基础上提出了"情绪管理"概念，认为情绪是可以根据环境的要求来进行管理的，但是情绪管理需要遵循情感规则，是个人"试图去改变情绪或感觉之程度或质量所采取的行动"[1]。同时，Hochschild(1979)将情绪管理看作一种"努力"，而非"结果"。可见，她倾向于将情绪管理描述为一个过程。之后的一些研究者如Goleman（1995）[2]认为，情绪自我管理是情绪智力结构中的一个维度，情绪管理是调控自己的情绪，使其能够适时适地适度的一种情绪能力。

如今，"情绪管理"这一概念被社会学、组织行为学、心理学、管理学等领域广泛使用，有着丰富的内涵。情绪管理是一种对自我情绪认知、监控和驱动的能力及对周围情境的识别与适度反应的能力，具有适应性、功效性和特质性三个基本特性。可见，情绪管理只是心理自助的重要内容之一。心理自助不仅涉及个体的"情绪性自助"，还涉及"认知性自助""行为性自助"等内容。

情绪管理的三大核心特征（Gross，1998）[3]具体如下。

（1）情绪管理既可以是增强情绪的过程，也可以是减弱情绪的过程；个体既可以调节正性情绪，也能调节负性情绪。日常生活中，虽然减少消极情绪体验和伴随的外显行为是较为常见的情绪调节方向，但是为了更好地适应社会情景，对积极情绪进行调节也是必要的。

（2）情绪管理既可以是在意识层面有意识进行的，也可以是在没有意识情况下不自觉地发生的。情绪调节可以区分为有意识情绪管理和自动情绪管理。有意识情绪管理和自动情绪管理过程是两个相互独立的过程（Braunstein，Gross &Ochsner，2017）[4]。

---

[1] Hochschild, A.R., Emotion work, feeling rules, and social structure.*American journal of sociology*, 1979：551-575.

[2] Daniel Goleman.Emotional Intelligence[M]New York：Bantam Books，1995 :67.

[3] Gross J J. The emenging field of emotion regulation: An integrative review[J]. Review of general psychology.1998,2（3）：271-299.

[4] Braunstein, L. M, Gross, J. J..& Ochsner, K. N., Explicit and implicit emotion regulation:a multi-level framework. Social cognitive and afective meuroscience, 2017，12(10)：1545-1557.

（3）情绪管理根据其功能可以区分为适应良好的调节和适应不良的调节。适应良好的情绪管理表现为：能够快速而有效地调整情绪反应和生理唤醒水平，有助于提高认知作业成绩。总的来说，适应性情绪管理能够有效协调个体的情绪、认知和行为，使情绪在内在生理唤醒、主观体验和外在行为表现等方面达到良好、适应的、灵活有效的、可管理的状态，这种情绪可控状态能够促进任务定向行为，提高认知活动效率，使个体社会功能达到最佳状态（Trompetter, de Kleine & Bohlmeier, 2017）；适应不良的情绪管理不利于个体有效的、自主灵活地控制自己的情绪三要素，阻碍破坏认知活动，导致认知作业成绩下降，身心系统和组织功能受损。

情绪管理是一个过程，情绪管理发生在情绪产生的过程之中，不同的情绪管理策略分别在情绪发生发展的不同阶段起作用。情绪管理过程可以分为五个重要的组成部分：情境选择、情景修正、注意分配、认知改变及反应调整。情景选择是指为了趋向和避免某种情绪而对外在情景进行有目的的选择过程，比如对自己不喜欢的人或者事物避而远之。情景修正是指当个体所处的情景无法回避或者无从选择的时候，可以通过改变所处的情景进而改变个体的情绪。例如，当失恋后，为了改变失恋后的不良情绪和尽快从悲伤的情绪中摆脱出来，把与恋人有关的合照或者物品收起来，抹掉一切与对方有关的痕迹。注意分配是注意力的分配决定了何种刺激被个体加工并产生情绪，进入注意范围的刺激不同，也就决定了情绪的效价和强度。认知改变是指当个体所处的环境已既成事实无法改变时，可以通过改变对情绪事件的看法进而改变自己的情绪。此阶段是情绪研究的重点，被认为是最常用、最具适应意义的情绪调节策略。反应调整主要是指对情绪外显行为表现的改变，对此情绪调节过程研究最广泛的策略是表达抑制。表达抑制是指通过抑制情绪表达相关的行为来改变情绪，有关表达抑制的情绪调节效果的研究表明，表达抑制可以有效调整情绪体验，却使情绪的生理唤醒水平提高，并且表达抑制过程需要消耗认知资源。在情绪调节过程模型中，情绪调节会随着时间进程而作出相应的调整，是一个具有时序性和动态性的加工过程，情绪调节发生在情绪事件发展和变化的任何一个阶段。

（四）心理弹性与心理自助

关于心理弹性（resilience）的研究最早始于美国。也有一些学者将其译为"韧性"，由于"心理弹性"概念在国内基本上已被广泛使用，因此在这里我们仍然采用"心理弹性"这个概念。美国心理学界对心理弹性的界定是："个人面对生活逆境、创伤、悲剧、威胁或其他重大生活压力时的良好适应，它意味着面对生活压力和挫折的'反弹能力'。"[1]随着心理弹性研究的不断深入，心理弹性被认为是人人都具有的一种动态调控与即时适应的基本反应能力，是生物遗传决定的"自我调节机制"，同时被认为是人类机体中的一种普遍具有的自我保护本能，其本质是积极适应。它会在逆境下被激活、启动，并且推动个体去克服逆境与威胁，恢复平衡，这与积极心理学思潮正好相契合。研究发现，心理弹性的相关因素涵盖了应激与健康心理学领域中几乎所有的积极品质，如自我效能、责任感、计划能力、内控、乐观、积极行动、问题解决能力等。甚至一些研究者从积极心理学的角度出发，

---

[1] Association, A.P., The road to resilience. Retrieved January, 2010 (7): 2-11.

认为心理弹性是个体不断成长与发展中的积极向上的生命力，它存在于每一个人身上，只是在程度上存在不同而已。关于心理弹性的结构，一般可以大致分为两大类因子：一是内部保护因子，二是外部保护性因子。内部保护性因子或资源也被认为是多维的，既包括生物及生理因素，又包括心理因素，如内控性、对未来充满憧憬等个性特征。外部保护因子包括良好的家庭关系、社会支持等因素。

尽管目前关于心理弹性的研究很多，根据已有研究，大致可归纳为以下四种观点：一是强调应关注积极的结果；二是强调应注意各种积极经历的影响；三是强调关注个体如何应对压力和逆境的过程；四是强调关注人们对强大压力和严重逆境反应特征或过程上的差异。然而，经典的心理弹性研究并没有将数量更为庞大的正常人群及将来可能遭受挫折的人群置于紧要地位。对于心理弹性是如何产生作用，以及它所涉及的保护性因素是如何构成一个完整的动力系统互相激发并促进个体应对逆境的问题，一直没有令人满意的解答。另外，尽管有研究者从积极心理学的角度把心理弹性看作一种人人都具有的积极向上的本能或潜能，但这种潜能要转化为"弹力"或坚忍不拔的"韧性"需要个体经历严重危险的打击，且个体在遭受打击后发展仍然良好。也就是说，研究者还是普遍认为心理弹性是与抗逆境相关的适应性与能力，而忽视了人们在处理日常生活问题中的积极自助、自救的能力表现。因此，相比心理弹性概念而言，"心理自助"概念具有更丰富的内涵与更大的包容性。心理自助不仅表现在危机应对、逆境成长中，还表现在平常的学习、生活、工作等各种社会活动中。心理弹性是心理自助在逆境、压力与威胁应对的功能性表现，它需要心理自助对内外保护因子（资源）的整合与利用，也需要心理自助在整个逆境应对过程中的自我发动与激励。心理自助才是心理资源的发动者、整合者与执行者。综上所述，我们认为人人都具有自助性，时时需要自助。

总而言之，与"自我调节""心理弹性"等概念相比，"心理自助"具有更丰富的内涵与理论的包容性。这里谈到的"心理自助"是基于发展观、积极心理学、心理成长论等思想理论框架，不仅解决个体日常生活中的心理健康问题，还解决健康个体的心理成长与发展问题等一切人生成长、适应与发展问题。心理自助观的核心价值理念是要倡导一种"积极的内在自我"思想。希望每个个体都能唤起并促进其"积极的内在自我"的成长，从而帮助个体更好地面对与解决人生成长与生活中可能出现的困难和问题。

二、我国心理自助研究现状

（一）自我心理保健思想

中国传统文化一贯都很重视自我在养身、养心中的重要作用。中国传统的文化中包含了大量丰富、精深的心理自助思想。心理自助作为一种重要的心理自我教育形式在20世纪就受到国内学者的关注。景怀斌（1998）[①] 是国内较早关注并研究心理自助的学者，他根据

---

① 景怀斌. 快乐原理与技巧——自我心理保健精要 [M]. 广州：广东人民出版社，1997：89.

中国人独特的心理调节习惯和方式，提出了"自我心理保健"概念，认为自我心理保健是个体在自我心理保健理论的指导下，通过自己的努力，以行之有效的方法与措施，及时解决日常心理问题，矫正心理异常，维护与达到心理健康的过程，是一个以"痛"为症状，以"控"为手段，以"通"为目标的有机整体作用过程。由此可见，自我心理保健概念主要强调对心理健康问题的解决与维护，是狭义的心理自助观，其本质上依然是心理健康教育的"心理障碍矫治模式"，仍然属于个体心理的"问题导向"，而非"积极发展导向"。目前针对自我心理保健的研究主要以描述性、思辨性研究居多，主要涉及不同群体的自我心理保健能力培养、自我心理保健的策略与原则、方法与技巧等问题的描述性研究。尽管自我心理保健的相关研究还不少，也有少量实证研究报告，如李勇、李玲（2012）自编的《大学生心理自我保健问卷》（包括自我保健意识与自我保健行为两个维度，其中自我保健意识又包括心理健康关注度与保健环境评价两个维度）探讨了大学生自我心理保健能力的发展现状，但对于自我心理保健理论的深入研究很少，相应的实证也鲜见。我们可以清楚地看到，目前这方面的研究还很薄弱，对于自我心理保健的结构、机制尚缺乏深入而系统的实证研究。

（二）心理自助性质、机制、过程与特性研究

近年来，一些研究学者对心理自助的结构、机制、过程等问题进行了探讨。李笑燃、陈中永（2005）认为，从某种意义上来说，心理自助既是一种心理结构，也是一个心理过程，又是一种心理能力。心理健康具有系统性，集中体现在个体心理内容与环境信息相互作用而产生的心理意义的相容与和谐，体现在个体身心、个体与他人、个体与社会、个体与天地自然的相容与和谐，体现在个体与周围环境各种关系的有机联结与共振，是心理能量伴随信息加工过程在整个心理系统中的流动。李笑燃等人（2008）提出，心理自助的结构与功能是心理健康的需要和动机、心理健康的自我探索、心理健康的自我行动、心理健康的情绪体验和心理健康的信念态度五个部分相互影响、相互制约、相互作用的内在心理机制[①]。当个体出现应激反应、人际失调或适应不良时，就会产生维护心理健康的需要和动机。心理健康动机以心理健康需要为基础，其目的在于调整认知、疏泄情绪、缓解压力，增强心理幸福感，达到自我实现，因而是心理自助的动力机制。心理健康的自我探索是个体对自身的心理状态、思维方式、情绪反应和性格能力等方面的深入觉察，为心理健康动机提供认知性分析与解释，是心理自助的能动机制。心理健康的自我行动是个体选择适当的自助方法，对心理和行为进行有效调节、控制以实现心理健康维护和促进目标的行为，是心理自助的执行机制。当个体的心理能量开始正常流动时，社会功能会得到相应的恢复或增强，就会逐渐实现个体的心理和谐，提高自尊和自我效能感，产生积极愉快的情绪体验，进而会形成心理自助认识和评价的价值观念，即心理健康的信念态度，这一环节是心理自助的评估反馈机制。而心理健康的信念态度在心理自助系统中又起到灵魂和统帅的作用，同时也是心理健康的重要评价指标。总体而言，自我意识在心理自助过程中起着关键的中介作用，自我认识、自我体验和自我控制三种成分的相互作用是心理自助的主要心理

---

① 李笑燃，陈中永. 大学生心理自助研究 [M]. 呼和浩特：内蒙古人民出版社，2005：22.

机制。这一系列过程，最终将实现个体内在关系的自我和谐，以及个体与他人、个体与社会、个体与天地自然之间的关系和谐，使人达到身心愉悦、精神饱满的心理状态。关于心理自助的活动过程，李笑燃等人（2008）提出，心理自助是一个由动机激发、自我觉察、问题分析、方法选择、心理操作、效果评估、信念重组和心理体验八个环节相互联结、相互影响、相互促进的过程，是一个动态的、循环往复的过程。心理自助过程不仅具有内源性、自发性和自主性，而且具有起点多端性和方法多元化等特点。

除此之外，李笑燃（2005）[1]、岳欣（2012）[2]等人提出了心理自助能力观。该观点认为，心理自助是一种积极的、能动的、潜在的能力，即执行心理愿望的能力，包括自我认识能力、自我觉察能力、自我调节能力、自我控制能力、自主学习能力、自我发展能力和自我实现能力，还有情绪觉察和情绪管理能力、人际交往与沟通能力、社会适应能力、爱的能力，以及自我效能感、韧性、乐观、希望等一系列延伸性能力。

这种能力是个体在社会实践活动中，通过学习训练、观察模仿、情感体验、自我暗示、自我激励、心灵感悟、内心反思等多种自我心理教育方式而获得的。岳欣（2012）认为，心理自助能力借以各种教育训练、资源利用、群体互助等方式的引导、强化、深化、疏导、影响等作用而形成。这种心理自助观有力地揭示出，开展大学生心理健康教育的目的、意义、价值和本质在于帮助大学生塑造和完善自我意识，培养和形成心理自助能力。

（三）心理自助体系的开发

心理自助是个体自主解决自身心理问题的一种方式，其顺利开展与完成需要一定的条件和要素支持，它们共同构成一个有机的心理自助系统。这些条件和要素既包括自助意识、自助目标、自助方法和自助活动等内在因素，又包括自助环境等外部条件，如良好的心理氛围、积极的环境信息、广泛的社会支持以及可资利用的各种资源（网络资源，如自助平台；文本资源，如自助书籍；人力资源等）。在自我意识的调控下，个体产生的心理问题或心理不适会唤起自助意识，让个体对其心理问题进行原因分析、性质与强度的判断，以确立自助目标，然后根据自助目标选择自助方法和自助活动。通过适宜的自助方法和自助活动来改变观念态度，调整身心状态，进而实现心身控制。而自助方法的选择与自助活动的实施依赖良好的自助环境。个体要根据不同环境中资源的可利用原则来进行自助方法的选择与自助行为的实施。可见，心理自助又是一个多因素相互影响、相互作用的功能系统。除了心理自助体系的一般性理论建构研究，还有一些研究针对特殊群体进行相关心理自助体系的建构与服务系统的研发工作。如谢倩、陈谢平（2011）[3]探讨了地震灾后羌族中学生心理自助系统的内在结构、方法与途径。他们认为，从结构上看，灾后羌族中学生心理自助系统主要包括心理健康的自我意识、知识信念、情绪表达及自我行动四个部分。易晓阳、黄成锐、马湘军（2004）[4]基于《军事训练心理学》《军人心理素质训练》及部队有关心理卫生工作的相关规定，开发研制出了自助式军人心理服务系统。该系统采用模块化程序设

---

[1] 李笑燃．陈中永．大学生心理自助研究 [M]．呼和浩特：内蒙古人民出版社，2005：22．
[2] 岳欣．大学生心理自助机制研究 [J]．教育与职业，2012（33）：81-82．
[3] 谢倩，陈谢平．内观疗法在我国心理治疗中的应用和展望 [J]．全科护理，2011(8)：734-735．
[4] 易晓阳，黄成锐，马湘军．自助式军人心理服务系统的研制与应用 [J]．西南军医，2004（5）：61，64．

计,由触摸式电脑显示屏和电话语音查询系统组成,以工作流程管理模式建立心理卫生知识数据库,将心理咨询、教育、测试、疏导和干预的相关内容纳入计算机管理系统。

从上述分析发现,目前心理自助研究有如下特点。一是我国现代心理自助的研究不仅起步晚,而且显得很零散。二是我国心理自助研究的基本理论框架是"心理健康自我教育"模式,关注的重点在于心理自助能力的培养,自助策略、方法与技术的选择运用等。与此同时,国内相关研究严重缺乏实证支持。

三、心理自助的理论基础

(一) 人本主义心理学与积极心理学

人本主义心理学、积极心理学及自我决定理论三者之间存在着密切关联。在很大程度上讲,积极心理学是对人本主义的继承和超越。自我决定理论以个体内部动机为出发点,采用量化研究的方法揭示了积极心理学的诸多研究主题,进而推进了积极心理学的研究和发展。这三者一脉相承的是心理价值的积极取向。人本主义心理学因重视对人的价值和潜能引起了思想界和教育界的广泛关注。德国心理学家彪勒认为,人本主义心理学的革命性价值至少体现在两个方面:一是提出了一种积极的人的模式;二是其倡导者承认他们自己的存在,认为生活是主观进行的,就像它产生的那样。这些积极主张为心理自助提供了直接的理论基石。

人本主义心理学的基本主张认为,每个人都有内在的自我成长与自我完善的倾向,人生是一种"正在成长过程中的存在",每个儿童都乐于提高技术与能力,乐于发展与前进,乐于增强力量。可见,人本主义心理学重视人的价值,强调把自我实现、自我选择和健康人格作为人生追求的目标。由于人本主义心理学家强调自我、鼓励自我中心,从而直接引发一场心理治疗的"自助运动"(self-help movements),使心理自助成为与传统心理咨询和治疗相对应的一种心理服务形式。而人本主义心理学的自我实现理论、积极人格理论等基本思想在积极心理学中得到了进一步的继承与发展。积极心理学倡导以人所固有的、实际的、潜在的具有建设性的力量、善端和美德为出发点,用一种更加开放和欣赏的眼光去看待人类的潜能、动机和能力等(包括问题和缺点),其主要研究目的是要通过培养或扩大人所固有的正向力量和积极品质,提升人们的生活质量,发现并培育具有天赋和才华之人,并使其平凡的生活更有意义和价值感,能够真正成为心理健康且有幸福感的人。这完全符合个体发展的需要,充分体现了以人为本的思想,是对当代心理学研究价值的一种返璞归真。除此之外,积极心理治疗从人的发展的可能性和能力出发,强调每个人天生具有解决自身心理问题的潜能,并把心理治疗的焦点集中到充分调动和发挥同学的各种能力上,其中有两种基本能力——认识能力和爱的能力,被积极心理学认为是人人都具备的重要能力,强调被治疗者的这两种基本能力的激发与发展。

总之,上述的这些不同领域的研究均强调了人性的积极方面,并使心理学研究更加注重于培养和调动人性中固有的积极力量,这种力量具有很强的适应性、抵抗力、免疫力和自愈力，能够促使人们树立积极的人生态度，树立远大的人生目标和美好追求，不断激发潜能和创造力，逐步提高自我成长能力、心理自助能力和社会适应能力，积极主动地维护自身的心理健康，使自我生命状态得到不断改变、提升并日臻完满，学会感受幸福、分享快乐，塑造乐观向上、积极进取、和谐安适、充满希望的美好心灵，进而成为健康、幸福、快乐、富有意义和价值的人。这种力量能够习得和提升，从而使心理治疗、心理咨询、教育培训、心理教育、心理服务等工作更为高效和顺畅。

(二) 我国的心理自助思想与观点

1. 中国传统文化中的心理自助观

钱焕琦（1997）将我国古代心理保健、维护心理健康的思想归纳概括为七个方面：一是提倡形神兼养、以神卫形；二是主张以理制情、情欲适度；三是倡议以静御躁、精神内守；四是倡导藏息相辅、劳逸适度；五是重视四气调神、顺应自然；六是关心生长壮老、明阳调理；七是强调以德为上、修身养性。其中，"形神兼养"强调人们不仅要关注社会与环境对心理健康的影响，更要把"养心"与培养健康的生活方式结合起来，努力达到身心的和谐统一；"以神卫形"则强调养生的关键在"养心"，此乃养生的根本。"以理制情、情欲适度"则类似于现代心理学的认知疗法，强调辩证、合理的认知观念、理性思维在维护心理健康中的关键作用。所谓"精神内守"是指个体对自己的心理活动与状态进行自我调控，使身心与环境保持协调而不紊乱。而"藏息相辅、劳逸适度"是指人自身的内脏和大气相配合，才能呼吸自如，要讲究心情愉快、饮食有节、劳逸结合，否则会引发疾病。"四气调神、顺应自然"则强调人的饮食起居与心理活动必须顺应自然气候时节的变化进行相应调节，以适应自然界生、长、收、藏的规律。"明阳调理""修身养性"则倡导人们要在个人理想、人生目标与社会的共同目标保持和谐统一的前提下，通过自我反省体察，对自我认识和行动进行修正和训练，使之符合生命发展的规律，使我们的个体生命能够更好地融入社会和自然的大系统中去，使身心达到天人合一的完美境界。由此可见，中国传统心理健康维护的一般思路是：分析心理问题产生的原因，通过自我反思醒悟、认识提升、生理调节（静坐、气功）等方式来达到维护心理健康和矫正心理问题的目的。佛教养心的主要方式为"禅定"，它要求修炼者跏趺坐，气沉丹田，静数呼吸，排除一切杂念，通过将心专注于内心深处真实的感受、感悟上，以有效制约内部情绪的干扰和外界事物诱引的思维方式与思想境界。由于禅宗追求真实、内心的自由宁静和超越，强调开悟和解脱，因此它能激发每个人身上所有的潜在能量，使人们具有快乐和互爱的能力，从而能引导迷茫、焦虑、忧郁的人们过上更加健康和谐的生活。禅定实际上就是一种"冥想""静坐"思维，现代静默疗法吸收了佛教的这种理念，同样要求练习者抛开一切内心的杂念和外在的诱惑干扰，努力达到和体验一种特殊的心境，即所谓"静默心境"，从而使练习者达到身心放松、提高理解力和随意控制力的目的，同时也维护了心理健康状态，其有效性得到了现代心理学研究的证实。从总体上讲，冥想具有心理恢复功能与心理发展功能，有助于个体建立一种特殊的注意机制，达到心理上的整体提升。研究表明，冥想对减少焦虑、抑郁、改善睡眠、提高情商、免疫力等问题都有较好的效果。

中国哲学中的儒家、道家、佛教三大流派有一个共同点，就是主张"境界说"，反对

"实体论"。正是在这一点上，中国哲学与西方哲学有着重要的区别。人的心灵境界或"心境"有高低的差别，这不是在心灵之外有一个与心灵相对的境界，更不是心灵对外部世界的"认识"。正因为如此，儒家、道家、佛教都很重视心灵问题，并且建立了各自的心灵哲学。三家都主张心灵是一个整体，可以分为两个层次，即感官或感性的经验层次（如观感化物）和超先验的形而上层次（如未卜先知、心灵感应）。西方哲学把心灵的两个层次分属于两个彼此对立的实体或截然不同的世界。儒家、道家、佛教的境界说则是建立在心身整体论之上，认为心灵是本真的活动与状态，人人都可以成圣、成真、成佛。理想的境界既在此岸，又在彼岸，能不能达到，关键在于心灵的自我修为，而不需要外在力量的启示和拯救。中国传统哲学心理学强调人的心灵与其存在本体相通，通过人内心的自我修养，就可以达到某种精神境界。中国传统哲学与文化强调心灵的"自我修为"作用，重视个体在维护身心健康方面的主体性、主动性，强调个体必须通过自己的努力去调适自己的行为与情绪；强调个体必须通过提升自己对世界的认知理解、提升自身德行修养，以及加强与内心自我的沟通等方式来维护自己的身心健康。这其实表明了中国传统文化特别强调"心理自助"，强调心理问题的自我化解。同时这种自助观在中国有着深厚的文化底蕴与文化根基，铸就了中国人自助的心理倾向性，并深深地内化为了中国人独特的人格特征，如"自强不息""克己容忍""谦和持中"等。中国人对待心理问题的这种根深蒂固的思想与态度，仍在深深地影响着现代西方心理咨询和治疗理论与技术在我国现代社会中的普及和实践，使我们在面临心理困扰与问题的时候，首先采取的解决办法仍然是自我调节，这其实也是中国传统哲学的直接体现。因为中国传统哲学强调以"静观自我"的方式来达到对人生哲学的阐发，展示人之本性的不同境界。依这种哲学观来看，一个人要成为真正意义上的人，就要不断地、自觉地进行精神修养，去领悟更高的存在以达到天人合一的境界。可见，中国传统心理学不仅强调自我努力，自我超越，还强调自觉，强调个体要自觉进行自我反思、自我修炼。正如曾子曰："吾日三省吾身，为人谋而不忠乎？与朋友交而不信乎？传不习乎？"总体来讲，心理自助在中国有着极其深厚的哲学根基与文化底蕴，强调心灵的自觉性与自我修为，通过超越现实自我的途径达到"身—心—社会"的和谐统一。

2. 我国的心理自助观

中共十六届六中全会发出了构建社会主义和谐社会的伟大号召，突出强调了心理和谐对于构建和谐社会的重要性。党的十八大召开后，习近平总书记提出了"中国梦"的伟大构想，中国梦的含义是实现国家富强、民族振兴和人民幸福。实现中国梦，最终的出发点和落脚点都在人民幸福上。因此，党和政府以建设幸福中国为支撑点全面深化改革，从每个社会成员的心理感受出发，努力营造和谐幸福的家庭环境、学校环境、社区环境、组织环境和社会环境，形成人人关注心理健康，人人重视心理建设，人人达到心理和谐的良好氛围，让每个社会成员的心灵都能够和谐安适，让每个社会成员的生命都能够焕发光彩，从而改善人民生活质量，提高社会幸福指数，真正实现构建和谐社会和幸福中国的宏伟目标。和谐社会和幸福中国归根结底要以每个社会成员的心理和谐为参照框架。现代中国人的心理健康观认为，心理健康是自我关系世界的和谐。黄淑亮（2007）[①]认为，心理和谐主

---

① 黄淑亮. 试论心理和谐的构建 [J]. 黎明职业大学学报, 2007 (1): 71-74.

要表现为人的内部心理和谐、人事心理和谐、人际心理和谐三个方面。林崇德（2007）则着重强调了关系和谐，他指出："和谐就是处理与协调好各种关系，心理学必须研究以自我关系、个人与他人的关系和个人与社会的关系为核心的六大关系，即人与自我的关系，人与他人的关系，人与社会的关系，人与自然的关系，人与机器的关系以及中国与外国的关系。"①

有一些学者更加强调自我和谐，认为个人的内心和谐既是心理健康的标准，也是和谐社会和幸福中国的必然要求。王登峰、崔红（2003）认为，自我和谐主要表现为以下六个特点：一是动机和需要与过去历史、对现实的认识及对未来的期望密切相关；二是能够妥善处理冲突和选择；三是了解和悦纳自我；四是接纳他人，善与人处；五是正视现实，接受现实；六是人格健全和谐。②许燕（2006）认为，自我是人格的核心成分，自我和谐是人格健全的核心特征，自我的协调与不协调是心理健康的关键。她进一步强调："当一个人内心出现不和谐因素，特别是在现实不和谐的情况下，要从认识自我、悦纳自我、拓展自我、超越自我四个层面进行心理自助，提升与完善自我，实现自我和谐。"③

葛鲁嘉（2010）④基于对中国传统心理学的深入分析提出了新心性心理学理论框架，这是中国现代心理学对中国传统心理学的继承与发展的一个例证。新心性心理学认为，人的心理在本质上是意识自觉、自我觉醒和体验体悟的活动，这种觉或自觉是一种生成意义的活动，甚至是创造性的生成活动。人不仅是自然的存在，而且是自觉的存在，因此人的生活也是自觉体验和自觉创造的过程。人只要对自己的生存状态有所意识，树立自己的生活目标，并坚持不懈地努力追求，就能够掌控自己的命运、主导自己的生活。所以，心理生活是人的生活的核心内容、实际走向和创造主宰。从上述分析不难看出，中国当代的心理自助观继承并发展着中国传统的心理观，强调心理自助的自觉性与自主性。同时，中国现代心理学更是在充分引进与吸收西方心理学的营养，以致在中国也掀起了积极心理学研究浪潮，比如主观幸福感已经成为当前研究的热点。在心理咨询与心理健康维护方面，主流心理学在力推各种西方心理咨询流派与各种心理咨询治疗技术的同时，也引进了西方现代的一些心理自助的做法，比如团体心理辅导、朋辈咨询、网络心理咨询、心理热线等现代心理自助形式。可见，心理自助是一种实现自我和谐、维护心理健康乃至最终实现关系和谐的有效方法和途径，是心理健康的重要衡量指标和必然要求。

四、大学生心理自助的特点

大学生心理自助整合了个体人格的心理动力、认知行为、意志品质等多系统中的诸多因素。我们认为心理自助作为"积极的内在自我"对个体的心理健康、社会适应、学习与

---

① 林崇德. "心理和谐"是心理学研究中国化的催化剂 [J]. 心理发展与教育，2007，23(1)：1-5.
② 王登峰，崔红. 心理卫生学 [M]. 北京：高等教育出版社，2003.
③ 许燕. 自我和谐是构建心理和谐的基础 [J]. 北京社会科学（增刊），2006（S1）：60-64.
④ 葛鲁嘉. 心理成长论本：超越心理发展的心理学主张 [J]. 陕西师范大学学报（哲学社会科学版），2010(3):5-10.

生活都有密切的关联与影响。已有大量研究表明，自我概念、自我调控、心理弹性与心理健康、社会适应、生活满意度之间有着重要的关联。如已有研究发现，大学生自我概念、心理弹性与心理健康水平、社会适应、生活满意度存在显著的正相关。同时研究还表明，积极的自我概念能预测个体的总体的生活满意度。而高水平的大学生心理自助者会表现出良好的自我调控力，有着良好而持久的自我行动力，以及能保持较高水平的自我激励等诸多积极的品质。因此我们认为，心理自助与心理健康、社会适应、生活满意度之间有着密切的关联，它在维持人们的心理健康水平、提高社会适应性及生活事件的积极应对中发挥着核心的作用。心理自助水平高低能较好地预测心理健康、社会适应、生活满意度的高低。

挖掘个体心理潜能，改善和提高个体心理自助能力，既是维护心理健康的重要途径，也是大学生心理健康教育的终极目标。而了解不同大学生的心理自助现状、特点与差异是有效开展心理自助教育和干预训练的前提，也是探讨大学生心理自助与心理健康、社会适应、生活满意度之间的关系的基础。因此，我们将借助于自编《大学生心理自助量表》调查分析不同民族、不同年级、不同性别大学生的心理自助的特点。

（一）大学生心理自助存在年级差异

不同年级大学生的心理自助总分存在显著差异，其总体表现是：大一年级学生心理自助得分最高，其次是大三年级；相应地，大二、大四年级大学生心理自助得分最低。在心理自助各维度上，不同年级大学生在自我灵活性、自我激励两维度没有显著差异，但在其他维度均存在显著差异。同时，我们进行了性别与年级的交互作用分析，结果表明，性别与年级的交互作用不显著。

大一、大二、大三女生的心理自助水平均显著高于男生，而大四女生的心理自助水平却明显降低。这可能与他们在大四所面临的与择业困境所产生的心理变化有关。由于用人单位的偏见、工种的性别差异要求等诸多原因，使女大学生往往在择业时面临着更大的压力与困难，从而影响了她们对自己诸多方面能力的自我评价。一些研究一致表明，男生择业效能感、职业决策的自我效能感显著高于女生，具体体现在自我评价和职业信息收集方面有显著差异，男生比女生的自我评价高、收集职业信息的能力强。

从大学生心理自助的年级差异来看，出现了"弹跳式"的差异效应，比如一些研究发现大一学生的心理自助得分最高，大二学生落入了大学四年的最低谷，其次是大三学生的得分要高于大四。这一结果与有关大学生的主观社会支持、自我评价、自我管理等相关研究具有较高的一致性。有关大学生社会支持的研究发现，大一、大三、大四学生的主观社会支持和社会支持总分均显著高于大二学生，大学生自我评价总的发展趋势呈现出大一学生大于大三学生、大三学生大于大二学生、大二学生大于大四学生的特点。同时，大学生自我管理的研究也发现，大一学生的自我管理自评得分优于大二学生和大三学生。有研究者认为，这可能与大一学生（第一学期）有较高的理想和抱负及中学时期对自己严格要求的习惯等因素有关。对刚踏入大学的大一学生而言，他们可能对自己有着较高的自我期望，有较高的自我责任感，至少他们需要通过自己的"单独"行动来适应大学的学习与生活；加之大一学习任务相对较少、较轻松，从而使他们在心理自助、自我评价及主观社会支持上的自我评分较高。但这可能是一种"虚高"，因为在大一时期，他们往往还没有面临更多的学业问题、人际关系冲突问题及个人人生发展规划等一系列现实问题。而这些问题往往随着大学二年级的到来接踵而来，正是这些现实问题的应对使他们在大二时期体验到了最低的心理自助感及主观社会支持感等一系列较低的自我评价。

（二）大学生心理自助存在性别差异

总体来讲，女生的心理自助水平显著高于男生，并具体表现在自我调控、自我行动力、自我责任感、自助观、自我整合力、自我反思与评价等维度上。这与已有相关研究的诸多方面具有较高的一致性。有关大学生自我责任心的研究表明，女生的整体自我责任心高于男生，并在责任认知维度（规划性、归因性）、情感维度上都有显著差异。有关大学生自我控制性的研究也发现，女大学生在计划性、坚持性、自觉性、延迟满足性、冲动抑制性方面都显著高于男生。这些研究与本研究得到的结果具有一致性，表明当代女大学生自我责任感、自我调控力整体要高于男生（至少在自评层面上是如此）。还有一些研究发现，男大学生在自我反省效果的客观效果、自我完善、抗挫折力和信念巩固方面得分高于女生，尽管总体来讲女生的心理自助水平要高些。

五、大学生心理自助的影响因素

（一）社会适应、心理健康的影响因素

一方面，自尊、自信、自立、自强是健全人格的重要基础，对大学生心理健康有显著的影响，能预测大学生心理健康状况。研究表明，具有高水平自立意识的学生会采取问题解决等成熟的应对方式去面对挫折，具有不同人格特质的大学生在心理健康维护方法、心理问题认识水平上存在显著差异。其个体自主性、自我责任意识、自我努力对其心理健康有重要影响。心理自助作为积极的内在自我，具有潜在的自我成长性、自立自强倾向性。高水平心理自助者往往意味着他们会更加积极主动地去面对自己成长过程中的各种问题，会勇敢地承担起心理成长的责任。因此，我们认为，心理自助意识的高低、自助能力的强弱会直接影响个体对待问题的态度、努力程度及自我调节策略与方法。而有研究表明，大学生自我实现的程度越高，大学生心理健康水平就越高；反之亦然。所以，我们认为，大学生心理自助与心理健康之间呈显著的正相关。

另一方面，自我本身具有进化意义的适应功能，自我调节是自我具有的一种执行机能，它能通过控制、调节和组织心理资源，让我们更好地适应环境、解决问题。因此，有人把社会适应行为看作个体的一种应激反应，注重自我在社会适应中的调节作用与问题解决功能。研究表明，社会适应与个体的应对方式、自我调控能力、自我效能感、自我意识等因素呈显著相关，尤其是积极的应对方式与内在的自我调控能很好地预测大学生的社会适应。同时最近的研究也表明，社会适应对心理健康具有极显著的预测作用。心理自助本身就具有重要的适应功能，心理自助者会积极主动地通过自身多方面的努力解决自己在成长与发展中的各种问题，以达到适应社会的目的。结合上述心理自助与心理健康关系的分

析，我们认为，社会适应在大学生心理自助与心理健康水平上发挥着显著的中介作用。

(二) 负性生活事件、生活满意度的影响因素

生活事件一般是指发生在生活中的会导致个体产生适应不良，需要个体启动相应的应激资源去适应的重大事件，它具有发生急速并能引起较强烈心理（主要指情绪）反应等特点。大量研究表明，生活事件，尤其是负性生活事件往往成为人们重要的压力应激源，对人们的身心健康有着重要的损伤。大学生生活事件指大学生在日常学习和生活中常见的可能对其身心造成一定影响的负性事件，是影响大学生身心健康、社会适应、生活满意度的重要因素之一。大学生生活满意度反映的是大学生对其大学生活的整体满意程度，是大学生根据自己的价值标准对其大部分大学生活或一定时期生活状况的总体性认知评估。生活满意度是主观幸福感的重要组成部分，它是对自己生活质量的一种主观体验，至少包含认知、情感两个维度。大量研究发现，生活事件、应对方式、乐观、自我概念、自尊等诸多因素都会影响个体的生活满意度。

围绕生活事件与生活满意的影响因素及其作用机制，国内外的研究者开展了大量研究。已有研究表明，生活事件（主要指负性生活事件）是影响个体生活满意度、主观幸福感的重要前因变量，积极应对方式在生活事件对生活满意度的影响中起着中介作用。而认知情绪的调节策略似乎既具有中介作用，又有调节作用。心理弹性对消极家庭经济和生活满意度具有显著的调节效应。这些研究表明，尽管生活事件的发生及其对我们的现实影响是难以预测与控制的，但是对我们造成真正显著性影响的是我们对待这些生活事件的态度、解释和评价。尽管心理自助与生活事件之间似乎没有必然关联，但是心理自助作为积极的内在自我，是自我调节力、自我责任感、自我行动力、自我激励等诸多积极品质的整合者与执行者。心理自助水平越高，意味着个体越能很好地整合、利用这些积极的能力与品质去主动应对处理各种生活事件，从而提高个体对自己生活的控制感；反之，如果一个人的心理自助水平较低，就可能意味着个体不具备良好的自我调节力、自我责任感、自我行动力、自我激励等诸多积极品质，或者意味着他虽有这些潜能与品质，但不能很好地加以整合与利用并付诸行动，从而不能客观地看待与应对处理他所面临的生活事件，进而影响其对生活质量的主观体验。综上所述，心理自助能显著调节大学生生活事件与大学生生活满意度之间的关系。

六、大学生心理自助的干预机制

心理自助干预是一种主要依靠求助者自己独立完成一系列标准化的心理治疗方案的心理治疗形式。在这种标准化的心理自助治疗方案中一般都会以手册、CD 等形式为求助者描绘出具体的心理治疗操作方法和步骤。求助者可以完全不与治疗师或咨询师接触，而是独自按照相应的操作步骤完成整个治疗程序，但有时也需要通过与治疗师或咨询师保持一定的联系以获得心理支持以及对治疗方案的解释。自助干预可分为无指导自助干预和有指导自助干预两种方式。无指导自助干预指完全由求助者自己进行自助书籍的选

择、自助方案的设计与实施。有指导自助干预则由专门的治疗师或咨询师帮助设计相应的自助干预方案与步骤，也可能在自助治疗过程中提供一定程度的帮助。大量研究表明，心理自助干预能有效解决酗酒、焦虑、社交困难、偏头痛、进食障碍、性功能障碍、失眠等诸多问题。

对于有无指导自助干预的效果，研究结论还不一致或者说要根据具体的情况而论，纯粹的自助治疗和与治疗师有最低限度接触的自助干预效果没有显著差异。整体而言，基于认知行为技术的自助干预法优于无指导的自助干预效果，基于认知行为疗法等理论模型的有指导自助干预能中等程度改善那些有身体健康问题者的焦虑症状与抑郁症状，仅仅提供信息的自助干预可能无效，但并无害处。这一结论在国内也得到了实证，有关大学新生适应性的干预实验发现，仅提供材料并不能显著改善大一学生的学习适应性和人际适应性。从目前研究的总体情况来看，有指导的心理自助干预会更加有效。尽管国内针对不同群体不同问题的心理干预研究不少，但是自助式心理干预实验研究十分薄弱。以"心理自助"和"干预"为主题在CNKI数据库里仅搜索到108条文献，其中心理自助干预的文献仅有16篇（截至2024年4月）。从自助形式来看，这些研究涉及了网络式自助干预研究，如王志云、王建平（2013）开展的"创伤经历者的网络自助干预程序的试用研究"；教育式自助干预研究，如曹慧娇等（2009）开展的"心理自助教育对乳腺癌术后患者焦虑和抑郁情绪的影响"。大学新生适应问题在国内外高校均普遍存在。每个人进入新环境、开始新生活的时候都会经历一个短则数天、长则数月的适应期。目前大学新生的适应问题在国内高校都得到了普遍重视，大多数高校都会在新生入学时开展相应的心理测评与心理教育工作。针对大学新生的适应问题，国内外的研究者也开展了大量的干预研究。这些研究采用的干预方法主要有团体心理辅导法、基于社会工作的小组工作干预法、心理教育法、朋辈心理辅导等。这些实证研究表明，各种干预措施能有效地改善大学新生的总体适应性，尤其是在学习适应、人际适应等方面。

然而，大学新生适应问题具有多面性、广泛性、发展性等特点，也就是说，大学新生适应问题往往表现在环境适应、人际适应、学习适应、生活适应等诸多方面；同时大学新生适应问题涉及的人数多，有基于"90后"大学新生的相关调查研究表明，约半数的学生心理适应能力较差，仅有不足二十分之一的大一新生有较强的心理适应能力。另外，大学新生的适应问题是在适应新环境中遇到的"发展性"问题，具有一定的时间阶段性，一般会持续3个月至6个月。借助团体心理辅导、小组活动等干预方法往往也只能帮助一部分学生解决部分问题。而心理自助是每个大学生都具有的内在心理品质，每个大学生都具有通过自己的积极行动来改变自己、发展自己的需要和潜能。因此，我们将通过实证研究来探讨心理自助是否能够有效帮助大学新生独立面对和解决各种适应问题。

七、团体心理辅导方案

提升大学生的心理自助能力，首先需要学生对自我有明晰和正确的认知，提升心理健康素养，掌握心理健康教育相关知识，并通过教育活动和实践活动不断提升心理自助能力，促进个体心灵健康成长。因此，本章团体心理辅导方案主要围绕"自我意识"和"心灵成长"两个主题展开，帮助学生在团体中增进对自我的了解，在团体活动中感受和体验，不断提升心理自助能力。

所谓自我意识，是指个体对自己的认识和态度，对自己与周围人之间的关系的认识和态度。通过实践活动，人们不仅能认识客观事物，也能认识自己，认识自己和客观世界的关系。自我意识不是个别心理机能的显现，而是一个统一的整体，具有完整的内在结构。自我意识的发展在个性形成中占有极重要的地位，人的兴趣、能力、性格、情感、意志和道德行为无不受到自我意识的制约和影响。

大学生正处于个体发展的"拔节孕穗期"，是个性心理向成熟期发展的关键时期，也是自我意识迅猛发展并逐步走向成熟的时期，但由于大学生心理发展还不够成熟稳定，因而自我意识呈现出两重性特点：独立性和幼稚性相连；自尊心与自卑感同在；封闭性与开放性并存。苏联教育学家苏霍姆林斯基说："只有能激发学生去进行自我教育的教育才是真正的教育。"培养学生健康的自我意识，是实现学生自我管理、自我调节进而达到自我教育目标的必由之路，也是提升大学生心理自助能力的必要举措。认识当代大学生自我意识的特点，有助于我们增强教育的针对性，减少教育的盲目性，切实提高教育工作的实效。

"自我意识"主题的几个活动中，"画自画像"展示了一个"内心的我"，让学生对自己有了更深一步的认识；"音乐与意象"则随着音乐声所呈现出的画面，使学生思考和感悟自己的心理状态；"百花园"让学生认识到红花与绿叶的关系和各自的价值，学会欣赏他人；"我要……"则让学生体验到了自己是否有争取机会的意识，善于真诚表达自己愿望的意识；"留舍最爱""价值拍卖"则让学生进一步澄清了自己的价值取向；"背后留言"通过他人的评价来整合与完善自我意识的觉醒和成熟；"目标搜索"则让学生体验到了目标意识的重要性。小小的活动，就如同照镜子，让人对自己有一个更加全面、客观的认识，这为学生进一步完善自己的个性、提升心理自助能力奠定了基础。

生命的成长时间有限，心灵的成长空间和深度无限。成长是一个过程，每一个人的心灵在成长的过程中都在学着逐渐去认知、洞察、感受、体验、感悟生命的意义。在这个过程中，少不了心灵的困惑和彷徨，少不了无助和迷茫，当我们在强调要提升学生心理自助能力的同时，作为人类灵魂工程师，教师尤应关注学生心灵的成长。既要引导他们具有健康的、坚强的心理品质，也要防止他们尚不成熟的心灵因为"问题"而造成不必要的伤害，这样才能促进学生真正全面地健康成长。

通过前面多个篇章的团体心理辅导活动，相信学生对自己会有一个更加深刻的认识，他们的许多心理品质或多或少会产生一些变化，逐步掌握心理自助的方法。本章以"心灵成长"为主题设计的这些团体心理辅导活动，旨在从心理的深层次上让学生对自信、感恩、自我挑战、规则意识、合作意识等内容进行反思和感悟。

活动"走出舒适圈"让学生意识到克服每个人身上所存有的惰性，敢于走出自己的"舒适圈"并不是很容易的事，需要拥有一定的意志力；"收获'糖弹'"让人感受到被人赞美的内心喜悦；"看我'走过来'"体现了每个人独特的风采和魅力，培养参与者的自信心；"规则的意义"使人体验到了"生命与规则发生冲突时心灵的两难选择"，促使人思索生命的意义与取舍;"寻宝记"让人重新感受小组成员之间的团结一致和集体智慧的力量;"心灵电报"使人感受心灵之间的交流;"感恩父母""命运之牌"则激发人的感恩情怀。

"搭建活动平台,促进心灵的健康成长"是本书众多团体心理辅导活动所要达成的一个目标,衷心希望这些活动能帮助提高学生的心理健康素养和心理自助能力,在团体中促进其人格的健康发展,将团体中的感受和感悟应用于自己的生活和学习中,在成长道路上既能照亮自己,也能温暖他人。

【活动1】画自画像

（一）活动目的

1. 通过画"自画像",促使学生进一步认识自己,展示一个"内心的我"。
2. 通过交流与分享,学生感悟"你""我""他",促进彼此的理解。

（二）活动时间

大约需要20分钟。

（三）活动道具

彩色笔和16开大小的白纸若干。

（四）活动场地

以室内为宜。

（五）活动程序

1. 主持人发给每位参与者一张16开大小的白纸,把彩色笔放于场地中央,供需要者自由取用。
2. 在8~10分钟内,每人在白纸上画一幅"自画像"。
3. 小组内交流"自画像"的含义,同组成员可以提出疑问,作画者可以做出解答。
4. 主持人发现典型的案例,做全班交流分享。

（六）注意事项

1. 主持人可以启发参与者,"自画像"可以是形象的肖像画,也可以是抽象的比喻画;可以是一色笔画成,也可以是多色笔画成。
2. 有的学生会因为自己的绘画技能差而感到为难,主持人要提醒大家本活动不是绘画比赛,只要求大家画的内容、形式等形象地反映对自我的认识,不以作品是否"好看"作为评判标准。
3. 主持人寻找典型案例时,可以关注"自画像"的大小、位置、色彩、内容等,还可以关注在画"自画像"和交流时的神情。可以邀请最有特点的作品、最难理解的作品等进行分享。
4. 主持人应注意活动过程中的引导,在不熟悉的团体中可能有些成员不愿意展露个人内心真实的世界和情感,对"自画像"的解读也是草草带过,这时可以通过提问等方式引导其进行分享和深入挖掘;在他人分享"自画像"时,也要注意不要让听众窃窃私语或者对其进行"价值评价",应形成尊重、倾听的良好氛围。

【活动 2】音乐与意象

（一）活动目的

1. 让学生聆听音乐令情绪平静、身体放松，更好地进入状态。

2. 随着音乐声眼前呈现出画面，通过对画面意义的分析，让学生思考和感悟自己的心理状态。

（二）活动时间

大约需要 20 分钟。

（三）活动道具

音乐光碟（或磁带）、音乐播放设备（或录音机）。

（四）活动场地

室内为宜，可以拉上窗帘，相对安静、封闭的空间，周边环境无干扰。

（五）活动程序

1. 每个人找一个舒适的座位，闭上眼睛，调整呼吸，头部、双肩、四肢逐渐放松。

2. 室内保持安静，关灯，拉上窗帘，播放音乐。

3. 随着音乐声每个人进入一种状态，眼前出现一幅画面……

4. 音乐声结束，大家慢慢睁开眼睛，交流自己的感受。

（六）注意事项

1. 音乐的选择是关键，要选择一些具有空灵感，旋律跌宕起伏，无明显主题的弦乐曲为宜。

2. 环境也很重要，周边没有干扰，室内温度适宜、空气流通、灯光暗淡、座位舒适。

3. 指导语不可忽视，让学生在指导语的引导下，平静地进入状态，身心放松。

4. 根据实际活动情况，可以准备几首音乐进行播放。

5. 主持人要认真聆听学生对"画面"的描述，注意捕捉"画面"中的细节要素。在交流过程中启发参与者感受与思考。

【活动 3】百花园

（一）活动目的

1. 让学生体验被动获得花、草后插花时的心理感受。

2. 帮助学生认识红花与绿叶的关系及各自的价值。

3. 在调换花瓶的过程中，使学生学会欣赏他人与突破创新。

（二）活动时间

大约需要 25 分钟。

（三）活动道具

每组 1 个花瓶；仿真花、叶、草，数量多于每人一枝；写有花、草、叶名的纸条。

（四）活动场地

以室内为宜。

（五）活动程序

1. 将全班学生以7个人一组分成若干个小组,每个学生随意抽取写有花或草或叶名称的纸条1张。

2. 每个学生凭纸条到主持人处领取仿真花或草、叶,各组推选组长1名,领取花瓶1个。

3. 小组成员共同合作在10分钟内完成插花,并将作品取名。

4. 各组派不少于1名同学向全班介绍本组作品,说出作品名及创意过程。

5. 交流后,各小组换取其他组的作品,重新插花,完成后再做全班交流,进行分享。

(六)注意事项

1. 仿真花、草、叶的搭配要合理,以花为主,草、叶适量。品种尽可能丰富,减少大量重复。需要配置一些特别美丽诱人的花,也要配置一些不好看的、难于与其他花搭配的草或叶。

2. 花瓶大小与花卉的高度要匹配。最好用玻璃花瓶,用矿泉水瓶剪去上半段后替代也行。花瓶也最好有多个品种,便于小组自主选择。

3. 插花过程中,不允许有花、草、叶被丢弃。

4. 准备好相机,让小组成员与作品进行合影,既增强小组成员的成就感,又非常好地渲染了整体气氛。

5. 注重活动过程中的交流与分享,引导学生思索在一件作品中如何进行合作及难以搭配的材料如何使用等。可以由活动延展到个体发展,引导学生思索当个体自我意识过强时如何在集体中与人相处,注意将活动中的思考与个体的生活和发展相结合。

【活动4】我要……

(一)活动目的

1. 让学生体验自己是否有把握机会的意识和表达的愿望。

2. 理解"机会面前人人平等",鼓励学生学会把握机遇,不留遗憾。

(二)活动时间

大约需要20分钟。

(三)活动道具

事先准备一份精美的礼物(贴合参与者的年纪)。

(四)活动场地

以室内为宜。

(五)活动程序

1. 全班同学围坐一圈,主持人出示精美礼物,适度地描述与引导。提问:谁想得到这份礼物?

2. 想得到礼物的人举手,主持人从举手的人中随机选择,产生6位入围者。

3. 6位入围者走到圈中央,面对主持人一排坐好,在6位入围者中自愿产生1名裁判。

4. 裁判产生后,主持人把权力交给他,5位入围者分别向裁判陈述自己希望获得礼物的理由,最后由裁判决定礼物归谁所有。

5. 礼物送出后，主持人请裁判、礼物获得者和另外 4 位入围者谈谈自己的感受。

（六）注意事项

1. 如果第一轮举手想获得礼物的人很多，主持人要注意考验他们，明确人人都有机会，但不是人人都有结果，对举手者可以试问：你对争取礼物真有勇气？你对获得礼物真有信心？你有信心就请走上一步。假如走上一步的人还是很多，继续考验，再做选拔，直到只剩 6~7 位。

2. 1 名裁判听取 5 名入围者的陈述后，可以追加提问，如"你认为这礼物具体是什么东西""你得到了礼物准备如何处理""假如得不到礼物你的态度会怎样"等。

3. 礼物一定要包装得精美诱人，有人见人爱的效果。而且最好是能够便于集体分享的礼品如巧克力，并且数量除了一人一粒外最好有多余。这样礼物获得者就有可能做集体分享，使全场的气氛达到高潮。

4. 假如出现 6 位入围者都不愿意做裁判的情况，主持人可以在场外聘请一位裁判。

【活动 5】留舍最爱

（一）活动目的

1. 思考自己"生命中最重要的五样东西"，通过对留与舍的决定，帮助学生澄清自己的价值取向。

2. 在交流分享中，同学之间彼此启发、相互学习，完成价值观的重组。

（二）活动时间

大约需要 20 分钟。

（三）活动道具

笔和纸若干。

（四）活动场地

以室内为宜。

（五）活动程序

1. 全班学生分成若干个 6 人小组，每人发一张纸和笔。

2. 主持人要求大家把自己"生命中最重要的五样东西"写下来，小组内做一个交流。

3. 请每个人想一想，假如要从五样中画去一样，自己首先画去哪一样？画去的理由是什么？就这样依次再画去另一样……直到最后还剩一样。

4. 小组交流画去的顺序和理由，全班分享自己作出留与舍决定时的心理感受。

（六）注意事项

1. 注意营造一种安静、庄重的氛围，主持人要做好前期的引导，让每个人能够在认真思考的基础上作出留与舍的决定，避免轻率、随意、肤浅。

2. 每个学生写完自己生命中最重要的五样东西后，安排小组交流，是为了让同学之间有一个相互启发、自我澄清的过程，所以交流后，允许学生修改自己的"生命中最重要的五样东西"。

3. 全班分享时主持人一定要关注学生在作出留与舍决定时的心理感受，是轻松、果断、明确地画去，还是犹豫、痛苦、矛盾地画去，因为要求最后只留一项对有些学生来说会比较困难。通过活动结果，引导学生将活动与现实相联系，思索如果这是现实生活中我们需要作出抉择的场景，自己应该如何处理，什么又是自己最为珍视的东西。

【活动 6】价值拍卖

（一）活动目的

1. 激发学生思考自己的价值观念，学会抓住机会，不轻易放弃。
2. 帮助学生体验和澄清自己的人生态度。

（二）活动时间

大约需要 25 分钟。

（三）活动道具

足够的道具钱、不同颜色的硬纸板若干、拍卖槌一个。

（四）活动场地

室内为宜。

（五）活动程序

1. 事前准备

将拍卖的东西事先写在硬纸板上（最好是不同的颜色），以增加拍卖的趣味性及方便拍卖进行。

2. 宣布游戏规则

每个学生手中有 5000 元（道具钱），它代表了一个人一生的时间和精力。每个人可以根据自己对人生的理解随意竞买下以下东西。每样东西都有底价，每次出价都以 500 元为单位，价高者得到东西，有出价 5000 元的，立即成交。

起拍价：爱情 500；金钱 1000；友情 500；欢乐 500；健康 1000；长命百岁 500；美貌 500；豪宅名车 500；礼貌 1000；每天都能吃美食 500；名望 500；良心 1000；自由 500；孝心 1000；爱心 500；诚信 1000；权力 1000；智慧 1000；拥有自己的图书馆 1000；名牌大学录取通知书 500；聪明 1000；冒险精神 1000。

3. 举行拍卖会

（1）由主持人或学生主持拍卖。

（2）按拍卖方式进行，直到所有的东西都拍卖完为止，然后请学生认真考虑买回来的东西值不值得。

4. 讨论交流

（1）你是否后悔你买到的东西？为什么？

（2）在拍卖的过程中，你的心情如何？

（3）有没有同学什么都没有买？为什么不买？

（4）你是否后悔自己刚才争取的东西太少？

（5）争取过来的东西是否是你最想要的？

（6）钱是否一定会带来快乐？

（7）有没有一种东西比金钱更重要或比金钱带来更大的满足感呢？

（8）你是否甘愿为了金钱、名望而放弃一切呢？有没有除了比上面所说的这些更值得追寻的东西呢？

（六）注意事项

1. 拍卖过程中，要注意维持现场秩序。

2. 有的同学可能会重复使用自己手中的代币券，主持人应注意提醒这些学生购买所付出的钱不能超过 5000 元。

3. 注意分享，引导学生思索自己拍卖购入的东西究竟代表什么，寻找典型参与者进行交流。

【活动7】背后留言

（一）活动目的

1. 通过体验，培养学生客观地对待他人评价的积极心态。

2. 通过背对背的评价，让学生意识到"别人眼中的我"是什么样子，通过他人的评价来整合和完善自我意识。

（二）活动时间

大约需要 25 分钟。

（三）活动道具

16 开白纸每人一张，曲别针若干，背景音乐。

（四）活动场地

以室内为宜。

（五）活动程序

1. 主持人首先公布活动规则：每个人一张 16 开白纸，在纸的最上面一行写下自己的姓名和对留言者说的一句话，大家相互帮助用曲别针把纸固定到自己的后背上。

2. 在参与者的后背上写留言，可以写对他的印象、他做过的某一件让你有深刻印象的事，也可以对他进行鼓励、说出他现在存在的不足。留言的过程中全程不能用语言交流。

3. 10 分钟之后，主持人示意大家停下，同学们再次围坐一起，拆下背后的纸条，看看同学们对自己背后的评价。

4. 团体分享"背后的留言"。

（1）人们因什么而欣赏你？因什么而不欣赏你？别人写下的"留言"你认同吗？

（2）哪些评价让你感到新颖、好笑而又确实符合自己？

（3）你有没有看到自己潜在的优势或特长，可能你从未注意，而在别人的眼中可能是那么明显？

（4）这个活动还带给你哪些其他的感受？

（六）注意事项

1. 在活动开始之前，主持人最好要强调对待这次活动的态度：真诚、客观、负责，不要无根据地攻击他人，请尽量用积极、正向的语言进行留言，对于他人的不足也可以用合适的语言表达出来。

2. 留言过程中，同学们不能说话，要用非语言形式进行交流，留言内容是你对这个人的认识，包括优点、缺点及建议，还可以写上自己最想对他说的一句话，不用留名。

3. 在不同的班级，活动气氛可能会有所差别。如果班级内部同学关系融洽，做这个活动应该会取得比较好的效果。

4. 在活动中，有一个细节需要主持人及时作出调整。有的班级男女同学关系放得开，在活动中男女生会打破界限，让异性对方为自己写"留言"，他们感觉这是很正常的事，没有什么大惊小怪的。但有的班级男女同学关系比较矜持，就会出现男生只找男生写、女生只找女生写，都不好意思让异性同学写。这个时候，需要主持人来打破这个单调的局面。因为不找异性同学写"留言"，就等于失去了一半的世界，失去了一半的建议。

5. 活动应注重分享与交流。主持人要及时关注同学们对他人的留言，如果有过激言语应及时予以制止，并引导其使用合适的语言和方式进行留言。分享过程中也要注意参与者的情绪，若有人因他人的留言感到困惑或不愉快，应及时进行疏导，活动结束后也要再次进行澄清和引导。

【活动8】目标搜索

（一）活动目的

1. 让学生学会树立正确的、合理的目标，用目标引领自己的行为。
2. 让学生澄清并明确自己近期的目标，懂得分清主次。

（二）活动时间

大约需要25分钟。

（三）活动道具

每人一张白纸、笔。

（四）活动场地

以室内为宜。

（五）活动程序

1. 请同学们在纸上写出你近期内要完成的五件重要事情，可以是学习、交友、旅游、练字、买衣服、读完某一本书或参加某方面活动等。
2. 假如你现在有特殊事情，必须在五件事中抹掉两项，体验一下你现在的心情如何？你会抹掉哪两项？
3. 现在又有特殊情况发生，你必须再抹掉一项，你的心情又如何呢？你又会抹掉哪一项呢？现在还要再抹掉一项，你又作出怎样的决定呢？
4. 最后只剩下一件事了，这就是近期内你最想做的、对你来说最重要的一件大事，这就是你当前的奋斗目标。
5. 谈一谈，你的奋斗目标是什么呢？（可能几乎所有同学的奋斗目标都是跟学习进步有关）
6. 思考问题。

（1）我是不是想要实现那个目标？我是不是一定要实现那个目标？

（2）我有没有实现目标的条件呢？我怎样发挥这些条件呢？

（3）实现目标的困难障碍难以克服吗？我要不要克服？我一定要克服吗？

（六）注意事项

主持人在给学生强调目标时,一定要让学生注意以下两点。

1. 希望的目标是跳一跳就够得着的,可以实现的,而不是高不可攀的,如完成一项计划或在现在的基础上学习进步等。那种恨不得一下子在半个学期内就提高某门学科的成绩30个名次的目标是很难实现的,因为太难实现,所以这种目标对指导实际的学习行为往往效果不大,有时甚至还起到反作用。

2. 目标实现要有期限。将自己要实现的目标,明确一个实现的期限,比如,短期目标就可以是以一个星期、一个月为期限,中期目标可以是以半个学期或一个学期为期限等。

【活动9】走出舒适圈

(一)活动目的

1. 体验改变习惯的困难及改变习惯的普遍反应。
2. 让学生意识到要不断挑战自己,改变自己的习惯是可能的。

(二)活动时间

大约需要25分钟。

(三)活动道具

无。

(四)活动场地

以室内为适。

(五)活动程序

1. 所有学生面向中心围成一圈。
2. 主持人邀请学生自然地十指交叉相扣约5秒。
3. 主持人再邀请各学生以相反的位置十指交叉相扣约5秒,感受和之前动作不同的地方。
4. 恢复垂手状态,主持人再邀请各学生随自己的习惯自然地绕手。
5. 主持人再邀请各学生以相反方向绕手,感受和之前动作不同地方。
6. 恢复垂手状态,向学生提问:"第二次的十指相扣和绕手有什么感觉?为什么有这种感觉?改变习惯可能吗?什么因素可协助改变?"
7. 引发学生讨论如何改变不良习惯。

提问与讨论:在生活学习中,有哪些情况要求我们打破自身的舒适圈?我们的舒适圈是如何产生的,如何拓展我们的舒适圈?做完游戏后,人们之间处于一种什么样的状态?

(六)注意事项

1. 由于舒适圈是个很抽象的概念,所以主持人在讨论这个话题的时候一定要借助于一个具体的载体而不能凭空讨论。最好结合跟学生生活、学习有关的事件,让学生有一种切身的体验和感受。

2. 延伸训练。

如果自己怕羞或不擅长人际交往,可以尝试多和陌生人打招呼和聊天,如假装问到某个地方怎么走,你会发现与陌生人交往并不是一件难事。

放学回家时换一条路走，或换乘另外一辆公交车，虽然可能会费一些时间，但往往会有一些意想不到的发现，说不定会发现更近的路线。

过去你只读小说、只听流行歌曲、只欣赏水彩画，没关系，从现在开始，你也读哲学、听古典音乐、欣赏雕塑，从个人兴趣着手，挑战自己过去不接触的东西，让生活多一点弹性。

试着用左手写字、拿筷子、打球、取东西等，笨拙一点也不要紧，因为训练左手可以开发人的右脑。

尝试一些从前不敢尝试的"新"事物或"新"活动（这个"新"是相对自己而言的，尽管别人可能已经觉得不再时髦），如平时不敢吃辣，今日不妨尝点辣的，说不定你开始喜欢那种很爽、很刺激的感觉；穿一些色彩、风格和你平时衣着不同的衣服，说不定它会给你带来一种新的感觉和情绪。

【活动10】收获"糖弹"

（一）活动目的

1. 通过给予赞美发现他人的长处，取长补短。
2. 通过接受赞美发现自己的优点，扬长避短。
3. 学会人际沟通的技巧，掌握人际和谐的法宝。

（二）活动时间

大约需要15分钟。

（三）活动道具

漂亮的彩纸、笔。

（四）活动场地

以室内为宜。

（五）活动程序

1. 活动分组，每组5~8人，每个学生根据需要领取做"糖弹"的漂亮纸，在5分钟时间内，对班内同学尽可能多地赞美，把赞美的话写在纸上，做成"糖弹"。
2. 5分钟后大家把"糖弹"抛给想要赞美的人，直到把手中的"糖弹"全部送完后，才能打开自己收到的"糖弹"。
3. 小组交流自己收到的"糖弹"，并把它读出来。
4. 安排小组讨论。

（1）收到"糖弹"时与人目光接触时的感觉是什么？

（2）收到的"糖弹"是甜的还是有伤害性的？

（3）当你看到别人对自己的赞美，感受如何？

（4）你是否还有赞美想送出去？

5. 在小组交流的基础上，做全班分享。

（六）注意事项

1. 因为可能每个人收到的"糖弹"不一样多，主持人要关注收到较少的或根本没有收到的学生，所以主持人应事先准备几个"糖弹"备用。

2. 在制造"糖弹"时，主持人可以暗示同学们，赞美可以是浅表的，也可以是深层的，最好是独特的。可以赞美熟悉的人、尊敬的人，也可以是初识的、需要鼓励的人等。

3. 发射"糖弹"时一定要有目光的交流和真诚的回应。

【活动 11】看我"走过来"

（一）活动目的

1. 在游戏中通过展示自己"走过去"的形象，增强自信心。
2. 激发想象力和创造力，展示具有个性的自我形象。

（二）活动时间

大约需要 20 分钟。

（三）活动道具

球、花、书、报等能够表现生活、学习、运动等场景的实物，背景音乐。

（四）活动场地

以室内为宜。

（五）活动程序

1. 主持人宣布本次活动要求每一位学生面对大家，从 10 米外"走过来"。
2. 在"走过来"时，可以运用各种道具，但不允许重复别人的表现方式。
3. 所有学生都走完后，评选出"最自信""最热情""最幽默""最佳创意""最具活力""最佳搭档"等奖项。
4. 集体交流，分享感受。

（六）注意事项

1. 开始要做好引导工作，给 5~10 分钟的创意设计与准备时间，鼓励每个人投入活动，特别对内向、自卑、胆小的学生，既要激励又要尊重，让其放下包袱，投入体验。
2. 为了避免部分学生因紧张而怯场甚至拒绝参与，可以允许两人、三人一起组合"走过来"，甚至提供面具。
3. 为了营造现场气氛，可以播放背景音乐，事先多准备一些道具供学生选择用，当学生"走过来"时全体可以鼓掌激励。在评选"最佳奖"时注意评选比例，以鼓励为目的。

【活动 12】规则的意义

（一）活动目的

1. 让学生树立良好的规则意识，在规则许可的范围内自由活动。
2. 让学生树立良好的责任意识，学会为自己的行为负责，为自己的生命负责。
3. 让学生们认识并树立自己的生命价值观，学会珍爱生命。

（二）活动时间

大约需要 30 分钟。

（三）活动道具

阅读材料每人一份，纸、笔若干。

（四）活动场地

以室内为宜。

（五）活动程序

1. 将班级同学分为6组，每组8人左右。

2. 发给每个小组每位同学阅读材料，读完材料后，请回答后面的问题。

有一个火车轨道，由于道路改道，原来的铁轨不用了，新的路轨建好并通车了。在新修建的路旁，树了一块牌子，上写"严禁在此轨道玩耍"。有几个学生放学后来到了这里，有一个学生看到牌子的警告语后，他就跑到了原来的旧轨道上去玩，而其他三个学生虽然看到那块牌子，但他们不理会，仍旧跑到新修建的轨道上去玩。这时突然一列火车疾驰而来，速度太快，学生们已来不及从轨道上离开。假定这两个岔道口中间有个控制装置，可以决定火车往哪个方向开，既可以沿着新的轨道也可以沿着原来的旧轨道开。

（1）如果你是控制员，你会把火车调到哪个方向？是原来的旧轨道还是新的轨道？为什么？说说你此时的心情。

（2）如果你是那三个在新轨道上玩耍的学生之一，你希望控制员把火车调到哪个方向？为什么？说说你此时的心情。

（3）如果你是那个在旧轨道上玩耍的学生，你希望控制员把火车调到哪个方向？为什么？说说你此时的心情。

3. 每个人思考完后再在小组内交流，记录员记录，最后总结出小组的观点。

（六）注意事项

1. 这个选择游戏看起来有点残忍，在活动中，有许多学生或许会逃避选择，主持人要做好准备，有的学生会说在火车来临之前让学生们走开，或者说生活中根本就不会出现这种事情。这实际上是逃避问题的回答。

2. 主持人在主导游戏讨论时，要让学生充分讨论，主持人也可以和学生对各自的观点进行辨析。在活动中，主持人应该尊重学生各自的选择。对学生回答中出现的一些问题，不能仅仅凭自己的经验而轻易判断对错，特别是当假定自己是在新轨道上玩耍的学生时，许多学生希望自己不死，这不能说是学生自私，而是人的一种本能反应。

【活动13】寻宝记

（一）活动目的

1. 通过合理分工、积极配合、发挥特长，培养团队协作精神。

2. 开拓思维、激发想象力，创造性地完成任务。

（二）活动时间

大约需要20分钟。

（三）活动道具

每组一份"寻宝清单"、一个塑料大托盘。

（四）活动场地

室内、室外相结合。

（五）活动程序

1. 主持人将全班学生分成若干个 8 人组，推荐 1 名组长，各组领取塑料托盘 1 只。
2. 要求在 10 分钟内找到下列物品，放在托盘里交给主持人验收。

一把雨伞，一支钢笔，一块手表，一块鹅卵石，一把牙刷，一颗图钉，一把剪刀，一根白发，一片树叶，一条皮带，一份学校的介绍，一把小刀，校长或副校长签名，一枚 1 角的硬币，一只苹果或香蕉，一包餐巾纸，一枚纽扣，一只发卡，一枚缝衣针，一根鞋带，一顶帽子，一张现小组成员的合影，一本杂志，一只乒乓球。

3. 各组派 1 位同学介绍最精彩的寻找过程，时间 2 分钟。
4. 评出"优胜寻宝队"，对寻宝过程和感受进行交流分享。

（六）注意事项
1. 要尽可能鼓励小组成员获取"寻宝清单"上的物品，如果时间不够可以适当延长。
2. 要关注小组成员之间的分工，看是否调动了每个人的积极性。
3. 主持人要敏锐地捕捉以下信息：对难以完成的任务，小组的决定是什么？主要策划人员的创意是什么？获取经历中给你的启示是什么？抓住典型做好点评。
4. 寻宝的内容可以根据活动现场情况进行调整和增减，有一些是容易获得的，有一些是活动场景中存在但是需要动脑获得的，还有一些是需要小组合作和采用具有创意的办法才能获得的。

【活动 14】心灵电报

（一）活动目的
1. 学习等待与"聆听"来自他人的"心灵电波"。
2. 体验"心有灵犀一点通"的感受。

（二）活动时间

大约需要 15 分钟。

（三）活动道具

无。

（四）活动场地

以室内为宜。

（五）活动程序
1. 所有学生围圈而坐，左手手心朝上，右手手心朝下并搭在相邻者手上。
2. 闭上眼睛，静静地等待左手相邻者发出的信息——在手心里轻轻点击，收到信息后立即传给右手相邻者。
3. 比较每一次信息传来时的速度、强度和感受。
4. 主持人点评"心灵电波"的情况，集体交流分享。

（六）注意事项
1. 要安静的环境，避免噪声干扰。
2. 如果参加游戏的人数较多时，可以围坐两圈或同时发出两个波源进行。
3. 在游戏开始前要做好静心准备工作，保证同学能够用心去聆听、感受来自心灵的电波。出现短波、多波不用马上终止，让大家有所感觉，游戏结束时应该让每个同学真正体验到"心有灵犀"的感觉。

4.活动后注重交流和分享。

【活动15】感恩父母

（一）活动目的

1.让学生加深对自己父母的了解，形成感恩意识，感激父母的养育之恩。

2.让学生把感恩意识融入自己的日常生活中。

（二）活动时间

大约需要25分钟。

（三）活动道具

歌曲《感恩的心》、每个同学一份《我所了解的父母》的问卷。

（四）活动场地

以室内为宜。

（五）活动程序

1.给学生五分钟的时间，让学生填写下面的空白处。（播放背景音乐《感恩的心》）

我所了解的父母：

爸爸生日 _____　　　　　　妈妈生日 _____

爸爸最喜欢吃的食品 _____　　妈妈最喜欢吃的食品 _____

爸爸所穿鞋子的尺码 _____　　妈妈所穿鞋子的尺码 _____

爸爸的兴趣爱好 _____　　　　妈妈的兴趣爱好 _____

爸爸年轻时的理想 _____　　　妈妈年轻时的理想 _____

爸爸最得意的一件事 _____　　妈妈最得意的一件事 _____

爸爸最后悔的一件事 _____　　妈妈最后悔的一件事 _____

爸爸的最大优点 _____　　　　妈妈的最大优点 _____

爸爸对我的期望 _____　　　　妈妈对我的期望 _____

2.学生填写完后，邀请一部分同学分享他（她）对父母的了解。

（六）注意事项

1.如果有条件的话，最好找几个学生家长亲临现场，和自己的子女互动，效果可能会更好。

2.在活动分享的时候，一定要向学生说明要本着真诚认真的态度。有的同学不知道自己父母的生日，又害怕同桌或周围的同学看不起自己，就随便填一个生日数字。对于有些问题，个别同学觉得是自己家的隐私问题，不愿意回答，此时主持人就不要强求学生回答。

【活动16】命运之牌

（一）活动目的

1.让学生学会接纳自己，懂得珍惜现在所拥有的资源，感知幸福。

2.让学生懂得"命运掌握在自己手中"。

（二）活动时间

大约需要 30 分钟。

（三）活动道具

写有不同内容的小纸牌若干（纸牌内容附后），轻音乐作为背景音乐。

（四）活动场地

以室内为宜。

（五）活动程序

1. 主持人指导语：由于受到出生环境等各种因素的限制，每个人的命运是不同的。有的同学可能对自己的家庭环境不满意，有的同学可能对自己的长相不满意，也有的同学可能对目前的自己不满意……

假定每个人能够获得第二次生命，每个人的命运可以重新选择。我手中有很多纸牌，每张牌就是命运的一种重新安排，它所包含的资料就是你新的生活资料，从现在起，你就是牌上的这个人。设想一下你处在这种情况下的命运，现在看看自己目前的处境、位置与假设的第二次人生选择的处境相比，有什么不同？

2. 主持人把纸牌放在一个盒子里，让同学们随机抽取一张，不得更换。

3. 全班同学交流全新的"自己"，并说说是否满意牌上的"自己"。生命只有一次，你该怎样面对已经拥有的生活？

纸牌的内容：

（1）自己不幸患了癌症，家里没有钱治疗。

（2）因家中意外发生火灾，脸部被大火烧伤，留下了一个很难看的伤疤。

（3）家中父母离异，经济困难，读书条件很差。

（4）出生在西部一个贫困山区里，父母无力供养自己读书。

（5）自己的父母不幸患有重病，治疗花费了很多钱，家庭经济紧张。

（6）父母下岗，家庭经济困难，不能支付目前的学习费用。

（7）与周围的同学人际关系很紧张，很不受大家的欢迎。

（8）自己患有小儿麻痹症，生活很不方便。

（9）自己小时候因中耳炎治疗不好而变聋。

（10）自己一家三口挤在一个十多平方米的老房子里，食宿条件比较艰苦。

（11）自己的一只眼睛因意外事故而失明。

（12）自己的一条腿因在一次车祸中受伤严重被截肢。

（13）自己在一个条件很差的普通高中里读书。

（14）自己相貌普通，在班级里不引人注意，学习等各方面都一般。

（15）学习成绩优秀，但人缘很差，不受老师和同学欢迎。

（16）自己的妈妈对自己太唠叨，对自己管得太多，让自己不舒服。

（17）以前家里很富有，现在却因意外事故而陷入经济拮据状态。

（18）出生在一个普通的工人家庭。

（19）自己目前的学习成绩很差，经常被一些同学看不起。

（20）自己患有口吃，常被同学模仿而引起大家的嘲笑。

（21）因自己太胖，大家经常以此开涮，并且给自己起不太好听的绰号。

（22）自己身高低于同龄人平均身高20厘米。
（23）自己学习成绩在班级最后，努力用功后效果仍然不明显。
（24）自己除了学习外，其他业余爱好基本没有。
（25）自己是个塌鼻子，影响了容貌。
（26）自己患有先天性心脏病，很容易疲劳。
（27）自己在高一结束时取得全市物理竞赛一等奖。
（28）自己被评为十佳"校园明星"。
（29）自己出生在一个贫困山区的农民家庭里。
（30）自己的家人去东南亚旅游时因海啸而不幸遇难。
（31）走路时因不小心而被车撞，头部严重受伤。
（32）自己的父母对自己要求很严，很专制，很不自由。
（33）家庭经济条件好，但父母对自己缺乏关爱，不喜欢自己。
（34）自己经常受到别人的欺负，心里很忧郁。

（六）注意事项

1. 若有同学对自己抽取的纸牌不满意要求更换，主持人可准备更差的纸牌，显示比原牌更糟糕的生活，询问是否愿意更换。在活动过程中，有的同学可能不太严肃认真，主持人要及时给予提醒。

2. 对于纸牌的内容，这里只给出了一些参考。主持人在使用时可根据学生的实际情况自己设计一些内容。之所以设计的内容大都是不尽如人意的，主要是想让学生意识到，虽然我们每个人都无法选择我们的出身、我们的家庭，或许我们对目前的环境不一定很满意，但无论如何，我们都应该珍惜自己的境遇。

3. 由于这个游戏的内容中有可能真的涉及学生的伤心处，如家庭离异的学生、身体外貌略有欠缺的学生，所以主持人在游戏之前应该先跟一些同学座谈沟通，取得学生的同意。活动之前，主持人要强调活动可能会给学生带来负面效应，若有同学非常抗拒参加，应予以尊重，可以邀请其作为观察者在旁观看。

4. 注重活动中分享和引导，若有同学一味地对自己的新境遇感到悲伤和消沉，可以邀请其他同学一起帮助其寻找生活的积极面。

（七）活动扫描

1. 活动点评

做这个活动的时候，有一少部分同学对自己的新选择的处境表示满意，大多数的同学对自己的新选择都不满意甚至不接纳。他们觉得自己目前的处境要比新选择的好得多。实际上，现实生活中有很多条件很糟糕的生活。无论对自己目前的命运处境多么不满意，你都不是最糟糕的。抱怨解决不了问题，因为不论是苦是甜，是喜是忧，是成功还是失败，都是我们自身的真实生活。最好的做法就是接纳目前的命运，珍惜自己拥有的生活，活在当下，用今天的努力去开创自己的明天。

2. 活动案例

在活动中，李婵抓到纸牌后一脸忧郁，当其他同学都开始讨论交流的时候，她保持沉默，不怎么讲话。看到她那不快的表情，我想肯定是她遇到了什么伤心事。当我在学生中间来回走动的时候，我偷偷地看到了纸牌上的文字：家中父母离异，经济困难，读书条件很差。一节课很快过去，我本想让她谈谈自己的感受，她拒绝了，不愿意谈。我尊重她的意愿，没有勉强。

活动结束后，我打算去找她谈谈，看到底是怎么回事。结果倒是她先来找我了。她问我个人的命运是不是事先已经安排好的，我当然否认。她拿出那张纸牌，很难过地说："那我今天怎么这么巧，我抓到的这张纸牌怎么跟我的实际情况一模一样。我怎么就不能抓个稍微好一点的呢？连随手抓纸牌都这么准，这是不是命中注定了我就是这个样子？"

我给她解释了纸牌内容的设定情况，是考虑生活中出现的各种可能情况，她的目前处境或许真是一种巧合，并不是什么命中注定自己的命运是很悲惨的。生活总是在变化的，人的命运也可以变化，只要自己能接纳自己，不被眼前的困境和痛苦击败，可以用自己的智慧重新去改变命运，因为命运掌握在自己手中。

3. 学生感言

（1）我经常为自己的父母是普通工人而感到自卑，有时候感叹，为什么我不能出生在一个富裕家庭里。这次活动中，我抽到的纸牌内容是"出生在西部一个贫困山区里，父母无力供养自己读书"。如果命运真是这样的话，则新选择的处境比我现在的还要惨。目前至少父母还供得起我读书，如果不能读书，我简直无法想象自己会是什么样子。看到同桌抽到的纸牌内容是"自己患有小儿麻痹症，生活很不方便"，我甚至庆幸父母留给了我一个健康的体魄。想到这里，自己忽然觉得平时的那种自卑感是多余的，原来自己还是很幸福的嘛。

（2）我一直嫌自己的妈妈太唠叨，但当我抽到的纸牌内容为"家中父母离异，经济困难，读书条件很差"时，如果命运真是那样的话，我会觉得那比现在更可怜，我宁愿忍受妈妈的唠叨也不愿意生活在一个离异家庭里。虽然嫌妈妈唠叨，但毕竟我有一个健全的家庭，有关心我的父母，况且我家经济条件还是不错的。原谅我的烦恼吧，我会好好珍惜现在的生活的。

第十一章　大学生心理咨询与网络咨询

　　大学生处在青春发育后期，正值一个迅速走向成熟而又未真正成熟的发展阶段，难免会遭遇许多心理困惑和矛盾冲突。当通过自我调节和朋友倾诉无法缓解当下的心理困扰，或矛盾情况得不到有效改善时，可以寻求心理咨询师的帮助。然而，在实际生活中，很多同学对于心理咨询并不了解，即使向咨询师寻求帮助，也不能很好地表达自己的困扰和需要。这些心理困扰如果不及时进行处理，长期积累下来容易形成心理障碍甚至演变成心理疾病。因此，作为学校心理健康教育工作的核心内容之一，适时而有效的心理咨询对他们而言是必要和必需的。

　　如果说心理健康教育课程旨在促进发展，心理咨询则着重于发现问题和补救问题，其目标是咨询师借助与C同学（编者注：本章所述C同学指心理健康方面有问题者）的积极互动，鼓励C同学通过自我探索，能够学会自己去解决问题、应对危机、调试自我、寻求发展。当然，在实际工作中，两者所涉及的内容是有所交叉、相辅相成、相互促进的，终极目标都是保证大学生心理健康发展。本章主要从心理咨询的概念、理论流派及设置等方面入手，厘清心理咨询的相关信息，使学校教育背景下的心理健康教育工作更具有针对性和操作性。

一、心理咨询的基本概念

（一）心理咨询的概念

　　心理咨询英文为counseling，直译为"咨询""辅导"，字面上并无"心理"的意思。我国台湾地区一般译作"咨商"，香港地区译作"辅导""咨询"。心理咨询是一个涵盖面非常广的概念，涉及教育辅导、职业指导、心理健康咨询、婚姻家庭咨询等诸多方面。由于心理咨询学派众多，对咨询的性质、内容等认识不同，所以一直以来心理咨询就缺乏一个明确而广为接受的定义。例如，美国心理学会将心理咨询定义为："帮助个人克服在成长过程中可能遇到的各种障碍，从而使个人得到理想发展。"人本主义心理咨询大师罗杰斯指出，心理咨询是"与日常生活中其他关系不同的一种特殊关系"，咨询者与C同学之间的关系，应是一种温暖的彼此信任的关系。

　　我国著名的心理学专家钱铭怡将心理咨询定义为通过人际关系，应用心理学方法，帮助C同学自强自立的过程。心理咨询解决的是C同学心理方面的问题，或由心理问题引发的行为问题，而不是帮助他们处理生活中的具体事件。心理咨询不是一般的助人行为，咨询师必须是受过专业训练的从业者，能够运用心理学的知识、理论和方法，从心理上为C

同学提供帮助，激发 C 同学的内在潜能，是助人自助的过程。心理咨询中的咨访关系是一种治疗联盟，咨询师和 C 同学之间必须有一定的理解和信任，咨询师对 C 同学的坦诚、尊重，将贯穿整个咨询过程。

（二）心理咨询的对象

心理咨询主要面向精神正常人群在现实生活中遇到的许多问题，如择业求学问题、社会适应问题、情感问题等。他们在面对这些发展问题时，需要做出理想的选择，以便顺利地度过人生的各个阶段，这时，心理咨询师从心理学的角度，向他们提供心理学帮助，这类咨询叫作发展性咨询。长期处在困惑、内心冲突之中，或者遭到比较严重的心理创伤而失去心理平衡，心理健康遭到不同程度破坏的人，尽管个体的精神仍然是正常的，但心理健康水平却下降很多，这时心理咨询师所提供的帮助称作心理健康咨询。在大学生群体中，主要以发展性心理咨询为主。

（三）心理咨询的主要流派与方法

不同心理学家对于心理咨询研究的侧重点有所不同，当代心理咨询的主要理论包括精神分析理论、行为主义理论、认知理论和人本主义理论。

1. 精神分析理论与治疗方法

精神分析由 19 世纪奥地利心理学家、精神病学医生弗洛伊德开创。精神分析心理治疗的目的在于建立患者内在心灵的协调，以扩展患者对本我力量的觉知，减少对超我要求的过分顺从，并加强自我的力量，达到本我、自我和超我的动力平衡。分析师的治疗在于了解患者如何以压抑来处理冲突，把不被接受的欲望压抑在潜意识中，帮助患者把被压抑的想法带到意识层面，引导患者领悟现有症状与长期压抑的冲突之间的关系。一旦患者能从压抑中解脱出来，即表示治疗已发挥功效。具体的治疗方法有自由联想、抗拒的分析、梦的解释、移情等。该疗法不仅在于消除个别症状，解决冲突，而且要重建患者的健康人格，提高个体爱的能力和工作能力。

在精神分析的发展中还发展出许多新的治疗和咨询方法，特别是表达性治疗方法，如绘画疗法、舞蹈疗法和沙盘游戏疗法等。

2. 行为主义理论与治疗方法

行为主义主要理论基础是心理学中的学习理论，包括华生、桑戴克、巴甫洛夫、托尔曼、赫尔和斯金纳等人的研究结果和提出理论。行为治疗家们认为，人类的适应不良行为和症状是人与环境不相协调的结果，或是学习得来，或是缺乏必要的学习能力所致。条件作用或条件反射是机体的最基本的学习形式，在不良行为和某些疾患的形成中起着重要作用。

关于行为以及行为对人格的影响，尽管存在着许多理论，但大多数行为治疗师认为，最基本的东西是强化原理和观察学习。人们以多种方式应用它们，以发展出治疗技术来帮助个体改变内隐和外显的行为，如行为塑造法、代币制管理法、示范法、系统脱敏法等。

3. 认知理论与治疗方法

认知理论基础可追溯至现象学心理学。该理论认为，个体对自己或对周围世界所持的看法是个体采取或表现的行为的依据。认知疗法是通过改变患者的适应不良性认知，以改变其不良情绪和行为。适应不良的心理与行为是个体不正确或扭曲的认知所致。改变个体曲解的认知即可改善其心理和行为。20世纪中叶，认知心理学和人本主义心理学的兴起为该疗法的发展创造了有利条件；50年代美国心理学家A.艾利斯创立合理情绪疗法；70年代后美国临床心理学家A.T.贝克运用该疗法研究和治疗抑郁症患者，加拿大心理学者梅钦鲍姆提出自我指导治疗方法，使认知疗法获得迅速发展。

4. 人本主义理论与治疗方法

人本主义咨询是以人本主义心理学思想为指导，强调促进个人的全面成长。其代表人物主要有罗杰斯、马斯洛等人。与重视个体过去经验的心理分析治疗及重视现在情况的行为治疗不同，此类治疗更强调个体未来的发展。注重治疗关系及其影响因素，反对技术至上是这一类治疗的特点之一。此类治疗把治疗关系看作治疗者与C同学双方共同参与的、为使双方都得到成长的一种努力。因此，治疗者的最基本的工作重点是个体的体验及其意义，而非针对外显行为进行工作。治疗的目标远非症状的消除、环境的改善或问题的解决，而是着眼于个人的成长、自我的理解、再教育和自我实现，帮助C同学澄清自己的信念和价值观。

5. 后现代心理咨询

近年来，在后现代主义的思潮下应运而生了一些心理咨询方法，这些咨询方法统称为后现代心理咨询。后现代心理咨询是个大家族，它包括很多家庭成员：叙事治疗、短期焦点解决治疗、绘画治疗、音乐治疗等。

后现代主义主张社会建构论，否认任何"事实"和"规律"的客观性，认为能够对人发生影响的只能是经验中的事物，而不是客观事物本身。后现代心理咨询认为心理失常是人的意义系统与主流的强势的意义系统之间出现矛盾或不协调，心理咨询的目的在于通过心理咨询师和C同学的互动和相互作用，建构意义，从而消除既有的矛盾，帮助C同学恢复或达到某种理想的心理协调状态。

世界在我们面前展开，每个人看到的各不相同。试想你和室友们走在同一条去教学楼的路上，有的人低头看脚下的路，有的人看来往的行人，有的人看树上的小鸟……就算是看到了同样的事物，但每个人从中感受的意义又各不相同。同样是看到鸟，有的人会觉得春天来了，有的人会觉得城市化让鸟无处栖身……你可以发现，每个人心中的世界是靠个人建构出来的，对于世界的认识没有统一的标准。当人内心建构的独特意义和社会环境价值体系下的主流意义发生矛盾时，人会感到痛苦和困惑。在后现代心理咨询中，心理咨询师通过和C同学一起建构独特意义的方式，帮助C同学消除这种冲突，重新回归到和谐的状态。

后现代心理咨询又是如何实现的呢？在它庞大的家族里，不同成员有着不同的高超技艺，方法虽不同，但背后的原理却是一致的。叙事治疗指心理咨询师通过倾听C同学的故事，运用适当的方法，帮助C同学找出遗漏片段，使问题外化，从而引导C同学重构积极故事，以唤起C同学发生改变的内在力量的过程。短期焦点解决治疗指心理咨询师鼓励C同学深思自己的意义建构，审查这种建构方式给自己的生活所带来的消极影响，通过改变意义建构的方式达到解决问题的目的。绘画治疗、音乐治疗等艺术治疗方式，也是心理咨询师通过不同的媒介帮助 C 同学重新建构独特的意义，达到和谐状态。

（四）心理咨询的特点

对心理咨询的界定来看，心理咨询既不是"授人以鱼"，也不是"授人以渔"，更像是心理咨询师和 C 同学一起去探索捕鱼的方式，即助人以自助。心理咨询有以下特点。

1. 助人自助

心理咨询师会在咨询过程中运用心理咨询的原理和方法来帮助 C 同学解决他的心理困扰，这个过程并不是心理咨询师直接解决问题，而是"助人自助"的过程，目的是让 C 同学自己找到解决问题的方法。

2. 互动性

很多人认为心理咨询和一般看病的过程一样，因此，进了心理咨询室之后就会喋喋不休地先给心理咨询师讲一堆的问题和症状，讲完之后等着心理咨询师"开处方"。其实心理咨询师和 C 同学的交互并非是一问一答的过程，而是互动的。心理咨询师会提问，但这种提问不是为了"开处方"，而是为了促进 C 同学自身的探索和思考。

3. 心理性

心理性的意思就是它解决问题的范畴是心理问题，而一些非心理的问题则不属于心理咨询的范畴。心理咨询不能直接给你好成绩，也不能让离开你的爱人回来，更不能治疗癌症，但是它可以帮助你探索获得好成绩的方法，正确面对失恋时的伤痛，应对得了癌症之后的绝望感。

4. 心理咨询中的五个"不等于"

心理问题不等于精神病。心理问题是正常人在受到外界刺激后针对刺激发生的一些短暂的心理症状，往往在刺激消除后可以得到缓解或消失。心理问题目前是心理咨询师的主要工作范围。

心理学不等于窥视内心。许多 C 同学不愿意或羞于吐露自己的心理活动，认为只要简单说几句，咨询师就应该能猜出其心中所想，否则就表明咨询师水平不高。心理咨询师只是应用心理学的理论和方法，对 C 同学提供的信息进行讨论和分析，引导 C 同学走出心理困扰。因此，C 同学需详尽地提供有关情况，才能帮助咨访双方共同努力找到问题的症结，也有利于咨询师做出正确的判断。

心理咨询不等于无所不能。心理咨询是一个连续的、艰难的改变过程，心理问题常与 C 同学的个性及生活经历有关，就像一座冰山，积封已久，没有强烈的求助、改变的动机，没有恒久的决心与之抗衡，是难以使冰消雪融的，所以 C 同学要有打"持久战"的心理准备。

心理咨询师不等于救世主。心理咨询只能起到分析、引导、启发、支持、促进 C 同学改善和人格完善的作用，不能替 C 同学去改变或做决定。C 同学需认识到，每个人是自己的第一健康责任人，倘若把自己完全交给咨询师，消极被动、推卸责任，自身的问题无法得到改变。

心理咨询不等于思想工作。思想工作的目的是说服对方服从、遵循社会规范、道德标准及集体意志，而心理咨询则是运用心理学的理论和技巧，和 C 同学一起寻找心理困扰的症结。在这个过程中，咨询师持客观、中立的态度，而不是对C同学进行批评教育。

（五）心理咨询的目标

1. 使C同学认识自己的主客观世界

作为一个心理咨询师，当你面对一位C同学，企图通过改善他的认知去帮助他的时候，第一任务就应当是帮助他认清自己的主客观世界，帮助他认识到自己尚未解决的内部冲突，意识到主客观世界的相互作用以及人的积极适应能力和潜力。只有这样，才能帮助C同学认识自己的主客观世界，从而达到保持心理健康，适应社会，最大限度地发挥潜能的目的。

2. 纠正不合理的欲望和错误观念

C同学经常确信自己的动机和需要是正确的、合理的，认为自己十分清楚需要什么，但实际上并非如此。他们的心理问题往往是由这种盲目自信和错误观念造成的。

正是他们自己的错误观念，才将他们引入无法摆脱的困境。心理咨询的目标就是协助C同学纠正自己的错误思维和观念。

3. 学会面对现实

人们需要面对现实的勇气，而逃避现实并不困难，他们只要用全部时间回味过去、计划未来，现实问题就可以被排挤出局。为此，心理咨询师的重要任务之一，就是帮助C同学回到现实。作为心理咨询师，可以非常肯定地告诉C同学，对于我们的生存有真实意义的仅仅是我们的此时、此地。C同学应该意识到，不同反应方式各有各的用途，保持理性，才能有条不紊。

4. 构建合理的行为模式

"合理的行为模式"是由若干具体有效的行动组成，所以，心理咨询师应当逐个地协助C同学实施每个有效行动。比如，要建立合理的社会交往行为模式，必须实施以下若干有效行动：和蔼诚恳地接待他人，平心静气地与人交谈，耐心地倾听别人，真实地表达自己、理解别人，善于原谅他人，名利面前善于退避，危难时刻能挺身而出，对他人无私援助等。合理的社会交往行为模式一旦形成，它的反馈信息就可以使C同学坚定地相信自己有能力自律，进而确立满意的自我评价、合理的自我接纳以及在道德水平上的自我肯定。与此同时，也消除了道德冲突，建立了维护心理健康的良好社会支持系统。

（六）心理咨询的设置

心理咨询不同于一般的聊天，通常情况下，心理咨询师要遵守以下的心理咨询原则。

1. 保密原则

很多人对心理咨询有一个非常大的顾虑——我的问题会不会被别人知道？保密是大部分C同学的强烈要求。C同学只有确定自己的谈话内容受到严格保密后，才能很放松地向心理咨询师吐露自己的心声。保密原则是心理咨询中重要的一个原则。有很多大学生在进行心理咨询前或者进行心理咨询的过程中都会有这样的担心：心理咨询师会为我的问题保密吗？我的问题会不会被班主任知道？答案是：一个合格的心理咨询师会为你所讲的问题保密，一般在进行心理咨询前都会签"C同学知情同意书"，里面规定了哪些情况心理咨询师会保密，哪些情况会打破保密协定。一般情况下，C同学的问题不会被别人知道，但有两个例外情况：一是有可能伤害自己或他人的情况；二是法律规定需要披露的情况。在这两种情况下心理咨询师可以打破保密原则。

2. 地点设置原则

心理咨询作为一项专业的助人工作，不同于简单的聊天，它必须有严格的地点设置。心理咨询是在固定的、装饰得比较有安全、温暖的感觉的心理咨询室进行的。

3. 时间设置原则

心理咨询中所需要进行的时间设置，主要是为了把咨询控制在 C 同学注意力最容易集中的时间段，这样对解决 C 同学的问题更有效。

（1）心理咨询时间：C 同学心理咨询的时间一般以每次 50 分钟左右较为合适。当然，根据 C 同学的不同情况和心理咨询师选用的不同咨询技术，心理咨询的时间也会有一些差异，需要视具体情况决定。

（2）心理咨询频率：经典精神分析的心理咨询频率通常是每周安排 4~5 次咨询，其他形式的个人心理咨询目前以每周一次的设置比较普遍。心理咨询师依据 C 同学的情况，设置心理咨询的频率，这样可以取得较好的咨询效果。

（3）疗程：指从第一次会谈直到心理咨询目标的实现，整个心理咨询过程将持续的时间长度。心理咨询的疗程长短取决于 C 同学的心理困难程度、心理咨询目标及心理咨询师所选用的心理咨询技术。目前在心理咨询中心的疗程一般都在 6~20 个小时。在不同的心理咨询阶段，根据心理咨询的不同任务，心理咨询时间的长度和频率还需要不断进行适当的调整。

4. 预约设置原则

心理咨询师的心理咨询时间安排需要有严格的预约设置。预约设置，一方面是为了避免心理咨询中心有人任意来往，给 C 同学造成不安全的感觉；另一方面是为了保障心理咨询师有休息的时间，能够在咨询后有足够的时间整理自己的思绪，做好迎接下一位 C 同学的准备。心理咨询师一般不接受临时 C 同学，除非属于危机情况。

5. 转介原则

在遇到下列情况时，心理咨询师可以将 C 同学转介到其他的机构或心理咨询师。

（1）不属于心理咨询解决的范畴。如 C 同学是精神疾病患者，心理咨询师会将其转介到精神疾病治疗机构，这样更有利于帮助 C 同学。再如对法律问题、学校的校纪校规等问题的咨询，也不属于心理咨询的范畴，心理咨询师也可以将 C 同学进行转介。

（2）心理咨询师个人的问题。凡是心理咨询师觉得自己不适合做心理咨询的情况都属于此。如有的心理咨询师能力有限，不擅长解决 C 同学的某些问题，可以将 C 同学转介给合适的心理咨询师；有的心理咨询师在心理咨询进程中遇到了个人重大问题，不适合做咨询，这时也可以将 C 同学转介给别的心理咨询师。

转介原则是维护 C 同学的利益。C 同学要对转介有正确的认识：转介并不一定是因为自己的问题有多严重，或者是心理咨询师不喜欢自己，而是心理咨询帮不到自己，或者因为某个心理咨询师帮不了自己。

二、国内外学校心理咨询发展现状

(一)国外学校心理咨询发展现状

心理健康教育的产生发展与社会需要紧密联系。学校心理健康教育的发端可追溯到20世纪初西方国家的职业辅导运动。由于工业革命的深入发展,大量移民涌入,美国社会问题不断突出与复杂,给人们的生活带来了许多忧虑和困扰。在校园里,学生的各种问题也与日俱增。因此,一批社会改革家、教育工作者、学校行政官员等掀起了一场旨在帮助青年了解自我、认识周围世界的运动,以促使青年学生合理选择职业和发展方向——这就是学生心理辅导的萌芽。在这一运动影响下,1907年戴维斯(Tene B.Davis)在公立学校首先设置了系统的心理辅导计划,要求学校教师每周给学生上一次心理辅导课程,帮助学生塑造良好的个性以防止问题的发生,从此,心理教育进入学校。1908年,心理学家帕森斯(Frank Parsons)在波士顿创办了学生职业指导局,帮助青年学生认识自己的能力和兴趣,掌握职业信念,进行合理的职业选择。帕森斯的工作和他所创立的"波士顿模型"在当时的美国影响很大,因此他被称为"心理辅导之父"。职业辅导运动的发展,使学校心理健康教育工作得以产生和发展。

在这一时期,对心理辅导和教育做出杰出贡献的人物是美国的比尔斯(C.C.Beers),他曾是耶鲁大学的一名学生,多次因心理疾病入院治疗,在目睹精神病院的恶劣环境和患者受到的种种非人的待遇后,1908年,他出版了专著《一颗找回自我的心》,以一个精神病患者和康复者的亲身体验,说明了宣传心理健康和进行心理疾病预防的重要意义。这本书的问世,引起了美国大众对心理健康教育工作的关注和重视。1910年,由比尔斯发起成立了"美国全国心理卫生委员会",其宗旨是"为保持心理健康而活动,对于神经或精神障碍及精神缺陷的预防、精神病患者保护标准的提高,给予全力的支持与协助"。从此,心理健康卫生运动在美国蓬勃展开,并与当时风行于欧洲的心理分析相呼应,心理健康教育运动在全世界范围内兴起和发展。但在这一时期,学校心理辅导还没有专职辅导人员,缺少专业的辅导理论,也没有掌握谈话的技巧及评定手段等技术,辅导人员由社会学科的教师担任,辅导内容侧重于精神疾病的防治和职业辅导,辅导方法也主要是提供经验性的帮助。但同时期心理测量运动的兴起,如法国《比纳–西蒙量表》的问世、美国军队A型和军队B型智力测验的编制,使心理测评和心理诊断技术逐渐在学校范围内得以应用和开展。这样,早期学校心理健康教育开始沿着更为科学化的方向不断发展。

如果说20世纪前30年是心理辅导的创始期,其中心在美国,那么在接下来的时间里,心理辅导广泛推广成为其发展的一个重要趋势,创始期所创建的理论、实践模式不断得到许多国家的认同、发展,再依据各国不同的特点加以合理改造。同时,心理辅导因其对教育发展和学生发展的贡献得到政府和学校的重视,美国、加拿大、比利时、法国、英国等国家在开展这项工作时均积累了许多成功的经验。到20世纪末,心理辅导已经呈现比较繁荣的局面。

从 20 世纪 90 年代至今，许多发达国家的心理健康教育工作逐渐进入成熟和不断完善的阶段。纷呈的理论流派、层出不穷的革新创意、不断更新的辅导模式、大量出版的刊物著作、日益完善的经验技术，展示了心理健康教育理论研究的繁荣境况。在实践领域，发达国家和地区对心理健康教育工作者的要求越来越严格，不仅有要求高水平、高学位的趋势，而且对其培养也有严格的计划，并有专业的从业资格认证。一般来说，从事正规的心理咨询和心理治疗的人员必须受过严格的咨询心理学和临床心理学的专业训练，通过资格考试之后方可独立从事心理咨询与心理治疗工作。在美国，几乎所有的大学都设有心理咨询服务机构，而大学生自己设立的学生互助咨询组织也都得到学校行政和医疗保健部门的支持和指导，如哈佛大学学生互助咨询组织"13 号室""回响热线""反应"等。加拿大的大学普遍设有咨询服务机构，将其作为学生工作部门的分支机构，服务方式主要包括个别咨询和集体辅导两种，咨询内容包括个人问题、学习问题和择业问题等方面。

（二）国内学校心理咨询发展现状

到目前为止，国内大多数高校都设立了心理咨询及辅导机构，有专职心理辅导老师为学生提供专业心理咨询服务，配备较为完善的心理咨询场所，开通心理咨询热线，学生可根据自身需要进行咨询。经过多年的发展，高校心理咨询服务日趋完善，辅导内容更加丰富。国内高校心理健康教育是从心理咨询工作开始，从解决学生心理问题入手，以预防治疗为主，以发展成长为辅。随着社会对大学生心理健康教育工作的关注和高校心理健康机构的逐步健全和完善，今后我国大学生心理健康教育将主要呈现以下发展趋势。

1. 教育理念：向全社会渗透

心理健康教育不仅是一种方法、一种技术，更代表着一种思想、一种理念。首先，21 世纪心理健康教育将渗透到学校教育的全过程，将出现校校设有心理辅导机构，人人接受心理健康教育的局面。高校将借助自身各方面的资源优势，把心理健康教育渗透到教学、管理、校园文化建设等各个方面。其次，心理健康教育将延伸到学生家庭，学校与家长建立广泛密切的联系，培养家长对子女的心理健康教育意识。最后，心理健康教育将扩展到社会，积极寻求社会支持，加强与政府部门、社会组织的合作，从而形成"学校—家庭—社会"互相结合的网络系统，使心理健康教育成为全社会关心、支持的工作。

2. 教育模式：在不同的取向中和谐发展

我国大学生心理健康教育的模式主要存在两种取向，即矫治性取向和发展性取向。虽然理论上人们大多能认同发展为主、矫治为辅的做法，但从实际情况看，大部分高校和教师都更多地着眼于矫治层面，重点为少数有问题和适应困难的学生提供服务。未来，矫治和发展仍将成为大学生心理健康教育的两大主题，但这两大主题并不是相互排斥的，而是互为补充、和谐发展的。大学生心理健康教育的发展性取向将逐渐成为共识，高校在继续关注心理适应教育的同时，将更重视全体学生心理潜能的开发、心理素质的优化，逐步形成矫治、适应、发展多层面和谐共存，以发展性为主、以矫治性为辅，覆盖面广、针对性强的立体教育模式。

3. 教育领域：随着社会需求而拓宽

随着社会的发展，学生的需求将日趋多元化。相应地，我国大学生心理健康教育领域将突破目前比较单一的现状，逐步由心理咨询向学习咨询、生涯咨询、生活咨询、人格咨询等领域扩展，注重学生潜能的开发、创造能力的培养、自我健康形象的树立。在关注学生发展的同时，也关注家长、教师的心理健康，为家长、教师提供咨询服务，优化学生的成长环境。未来的教育领域将显示出多样性、综合性和宽泛化的特点。

4. 教育途径：团体咨询的主流化与网络心理健康教育的兴起

随着信息技术的发展，社会节奏的加快，大学生心理健康教育将面临更为严峻的挑战，因此，载体创新势在必行。教育途径的科学化与现代化，将使心理健康教育更加普及、更加有效、更具影响力。近年来团体心理咨询已受到重视并开始应用，成为心理健康教育、心理咨询工作、管理培训的一种新的发展趋势。团体咨询以其互动性强、实践性强、形式多样、生动有趣、适用面广、省时高效等特点在未来将日益受到高校的青睐。我国大学生心理健康教育途径将由以个体咨询为主发展到个体咨询和团体咨询并重，直至转变为团体咨询为主。同时，网络将成为心理健康教育的一种重要工具和载体。网络心理健康教育将以其自身的特点和优势成为学校心理健康教育的新途径并发挥越来越重要的作用。高校可以利用网络课程、在线咨询、网上心理测试等形式进一步普及心理健康教育。

5. 师资队伍：提升职业化和专业化水平

心理健康教育师资队伍是决定整个大学生心理健康教育工作有效性的核心和要素。随着大学生心理健康教育的普及，将有越来越多的人把心理健康教育视作一种职业、一种行业、一种专业。高校可通过专、兼、聘等多种形式，建设一支以专职教师为骨干，专兼结合、专业互补、学科融合、相对稳定的大学生心理健康教育工作者队伍。通过鼓励和引导继续教育，完善心理健康教育教师资格认证工作，倡导高校建立心理健康教育学科，大力发展心理健康教育类相关专业等途径，不断提升从业人员的职业化和专业化水平。

三、心理咨询的功能

（一）帮助 C 同学认识自身内心冲突

很多人认为自己的心理困扰是因为外界因素造成的，咨询者工作的内容恰恰是帮助 C 同学看到内心的冲突，让其认识到人们对外部世界的反应是个体内在心理投射引发的。每个人日常承受的压力、人际关系冲突、环境适应等情况主要是内因在起作用。心理咨询解决的是 C 同学内在的需求或动机冲突，不仅有助于其看清楚问题本身，还能让其更好地理解自己，获得成长和心理成熟。

（二）提升 C 同学应对问题的有效性

心理咨询关注 C 同学的认知、思维方式、应对方式及防御方式。前来咨询的 C 同学往往在现实生活中强迫性地重复着一些无效的应对方式，使自己深陷其中或以情绪、症状等方式来表达冲突。通过咨询，可以帮助其更为全面地认知自己以及客观环境，并能采取积极有效的应对方式，承受现实中的合理痛苦，并将过去的经验、当下的行为和未来的理想整合起来。

（三）增加C同学心理自由度

C同学的心理冲突多源于自我设限，或者不接纳真实自我，或太在意他人评价，从而忽略或歪曲真实的内在需求，产生内在心理冲突。如果通过心理咨询能够更好地自我接纳，关注内心真实感受及需求，便能做出真实情感反应，消除矛盾状态，做到"知、行、意"统一。

（四）纠正C同学不合理信念

人们情绪、心理问题的产生往往与头脑中的不合理信念有关，正是因为有不合理信念和自动思维，对发生的同一个刺激做出不同的解释和评价，从而产生不同的心理反应或行为反应。不合理信念常见的有以偏概全、个人中心化、糟糕至极、过度概括等特征。纠正不合理信念，客观、辩证地评价刺激性事件，帮助C同学作出合理的认知判断。

（五）帮助C同学建立有效的应对方式

C同学被以往经验困扰，在问题发生时采取的应对方式是冲突或逃避等无效模式。通过心理咨询，C同学培养了合理认知，在此基础上再以新的应对方式或行为处理问题，从而获得新的经验和感受。有效的行为可以帮助C同学保留积极有效的应对措施，也能拓展更多的应对方法。

四、心理咨询的形式

（一）按照咨询方式划分

1. 面谈咨询

面谈咨询是一种面对面的咨询，也是最常见、效果最好的咨询形式。面谈咨询是学校心理咨询的主要形式，也是学校咨询师工作的基础内容。面谈咨询是指C同学于约定时间到达指定咨询室，与咨询师进行面对面的交谈。一般不允许第三者在场，除非涉及家庭咨询，或者咨询师需要通过其他相关成员来了解或帮助C同学。通过咨询师和C同学面对面的接触，可以更全面地接收信息和理解C同学的感受。

（1）咨询程序

预约时间和老师。每个学校的心理咨询中心应设置一个专门的咨询预约热线，并且由受过相关培训的接线员负责值班接线。每个学期初，由心理咨询中心制定出详细的专兼职老师咨询时间安排表。配备有心理网站的学校可以将咨询时间值班表和专兼职老师的个人简历挂在网站首页，每学期初予以更新。

C 同学决定咨询之前应先通过预约电话或者前往预约办公室进行预约，与接线员或值班人员协商好咨询时间。工作人员将根据 C 同学求助的大致问题，在对应时间里选择一个适合的咨询老师，并要求 C 同学比预约时间提前 15 分钟到达值班室（如果是面约，第二步的工作可与第一步合并进行）。此外，值班人员还会提醒 C 同学咨询的时间通常限制在 50 分钟，如果迟到，咨询师不会为其延长时间，过早到咨询师也不会提前开始，因而 C 同学最好在来咨询之前好好想一想自己有哪些话要说。

了解并建立咨询协议。首次咨询时间确定后，C 同学须在预约时间前 15 分钟先到达值班室，值班人员将协助填写好《心理咨询契约书》。这是一份一式两联的咨询工作协议，主要是告知 C 同学一些有关心理咨询的基本服务规则。如有不明白之处，值班人员将进行详细解释，C 同学明白认同之后即可签字；咨询时把上联交给咨询老师，下联留给自己作为咨询凭证。

首次会谈。首次会谈通常是一个结构性的会谈，咨询师创造一个放松的、欢迎的并且接纳的情绪环境，与 C 同学建立起亲善关系，向 C 同学解释关于此次会谈的结构。前半部分是告知 C 同学关于心理咨询服务的详细信息和规则，给 C 同学足够的机会消解他关于咨询的困惑和一些担忧。目的是让 C 同学对心理咨询的性质、工作方式、咨询流程、咨询的局限、C 同学的权利和义务有比较清楚的了解。主要内容如下：询问 C 同学是否自愿接受心理咨询；关于心理咨询的一些常见的误区；心理咨询的伦理规则和局限；关于失约、迟到、约定会谈的取消或更改等情况的处理。由于心理咨询的每次施行都是根据事先约定的方式进行，在咨询疗程之中，如果 C 同学不能在约定时间前来，至少需要提前一天电话通知咨询老师更改时间。

这部分信息的介绍将给予 C 同学一个机会来决定他们是否愿意继续进行治疗性会谈，而不至于在泄露了一些自我信息之后又反悔。对咨询师而言，也可以进行相应的选择，避免接待了自己无法处理的 C 同学。在就咨询原则与 C 同学达成一致协议之前，先避免直接的咨询性干预，这对双方而言都是一种必要的保护，也更有利于后期咨询会谈的进行。

通过上述的评估、判断与协商，就形成了咨询师与 C 同学之间的一个"工作协议"，尽管这种协议或合同，通常是无形的，但是有效的，要求咨访双方共同认真遵守。一旦协议形成，治疗性会谈开始，就意味着咨询师将陪同 C 同学一起走过他对于自我探索、自我发现、自我成长、自我超越的心路历程。

后半部分，咨询师将关注 C 同学的情绪诉求，通过各种技巧进入 C 同学的内心世界，逐渐了解 C 同学的心理困扰。同时，咨询师需要考虑和评估关于转诊的情况以及这种情形可能对 C 同学的期望产生的影响，必要时借助心理测试进行判断。在沟通中，如果咨询师初步判断 C 同学有严重的精神障碍，如精神分裂症、重度抑郁症等，应妥善告知 C 同学这已超出了心理咨询的范畴，需要转至医院进行药物或其他治疗。由于心理与行为的复杂性及 C 同学的开放程度的多样性，评估判断 C 同学是否适合继续咨询，有时可能需要两三次会谈。

敞开心扉，自助成长。在咨询过程中，C 同学应把咨询师看作一个特别亲密的朋友，应在咨询师所创造的安全、自由、充满理解的气氛下，尽可能表达自己的真实情绪，描述自己的真实情况和认知想法，不要压抑，不要虚假陈述或吞吐掩饰，尝试放开自己，向咨询师倾诉自己的故事和经历，包括现在遭遇的困难、自己的感受、对自身和周围人的看法、感受层面和认识层面的矛盾冲突等。咨询师在用耳朵倾听，同时也在用眼睛和心去观察和感受，他会观察 C 同学的表情、身体姿态、无意识动作，分析 C 同学在如何说故事，故事里哪些内容是客观存在的事实，哪些内容是 C 同学的解释和感受，哪些内容是 C 同学的赋义。

如果 C 同学刻意隐瞒，或者篡改事实，竭力想表现自己好的一面、无辜的一面，这些都将妨碍咨询师对 C 同学及其问题作出准确的判断。当然，咨询是一个艰难反复的历程，如果是一些无意识的压抑和隐瞒，咨询师会引导 C 同学一起发现并探索背后的动机和原因所在。优秀的咨询师总是能激发 C 同学对自己的反思，使他从问题中看到自己，改变视角，重新体验，获得成长。

坚持咨询。正如前文所述，不要希望一次咨询就能根治心理问题。咨询师会根据问题情况与 C 同学一起协商咨询的间隔、C 同学喜欢的咨询方式和疗程长短。在咨询期间，咨询师布置的家庭作业 C 同学一定要认真对待完成，否则将会拖沓咨询的进程。在整个咨询疗程里，咨询师会对 C 同学的心理问题进行专业分析，真诚地同 C 同学一起分享和讨论其对自身境况的理解，鼓励自我监察与探索，与其探讨各种可能用于解决问题的方案，鼓励引导 C 同学实施行动，最终完成自我实现与成长。当然，在这样的过程里，也许对 C 同学而言，常常会体验到一些不舒服甚至是痛苦的感受，因为 C 同学过去所熟悉的看待和对待生活的方式也许会发生永久性的改变，这种改变虽然是有利的，但也是具有挑战性并伴随着痛苦的。

如果 C 同学不喜欢这位咨询老师，或者感觉问题没有得到有效的解决，也可以及时中断或结束心理咨询，只需要和咨询师提出即可。

咨询结束。在咨询疗程的最后一次或两次咨询中，咨询师将与 C 同学探讨咨询的结束事宜，其标志是咨询师发现 C 同学已经发生了重要的改变，并且已经实现了前来咨询时所设置的目标，双方都对咨询的效果感到满意。在结束咨询的结构性会谈中，咨询师将与 C 同学一起评估目标收获，C 同学可能需要回忆咨询进程中令自己改变的重要转折点，咨询对自己的帮助有哪些，与咨询师的分开会给自己带来哪些正面和负面感受，投入未来的学习迁移还有哪些困难等。

（2）心理咨询记录的撰写

咨询师在每次咨询结束后要撰写咨询记录，主要是对 C 同学资料及咨询过程的记录，要求妥善保存。咨询记录的格式风格不一，并无统一要求，但主要涉及的内容应涵盖以下七个方面。

一般资料。登记资料：每次心理咨询的起始和结束时间、地点、咨询师姓名；C 同学的人口学资料：C 同学姓名、性别、年龄、民族、学校、专业、年级、班级、联系方式、籍贯；C 同学的形象描述：由咨询师观察，包括 C 同学的外貌特征、面部表情、姿态、着装、谈吐表达等。

C 同学的口述资料。C 同学的求助原因：C 同学目前遭遇的心理困境，包括他对事件的描述、身体状态及精神状态的感受、思维认知、应付事件的能力和限制等，以及关于此问题的既往咨询或治疗历史；C 同学的个人成长史资料：主要包括与症状有关的 C 同学的成长背景、成长经历及变化，尤其是关于对其影响较大的重大生活事件描述及感受评价、父母教养方式、家庭关系、自我认识、人格特点等；C 同学的现状：C 同学目前的学习成绩、人际关系、健康状况、兴趣爱好等；对 C 同学进行心理测试的结果：大学生心理咨询实际运用得较多的是人格测验和心理健康测验，如卡特尔 16 种人格因素测验、明尼苏达多项人格量表、大学生人格问卷、中国大学生心理健康量表、90 项症状自评量表、抑郁自评量表、焦虑自评量表等。

初步评估和诊断。主要是咨询师通过对 C 同学的探询、引导和分析，得出的一些初步看法：排除 C 同学是否有自杀倾向，是否有重度神经症或精神障碍倾向；是否属于一般心理问题，是否属于心理咨询的工作范畴；对 C 同学目前的心理状态和问题性质作出初步诊断，列出相关依据。

与 C 同学协商咨询目标和咨询方案阶段。用于明确双方责任和义务。

心理帮助阶段。每次咨询讨论的主题及目标；咨询师在咨询过程中所采用的咨询技术，与 C 同学的互动；有待解决的问题有哪些，阻碍有哪些，C 同学可利用的资源有哪些，解决问题的有效途径有哪些；C 同学的作业完成情况等。

咨询结束阶段。主要是对咨询效果的评定，即 C 同学已经达到了哪些咨询目标，包括咨询师、C 同学自身及 C 同学的重要他人对其改变的评价。

回访情况。咨询结束后，在间隔 3~6 个月的时间，咨询师可以对 C 同学做一个简单的电话回访，了解咨询主要问题的解决和进展。

2. 热线咨询

心理咨询热线是常见形式，是指以电话为中介，通过良好的咨询关系，运用基本的心理咨询方法和技术，帮助来电者澄清问题，挖掘和利用资源，以建设性的方式解决问题，有效满足其需要并促进其成长的过程。这也是一种方便、迅速的咨询形式，对于不愿意暴露自己或处于危机求助状态的 C 同学是最合适的咨询形式。

它起源于 20 世纪 50 年代的英国和美国，重点是预防自杀和缓解情绪危机，即应用心理咨询和心理治疗的技术来调节求询者的心理失衡，减轻或消除其情绪上或躯体、行为表现上的问题，从而渡过危机或逆境。它与面谈咨询的共同之处在于两者遵循的理论和技巧都一致，目标也都是为了助人自助。

（1）学校心理热线的定位

心理热线的定位意在表明作为一种服务机构它所树立的服务目标是什么。对高校心理热线进行明确清晰的定位，有三点好处。其一，使热线机构最大限度地发挥服务职能，避免设置不合理的目标，以免好心办坏事。其二，学生明确在何种情况下可以求助心理热线，能够借此获得什么样的帮助，避免产生不现实的期待。其三，热线咨询员明白自己的职责范围和能力范围，懂得拒绝和转介，避免出现不必要的焦虑，也保证热线咨询服务于最需要它的求询者。

具体而言，学校心理热线应着力解决以下两方面的问题。

一般心理困扰的支持。主要涉及大学生的发展性问题和适应性问题，来电者在学习和生活中遭遇了心理困扰，想找人倾诉，寻求理解和接纳，或者需要一些建议和忠告等，都可以通过心理热线寻求心理支持。咨询员通过热线倾听，提供情感支持，帮助来话者舒缓不良情绪,客观分析现实,学会建设性地接纳现实和解决问题。

重大心理危机的识别和转介。心理障碍和精神疾病不属于心理热线的工作范畴,应求助于专业的心理治疗。接线员应明白自己的能力范围,能够识别它们。当在热线中遭遇心理障碍和精神疾患者时应及时转介或申请督导。当在电话咨询中遇到有自杀、他杀倾向的危机者时,须紧急干预,并及时向督导老师汇报处理。

(2)学校心理热线的开展

如今,许多高校都已开展电话咨询热线,如武汉大学为在校学生开设的"生命援助热线"、上海交大的"心晴热线"、南京大学的"心灵热线"等。2009年11月27日,继为本校学生服务的"清心热线"后,清华大学依托本校心理学系临床与咨询心理学研究室和校心理咨询中心又开通"李家杰珍惜生命大学生心理热线",此热线是国内第一条面向全国大学生的心理服务热线,服务时间为每周一至周日16:30—22:30。热线接线员都是经过清华大学心理咨询中心培训和考核上岗的大学生志愿者,他们本着"用心倾听、真诚回应、传递希望、专业支持"的工作态度,为身在校园的同龄朋友提供心与心的交流、支持和陪伴。

学校心理热线的宣传。热线如果要"热",就离不开广泛宣传,它是热线工作开展的前提。心理热线的宣传内容应包括热线的标识、口号、宗旨、服务对象、服务时间、服务内容、服务特色。内容的设计应简洁明了、鲜明生动、引人深思、记忆深刻。应将热线标识、号码及工作时间公布于校园网络和学生报纸等媒介的醒目处,也可通过横幅或标记牌等形式长期设置在宿舍区、食堂、教学区、行政办公楼等地的醒目处,还可利用新生讲座及平常的专题讲座等形式加以宣传,尽可能广泛地让学生了解心理热线服务信息。

学校心理热线的人员设置。高校心理热线主要由经过专业培训的同辈互助团体完成,通常是学校某个心理协会团体的子部门。心情热线部的工作人员可以分为两大类:一类是热线咨询员,主要负责接听热线和咨询服务;另一类是热线管理员,负责热线的日常工作,如宣传、管理、协助、办公室工作、预约接待等。有的志愿者可以身兼两职,但要求在不同工作时间执行不同工作任务。热线管理员的设置和选拔可参见心理素质促进联合会的组织设置。由心理咨询中心的专职教师和心理协会的管理层负责对热线机构成员的招募、面试、筛选以及对咨询员的专业培训及督导。

申请热线咨询员工作的志愿者可以为本校的在读学生,以大二以上年级学生为宜,也可以是本校的辅导员或其他岗位的教师。成为校园心理热线咨询员的基本条件是:心理健康,道德高尚,有爱心、热情和责任感,有较强的语言表达能力,对心理健康辅导工作有兴趣且乐于从事志愿服务。招募的方式丰富多样,可以采用海报、网络、讲座等方式宣传,也可由班级辅导员民主推荐。面试内容可自主设定,多采取心理测试、面谈、无领导小组讨论、角色扮演等面试方式,主要考察志愿者的心理素质、人格特质、报名动机和价值观等,以此判断其是否适合担任心理热线咨询员。

热线咨询员的专业培训。通过筛选录取的志愿者还需要经过一定周期的专业培训,熟悉心理咨询的基本理论、心理热线的助人理念和服务范围、常见心理问题和危机问题的识别、热线咨询技巧等专业知识;并且安排一定时间的实习,即在督导或有经验的咨询员的陪同下进行在线观摩和实习接线。当志愿者熟悉业务流程,达到标准后,才能正式上岗。

对热线咨询员的督导。热线咨询员在接听热线的过程中，需要直面很多人内心深处的挫折、痛苦和阴暗等消极元素。这些经历一方面会促使咨询员内心的自我成长，另一方面也会导致种种身心压力和负面情绪的累积，加之专业知识和技能的瓶颈，许多咨询员在工作一段时间后都难免遭遇情绪低落现象，如有的接线员会陷入强烈的挫败、内疚、沮丧、悲观等消极情绪中无法自拔。因此，热线咨询员的自我保健显得尤其重要。阻止情绪低落发生的方法有很多，首先，要加强对咨询员的督导，即咨询员在有经验的督导者的指导帮助下，获得情感支持，提高咨询技巧，深化自我认识，认清专业服务角色，提高咨询能力和助人水平，促进个人成长。督导通常由校内专职心理咨询老师担任，有条件的学校也可以聘请校外的心理专家。可以以个体咨询方式展开，也可以组织团体咨询和专业工作坊培训。其次，咨询员可以根据自己的能力及身心状况调整工作时间和工作间隔，成员之间积极组织研讨会或团体素质拓展等集体活动，鼓励相互支持、讨论交流和及时宣泄。最后，咨询员须在业余时间多加强对各种心理咨询理论知识的学习，深化对咨询实践的思考，才能不断提高咨询能力，胜任热线咨询工作。

建立完整的志愿者档案体系。心理热线部门应为通过选拔的热线咨询员建立专门的个人档案，内容包括两部分：基本资料，主要为人口学资料，如姓名、年龄、专业、年级、家庭状况、成长经历、兴趣特长、心理健康评定结果等；专业资料，即咨询员在心理热线部服务时期的发展资料，如所接待个案的心理热线咨询记录、电话录音，接受督导的培训情况及个人体验汇报、所取得的专业资质许可，部门主管对其服务内容和质量的评估鉴定等。

值班安排管理和热线工作流程。心理热线部门应由管理员负责在每个学期初排好热线咨询的值班工作表，确保每个工作时间段都有热线咨询员守候在热线电话旁；有专门的接待员负责和志愿者预约时间，协调一些临时更改，同时规范热线电话的接听工作程序。

值班制度管理。心理热线应制定严格的工作人员制度，主要包括热线咨询员守则、值班制度、资料管理制度、热线职业道德守则等。热线咨询员守则是对保密、热线接听、来电记录、电话录音、职业道德、危机干预、疑难通报及转介、自我评估及督导等方面的规定。值班制度是对值班时间、职责分工、日常工作行为规范、违纪处罚、任免决策、晋升激励等方面的规定。资料管理制度是对热线咨询员档案、咨询员值班登记表、热线咨询记录表、督导记录表、来电登记统计表等记录的保存。热线职业道德守则则是类似面谈咨询的职业道德守则。

3. 网络咨询

随着网络技术的发展，网络咨询平台迅速扩大，网络心理咨询跨越地域限制的特点更为突出，同时也能为想匿名的咨询者提供足够的安全感。网络心理咨询是通过互联网在求助者与专业人员之间实现同时或即时沟通，进行有关心理咨询与治疗的信息互动过程。它是一种新型的帮助人们解决生活和关系问题的咨询模式。

国内许多高校都已经建立了所属的心理网站，或独立，或挂靠于学工部门下；网站界面各异，但形式都以专题橱窗为主；主要内容多划分为心理咨询中心介绍、校内心理团体活动、心闻播报、心理保健知识、心理测试、心理问题论坛贴吧、在线咨询、书籍电影推荐等板块。网站的主要功能包括两方面：一是宣传普及心理卫生知识和心理保健技能。如在线心理测试，鼓励学生通过网上心理测验深入了解自身心理状况，及时发现潜在的心理问题，也能帮助心理咨询工作者加深对广大学生群体心理健康状况的了解评估。心理专家视频讲座、心理书籍电影赏析等板块可以优化教育的资源配置，同时实现群体辅导的目的。二是通过网络咨询展开心理援助。相较于校外良莠不齐的社会网络咨询机构，针对本校学生的校内心理咨询网络更值得学生信赖和关注。

目前校内网络咨询应用得比较多的模式有以下两种。

非即时聊天咨询。非即时聊天咨询，也叫非同步咨询，主要包含电子邮件咨询和论坛留言咨询，如南京大学开展的网络心理咨询主要以邮件和BBS论坛、贴吧留言的方式进行。

即时聊天咨询。即时聊天咨询是指咨询员与求助者在约定的时间通过聊天软件进入即时通信（MSN、QQ、微信或者网络聊天室），通过文字进行在线对话，可伴随使用视频和音频交流。其中，朋辈互助是校园网络咨询的主要力量。不同模式的实现方式如下。

电子邮件。网站上可以公布心理咨询中心各专职教师的邮箱地址，也可放置一个朋辈咨询的公共邮箱地址，求询者可以自主选择咨询师，而收到邮件的咨询师需要在规定时间内及时给求询者回信。

论坛留言回复。可以设置论坛聊天室，根据学生咨询的常见问题，划分为不同的聊天室版块，由朋辈咨询员在各个聊天室担任版主，引导在线求询者的讨论，获得多人回复，也可由版主对发帖进行及时的单一解答回复。

在线咨询。一种基于网络的信息交流系统（web-based message，一种类似于QQ的即时信息交流系统），由朋辈咨询员于规定时间内展开在线沟通。

（1）网络心理咨询的规则

网络心理咨询的资格和能力。学校网络心理咨询需要在网站上公示咨询师的学位和执业资格，如果是朋辈咨询，应对朋辈咨询员的身份、培训及咨询经历进行介绍，以消除求询者的担心和疑虑。所有网络咨询员上岗前应通过严格的选拔、培训和督导（参考电话咨询一节）。

适宜的咨询环境。应创设一个专门的网络咨询室，除了保证计算机、耳机、麦克风、摄像头等设备齐全、服务器稳定外，还要对室内环境精心布置，确保安静，有利于咨询员开展咨询，必要时可将这一环境状况通过视频传递给C同学。

求助者身份确认。网络匿名沟通的特点有助于求助者在咨询过程中更自由开放地表达困惑，但实际咨询过程中，为保护求助者的生命安全，防止意外事件发生，原则上咨询员在咨询之前必须要求求助者提供姓名、地址、电话等信息，但事实上很难保证这些信息的真实性，所以网络咨询对危机干预的作用十分有限。当在咨询过程中识别到危险时，应尽力劝慰其求助面谈咨询，紧急状态下可运用技术力量获得对方IP地址来锁定对方地理位置。

知情同意。咨询员在开展咨询之前应将网络心理咨询的相关特点、保密程序、局限性、中途可能由于设备和技术等问题出现的故障及不承担责任的声明等事项告知求助者，当求助者经权衡利弊表示认同之后再开展咨询。同时，咨询员应提供学校心理咨询中心的地址及电话号码，供求助者随时投诉和转约其他方式的咨询。

保密性。网络心理咨询的保密主要涉及对求助者资料的保密及信息传递过程的保密。

前一点需要咨访双方共同遵守保密原则。因此，在网络心理咨询开始之前，咨询师应让求助者了解保密原则和自主选择保密方法。应告知求助者，除了咨询师外，哪些人在哪些情况下可以阅读求助者的信息和咨询记录；也可将网络咨询的职业道德守则和服务原则通过邮件发给求助者。后一点主要集中在防护不恰当或蓄意的攻击上。一些非常个人的或敏感的信息容易通过互联网或者公用电脑，被陌生人或系统操作者分接或截取，而隐私存在被泄露的可能，这使某些C同学在自我暴露时感到犹豫。建议C同学最好在自己的电脑上接受心理咨询，如果在他人电脑上进行，务必在结束后删除一切与咨询内容有关的痕迹。还可以通过设置防火墙、对咨访双方的电脑进行软件加密等方式来保障信息在传递过程中不会被泄露和被黑客攻击。咨询结束后，咨询员将求助者的相关资料存放在电脑上时，应进行加密和妥善保存。

网络心理咨询的工作管理。应制定相关的网络咨询员守则和工作规定。如电子邮件规定回复时间，否则过长的回复周期会增加求助者的焦虑，减少他们对咨询人员的信任感（参见电话咨询一节）。

（2）网络心理咨询的伦理问题

20世纪90年代末开始，美国咨询师认证管理委员会（NBCC）、美国心理咨询协会等专业组织相继制定了网络伦理守则或标准。但是这些颁布的伦理规范对社会网络咨询机构缺乏强制力，对它们的遵守完全出于自愿原则。高校网络心理咨询员在接受培训的时候应接受专门的伦理规则培训，并由所属学校心理咨询中心对其进行考核。

NBCC所制定的网络心理咨询伦理守则主要包括以下13条：

①在实施网络心理咨询与治疗时应查阅现有的法律规定和伦理守则以免违反；

②应告知求助者为确保求助者与咨询师之间安全沟通而采取的相关安全措施；

③应告知求助者每一次的咨询资料该如何保存及保存多久；

④咨询师或求助者难以确认对方身份时，应采取措施（如使用暗号、数字或图形等）以避免冒名顶替；

⑤当求助者是未成年人时，必须征得其父母或监护人的同意，且应确认其父母或监护人的身份；

⑥在与其他电子资源共享求助者的有关资料时，应遵循适当的信息交流程序；

⑦咨询师应谨慎考察求助者的自我暴露效应，暴露至何种程度应有适当的理由；

⑧应给求助者提供相应的专业团体和管理委员会的网址，以保护他们的利益；

⑨咨询师应联系NBCC或者求助者所居住地州（省）的管理委员会，以获得这些求助者所居住地区中至少一位可联系到的心理咨询师的名字；

⑩咨询师应给求助者提供当自己不在线上时该如何联系的方式；

⑪咨询师应在网络上提醒求助者何种问题不适宜使用网络咨询；

⑫应事先给求助者说明咨询中会有因网络技术而造成失误的可能性；

⑬应向求助者说明如何去解决由于缺乏双方的口语和体态言语线索而可能会产生的误解。

（二）按照咨询对象划分

1. 个人咨询

个人咨询又称个体咨询，指心理咨询师与C同学进行一对一的心理咨询方式。个人咨询中，时间只属于C同学和心理咨询师两个人，心理咨询师专注于一个人，C同学通过与心理咨询师一对一的互动来进行咨询。咨询过程中的谈话内容也仅限于心理咨询师和C同学知道。个人咨询比较适用于个人的深层次心理问题的探索。

2. 家庭咨询

家庭咨询是以家庭为对象实施的心理咨询模式，其目标是协助家庭消除异常、病态的情况，健全健康的家庭功能。参与咨询的对象是整个家庭，如夫妻、一家三口等。家庭咨询解决的问题不仅是家庭中的问题，个人的问题也可以被视作家庭功能失常的一个"症状"，如孩子的厌学问题可能和父母之间的冲突有关。在家庭咨询中，心理咨询师和家庭成员共同合作，从家庭系统的角度解决问题。大学生进行家庭咨询比较适合的情况如下。

（1）大学生的心理问题与家庭有直接的关系，比如某大学生得了焦虑症，直接诱因是父母对该大学生要求太高，该大学生达不到父母的要求，这时，如果大学生和父母均愿意，大学生可以和父母一起进行家庭咨询。

（2）已婚大学生解决夫妻关系的问题或亲子关系的问题，比如想改变夫妻之间的关系，双方都愿意参与。

（3）某些需要家庭成员照顾的大学生的问题，比如某大学生得了抑郁症，如果该大学生和父母均愿意，大学生可以和父母一起进行家庭咨询，磋商患病期间如何沟通的问题。

需要注意的是，有的问题虽然比较适合夫妻和家庭咨询，但如果有家庭成员不愿意参与，那也不要强迫对方参加，可以先从个人咨询开始。

3. 团体咨询

团体咨询指心理咨询师将具有同类问题的C同学组成小组或较大团体，进行共同讨论、指导和矫正的咨询形式。不同于个人咨询中心理咨询师和C同学一对一的交流，团体咨询创设了一个类似真实的社会生活情境，为参加者提供了社交机会。每个成员既可以从多角度了解自己、洞察自己，又可以学习其他成员的适应行为，成员间相互支持，共同探寻解决问题的方法。

一般来说，团体咨询要求参与者为咨询中所发生的事情保守秘密。团体咨询比较适合那些愿意在团体中开放的人，也更适合有人际交往类心理困扰的人。如果想在人际交往上有所突破，同时希望在解决问题的路上有人同行，不妨试试团体咨询。

五、网络环境下心理咨询发展趋势

（一）网络心理咨询

进入21世纪，经济和社会的高速发展，工作压力的激增和心理冲突的日趋明显，我国已有超过 1600 万人或多或少出现了心理问题。从目前相关的调查数据来看，青少年的心理问题在人群中不断增加，有愈演愈烈的趋势，其中，大学生的心理问题发生率已达到 22.1%（黄希庭，2000）[①]。据统计，全国已超过 1/3 的高校相继建立了心理咨询机构和咨询室，开展了大学生心理咨询工作，然而主动寻求咨询的大学生并不多（包陶迅，1999）[②]。但是随着大学生心理问题的不断增加，国家越来越重视心理健康教育，2001 年，国家颁布了《普通高等学校大学生心理健康教育工作实施纲要（试行）》。自那开始，全国各地的教育部门和高校作出大量努力，积极探索，就是为了进一步推进和加强大学生心理健康教育工作，经过长期努力，在大学生心理健康教育方面积累了一定经验并取得了一定的成绩。有不少高校开展了一系列有关大学生心理健康的教育教学科研和实践活动，并且设立了心理健康教育、心理辅导或咨询的部门，这一系列举措表明思想政治教育工作体系融入了大学生心理健康教育，受到了师生的广泛好评和欢迎。为了推进大学生心理健康教育系列服务进一步开展，不少高等学校的保健医疗机构也作出了巨大努力。然而，从目前的工作开展情况来看，开展大学生心理健康教育的意义没有被高校清晰明确，高校也没有清晰认识到信息时代下开展大学生心理健康教育的重要性，对其工作职责、优势和规律等都不够明确，自然也没有得到足够的重视，导致大学生心理健康教育服务在全国高等学校开展的情况很不平衡。为了进一步确定大学生心理健康教育工作开展的重要意义和积极作用，探索出新的工作思路，使高校大学生心理健康教育工作朝着健康的方向发展，相关部门必须加强大学生心理健康教育工作队伍的建设，仔细归纳分析各个高校大学生心理健康教育工作开展的情况，然后参考一些其他国家和地区的有价值的东西，取其精华，去其糟粕。总的来说，我国高校大学生心理健康教育工作体系并不完善，然而，大学生对心理健康教育的服务需求却越来越大，因此大学生的心理问题发生率并没有明显降低，大学生的健康质量也没有得到显著提高。另外，我们处于互联网时代，网络在高校已经被广泛使用，这就迫使高校必须尽快建立属于自己的局域网站。目前来说，大学生已能较为成熟地掌握网络技术，并且大部分学生都独立拥有自己的电脑，这些得天独厚的条件都为高校开展网络心理咨询提供了便利。另外，开展网络心理咨询是顺应时代发展的需要，有效弥补了传统面对面心理咨询的弊端。并且，越来越多的人发现，网络心理咨询作为一种辅助手段，能够较好地为大学生提供心理咨询服务，其中一个原因可能是网络在大学生的日常生活交流中无处不在，另外一个原因可能就归于网络心理咨询的远距离性，比如，大学生在不上课或放假期间不在学校时，仍然可以通过网络得到心理咨询服务，除此之外，他们还能根据自己的闲暇时间灵活选择什么时候做心理咨询。另外，既往学者对我国高校网络心理咨询现状进行了调查和分析，结果显示：在调查的 1380 所高校当中，有 53.91% 即 744 所高校在校园网中建立了心理咨询相关网页，尝试开展了网络心理咨询服务。但是能够有效利用网络开展互动心理咨询的高校并不多见。因为在调查分析高校心理咨询网页中我们可以发现，大多数高校的心理网站都缺乏个体的心理辅导服务项目，基本上只注重了心理健康相关的知识的宣传，仅有 269 所即占所调查高校总数的 19.49% 的高校设有不同形式的网络互动心理咨询

[①] 黄希庭, 郑涌. 大学生心理健康与咨询 [M]. 北京：高等教育出版社，2000：41.

[②] 包陶讯, 钱铭怡. 师范生考试应对过程研究 [J]. 中国心理卫生杂志，1999（1）：31-32.

服务（薄金丽，2012）①。单从调查结果来说，高校并没有充分利用网络媒介开展这种新型的心理咨询服务，但是我们也可以从数据里分析出，越来越多的高校充分重视起开展网络心理咨询服务，这也将成为心理咨询的一种新途径；但是就如何充分利用网络开展互动咨询仍然是一个迫切需要解决的问题，并且需要不断地探索如何才能满足学生的需要。因此，研究高校如何利用网络来开展心理咨询已经是一个不可阻挡的潮流。

（二）网络心理咨询自身存在的问题

1. 伦理问题

伦理是指网络心理咨询师应该遵守的道德规范和行为准绳（崔丽霞、郑日昌、滕秀杰、谭晟，2007）②。美国心理学会伦理委员会前任理事 George Stricker 最早提及网络心理咨询的伦理问题。其后在1999年，美国心理咨询委员会针对以网络媒介开展的心理咨询形式制定了相关规定，但是这些颁布的有关规定可以自由选择是否遵守，它们缺乏强制力。虽然伦理规范的出现使网络心理咨询具有了规范性和科学性，迈入了一个全新的发展阶段，但是由于是"自愿原则"，这就使我们推广和遵守规范遇到不少问题。为促进网络心理咨询服务朝着专业的、有伦理规范约束的方向发展，Ainworth Grohol 提出了可以通过审核咨询师的教育情况和经验以确保其具备资格（Mark Grifiths，2001）③。既往有研究表明，是否有心理服务的资格证书对伦理规范的遵守有影响，有资格认证的心理服务从业人员对 NBCC 标准遵守的程度显著高于没有资格认证的从业人员（Kathleen&Elizabeth，2003）④。我国也有不少学者在国外研究的基础上，针对网络心理咨询行业作了深入研究，但是这些研究大多数都是基于国外的研究，还未结合我国的实情实现本土化，目前我国尚未制定出专门针对网络心理咨询的伦理规范（吴吉惠，简霜，2016）⑤。我们就目前的国内外文献进行分析和总结，整理出以下几条伦理规范问题。

第一，网络心理咨询师的资质认证。目前网络心理咨询还没有统一的专业界定，也没有专业的资质认证体系。目前的网络心理咨询师主要都是由传统的面对面心理咨询师兼任，没有经过任何的特有培训直接上岗，并且咨询师的专业素养高低不等，这就需要我们思考应具备怎样的特质与能力才能成为合格的网络心理咨询师，面谈心理咨询师是否就一定适合网络心理咨询（吴吉惠，简霜，2016）⑥。目前有研究表明，网络心理咨询师需要具备包括专门针对网络咨询的基础知识、临床技能和使用计算机和网络的技能以及敬业精神等素质。由于网络心理咨询师的资质无法保障，C 同学也没有途径可以去核实其是否具备开展

---

① 薄金丽. 我国高校网络心理咨询现状调查 [J]. 中国教育技术装备，2012,(27):22-23.

② 崔丽霞，郑日昌，滕秀杰，谭晟. 网络心理咨询职业伦理研究概况及展望 [J]. 中国心理卫生杂志，2007(7)：510-512.

③ Mark Griffiths. Online therapy: A cause for concern?[J]. Psychologist, 2001(5):244-248.

④ Kathleen T Heinlen, Elizabeth Reynolds Welfel, Elizabeth N Richmond, Carl F Rak. The scope of WebCounseling：A survey of services and compliance with NBCC Standards for the Ethical Practice of Web Counseling[J]. Journal of Counseling and Development, 2003(l):61-69.

⑤ 吴吉惠，简霜. 近十年(2005-2015年)网络心理咨询研究综述 [J]. 乐山师范学院学报,2016(9):123-127.

⑥ 吴吉惠，简霜. 近十年(2005-2015年)网络心理咨询研究综述 [J]. 乐山师范学院学报,2016(9):123-127.

网络心理咨询的资格，甚至 C 同学无法辨别自己寻求帮助的对象是否有着丰富的传统咨询经验，他们可能仅仅是心理学专业的学生或者是刚刚考过咨询师证书而毫无咨询经验的人员，这就可能会导致 C 同学对网络心理咨询师的信任度不高，也就对咨询的安全性和效果产生了最直接的影响。

第二，网络心理咨询师的告知义务。与面对面心理咨询相比，网络心理咨询相对还是有所差别。因此，在提供网络心理咨询服务前，应当向 C 同学说明网络心理咨询服务的形式和特点，并且要专门与 C 同学讨论网络心理咨询的适用性和目前存在的问题，提前告知其网络心理咨询本身存在的利与弊，特别是有关网络安全与保密性问题及其应对方式应提前向 C 同学说明，另外，还应向 C 同学提供咨询师的专业资格证书，向其说明收费方式等（吴吉惠，简霜，2016）[1]。最后，在 C 同学充分了解相关事宜之后签订协议。但是就目前社会的网络心理咨询网站和高校心理网页来看，能做到以上告知任务的机构非常少，这可能需要我们更加完善伦理规范的强制性。

第三，网络心理咨询的保密问题。网络的保密性和安全性两个问题是开展网络心理咨询服务必须攻克的难关。网络容易遭到病毒或者黑客的入侵，那么我们也就无法保证在开展网络心理咨询时 C 同学的信息是绝对保密的。C 同学的隐私有可能被泄露，会使某些 C 同学在自我暴露时感到犹豫不决，从而影响网络心理咨询的效果。尽管由于网络的特性，会存在一些无法控制的安全隐患，但咨询师还是应当严格遵守保密原则和采取必要的安全措施以确保当事人的隐私相对安全。另外，当遇到未成年的 C 同学时，网络心理咨询师要有意识去征得父母、监护人或其他责任人同意。在得到许可后，再为 C 同学提供网络心理咨询服务，只有这样，才能避免许多纠纷，也是另一种自我保护。与传统的线下咨询一样，存在保密例外情况，就是当你意识到你的 C 同学可能存在伤害自己或者伤害他人的行为时，网络咨询师可以采取多种途径收集信息以评估发生危机事件的概率，根据自己的评估采取适当的干预措施。当然，由于网络心理咨询具有匿名性和远距离性的特点，大多数 C 同学都是匿名或者身处异地，这时网络咨询师想要采取措施进行危机干预是比较困难的，甚至评估其危险性都是困难的（吴吉惠，简霜，2016）[2]。

2. 网络心理咨询的理论与技术问题

网络心理咨询的理论与技术是影响网络心理咨询效果的重要因素之一。目前较少有有关这方面的研究，现有研究表明网络心理咨询师更多还是采用传统心理咨询的理论与技术。既往有研究提到由于网络心理咨询中的咨访关系和交流方式与传统的面对面心理咨询不同，那么在网络心理咨询过程中，操作性强的技术如系统脱敏法等，就无法很好地应用，无法产生有效的效果。因此，咨询师必须积极探讨适用于网络心理咨询的咨询理论与技术，以更加明确网络心理咨询的作用、范围与机制，只有这样，网络咨询才能真正地发挥作用（刘志芬，2012）[3]。Marilyn Campbell（2005）[4]也曾提到，网络心理咨询比较适用哪些理论；

---

[1] 吴吉惠,简霜.近十年(2005-2015 年)网络心理咨询研究综述[J].乐山师范学院学报,2016(9):123-127.
[2] 吴吉惠,简霜.近十年(2005-2015 年)网络心理咨询研究综述[J].乐山师范学院学报,2016(9):123-127.
[3] 刘志芬.高校网络心理咨询存在的问题与对策[J].兰州教育学院学报,2012(9)：13-15.
[4] Marilyn Campbll. What is the Placc of Innovativc ICT Uscs in School Counscling[J]. Issucsin Informing Scicncc and Information Technology,2005(2): 133-140.

比较适合哪些心理问题；不同的C同学、不同的心理问题更适合选择哪种咨询方式；网络心理咨询受网络语言影响有哪些，在咨询过程中，咨询师应该怎样做才能更好地理解和使用网络语言；另外，需要具备哪些特殊的能力与技术才能成为合格的网络心理咨询师；具备怎样的人格特质的C同学更愿意选择网络心理咨询。这些问题的研究都不够系统和深入，以致很多问题都还没有形成统一意见。

3. 网络心理咨询的适用性问题

在线心理健康国际社会秘书Stofle早在1996年就有研究指出哪些C同学适合进行网络心理治疗，哪些C同学不适合开展网络心理治疗（吴吉惠，简霜，2016）[①]。就C同学是大学生来说，其主要咨询的内容通常可以分为两种，即障碍性咨询与发展性咨询。障碍性咨询通常是指咨询师采用心理支持、干预、援助等方式帮助C同学一起解决其障碍性问题。发展性咨询通常是指当C同学在成长的不同时期遇到心理发展问题时，寻找专业的心理支持或援助，让自己的困惑或矛盾得到解决，使其不断地认识自己，认识社会，并且在这个过程中不断开发自己的潜力，让自己成为一个全面型的人才。曾有研究就提到根据网络的特点，发展性问题更适合网络心理咨询，即网络心理咨询的主旨在于"解惑"而不在于"治疗"（刘志芬，2012）。另外，网络心理咨询对C同学而言，主要是基于文字的交流互动，那么咨询师和C同学对文本信息的感知和理解将对问题解决起关键性的作用（Mark Griffiths, 2001）[②]，这也就要求C同学和咨询师都具备一定关于文字的理解能力。不完整的信息会使C同学很难准确地理解和把握咨询师语言文字，而网络心理咨询师可能无法准确获得C同学在咨询过程中的非言语线索或其他社会性线索信息，这些信息的缺失往往会使咨询师很难理解C同学，导致咨询师无法与C同学共情。因此，与传统的面对面咨询相比，网络咨询师更难与C同学建立良好且稳定的咨访关系，也无法借助肢体动作或表情等非言语线索及时对全然陌生的C同学做出准确的回应。如果网络咨询师尚未充分把握C同学潜在的问题，那么咨询师很难向C同学提出建议或者做出诊断。由于信息的不完整，症状有可能没有完全暴露出来，也就意味着咨询师极有可能无法准确地收集其背后隐藏的真实信息，也无法对C同学严重心理问题做出准确的诊断和治疗，这些问题采用网络心理咨询可能根本起不到一点作用，甚至咨询师在这时向C同学所提供的帮助会加重其原有的病情（Rochlen, Beretvas&Zack, 2004）。

因此，在开始网络心理咨询的整个过程中，我们都要不断地评估C同学是否适合网络心理咨询，当发现C同学不适合继续接受网络心理咨询时，我们就应当将C同学转介。需要特别说明的是，在将C同学转介之前，网络咨询师应与来访者一起探讨即将转介的情况，向C同学详细解释，据实解答其疑问，消除C同学的疑虑，以免产生误解加重C同学的病情，同时向C同学提供其可以求助的途径（吴吉惠，简霜，2016）。

---

① 吴吉惠,简霜.近十年(2005-2015年)网络心理咨询研究综述[J].乐山师范学院学报,2016(9):123-127.
② Mark Griffiths. Online therapy: A cause for concern?[J]. Psychologist, 2001(5):244-248.

六、大学生如何运用高校心理健康资源

（一）高校常见心理健康教育资源

每一所高校都有专门的心理健康服务机构，通常对在读大学生免费开放，学校里的心理咨询师有一定的专业性，对大学生的典型问题更加了解。对于大学生来说，学校里的心理咨询中心是经济高效又便捷的心理咨询资源。一般来说，高校的咨询中心的服务内容主要包括开设心理健康课程、讲座，进行个人、团体咨询等。

1. 心理健康教育

心理健康教育的服务内容包括：开设一些心理健康课程如心理素质训练课，编写大学生心理健康教育教材，指导大学生心理健康者协会社团活动，组织各种形式的心理健康宣传教育活动，如大学生心理健康宣传月活动、各种专题讲座等。

2. 心理咨询

个人咨询：提供适应、发展、学习、压力、人际关系、情绪、人格、恋爱、生涯规划、择业等方面的咨询服务。

团体咨询：主题涉及大学生活适应、情绪调节、压力处理、人际沟通、自我认识、人际交往能力训练等。包括舞动治疗、创造性戏剧体验、曼陀罗绘画等多种形式的心理咨询。

3. 团体训练

成长训练营以小组的形式为在校的学生提供有关个人沟通、团队协作、领导力提升、适应新环境等方面的心理训练。同时组建成长训练营教练组，并训练资深组员为教练，以"同学训练同学"的朋辈辅导的方式在学校内广泛地推广。

4. 心理测试

心理测试服务内容包括新生心理测查，抑郁、焦虑、人格测试，职业适应性测试。

（二）大学生如何运用身边的心理健康资源

1. 大学生了解心理健康知识的途径

当遇到心理困扰或者想进行自我探索时，除了直接寻找心理咨询，还有一些其他渠道可以了解心理健康相关知识。

在大学校园里，学校的心理社团会组织一些心理健康知识的传播活动，如心理学影视放映、心理知识相关沙龙讲座等。学校尤其会在每年的5月25日即大学生心理健康日组织多种多样的活动，等待着大学生的体验和参与。

除了学校里的活动，一些心理健康服务机构也会不定期地举办一些活动。如有些医疗机构会在节假日举办一些有关于精神障碍预防和治疗、药物治疗、病患家属如何给病人提供更大支持的讲座，这些讲座有的需要线下参与，有的是网络直播。尤其是在一些特殊意义的日子，如3月30日的世界双相情感障碍日，各大医院都会举办相关的心理健康知识公

益服务活动。

网络平台上也有很多心理健康相关知识的内容，如一些心理咨询机构通常会有公众号服务，会定期发布一些与心理健康相关的内容，从专业的角度进行心理科普。越来越多的心理专家也在通过网络媒体，如 Ted、网易公开课等渠道向大众传播心理健康知识。

除了以上获取心理健康知识的途径，还有一个蕴藏海量的宝贵资料的地方——图书馆，大学生可以走进图书馆里翻阅和品读心理学书籍。

2. 挑选适合自己的心理健康服务

每个人的心理困扰都各不相同，大学生可以基于对这些知识的了解，根据自己的诉求，选择合适的心理健康服务。

3. 挑选适合自己的心理咨询师

"众里寻他千百度"，在众多的心理咨询师中，如何寻找一个适合自己的心理咨询师呢？第一，心理咨询师的专业性要过关；第二，也是最关键的一点：自己内心对于心理咨询师的感受，这也是在整个心理咨询中重要的部分。一个好的、适合你的心理咨询师可以让你有以下感受。

（1）可以信任他

如前所述，心理咨询发挥作用的关键是 C 同学和心理咨询师之间可以建立有效的工作联盟，而建立这样的工作联盟的基础就是信任。如果你在心理咨询中感受到心理咨询师是可以信任的，感到放松而安全，你可能找对人了；如果你感到自己无法信任心理咨询师，你可以把顾虑告诉对方，有时这种不信任的信号说明你们双方并不匹配。

（2）愿意向他倾诉

在心理咨询初始阶段，你如果愿意向心理咨询师倾诉，那么就有利于后面心理咨询的开展。如果在心理咨询初始阶段，你就感觉不是很愿意向心理咨询师倾诉，这有可能意味着你们是不适合的。在心理咨询中期，你如果感到不愿意倾诉，有可能是心理咨询阶段的原因，你也可以开诚布公地告诉心理咨询师你的顾虑。

（3）感到被倾听、被接纳和被理解

在一段合适的咨访关系中，你会从心理咨询师那里充分地感受到被倾听、被接纳和被理解。心理咨询师不仅仅关注你的故事，也关注故事背后的模式，心理咨询师对你的好奇是带着尊重和渴望的，而不是八卦和刺探。

（4）感到有成长和改变

你决定进行心理咨询一定是你遇到了困惑，因此，决定你和你的心理咨询师合适的关键就是你在心理咨询中感受到了自己的成长和改善。这个过程也许需要你的一点耐心，但在一段合适的咨访关系中，这种成长一定会出现。

（三）成为 C 同学的准备

一个好的工作联盟可以提高心理咨询的效率，而真诚和开放是建立稳固工作联盟的两块基石。你在开始走入心理咨询室前，如果感到紧张和不安，这是正常的现象。缓解这种紧张的方式之一，是你可以在网络上充分搜集有关心理咨询的介绍，包括设置、过程和如何发挥作用等，对心理咨询有个初步了解。还有一种更加有效缓解紧张的方式是，你把自己的不安坦诚地告诉心理咨询师，这也是你"真实表达感受和想法"的第一步。你坦诚地表达自己的紧张不仅可以化解这份紧张，而且有助于咨访关系的建立，也对自身的心理困扰有益。在接下来的心理咨询中，这份真诚依然很重要，你的任何感受和想法都可以和心理咨询师讨论，这是心理咨询最为关键的部分，也是咨访关系和别的关系最大的不同。

虽然工作联盟靠心理咨询师和 C 同学的共同努力来搭建，但最终的改变依然要回归到 C 同学自己身上。C 同学应该在心理咨询中更多地发挥主动性，要充分地参与和卷入心理咨询中，通过心理咨询来发现自己的能力，依靠自身的力量来实现改变。

也许你对心理咨询还有这样一些期待：心理咨询师是权威而专业的，是拯救者，可以很快带自己走出苦海，甚至期待在一次心理咨询后，自己的困扰就能够化解。事实上，这些期待是不合理的。心理咨询是一种科学的手段，而不是神奇的魔法，无法在短短的几个小时里就化解困扰 C 同学几个月甚至数年的问题。心理咨询是一个过程，是心理咨询师运用专业的方式方法帮助 C 同学，但心理咨询师不是万能的，他无法全知全能地拯救他人。心理咨询师是 C 同学的伙伴，双方在接受每个人不是全能的状态下，一起学习和成长。

第十二章　高校辅导员谈心谈话实录

一、A 同学谈心谈话实录

（一）谈话笔录

笔者：同学你是从什么时候开始关注自己的心理健康的？

A 同学：对于我自己的话，我觉得应该是从初中开始吧，尤其是快要到中考的那段时间。会觉得自己进入青春期后学习压力比较大，然后和家里父母之间的关系也不太好，那个时候就觉得自己心理健康可能是出了一点问题。然后到高中时期就更加关注这方面，因为学校也会给我们开设相关的课程，然后给我们提供一定的这种心理咨询、心理辅导之类的，那时就更关注这些了。

笔者：也就是说，你大概从初三的时候开始关注自己的心理健康的对吗？

A 同学：对的对的。

笔者：你初三的时候大概年龄是十几岁呢？

A 同学：十四五岁吧。

笔者：好的，也就是在初中的时候，你接触了心理健康这个概念，然后在高中十五六岁的时候更加关注自己的心理健康。

A 同学：是的。

笔者：好。那你自己是怎么理解心理健康的，或者当提到心理健康这几个字的时候，你会想到什么？

A 同学：首先按照字面意思来理解的话，心理健康就是持续保持一种积极的、发展的状态。它能够充分地发挥个人的潜能，帮助一个人向好发展，这是我最开始对于心理健康的理解。当看到这心理健康几个字，我首先会想到比如说心理学者、心理教师，包括一些心理健康状况的调查、测试等。这是我能想到的一些。

笔者：嗯，那你理解的这个心理健康的含义是什么呢？

A 同学：嗯，我理解的这个含义的话，因为是心理健康嘛，它是一种良好的状态，所以我理解它的含义，就是说要保持一种积极的、良好的状态。

笔者：保持一种好的状态。

A 同学：嗯，这就是我的一个理解。

笔者：嗯，那你认为这个心理健康，它包含一些什么因素，或者说心理健康主要表现在哪些方面？

A 同学：嗯，我个人理解心理健康它可以有很多方面，包括一个人的认知，他的认知是不是正确的，这个会有影响。还有情感上的一些，表达之类的。还有个人的意志，他意志力够不够强，够不够坚定。还有一个人的行为态度，他对待这个态度是积极的，还是消极的。还有对这个世界及环境的一些看法。我觉得都和心理健康是有关系的。

笔者：好的，你刚才提到了这个认知、情感、意志力，包括对环境的这个感受和看法。那你觉得现在大学同学们整体的心理状况怎么样呢？

A 同学：嗯，整体的状况我觉得有待于考证，因为我国有特别多的大学生，我们也不能一概而论，去判断现在大学生群体心理状况如何，但是我的感觉是大部分大学同学的心理状况还是良好的，只是可能有一小部分的人，他们可能会因为各种各样的原因在心理健康这方面会有一些比较负面的状况。

笔者：也就是你觉得大学生的整个心理状况应该要分情况而谈，大部分还是比较正常的，然后小部分的大学生可能在心理健康方面存在一些特殊的问题。对吧？

A 同学：是，因为影响心理健康状况的因素是很多的，所以就是要看情况而定吧。我们大学生每个人所处的环境，他所经历过的一些事情都是不同的，所以心理健康状况也会有不同的体现。

笔者：对，因人而异，是吧？

A 同学：是这个意思。

笔者：嗯，好，那你觉得你自己的心理健康状况与大学生整体的心理状况平均水平相比，你自己处在一个怎样的水平？

A 同学：我觉得我个人的心理健康状况和整体相比，应该是处于持平状态吧。因为首先我个人自定义是一个比较乐观积极的人，因为我本人性格比较开朗。还有平时参加的活动也是正能量一些的。当然我是一个人，我也肯定会有负面的一些情绪，也有比较低落期的时候，所以说，我自我感觉和整体的水平比可以说是持平的。

笔者：持平，好的。

A 同学：不会太高，也不会特别低。

笔者：对自己的这个评价比较中肯。你觉得心理健康这个概念离你和你身边的人的远近程度如何，就是大家会觉得这个概念很熟悉，还是很陌生，心理健康这个概念？

A 同学：我觉得对我来说是比较熟悉的，因为我有些时候也会和几个关系比较亲密的同学及我的家人、我的父母去讨论心理方面的一些问题。所以对我来说，这个概念和我身边的人是比较近的，因为我们会经常讨论这个话题。

笔者：那你觉得你周围的人对心理健康的关注程度如何？

A 同学：嗯，我觉得这个也要因人而异，因为有些人可能对心理健康的关注度不是特别高，他们可能把心理健康这个概念作为一种普通的疾病或者普通的困难来解释它，而不是放到心理健康这个层次来看待。我有一个同学，他本人就是心理健康的状况比较差，他也去过医院进行过测试和治疗，但是他的家人可能对此并不是特别理解，就是跟他说，你不要想太多，就好好休息、好好学习、不要乱想之类的。他们这种行为可能就是并没有把这个事情上升到心理健康这个层次来对待了，他们只是把它当作一种普通的病。所以这一部分人对心理健康的关注程度可能就是比较低的。

笔者：你觉得大家对这个心理健康的关注程度也是因人而异的，是这个意思吧？

A同学：对，可能大家容易混淆这个心理健康和一些普通的疾病，或者生活上的一些困难问题，所以会造成这种不重视。

笔者：你觉得关注度低的原因是对心理健康没有正确的认识。那你身边心理健康水平比较高的同学在你的眼里是怎么样的人，他们有哪些特征？你可以想象或回想一下，他们是什么样的？

A同学：我觉得有一部分同学，他们是特别乐观的、积极的。我觉得比较重要的一个优点，就是不抱怨，纵使有很多的困难或者委屈或者不如意的地方，他们都不会去抱怨，所以就不容易给自己带来一些心理上的负担，很容易地让自己获得放松，或者是其他的一种比较好的反馈，所以我觉得就是心理健康水平比较高的同学，他们的几个特点就是积极乐观，不怕，然后不抱怨。

笔者：嗯，不抱怨。

A同学：然后，比较喜欢笑，乐呵呵的。

笔者：好，那你刚才提到了这个不抱怨，主要体现在语言交流上的不抱怨，那么他们在行为上，就是具体的行动上他们是怎么做的呢？你觉得他们的表现是怎么样的呢？

A同学：嗯，就是我接触过很多像班级干部或学生干部，他们有很多工作是临时或强加给他们的，但是当他们接收到这些任务的时候，他们就会马上去落实去做，而不是去偷懒，或者觉得很烦，会付出更多的行动，而不是口头上抱怨。

笔者：好的。就是你认为心理健康水平比较高的同学，他们给你的感受就是乐观和积极，在遇到困难的时候不会去抱怨，反而会积极地行动起来解决问题，然后喜欢笑，给你这样子的感受。你觉得特别舒服，是这样吗？

A同学：对，容易感染别人。

笔者：那你的周围，身边有心理问题比较严重的同学或者朋友吗？

A同学：嗯，有的。就像我在前面提到过的一个关系比较好的同学，他在前段时间确诊了一种心理问题，也是中级吧，比较严重的。然后我们之间也经常交流，但是有的时候他自己却控制不住自己内心的想法，所以就看着很让人难受，让人心疼。

笔者：你能具体说一下这位同学的心理问题吗？因为你刚才提到他已经去看医生去诊断了。他的诊断结果是怎么样的？因为我们在这个访谈开始之前，我们有谈到我们整个访谈内容只用于研究，各地信息保密。所以我想征求你的意见，你是否可以告诉我们这个朋友具体的诊断结果？

A同学：他去医院做了这个检查，被确诊为中度抑郁症，这个是比较严重的。

笔者：那他平时的心理问题反映在他的行为上主要有哪些表现呢，你看看你感受到的有哪些？

A同学：比如说就是很多时候会乏力，静不下心来做事情，然后会哭，特别容易哭。很多时候就是以泪洗面的这种程度，控制不住。然后就是体现在行为上的，比如说在语言上有的时候我们交流时他很容易否定自己，没有自信心。然后怀疑自己，有的时候甚至觉得自己活在这个世界上没有意义，就不知道自己的意义何在。

笔者：嗯，你刚才提到了他否定自己，觉得自己活在这个世上找不到存在的意义。那他有没有跟你提到过有这种自杀或者自伤的想法或者计划？

A 同学：嗯，以前有过，对自己进行过伤害。

笔者：已经采取了措施吗？

A 同学：嗯，我记得他跟我描述的时候，是在自己的手腕上和手臂上刻画。但是我觉得应该没有更过激的一些行为。

笔者：嗯。相信你也给了他很多的陪伴和倾听。但是如果说当他出现自杀或者自伤这样子的行为或想法的时候，一定要及时地去联系他的家长或者他信任的人。

A 同学：好。

（二）谈话标注

在对谈话对象 A 同学的谈话内容进行转录、整理和标注后，接着根据标注的内容，围绕受访者对"大学生心理健康的相关观点或看法"进行初步提炼，即为 A 同学的部分谈话标注。从上述谈话实录我们不难看出，A 同学的主要观点有：其一，高中时期学校会开设相关的课程，提供一定的心理咨询、心理辅导；其二，心理健康就是持续保持一种积极的、发展的状态，包括一个人的认知还有情感表达、个人意志、行为态度，还有对这个世界及环境的一些看法；其三，大部分大学同学的心理状况还是比较良好的，只是有一小部分的同学在心理健康方面会有一些比较负面的状况。

二、B 老师心理访谈实录

（一）访谈笔录

笔者：您认为影响大学生心理健康状况的因素有哪些？

B 老师：因素比较多，一个是环境因素，比如学校、家庭环境，以及宿舍、班级环境；另一个是自身因素，比如个人的性格特点等；还有是个人的社会知识、社会关系方面问题，也与家庭遗传有关。

笔者：好的，您刚才说到学校、家庭，那整体来说，您认为从家庭方面来讲，有哪些因素影响着他们的心理健康呢？

B 老师：整体来讲，我觉得最重要的就是亲子关系，这个对亲子心理健康方面的影响还是很大的，另外就是家庭的教育环境还有他们的经济条件等各方面也是有一定影响的，还有这个家庭是否为单亲家庭、孩子是否为留守儿童，或者小时候由老人照顾的孩子们相对而言更容易产生心理健康问题。

笔者：他们的养育方式、他们家庭的经济能力、父母之间的关系还有父母与孩子之间的关系这些都会影响着孩子的心理健康。这些家庭方面的因素里，您觉得哪一个对大学生心理健康的影响是最大的呢？

B 老师：我觉得亲子关系和家庭氛围对大学生心理健康的影响是比较强烈的。

笔者：您刚才也说到学生自身对自己的心理健康也是有影响的，您觉得从他自身方面来讲，有哪些因素影响他们的心理健康呢？

B老师：从自身来讲，我觉得一是思维模式，有些大学生的思维模式较差，不太灵活；二是情绪不稳定、波动比较大，情绪的控制能力比较弱一些；三是他们的意志品质，意志不坚定，对环境的适应能力比较差，这些对他们都有一定的影响。

笔者：听您这样讲，我也觉得他们本身的认知、情绪、意志还有他们一些不良的行为都有影响。

B老师：还有他们自身的人格特点也有很大的影响，比如说有些学生比较偏执，还有些比较内向、情绪不稳定的学生容易出现心理健康问题。

笔者：那您觉得从学校方面来讲，有没有因素影响学生的心理健康，如果影响的话，那是怎样影响的呢？

B老师：因素有很多，比如课堂的教学方面，像我们学校的一些重点院系，课程非常紧张，课堂上老师上课的进度很快，跟学生的沟通又比较少，同时要求又很高，这就造成了学生的学业压力大。关键是学生与老师的交流比较少，学生就不能跟着老师的方向走或者作业不知道怎么改，尤其对新生来讲是一个很大的问题；还有专业课老师很少在课堂上涉及对学生人生方向的引导，但学生又有这方面的需求，因为专业课老师对学生的榜样作用很大，如果说一些比较偏颇的引导的话，对学生的心理健康也是有一定的影响的。

笔者：嗯，专业课教师他们是学生的认同对象，但他们却没有担负起这方面的职责。

B老师：也可能是专业课老师们都忽略了这方面问题，因为专业课压力比较大，所以忽略掉了，或者是引导比较少，或者引导比较偏颇，这些对学生都是有影响的。

笔者：心理健康教育是全民参与的，尤其对专业课教师来讲，学生很认同他们，而这时候，对他们的引导就显得格外重要，所以如果他们有足够的、良性的引导，这对学生的心理发展可能会有更好的作用。

B老师：是的，而且有时候就算是一句话、两句话对学生都会有很大的帮助。

笔者：那从学校方面还有哪些因素呢？

B老师：再就是辅导员的工作，因为辅导员和班主任与学生的接触是比较多的，如果辅导员和班主任没有心理方面的常识，科普没有到位，就可能会造成学生对辅导员隐瞒或者比较惧怕辅导员等，这些问题出现后也会对学生的心理健康产生影响。如果辅导员能对学生做一些心理健康方面的科普工作，比如跟学生谈谈话、交交心，其实对学生的心理健康是有很大帮助的。

笔者：嗯，您的意思是对于学生工作者，如果他们自身有比较强的专业素养，有比较好的相关方面培训，并且他们自身有非常强的胜任力的话，他们可以在这方面更好地帮助学生。

B老师：是的。

笔者：学校方面还有没有其他的影响因素？

B老师：还有一个，也是我这几年感触比较深的一个方面，学校与学生联系比较紧密的机构，比如教务处等行政机构，他们既不带课，跟学生接触又比较紧密，如果他们在对待学生工作能给予这方面的支持，跟学生更好地沟通的话，也可以避免和解决很多问题。

笔者：是的，就是跟学生打交道的一些部门，其实学校里所有的教职员工，如果他们能够有一些心理健康的基本知识或者有这方面的意识的话，跟学生打交道就可以避免很多冲突，对吗？

B 老师：对，没错。还包括楼管阿姨等都发挥了很重要的作用。

笔者：的确，那学校还有没有其他的影响因素？

B 老师：还有环境方面，比如，如果学校比较注重环境的人性化，或者对学生有一些人性化的关怀的话，我觉得可以提高学生的心理健康水平。

笔者：那您说的人性化方面的关怀具体指的是哪些方面？

B 老师：宿舍和自习室环境做好一些，让学生感觉更舒适一些。包括在学生宿舍楼里面能够安排一些学生能够交流活动的地方，还有在教学楼里安排一些学生能够接水等比较人性化的设施，我觉得这些对学生也是有帮助的。

笔者：对，学校应该投入一些比较有人性关怀的设施方面的建设，投入一些资金来建设这方面的设施。还有哪些学校方面的因素呢？

B 老师：还有一些学生反映，跟学校设施方面有一定的关系，比如学校图书馆、食堂的建设等，如果能够更好地与学生对接，根据学生的需求构建，尽量满足学生各方面的需求，为学生提供一个人性化关怀的大环境，不仅会有助于他们的心理健康，也会促进他们尽快地适应学校，更加热爱学校，增强对学校的认同感。

笔者：也就是说，希望学校的建设方面能够更多地听取学生的意见和心声，增加双向的沟通和交流，而不是一味地单方面建设。那关于学校方面的您还有没有要补充的？

B 老师：我觉得本科生的话，大约就是这些。近两年，研究生这方面的问题其实也挺突出的，研究生的心理健康问题大多数来自他们的导师。

笔者：我们先研究本科生，研究生以后有机会再研究。还有一个问题，您觉得从社会方面讲，有哪些因素也会影响大学生的心理健康？

B 老师：社会方面，这几年比较突出的就是校园贷，校园贷对很多学生心理压力比较大，因为很多学生没有合理的财产意识，有消费冲动却又没有还款能力，就会出现校园贷还不上，接到很多恐吓电话等，很多学生心理健康上也会受到很大的影响。校园贷应该属于互联网发展后带来的影响，还包括网络成瘾等问题。

笔者：网络对学生来讲，对那些不能很好地辨别并控制自己欲望的人的心理健康可能会造成负面的影响。谢谢您接受采访。

（二）访谈标注

围绕"影响高校学生心理健康的因素"的主题，对访谈目标 B 老师的访谈资料进行标注与整理，接着根据标注内容对研究主题所涉及的概念进行提炼，我们得出以下重点：其一，影响大学生心理健康的因素有很多，有环境因素，包括学校、家庭环境，以及宿舍、班级环境，另一个是自身因素，包括个人的性格特点、个人的社会知识、社会关系方面问题，也与家庭遗传有关；其二，家庭亲子关系，家庭教育，家庭经济状况也对大学生心理健康情况产生了重要影响；其三，目前高校心理健康教育效果欠佳，辅导员及其他老师的心理学科专业知识不足，导致不能够有效指导学生心理自查，能够给学生提供的心理助力较少。

三、C 同学谈心谈话实录

（一）谈话笔录

C 同学：我是单亲家庭，从小跟着妈妈长大，男性亲戚很少。最近突然发现自己和男生相处的时候非常紧张，头不断摆动，甚至对异性交往产生了恐惧，我在网上搜索了"异性恐惧症"，觉得自己很多方面都符合，非常担心。若相处的男生很轻松，我自己也能很快调整；若男生也很紧张，我就不知该怎么办。到人多密集的地方总觉得别人在看我，我或许有些享受别人的目光，但是又告诉自己我不能这样，因此感觉有些自卑。暑假的时候我参加了一个夏令营，里面几乎都是来自名校的男生，特别优秀，我就感觉"他们好厉害啊，我什么都不如他们"。有一天听课，我周围全都是男生，我边上坐着一个 985 高校的男生，我突然感受到了他身上的荷尔蒙气息，我就特别欣赏他。后来我在家还好，跟异性相处都很轻松，但是一回到学校，即使他们不是特别优秀，我和他们相处也特别紧张。

笔者：以前"男性"对你来说可能只是一个名词，暑假的经历让你第一次清楚认识到了男女之间性别的差异，并且你将在夏令营中感受到的压力和男性角色联系到一起，这可能让你把这些压力又带入了现在的学校生活中。

C 同学：对，现在它已经影响我的学习了，我很苦恼。我跟他们在一起时感到恐惧，我觉得是因为我从小身边都没有爸爸哥哥弟弟之类的，学校里也很少能有男生交流，我找不到人可以交流，然后我现在都有点恐惧了。

笔者：这是你这个年龄正常的性别意识的觉醒，每个人都是这样的，你不必过于担心。现在你已经有了这方面的意识和想法，与其说对男性是恐惧的，不如说你是好奇的。

C 同学：嗯！我的好奇得不到解答，是对未知的恐惧吧。我其实一直感觉自己也有点不自信吧，我不知道怎么说。我给你读一下我昨天晚上写的东西吧：我发现每个人都像一个小世界，在这个宇宙中运转着，我以为每个世界都有自己的国王，但却发觉有的世界里只有臣民，俯首于别的国王……当我一遇到别的人，包括那些比较有个性的、有攻击性的女孩子，我就感觉我只有一个人，我不是一个国王了，我的世界和他们厚重的世界相比，显得轻飘飘的。

笔者：首先我想真诚地表达一下我的感受，可以吗？你的随笔写得真好，我感觉听完这一段话，比刚才听完你的叙述更加靠近你了。你是一个国王，你为自己的世界制定了规则，你的臣民们都在有序地运转着，这是你所期待的，对吗？

C 同学：对，我想要平稳的生活，这是我的理想状态。

笔者：但现实状况来说，无论你愿不愿意，你的星球、你的小世界总是在和别的世界发生交集。

C 同学：嗯，这个时候我就想逃跑，我觉得这个星球上只剩下我一个国王了。

笔者：你觉得，对现实的你来说，臣民是什么呢？

C同学：我就是我自己的臣民。

笔者：但是在我看来，如果说国王是一个完整的你，那么可能你的人际交往、学习、家庭，甚至是休闲娱乐，都是你的臣民，都构成了你王国有序运行的一部分。现在想想，为什么面对别的国王的时候，你会觉得你没有臣民呢？

C同学：因为……我的世界只有学习，我的优势好像只有学习，当我都比不过人家的时候，我好像就什么都没有了。

笔者：对。别的星球接近你的时候，可能只是想要通过人际交往系统与你的世界建立一个"外交关系"。但是在你的星球上，学习这个臣民占据了99%的国土，剩下的臣民们都挤在一块小小的土地上，他们没有能力去和别的世界沟通，甚至你还在一直压抑他们的存在。所以现在对你这个国王来说，最重要的不是接触或是战胜多少其他的星球，而是先让自己的星球变得丰富、强壮起来，或者说，让你星球的规则也随着星球的成长而发生一些改变。

C同学：我原来有一个心理学方面挺厉害的朋友，她给我分析过，她说我的痛苦是因为有一个"我"是在学校必须学习的"我"，她必须不能放松，要刻苦努力，我通过她来追逐名利；但是我内心深处还有一个柔软的小女孩，她喜欢追剧，喜欢芭比，喜欢在家给芭比做衣服。我喜欢那些名利，喜欢那个"压力的我"带给我的优秀，虽然我总是用她，但是我不喜欢这个"我"。

笔者：那你喜欢那个柔软的小女孩吗？

C同学：……我也不喜欢。我觉得她太放松了，太懒散了，这样我也不喜欢。

笔者：在我看来，你不是割裂成两个的"我"，而是这两部分构成了一个整体的你。当你来到学校，用"压力的我"时，柔软的小女孩也并没有消失。你需要的，不是让其中一个"我"消失，而是适当调整她们的关系，不是说在学校只有压力，也不是说在家只剩柔软。这就像你刚才提到你的世界里的"规则"，是你自己要求自己"只能学习"，而当你的星球逐渐发展壮大的时候，它也产生了别的需要，而这个规则的锁链却还紧紧地捆着它，慢慢地越勒越紧，终究有一天会爆炸的。所以，当我们意识到这个问题的时候，是不是可以适当地放松一下这条锁链？

C同学：对！你说的这些我都没想过，但是我今天觉得你说得很对。其实我一直希望我是空气，可以无形地存在于人群之中……我觉得我是有好胜心的，我也想让别人看见我，看见别的星球我也想压住它们，但是我又觉得我长得也没有多好看什么的，我不应该这样。我觉得有好胜心是不对的。

笔者：好胜心本来是一个中性的东西，没有对和不对。如果你的好胜心能够督促你前进，变得更优秀，那我们可以说它是好的；如果你的好胜心只能让你无法接受比你更优秀的人，这可能就是不好的。我们要承认我们自己的需求，同时也要正确地利用你的好胜心。就像我刚才说的，想要扩张自己的领土本身没有错，但是你现阶段最需要做的是先把自己的星球发展好，让它变得更加开阔和稳定，这才是你接下来战胜别的星球的基础。

C同学：嗯，我会回去好好想想的。

（二）谈话标注

在与 C 同学进行谈话的过程中，我们可以发现，困扰她的问题是青春期性别意识的觉醒和长期压抑自己的需求，给自己制定"必须学习"的规则，无法放松，忽视了自身其他方面的发展，对自我的认识存在不足。辅导员通过谈心谈话，帮助其明确青春期性别意识的觉醒是正常的，同时帮助 C 同学认识到"自我"是一个完整的系统，每一个部分都需要被合理地关注和利用，使其重构稳定、自信、开放的自我。

四、D 同学谈心谈话实录

（一）谈话笔录

D 同学近来感觉事情都在追着自己，会很焦虑且有压力。

大一入学以来，D 同学兴致勃勃地报名参加了 7 个社团，然而平时学习又很忙碌，很多活动都安排不开，根本忙不过来，时间完全不够用，最近就总觉得事情都在追着自己，心中很焦虑。下周辩论社要举办比赛，这对于自己来说很重要，可是同学们都很强，自己准备了一周多但也总觉得准备不充分，以至于影响自己做其他事情，并坦承自己比较争强好胜，很担心最后赢不了。

D 同学从中学起成绩优异，做事情会合理规划，喜欢先计划好再着手去干。坚持搞好学业的同时又有很多兴趣爱好，如打辩论、踢足球、唱歌等。由于高中时期学业紧张，很多爱好暂时放弃，现在到了大学，感觉可以重新拾起。然而却造成了自己现在焦虑烦闷。

笔者：可以把这 7 个社团依据自己的喜好或者是在心里的重要性排列出来吗？

D 同学面露难色，但是依然拿起笔和纸，反复斟酌，写下了 7 个社团。

笔者：现在我们把近来比较忙的社团标出来，说说都有什么活动。

D 同学拿起笔仅仅标出一个社团。

笔者（疑惑但并不惊讶）：你现在只有一个社团在忙啊。

D 同学摸了摸脑袋，不好意思地笑了笑。

根据这些了解到 D 同学参加的辩论社最近要打比赛，这场比赛对 D 同学很重要，可是他了解到同学们都很强，不管自己怎么准备也总觉得准备不充分，自己非常想赢，想通过以此来获得别人的认可……

笔者：你需要成功的结果来维持别人对自己的认可。

D 同学点头默认。

随后 D 同学叙述起自己的高中生活……

D 同学自律，做事严谨认真、有规划，爱好广泛，高中学业繁重的同时依然发展了不同的爱好，组建了自己的乐队等，可以看到，D 同学身上有很多闪闪发光的积极资源，咨询时对此应给予反馈与肯定。

笔者：通过你的描述，你看起来缺少自信。

D同学：嗯，所以我想把事情都做好，就是希望通过这样能得到别人的认可（沉思）。

笔者：你来到这里的时候一直在说自己参加了很多社团，时间不够用，忙不过来，很焦虑，但其实我们聊了这么多，你有没有注意到让你真正产生焦虑的是什么，是不是下周辩论社比赛背后的竞争关系呢？

D同学身体倚向靠背，沉思很久，然后不好意思笑了："嗯，是。"

笔者：因为习惯于需要通过外在结果的胜利和成功来获得他人认可，恰巧遇上这次辩论比赛又很有难度，意味着你很可能会失败，所以不由自主焦虑起来……

D同学：我忽然明白真的是这样，我总担心自己打不好。

笔者：很看重每件事情的结果吗？

D同学：嗯，从中学起就是这样，因为我很不自信……

笔者：如果一个人的自信全部来源于外在的表面并且依靠他人的评价，这种自信体系牢靠吗？

D同学：摇头（时不时用笔记录）。

笔者：我看你一直在记，是有什么感受吗，或者自己有了什么新的思考？

D同学：我好像太关注每件事情能否成功了，这些事情背后的竞争无形之中带给我很大压力……

笔者：嗯，那每件事情的过程当中你有努力吗？

D同学用力点头。

笔者：可是你现在好像并没有看到自己的努力。

D同学则歪着头，思索良久。"我其实已经很努力了……"

笔者：有没有认真想过你是想要一墙的奖状还是付出过后很多的经验收获？

D同学靠在那想了很久，笑着说："要经验与收获。"

（二）谈话标注

D同学因焦虑情绪和无法平衡过多的事情而找辅导员谈心，在谈心谈话的过程中我们可以看到D同学主要依靠外在的成功来维持自信，无法正确看待事情的过程与结果。通过谈心谈话，辅导员指导D同学发现自身的优势，引导其注重过程而不是一味地注重结果，在成长过程中慢慢地塑造自信。

五、E同学母亲谈心谈话实录

E同学，女，一个月前因情绪暴躁、压抑，去医院就诊，医生认为是情绪问题。近期E同学在学校表现出一些不适应，自己想要退学，家长来校和辅导员商量。

笔者：现在E同学对于学校的抵触情绪比较强烈，自己提出了退学的想法，但是问她具体是什么原因，她也不愿意说。您能不能跟我说说孩子去医院就诊的时候是什么样的一个状态，您是怎么看待这件事的？

E同学母亲：刚刚去医院检查出了这个结果的时候，也不意外。

笔者：为什么这么说呢？

E同学母亲：在家过暑假的时候，过了一半，她就开始闹情绪，一直闹到开学，每天都发脾气。只不过那段时间我忙也没有时间管她，后来实在是没办法了才带她去医院就诊。看到那检查结果，我也就不意外了。

笔者：那当时您的心情是什么样的？

E同学母亲：她老是做一些过激的事，让我感觉到不可理喻，很烦躁。她爸爸也不在家，就我一个人在家带她们，好不容易现在上了大学，又出现这个事。

笔者：孩子现在诊断是什么呢？

E同学母亲：就是情绪问题，说是压抑她自己，她不爱跟别人接触，在家老是玩手机，别的也没有什么。

笔者：那您怎么看待您孩子现在这样的一个问题？

E同学母亲：怎么看待（无奈笑），都没有时间关注，太忙了。就是感觉像她这个年龄段，她做的一些事情好像都不应该。她都这么大了，应该懂事了，但是总是不成熟，做事跟同龄人不太一样。也不知道什么原因，我感觉跟她爸不在家有关，还有可能跟有二胎有关。以前就她一个孩子，所有的关注度都在她身上，现在可能关注度少了。以前她上小学的时候，她从一年级到四年级，都是我辅导她作业，五年级的时候，因为有了老二，我就没精力管她学习了，但又怕她自己学不好，就给她报了一个补习班。每周周六（以前周六，现在周日）她自己去县城上补习班。她觉得我们都不喜欢她了，忽略她了，她可能有这方面的压力。她做事跟别的小孩不一样，她比较轴，有些事她不说我能看出来，但我也不说。我觉得像这些事她自己应该能处理，但实际上她处理不了。可能是以前管得太宽了，没有放手的时候。现在放手了，她又感觉不习惯。上初中的时候她就在学校住宿了，她应该自己独立，可是她独立不起来，直到现在都不行。

笔者：二胎是男孩吗？

E同学母亲：是女孩。一开始我们不打算要，怕要了老二她接受不了。可是她就挺想要的，她也挺喜欢她妹妹。六年级放暑假那会儿，不管是家人还是亲戚朋友，心思都在老二身上，这老二比较活泼，很可能是她感觉她的东西被人分走了，她现在也是这个心情。我自己经营这个门市，也没有那么多时间关注她。现在她去上大学了，就不怎么和我们联系了，好不容易放假回来了，你跟她说话，她就玩手机也不爱搭理人。

笔者：那您对她未来有什么期待吗？

E同学母亲：未来没有那么高的期待。我认为孩子平平安安、健健康康地长大就好了。现在社会压力也大，如果你对她期望过高了，或许她也有压力，所以我想顺其自然，只要她平安健康地长大就行了。所以说她现在想退学这个事情，我们也很难受，但如果她自己确实是这样想的，我们也可以尊重她的想法。

笔者：那您现在在家是什么状态呢？孩子如果退学了，回去后有什么规划或者要去做什么事，您怎么想的？

E同学母亲：近段时间我妈身体也不好，还有她们两个要管，她爸爸也不在家，感觉每天就跟陀螺似的，睡的时间也短，每天起来就有忙不完的事。我们还没有想过她退学之后怎么办，别人像她这么大都读书，那她不读书以后怎么进入社会，别人会怎么看她？未来能干什么？我是心气比较高、能力比较弱的那种人，看到这种情况真的不知道怎么办了。

笔者：可以具体说一下，为什么您这么形容自己吗？您应该是有志向的那种人吧？

E同学母亲：有志向吗？也不是，我不跟别人攀比，我就认为一家人快快乐乐地在一起，比上不足，比下有余就行了。如果老跟别人攀比的话，也会很累。

笔者：其实刚听您的讲述，感觉您应该是一个很知足的人。

E同学母亲：不知足不行啊。

笔者：您在养育两个孩子的过程中，尤其是您大女儿的过程中，有遇到过什么困难吗？你又是怎么去解决的？

E同学母亲：她们两个相差十岁，感觉也没有什么困难。那时候，我尽我的努力，给她的都是最好的，小时候就报各式各样的补习班，希望她将来能成才。跳舞、跆拳道、画画等，但她兴致不是很高，像我老逼着她学似的，所以现在也看开了，她自己能学多少就学多少。以前对她们要求挺高的，现在不论是对于她们还是她爸爸，都没有要求，就顺其自然，走一步算一步。

笔者：其实您刚刚说的对她们没有要求，我感觉更多的是您比较设身处地地为她们着想，就好像更能理解她们，所以就……

E同学母亲：以前她考的分数少了，回家跟我说，我就说你看人家的孩子都考多少；现在她跟我说考得少，我就说没事，或许你已经尽最大的努力了。现在这段时间学习还行，不是最好的，也不是最差的。除了学习以外，社交能力也是非常重要的。我就跟她说，大学只是你未来生活的一个保障，并不是你的全部。所以她上不上大学，上什么样的大学，没有那么高要求，她喜欢就行了。

笔者：能感受到正是因为您对生活比较乐观豁达的态度，会影响着您教育和对待孩子的态度。

E同学母亲：生活中跟谁都不要攀比，你自己觉得幸福就好。别人穿1万块钱的衣服，你穿几十块钱的衣服，同样是保暖。没有什么可攀比的，不用在意别人的眼光，你觉得好就好。现在人生活压力大，不论是孩子还是生活质量上都想要最好的，其实生活质量好不好，还是在于你的心情，心情好了，感觉喝凉水都是甜的。前段时间，我快要过生日了，我就想让她爸爸给我买一件小礼物，什么都行。当我过生日的时候问他，他说忘了。后来他说给我补一个，我说不用。我那时候就想，我喜欢什么可以自己买啊，为什么非要别人给买呢？我就看开了。所以说我对他们都没有要求，我认为，所有的事我自己都能干，我对他们也没有希望，没有希望所以也没有失望。

笔者：我觉得您好像很会转换视角看问题，您刚刚说您过生日，孩子爸忘记给您买礼物了，本来这个事情可能会让您有点失落伤心，但您很快就能转换，认为喜欢的东西可以自己买，这可能会让您的心情变好。

E同学母亲：我自己也能赚钱，所以自己喜欢什么就买什么，他买的只是给我一个惊喜，并不代表实用，所以对他们都没有要求。

笔者：您虽然总说对他们没有要求，我觉得还是您比较知足，我觉得真的知足常乐。

E同学母亲：也不是说知足吧，对于她爸爸来说，我认为两个人在一起生活，就是老了有个伴。他挣钱，我在家带孩子是挺累的，如果我把自己的重心都转到孩子身上了，有一天孩子长大了，或者说不需要我的时候，我会有一种失落感，跟社会有脱节的时候。我认为什么事不靠别人了，以后就没有那么多失望。你想让别人什么事儿都帮着你，他不帮着你的时候，你就会生气、失望；你自己都不用他们帮忙，他们帮你的时候，你就会开心。

笔者：对于孩子情绪上的问题，您是怎么看待的？

E同学母亲：一开始认为她是抑郁症，后来我又怕真是抑郁症，就带她来看医生，后来医生说也不是抑郁症，是她心里压抑，情绪不好。诊断的时候就是说的这些，没有别的了。

笔者：就是说孩子一直以来就情绪不太好，可能心里比较压抑，这种情况您跟家里人也沟通过吗？

E同学母亲：跟她爸爸说过。我跟我爸妈也说了，她喜欢去他们那儿，但现在这段时间也不喜欢去了。她有一个朋友，她有时候就跟朋友出去玩，不出去玩的时候就是看手机。

笔者：您决定带孩子去医院参加心理治疗，然后做一些干预，您家里人知道吗？或者说他们支持您吗？

E同学母亲：不太支持，花钱太多了（笑）。

笔者：是，其实我跟一些家长也聊过，长期做心理辅导费用比较高。

E同学母亲：其实她出现这种情况之后，现在对她关注也多了点。那时候不太想要老二，后来姐姐说她挺想要的，支持我们要一个。她就说将来你们老了，没了，我在世界上连个亲人都没有。我一想也是，后来就要了老二。

笔者：一个月以前带她来看医生，说这个结果，其实您也不意外，当时您说感觉挺烦躁的，但现在感觉您的状态还好，起码说起这件事情的时候您的心情还挺平静的。

E同学母亲：已经成了定局了，再烦也是那样。

笔者：您是怎么调整到现在这个状态的？

E同学母亲：主要是自己调整心态吧。

笔者：您看问题能将视角转变到很好的角度。

E同学母亲：我被磨得慢慢就没脾气了，就看开了。

笔者：其实现在她确诊也就一个多月，您对她情绪方面的这些问题有一些了解吗？您做过一些什么？

E同学母亲：上个礼拜的时候，医生说，如果感觉她脾气控制不了，可以给她吃一些药让她平稳。后来我跟她商量了，她说不吃，吃了别人会认为她是精神病，我说那也不是，就只是让你控制自己的情绪，她说那她也不吃。到晚上的时候我跟她聊天，她就说，妈妈，我不让你生气了。后来我就想，也不是她的错，我平时也没有时间陪她，也不带她出去玩。所以这次她如果自己做了决定，我也会再问问她是什么情况，是不是自己真的深思熟虑过了，如果她考虑好了，那这是她的人生，我只能说帮她过得好一点吧，但是真没办法替她做决定。

笔者：好的，这个情况咱们可以再问问孩子，我们也是怕孩子在情绪激动的情况下做出决定，以后再后悔，后面咱们再多联系。

参考文献

[1] 刘婧. 网络环境下的大学生心理健康教育[M]. 长春：东北师范大学出版社，2017.

[2] 熊焰. 基于网络环境的高校学生心理健康教育研究[M]. 北京：北京工业大学出版社，2019.

[3] 陈铁夫. 马克思主义哲学基础[M]. 徐州：中国矿业大学出版社，2016.

[4] 钱铭怡. 心理咨询与心理治疗[M]. 北京：北京大学出版社，2006.

[5] Gill Jones，Anne Stokes. Online Counselling:A Handbook for Practitioners[M].Palgrave Macmillan，2009.

[6] 寸隽，陈明星，牛洪钰. 新媒体时代下高校网络心理健康教育新途径：以微信公众号建设为例[J]. 现代商贸工业，2017（19）：154-155.

[7] 周方逌，王译萱. 大学生网络心理问题的疏导方法及途径[J]. 渤海大学学报（哲学社会科学版），2020，42（2）136-140.

[8] 习近平. 习近平在全国高校思想政治工作会议上强调 把思想政治工作贯穿教育教学全过程 开创我国高等教育事业发展新局面[N]. 人民日报，2016-12-09（01）.